辽宁省教育厅高

中国东北近代灾荒及救助研究

焦润明　张春艳◎著

北京师范大学出版集团
BEIJING NORMAL UNIVERSITY PUBLISHING GROUP
北京师范大学出版社

图书在版编目（CIP）数据

中国东北近代灾荒及救助研究／焦润明，张春艳著.—北京：北京师范大学出版社，2011.8
（学术前沿研究）
ISBN 978-7-303-11801-4

Ⅰ. ①中… Ⅱ. ①焦… ②张… Ⅲ. ①自然灾害 - 救灾 - 历史研究 - 东北地区 - 近代 Ⅳ. ① X432-092

中国版本图书馆 CIP 数据核字（2010）第 225851 号

营 销 中 心 电 话	010-58802181 58808006
北师大出版社高等教育分社网	http://gaojiao.bnup.com.cn
电 子 信 箱	beishida168@126.com

出版发行：北京师范大学出版社 www.bnup.com.cn
北京新街口外大街 19 号
邮政编码：100875

印　　刷：北京京师印务有限公司
经　　销：全国新华书店
开　　本：155 mm × 235 mm
印　　张：20
字　　数：352 千字
版　　次：2011 年 8 月第 1 版
印　　次：2011 年 8 月第 1 次印刷
定　　价：43.00 元

策划编辑：刘东明　　责任编辑：郭　瑜　刘东明
美术编辑：毛　佳　　装帧设计：毛　佳
责任校对：李　菡　　责任印制：李　啸

目　录

导论：近代东北灾荒史研究综述 ……………………………………… （1）

　　一、近代东北灾荒史的研究现状 …………………………………… （1）

　　二、本书的学术价值及学术创新之处 ……………………………… （7）

　　三、本书在史料方面的突破 ………………………………………… （7）

第一章　近代东北的水灾及救助 ……………………………………… （9）

　第一节　近代东北地区水灾及成因 …………………………………… （9）

　　一、近代东北地区水灾成患 ………………………………………… （9）

　　二、近代东北地区水灾的特点 …………………………………… （12）

　　三、近代东北地区水灾之成因 …………………………………… （14）

　第二节　水灾对近代东北社会的影响 ……………………………… （21）

　　一、水灾造成房地损失 …………………………………………… （21）

　　二、农业减产与物价上涨 ………………………………………… （23）

　　三、水患造成瘟疫流行 …………………………………………… （25）

　　四、水灾严重影响交通运输产业 ………………………………… （26）

　第三节　对水灾的应对措施 ………………………………………… （28）

　　一、赈济免捐的应对措施 ………………………………………… （28）

　　二、社会各界的赈捐活动 ………………………………………… （32）

　　三、制定水利政策与兴修水利 …………………………………… （34）

　本章小结 ……………………………………………………………… （40）

第二章　近代东北的旱灾及救助 ································ (53)

　第一节　近代东北的旱灾及其成因 ······················· (54)

　　一、近代东北旱灾频繁 ······························· (54)

　　二、近代东北旱灾的成因 ···························· (60)

　第二节　近代东北旱灾的社会影响 ····················· (68)

　　一、旱灾对社会经济产生影响 ······················ (68)

　　二、旱灾引发瘟疫流行 ······························· (72)

　第三节　应对旱灾的相关措施 ·························· (73)

　　一、无效应对：传统迷信思想支配下的祈雨求神 ··· (74)

　　二、有效应对：科学的抗旱举措 ···················· (77)

　本章小结 ··· (84)

第三章　近代东北的饥荒及救助 ······················· (86)

　第一节　近代东北地区的饥荒状态 ····················· (86)

　第二节　近代东北饥荒的成因 ·························· (101)

　　一、水旱灾害等自然因素的影响 ··················· (101)

　　二、不良人为原因招致饥荒发生 ··················· (104)

　第三节　饥荒的社会影响 ······························ (120)

　　一、饥荒对社会治安的影响 ························· (120)

　　二、饥荒对乡村经济生活的影响 ··················· (125)

　　三、饥荒对世俗伦理道德产生冲击 ················· (126)

　第四节　饥荒的应对措施 ······························ (127)

　　一、政府的饥荒应对措施 ··························· (128)

　　二、民间的饥荒应对措施 ··························· (130)

　本章小结 ··· (133)

第四章　近代东北的瘟疫及应对 ····················· (135)

　第一节　近代东北瘟疫的流行与成因 ················· (135)

　　一、近代东北瘟疫的流行 ··························· (135)

　　二、瘟疫对东北社会的影响 ························· (139)

　第二节　政府与民间应对瘟疫之措施 ················· (148)

　　一、政府应对瘟疫之措施 ··························· (148)

　　二、民间应对瘟疫之措施 ··························· (160)

　本章小结 ··· (166)

第五章　近代东北的慈善救助 …………………………………… （167）
　　第一节　近代东北灾荒救助的发展历程 …………………… （169）
　　　　一、近代东北频繁发生的灾荒 …………………………… （169）
　　　　二、晚清东北灾荒的民间救助 …………………………… （171）
　　　　三、"九·一八"事变前东北灾荒的民间救助 ………… （175）
　　　　四、伪满时期东北灾荒的民间救助 ……………………… （181）
　　第二节　灾荒民间救助的方式及特点 ……………………… （186）
　　　　一、慈善团体的救助方式 ………………………………… （186）
　　　　二、绅商个人的救助方式 ………………………………… （194）
　　　　三、民间救助灾荒的特点 ………………………………… （197）
　　第三节　灾荒民间救助的评价及启示 ……………………… （200）
　　　　一、近代东北与江南慈善救济事业之比较 ……………… （200）
　　　　二、近代东北灾荒民间救助的功效 ……………………… （202）
　　　　三、近代东北灾荒民间救助的局限 ……………………… （204）
　　　　四、近代东北灾荒民间救助的启示 ……………………… （205）
　　本章小结 ……………………………………………………… （207）

第六章　近代东北地方政府赈灾措施 ……………………… （209）
　　第一节　传统社会的赈灾方法 ……………………………… （209）
　　　　一、灾荒赈济的概念及范围 ……………………………… （209）
　　　　二、历代统治者的救荒政策 ……………………………… （210）
　　第二节　近代东北地方政府赈灾政策及措施 ……………… （212）
　　　　一、晚清时期的赈灾政策及措施 ………………………… （212）
　　　　二、民国时期的赈灾政策及措施 ………………………… （216）
　　　　三、东北近代赈灾机构的出现 …………………………… （223）
　　　　四、近代赈灾的相关立法 ………………………………… （225）
　　第三节　近代东北地方政府赈灾筹款措施 ………………… （229）
　　　　一、民国时期的赈灾筹款措施 …………………………… （230）
　　　　二、民国时期的赈灾捐款奖励方法 ……………………… （231）
　　　　三、"捐俸助赈"制度与赈灾公债 ……………………… （232）
　　本章小结 ……………………………………………………… （234）

第七章　近代东北的卫生防疫 ……………………………… （244）
　　第一节　近代东北卫生防疫组织 …………………………… （244）
　　　　一、近代东北卫生防疫组织的产生 ……………………… （244）

　　二、近代东北卫生防疫组织的发展与完善……………………（252）

　　三、东北沦陷时期的卫生防疫组织……………………………（259）

　　四、解放战争时期卫生防疫组织………………………………（264）

第二节　近代东北防疫法规……………………………………（269）

　　一、近代东北地区卫生防疫法规的缘起………………………（271）

　　二、近代东北主要防疫举措……………………………………（275）

　　三、伪满洲国时期的防疫法规…………………………………（282）

　　四、东北解放区的卫生防疫法规………………………………（287）

第三节　近代东北卫生防疫的评价……………………………（293）

　　一、西医学的传入与发展路径…………………………………（293）

　　二、卫生防疫的自主应对………………………………………（297）

　　三、殖民地式的强制防疫………………………………………（299）

　　四、近代东北卫生防疫的多维特点……………………………（301）

主要参考文献………………………………………………………（304）

后　记………………………………………………………………（313）

导　论：
近代东北灾荒史研究综述

　　灾荒史是以历史上所发生的灾疫及其与人类社会的互动关系为研究对象的一门学科。与人类生活息息相关的洪涝、旱、冰雹、霜冻、地震、饥荒、瘟疫等灾害内容是其重要的研究领域；历史上灾疫的发生机理及其对人群社会的影响，是其关注的主要内容；而探讨灾疫与人群社会的互动关系，总结人类社会应对灾害的各种防疫措施及其经验教训，是他的主要任务。因此，对相关灾害进行研究，其成果，不仅有利于对历史上灾害发生规律的了解，而且也有利于对历史上防灾减灾之经验教训之吸收。中国近代东北地区灾害频发，其灾害程度不逊关内。然而遗憾的是，长期以来，学术界对于近代东北灾害史的研究还没有给予足够的重视，相关研究相对较弱，所获成果还很有限。因此，加强相关领域的研究应是目前学术界急迫的任务之一。

一、近代东北灾荒史的研究现状

　　从灾荒史的学术角度看，宏观研究灾荒史的成果较多，已取得了相当多的学术成绩，但有关局部地区灾荒史的研究成果还相对较弱，特别是对近代东北地区灾荒史的研究，尚处于起步阶段，甚至在某些领域还处于空白状态。

　　1. 宏观研究灾荒史的学术成果已相当可观

　　中国近代灾荒史研究缘起于邓云特 1937 年所著《中国救荒史》[①]，

─────────

① 邓云特：《中国救荒史》，上海，商务印书馆，1937。

这部书作为旧中国灾荒史研究的集大成者,为中国灾荒史的学术研究指明了研究方向,但是由于社会动荡等原因,这部书却成为整个近代中国在这一领域的唯一一部具有一定学术高度的著作。直到 20 世纪 80 年代,随着社会史的复兴,这种情况才逐渐有所改观。以中国人民大学李文海教授为代表的一批研究学者,怀着极大的热忱致力于中国近代灾荒史研究,从而使近代灾荒史研究硕果累累,并呈现出繁荣发展的局面。

李文海教授的四部著作《近代中国灾荒纪年》①《灾荒与饥馑:1840—1919》②《近代中国灾荒纪年续编》③《中国近代十大灾荒》④为中国近代灾荒史确定了研究领域和基本的研究框架,为中国近代灾荒史的研究作出了奠基性的贡献。

《近代中国灾荒纪年》以编年形式,综合、系统地记述了自鸦片战争到五四运动 80 年间各个省区自然灾害的状况,具体再现了水、旱、风、雹、火、蝗、震、疫等各种自然灾害,包括灾害发生的时间、地点、受灾范围和程度、灾区群众的生活情况以及清政府的救荒措施和弊端,是近代中国灾荒史研究的拓荒之作。《灾荒与饥馑:1840—1919》是在《近代中国灾荒纪年》的基础上编撰而成的,对中国近代史上历次重大的自然灾害的发生、程度、影响范围、造成的危害以及清政府救灾措施和弊端做了具体充分的描述和分析,具有纲要式近代灾荒简史的性质。《近代中国灾荒纪年续编》是《近代中国灾荒纪年》的姊妹篇,它记载了《近代中国灾荒纪年》未涉及的 1919 年到 1949 年的灾荒记述,力求尽可能准确地反映这 30 年的灾荒面貌,它同《近代中国灾荒纪年》一道,成为中国首批全面系统研究近代灾荒史的巨著。《中国近代十大灾荒》甄选了近代史上灾情严重、影响巨大的十次重大自然灾害,分析了灾荒频发的原因、灾荒和政治的关系、灾荒和社会的关系,并力图通过对灾荒发生发展的成因、过程、后果以及各种灾害的频率及相互间的联系等方面的分析,探索我国近代灾荒的规律。书后附《中国近代灾荒年表》,勾勒了近代灾荒的轮廓。⑤

---

① 李文海、林敦奎、周源、宫明:《近代中国灾荒纪年》,长沙,湖南人民出版社,1990。

② 李文海、周源:《灾荒与饥馑:1840—1919》,北京,高等教育出版社,1991。

③ 李文海、林敦奎、程歗图、宫明:《近代中国灾荒纪年续编》,长沙,湖南教育出版社,1993。

④ 李文海、刘仰东、夏明方等:《中国近代十大灾荒》,上海,上海人民出版社,1994。

⑤ 阎永增、池子华:《中国近代灾荒史研究综述》,载《唐山师范学院学报》,2001(1)。

除此之外，邱国珍的《三千年天灾》①，孟韶华、彭传荣主编的《中国灾荒辞典》②，张波、冯风等编的《中国农业自然灾害史料集》③，孟昭华的《中国灾荒史记》④，陈高佣的《中国历代天灾人祸表》⑤，刘仰东、夏明方的《百年中国史话——灾荒史话》⑥，骆承政的《中国历史大洪水调查资料汇编》⑦，等多部著作分别从总体上和史料的收集分类上，概述了我国历史上的灾荒情况。李文海的《天有凶年——清代灾荒与中国社会》⑧，康沛竹的《灾荒与晚清政治》⑨，魏丕信的《18 世纪中国的官僚制度与荒政》⑩，胡鞍钢、陆中臣的《中国自然灾害与经济发展》⑪，卜风贤的《农业灾荒论》⑫等多部著作则是从政治、经济、社会几个方面入手，阐释了灾荒对社会生活方方面面的影响。高建国的《中国减灾史话》⑬、蔡勤禹的《民间组织与灾荒救治》⑭、范宝俊主编的《中国自然灾害史与救灾史》⑮三部书着眼于赈灾和救助方面，概述了面对灾情的赈灾救灾情况。袁林的《西北灾荒史》⑯、王振忠的《近 600 年来自然灾害与福州社会》⑰、王林的《山东近代灾荒史》⑱、于德源的《北京历史灾荒灾害纪年》⑲《北京灾害史》⑳、陈久来的《承德两千年自然灾害史记》㉑、赵明奇的《徐州自然灾害史》㉒等书以地域为划分方式，结合地域特点分别阐述了各地的灾荒情况。其中，王振忠的《近 600 年来自然灾害与福

---

① 邱国珍：《三千年天灾》，南昌，江西高校出版社，1998。
② 孟韶华、彭传荣：《中国灾荒辞典》，哈尔滨，黑龙江科学技术出版社，1989。
③ 张波、冯风等：《中国农业自然灾害史料集》，西安，陕西科学技术出版社，1994。
④ 孟昭华：《中国灾荒史记》，北京，中国社会出版社，1999。
⑤ 陈高佣：《中国历代天灾人祸表》，上海，上海书店出版社，1986。
⑥ 刘仰东、夏明方：《百年中国史话——灾荒史话》，北京，社会科学文献出版社，2000。
⑦ 骆承政：《中国历史大洪水调查资料汇编》，北京，中国书店出版社，2006。
⑧ 李文海：《天有凶年——清代灾荒与中国社会》，北京，生活·读书·新知三联书店，2007。
⑨ 康沛竹：《灾荒与晚清政治》，北京，北京大学出版社，2002。
⑩ 魏丕信：《18 世纪中国的官僚制度与荒政》，南京，江苏人民出版社，2003。
⑪ 胡鞍钢、陆中臣：《中国自然灾害与经济发展》，武汉，湖北科学技术出版社，1997。
⑫ 卜风贤：《农业灾荒论》，北京，中国农业出版社，2006。
⑬ 高建国：《中国减灾史话》，郑州，大象出版社，1999。
⑭ 蔡勤禹：《民间组织与灾荒救治》，北京，商务印书馆，2005。
⑮ 范宝俊主编：《中国自然灾害史与救灾史》，北京，当代中国出版社，1999。
⑯ 袁林：《西北灾荒史》，兰州，甘肃人民出版社，1994。
⑰ 王振忠：《近 600 年来自然灾害与福州社会》，福州，福建人民出版社，1996。
⑱ 王林：《山东近代灾荒史》，济南，齐鲁书社，2004。
⑲ 于德源：《北京历史灾荒灾害纪年》，北京，学苑出版社，2004。
⑳ 于德源：《北京灾害史》，北京，同心出版社，2008。
㉑ 陈久来：《承德两千年自然灾害史记》，承德市档案馆编印，1995。
㉒ 赵明奇：《徐州自然灾害史》，北京，气象出版社，1994。

州社会》对自然灾害与城市社会生活史的关系进行了概述性论述。值得关注的是，马宗晋、郑功成主编的《中国灾害研究丛书》①分为 12 部，即《灾害学导论》《灾害经济学》《灾害管理学》《灾害保障学》《灾害历史学》《灾害统计学》《灾害社会学》《灾害医学》《中国的大气海洋洪涝灾害》《中国的地震地质灾害》《中国的矿山灾害》《中国的交通灾害》。该书虽然从自然科学角度出发，但是材料引征丰富翔实，分类清晰明了，并填补了我国灾荒问题研究的诸多空白。

就全国范围内涉及灾荒史研究的学术论文已经超过了 100 篇。这些论文从诸多角度对中国近代灾荒史进行了深入研究。从研究对象的地域来划分，可以分为全国性的宏观研究和地区性的微观研究；从研究对象的社会属性来划分，可以分为灾荒影响研究、救荒措施研究、救荒主体研究、救灾制度研究和其他研究等几个方面；② 从研究对象的着眼角度来划分，可以分为政治史领域、经济史领域、社会史领域和文化史领域。这些学术论文的发表使得灾荒史研究在全国范围内形成一股热潮，大大提高了灾荒史作为历史学领域内新兴研究方向的学术地位，为我们进一步还原第一历史提供了新的发展方向。

2. 有关近代东北灾荒史的研究尚处于起步阶段

相对于全国范围内的灾荒史研究成果来看，涉及东北地区的灾荒史研究则要相对落后很多，这与东北地区灾荒史研究的力量投入不足有很大关系。到目前为止，尚未看到一本专门论述东北或者东北某一地区灾荒史的学术著作，不过在其他的一些关于东北史的学术著作中或多或少地有所涉及。例如：佟冬主编的《中国东北史》③《沙俄与东北》④、孔经纬的《新编中国东北地区经济史》⑤、马尚斌的《奉系经济》⑥、王建中主编的《东北地区生活史》⑦分别从政治、经济和社会生活方面侧面反映出东北灾荒的部分情况，水利部松辽水利委员会编的《东北区水旱灾害》⑧

---

① 马宗晋、郑功成主编：《中国灾害研究丛书》，长沙，湖南人民出版社，1998。
② 苏全有、王宏英：《民国初年灾荒史研究综述》，载《防灾技术高等专科学校学报》，2006(1)。
③ 佟冬主编：《中国东北史》，第 6 卷(修订本)，长春，吉林文史出版社，1998。
④ 佟冬主编：《沙俄与东北》，长春，吉林文史出版社，1985。
⑤ 孔经纬主编：《新编中国东北地区经济史》，长春，吉林教育出版社，1994。
⑥ 马尚斌著，胡玉海主编：《奉系经济》，沈阳，辽海出版社，2000。
⑦ 王建中主编：《东北地区生活史》，哈尔滨，黑龙江人民出版社，2004。
⑧ 水利部松辽水利委员会编：《东北区水旱灾害》，长春，吉林人民出版社，2004。

《辽河志》①《松花江志》②，辽宁省水文资源勘测局、辽宁省防汛抗旱指挥部办公室编著的《辽宁水旱灾害》③，穆恒洲主编的《吉林省旧志史料类编》（自然灾害篇）④则是从自然灾害角度入手对东北地区的水旱灾害进行了记述分析。中国科学院地理科学与资源研究所，中国第一历史档案馆等编著的《清代奏折汇编·农业环境》⑤、池子华的《中国流民史近代卷》⑥、蔡勤禹的《民间组织与灾荒救治——民国华洋义赈会研究》⑦、周秋光的《中国慈善简史》⑧等全国性的灾荒史著作也介绍了一些关于东北灾荒史的相关情况，但总体来说，关于中国东北近代灾荒史的学术著作尚属空白。

在学术论文方面，随着东北历史学者对于东北地区灾荒史研究重要性认识的深入，这方面的研究成果也逐步增多起来，其中公开发表的学术论文 15 篇，有 3 篇是对近代东北灾荒的专题研究，有 12 篇是对 1910 年、1911 年东北鼠疫的专题研究。在近代东北灾荒专题研究方面，苏全有、李惠合写的《增琪与日俄战争前后的兵灾赈济》⑨一文，从时任盛京将军增琪入手对东北地区在日俄战争以后所受的兵燹情况和政府对受灾地区的赈济情况做了系统性的论述，其中涵盖了设立赈灾机构、创办粥厂赈济灾民、与俄国交涉赈济事项、筹集赈款四方面。张欣悦的《张学良赈济水灾史料一组》⑩《张学良赈济水灾》⑪二文，从张学良将军着眼对 1930 年、1931 年的辽西大水灾进行了论述分析，客观地评价了张学良将军在辽西地区遭受水灾后做的大量工作和所起到的作用。张建英的《近代中国东北旱灾发生时民族观念的演进》⑫一文，以时间为线详细介

---

①　水利部松辽水利委员会编：《辽河志》，长春，吉林人民出版社，2004。

②　水利部松辽水利委员会编：《松花江志》，长春，吉林人民出版社，2004。

③　辽宁省水文资源勘测局、辽宁省防汛抗旱指挥部办公室编著：《辽宁水旱灾害》，沈阳，辽宁科学技术出版社，1999。

④　穆恒洲主编：《吉林省旧志史料类编》（自然灾害篇），长春，吉林文史出版社，1985。

⑤　中国科学院地理科学与资源研究所、中国第一历史档案馆等编著：《清代奏折汇编·农业环境》，北京，商务印书馆，2005。

⑥　池子华：《中国流民史近代卷》，合肥，安徽人民出版社，2001。

⑦　蔡勤禹：《民间组织与灾荒救治——民国华洋义赈会研究》，北京，商务印书馆，2005。

⑧　周秋光：《中国慈善简史》，北京，人民出版社，2006。

⑨　苏全有、李惠：《增琪与日俄战争前后的兵灾赈济》，载《大连大学学报》，2008(5)。

⑩　张欣悦、孙乃伟：《张学良赈济水灾史料一组》，载《民国档案》，1997(4)。

⑪　张欣悦：《张学良赈济水灾》，载《兰台世界》，1997(11)。

⑫　张建英：《近代中国东北旱灾发生时民族观念的演进》，载《商业文化》（学术版），2007(6)。

绍了东北民众在遭受旱灾以后从封建蒙昧的卜筮求雨到依靠科学战胜自然灾害的过程，着力分析了灾荒对人的思想观念转变所起到的作用，可以说是一篇把灾荒史与文化史相结合的好文章。在关于 1910 年、1911 年东北大鼠疫的专题研究方面，学术界相对关注更多，也涌现出了一些优秀的研究成果。中国第一历史档案馆的《清末东北地区爆发鼠疫史料（上、下）》[①]，详细梳理了有关清末东北鼠疫的诸多档案材料，从史料学上为学术界研究清末东北鼠疫问题做了材料准备。焦润明的《1910 年到 1911 年的东北大鼠疫及朝野应对措施》[②]一文，从东北大鼠疫的发生与蔓延、清政府的应对措施、在野各方的应对措施等几个方面详细阐述了 1910 年到 1911 年东北爆发鼠疫后清政府和民间各界面对灾害所做出的反应及采取的措施，并从中离析出这次灾害对清末社会生活、医疗状况和人的生活习惯所产生的影响及其对当今疾病防控工作的现实意义。胡成的《东北地区肺鼠疫蔓延期间的主权之争（1910.11—1911.4）》[③]、安贵臣和杜才平合写的《1911 年的国际防疫会议背景分析》[④]二文，从东北鼠疫入手具体探讨了在鼠疫爆发后清政府面对日俄干涉做出的应对措施，并着重分析了当时的国际关系局势和当时社会各阶层的反应，是把灾荒史与国际关系史相结合的两篇学术论文。陈婷、王旭合写的《孟宪彝与 1910—1911 年长春鼠疫防治》[⑤]一文，则是从时任吉林巡抚孟宪彝着手论述了吉林地区对于东北鼠疫的防治和救助工作。除此之外，何君明和杨学锋合写的《历史的惨痛不应忘记——记清朝末年我国东北地区爆发的一次大规模流行性瘟疫》[⑥]、陈雁的《20 世纪初中国对疾疫的应对——略论 1910—1911 年的东北鼠疫》[⑦]、于洋和马东玉合写的《东北历史科技文化最光辉的一页》[⑧]、曹晶晶的《1910 年东北鼠疫的发生及蔓延》[⑨]等文，也从不同方面对这场震惊世界的大鼠疫做了分析和论述。

---

① 中国第一历史档案馆：《清末东北地区爆发鼠疫史料》，载《历史档案》，2005(1、2)。

② 焦润明：《1910—1911 年的东北大鼠疫及朝野应对措施》，载《近代史研究》，2006(3)。

③ 胡成：《东北地区肺鼠疫蔓延期间的主权之争（1910.11—1911.4）》，见《中国社会历史评论》，北京，中华书局，2000。

④ 安贵臣、杜才平：《1911 年的国际防疫会议背景分析》，载《台州师专学报》，2000(4)。

⑤ 陈婷、王旭合：《孟宪彝与 1910—1911 年长春鼠疫防治》，载《东北史地》，2008(6)。

⑥ 何君明、杨学锋：《历史的惨痛不应忘记——记清朝末年我国东北地区爆发的一次大规模流行性瘟疫》，载《贵州档案》，2003(5)。

⑦ 陈雁：《20 世纪初中国对疾疫的应对——略论 1910—1911 年的东北鼠疫》，载《档案与史学》，2003(4)。

⑧ 于洋、马东玉：《东北历史科技文化最光辉的一页》，载《辽宁师范大学学报》，2006(3)。

⑨ 曹晶晶：《1910 年东北鼠疫的发生及蔓延》，载《东北史地》，2007(1)。

二、本书的学术价值及学术创新之处

灾荒史因其具有极强的现实观照意义，故历来受到学界重视，特别是近年来瘟疫、地震、洪水、干旱等自然及人为灾害的频繁发生，也引发了相关问题的探讨热情，使很多学者将目光转向了历史上灾荒问题的研究，借以实现研究成果的现实应用及借鉴价值，故该领域目前已成为历史学中的"显学"之一。更由于灾荒、灾害史的研究热潮，也大大拓展了历史的研究领域，使历史学中的社会生活史领域也获得了迅速发展。因此，研究灾荒史本身就具有非常重要的学术价值和现实应用前景。加强并扩展灾荒史的研究，将会进一步强化历史学的现实服务功能。

尽管灾荒史的宏观研究已取得了进展，但是，近代东北地区的灾荒史研究，目前基本上还是一块学术空白之地。因此，对于近代东北地区灾荒史进行综合性、全景式地描述，具有学术上的拓荒性和现实应用性，其本身就具有填补空白的学术价值。

本书的创新之处体现在，第一，以专论的方式展开讨论。全书共分7章，分别从近代东北地区的水灾、旱灾、饥荒、瘟疫、灾荒的民间慈善救助、政府的赈灾筹款措施、近代东北的公共卫生防疫法规及公共卫生防疫组织建设等方面，从纵向的角度展开讨论。同时从横向进行分析论述，在陈述历史资料的过程中，注意分析和深入挖掘史料背后的历史原因，还原历史本真。不仅要描述近代东北历史上的灾难情况，更要从积极的方面讨论当时的各级政府及民众采取了哪些行之有效的手段或方法，去应对自然灾害的。上述这些方面的内容都是具有突破性的，许多方面将填补学术空白。

第二，本书采用了社会生活史的研究框架，采用了计量史学的一些研究方法。如对历史上的灾害现象运用统计或图表的形式进行描述，不仅给读者更直观的感受，而且统计方法的运用，更增添了学术研究的可信性和科学性。另外，在叙述过程中，尽可能地收集微观史料，从当时民众社会生活的细节入手，还原当时真实的历史场景，丰富了历史学的表述形式。符合当代史学向微观化、精确化发展的总趋势，更体现了历史学的"咨政"功能和为现实服务的宗旨。

第三，本书作为原创的学术成果，在相关论述的许多方面具有初步尝试性。

三、本书在史料方面的突破

纵观全国范围内的灾荒史研究现状，学术界对于近代东北灾荒史的研究尚处于起步阶段，其中的研究领域还很宽广，许多专题还有待学者进行研究。特别在史料方面还有待深入挖掘。本书在写作过程中，在史料运用上取得重大突破，多采用前人未曾引用过的原始资料以及很少用的报刊资料和地方史志资料。

概括地讲，本书所用史料可分为如下几类：一是馆藏档案。辽宁省档案馆藏的《奉天交涉司全宗》《奉天省长公署档》《热河省长公署档》《国民党档案》《灾赈专刊》等；吉林省档案馆藏的《吉林全省防疫总局档》《吉林将军衙门档》《吉林省民政司档》和黑龙江省档案馆藏的《黑龙江行省公署档》。二是当时的报刊资料。如《大公报》《申报》《盛京时报》《晨报》《民报》《东方杂志》《(伪)满洲国政府公报》《东三省民报》《中华医学杂志》《民国日报》等。三是大量使用公开出版的地方史志资料。如《松花江志》1－4卷，《辽河志》1－4卷，此外，还有东北各地区的地方志，如《开原县志》《铁岭县志》《辽阳县志》《海城县志》《海龙县志》《黑龙江志稿》《宁安县志》《辽中县志》《吉林省民政志》《黑龙江省民政志》等。四是使用公开出版的档案史料。如《奉系军阀档案史料汇编》《清代奏折汇编·农业环境》《东北地区卫生流行病学资料汇编》《日本帝国主义侵华档案资料选编》等。上述史料的运用，使本书的研究和展开奠定在翔实的资料基础上，可信而具体。

总之，在近代东北灾荒史研究领域中，尽可能全面而广泛地收集资料，是必不可少的前提条件。由于许多原始材料散布于各个档案、史料集、地方志等角落，需要我们下大力气，本着"上穷碧落下黄泉，动手动脚找东西"的精神，脚踏实地广泛收集并加以分类考证。很多原始的档案材料和地方志材料无人问津，做好这些材料的分类和使用工作对于近代东北灾荒史的研究会起到很大的促进作用。

第 一 章
近代东北的水灾及救助

　　水灾①，又称涝灾、潦灾。泛指洪水泛滥给人类社会造成的灾害。本章所讨论的水灾，除洪涝灾害外，还包括雹灾。另外，考虑到东北地区的气候状况，一部分冻灾和雪灾也在本章中进行讨论。由于水灾是严重的自然灾害之一，对社会生活的危害极大。因此对其进行研究具有极强的社会现实意义。本章在总结以往成果的基础上，围绕着近代东北水灾及救助问题，进行系统论述。

第一节　近代东北地区水灾及成因

一、近代东北地区水灾成患

　　我们现在提到的东北，一般认为是指山海关以北，漠河以南，乌苏里江以西的黑龙江、吉林和辽宁三省，而从大东北的意义来讲，包括黑龙江、吉林、辽宁省和内蒙古自治区东部地区（呼伦贝尔盟、兴安盟、通辽市）。大东北，三面由大小兴安岭和长白山环绕，广阔的平原地区则穿插排布着松花江、嫩江以及辽河等数条河流。世界上著名的三大黑土地之一，就在这白山黑水之间。东北三省和蒙东地区，特别是呼伦贝尔盟和兴安盟，历史上就有联系。在近代，热河省也是大东北地区的一部分。虽然，从清末到民国时期的省级行政区域不断发生变化，但本文

---

　　①　"水灾"在古代亦称作"水菑"。"水灾"一词最早出现在《穀梁传·庄公七年》中"高下有水灾，曰大水"。即谓水灾也。

阐述的东北地区，基本上等同于今天东北地区的概念，包括现辽宁、吉林、黑龙江全境及内蒙古自治区东部的一部分。近代东北地区的水灾发生的地点，主要是在辽河流域和松花江流域，因为人居分布的问题，黑龙江流域的水灾对近代东北地区发展影响较弱。

　　东北地区从 1840 年到 1949 年的 100 多年间里，共发生较大的水灾 92 次，其中 1930 年和 1932 年的洪水涉及面最广，是全流域性的，东北地区各主要江河都发生了大洪水。造成松花江及黑龙江流域较大水灾的洪水出现于 1851 年、1856 年、1862 年、1886 年、1896 年、1908 年、1909 年、1911 年、1914 年、1929 年、1932 年、1943 年、1945 年等年份；辽河流域出现较大水灾的年份主要为 1846 年、1870 年、1878 年、1879 年、1888 年、1903 年、1910 年、1915 年、1917 年、1930 年、1938 年、1947 年。其中比较严重的例举如下。

　　1840 年黑龙江、墨尔根两城被水淹没。

　　1884 年至 1888 年齐齐哈尔、墨尔根、哈尔滨等地连续五年发生水灾；1888 年 8 月辽宁东部洪水。奉天省于七月初旬大雨滂沱，河水陡涨，淹毙人口，冲倒房屋。据辽阳州禀报，该州太资（子）河水势涨发，上游山水陡至，沿河一带平地水深五六尺不等，城内水深尺余。又海城县并牛防尉禀报，该县辽河水涨泛滥出槽，近城一带平地水深三四尺不等，沿河低洼之处禾稼多被浸淹，房屋亦多冲塌，城西牛庄……尽成泽国。①

　　1895 年至 1899 年黑龙江连续五年大水。

　　1917 年辽河中下游及西辽河干流地区洪水。8 月 15 日昌图县境，霆雨如注，辽河泛滥……沿河一带尽成泽国，平地水深三四尺不等，田禾淹没十之八九，居民房屋被冲塌数百间，淹毙人口不详，实为数年未有之奇灾。②

　　1923 年 4 月 7 日，松花江解冻，哈尔滨道外北十六道街决堤，至北五道街水深处可行船，万余户被淹。8 月，松花江水溢，哈尔滨江北松北白茫茫"如同泽国"，南岗圈儿河一带尽成汪洋，水深五尺许，洪水危及傅家甸和道里街区。9 月 1 日，松花江泛滥，马家船口水深六七尺，当地百姓"无米无炊，衣食无靠"。松花江沿岸淹死 3 000 余人。东

---

　　①　中国科学院地理科学与资源研究所、中国第一历史档案馆等编：《清代奏折汇编·农业环境》，529 页，北京，商务印书馆，2005。

　　②　《昌图水灾情况》，《洮昌道公署档·JC22》，50 号，1917 年 10 月 14 日，辽宁省档案馆馆藏档案。

部春涝夏旱较重，其他地区夏旱秋低温。"宾州三月无雨，萌芽尽枯，民无食。"①

1930年辽西全境水灾。辽宁省西境各县位于群河下游，地势低洼，颇受水患，近因阴雨连绵，山洪暴发，河流同时泛滥，诸防逐以溃决……西起绥中、锦县、义县、北镇、盘山、黑山、彰武，东迄新民、辽中、台安，长六七百里，宽二三百里，一片汪洋，尽成泽国，淹毙人万余口，冲倒房屋数万间，被水围困无衣无食之难民不下四五十万。当洪水骤来，奔避不及或登攀树巅，遥作庚祭之呼……终与波臣为伍，其尤甚者，全村被困，绝粒经旬，路远水远无法施救，及至比户流为饿殍，全家悉就死亡。迨及水退之后，灾民无家可归，非恃乞讨以苟存，即赖粥厂以度命，伤心惨目，不忍听闻，类似情形难以阐述。被水之地复被沙压，永远不能耕种，奇灾浩劫，诚为近百年所未有。②

1932年黑龙江省的哈尔滨、肇州、呼兰、巴彦、木兰、方正、通河、汤原、绥宾、兰西、绥化、望奎、青岗、龙江、纳河、泰来、甘南、富裕、拜泉、克山等21个县市，当时归属吉林省的依兰、佳木斯、桦川、同江、富锦、双城、扶余、农安、滨江9个市县，内蒙古所属的那文、巴彦、墨尔根等18个县旗，共有3个省区48个县市遭受水灾。其中哈尔滨、呼兰、巴彦、纳河、泰来、绥化、龙江、肇州、兰西等市县尤为严重。以哈尔滨为例，江堤决口，水漫市区。全市被水淹面积877.5万平方米，傅家甸（今道外区）东北部水深一丈三四尺，正阳街中五六尺，西南部一二尺，交通完全隔绝，汽车与马车通行之处仅有西南一隅，及自桃花巷（今承德广场）至许公路（今南极街）之一段马路，其余均需济之以船只。中央大街、新城大街、石头道街、中央十三道街、透笼街、地段街、买卖街等各主要街道，靡不漫及，全部工商机关停顿，加以电车亦难开行，街道之上，乃呈扁舟之奇观矣。八月十日中央大街以西一带水深四至五尺，新城大街水深二尺至三尺，地段街、买卖街水深一尺至二尺，当时哈尔滨市居民38万人，受灾难民达23.8万人，由于水灾，饥饿导致瘟疫蔓延，使2万人丧生，直接与间接经济损失伪币2.3亿元。③

① 黑龙江省社会科学院历史研究所编：《黑龙江近代历史大事记》，253页，哈尔滨，黑龙江人民出版社，1987。

② 张伯英总纂，崔重庆整理：《黑龙江志稿》（一），34页，哈尔滨，黑龙江人民出版社，1992。

③ 哈尔滨清理水灾善后委员会编：《壬申哈尔滨水灾纪实》，哈尔滨特别市公署，1934年，中国科学院国家科学图书馆馆藏档案。

由此不难看出，在近代东北地区，水灾无疑是威胁人民生命安全、造成巨大财产损失，并对社会经济发展产生深远的不良影响的灾荒之一。

二、近代东北地区水灾的特点

近代东北地区水灾频发的同时，也显现出如下两个特点：有些灾情在同一地方连续几年出现，属于时间上的连续性。有些则在同一年里各地均有出现，属于空间上的广泛性。下面从这两方面来进行阐述。

1. 水灾发生在时间上的连续性

张家诚等根据国家气象局气象科学研究院主持完成的近 500 年（1470 年至 1979 年）旱涝资料统计分析，提出全国旱涝指数小于 2.55 连涝两年的概率为百年一遇；连涝三年的概率为 250 年一遇；[1] 和旱灾偶尔连旱二三年、四五年的情况不同，没有出现连涝 4 年及 4 年以上的情形。在东北地区，却有很多与其不同之处。同一地点连续 5 年发生水灾的情况有 2 次，分别是 1884 年至 1888 年齐齐哈尔、墨尔根、哈尔滨等地以及 1895 年至 1899 年黑龙江连续 5 年大水；即便是其他地方，水灾发生的频率也高得出奇。1852 年黑龙江将军英隆等给咸丰皇帝的奏折中就曾提到东北齐齐哈尔地区的水灾：

"惟呼兰地方在省城之东南，地土肥沃，历年丰获。黑龙江、墨尔根二城在省城之东北，近年收成歉薄。而齐齐哈尔省城逼近嫩江，自嘉庆二十五年（1820 年）江水陡涨，田地被淹成灾以后，连年频遭水患，下洼田地多被水占。每遇灾歉之年，不能不量为接济。查本城自嘉庆二十五年（1820 年）至道光二十九年（1849 年）三十年来，共遭水患十一次，田地多被侵占，仅余高阜之地又不耐旱、近日人口倍增，即遇丰年，所获粮石亦不足本处食用，赖邻省吉林所属之伯都讷、阿勒楚喀两处稔岁居多，商民由水陆二程运粮前来，若彼处歉收，势必拮据。今岁将环城远近各屯秋成统计收成六分者，幸因雨水调匀，未遭水患之故也。嗣后即如岁获有秋，势亦不能多获，此其又是乏田种少之故也。"[2]

可以看出，黑龙江省城齐齐哈尔自 1820 年至 1849 年约 30 年共受到大大小小 11 次水灾，且一直依赖吉林地方粮食供给。文中也提到假

---

① 张家诚等：《中国近五百年的旱涝》，见《气象科学技术集刊》，北京，气象出版社，1983。

② 中国科学院地理科学与资源研究所、中国第一历史档案馆等编：《清代奏折汇编·农业环境》，479 页，北京，商务印书馆，2005。

如伯都讷、阿勒楚喀亦发生灾荒，将得不到救济。那么这两个地方的情况又如何呢？我们来看吉林将军铭安和吉林副都统玉亮在光绪三年十一月二十三日（1877 年 12 月 27 日）上奏给光绪皇帝的奏折称："本年吉林省所属各处大田收成分数，除三姓地方被灾十分较重情形，前已声明具奏。……伯都讷、双城堡二处大田收成均及五分。宁古塔、珲春二处大田因夏遭虫蚀，秋逢阴雨，收成仅及四分。阿勒楚喀、拉林二处旗民所种大田因夏秋连雨，籽粒瘦秕，收成四分余，惟该属甬子沟荒界民佃承种纳租地亩被灾，籽粒未成。五常堡地方大田入秋秀穗之际，大雨连旬，被水浸淹，未得旸晒，现在收成计有三分。"①这一年度伯都讷收成刚刚及半，阿勒楚喀甚至仅四分余。但这样的情形在清朝末年的东北地区，即便不是灾年，收成也仅仅算是中等。

2. 水灾发生在空间上的广泛性

一个地区的水灾爆发，自然会影响到周边的地区，因此水灾在空间分布上来讲，不能简单地看地理位置。水灾在空间上分布的广泛性，要比实际水文条件复杂得多。1886 年吉林将军希元等十一月二十五日（12 月 20 日）写给光绪帝的奏折中这样提到："宁古塔地方旗民所种大田，因春夏亢旱，入秋扬花秀穗之时，阴雨连绵，未得旸晒，籽粒泡秕，收成四分余。三姓地方旗民所种大田，当耕耘时未得透雨，迨至扬花秀穗，霪雨连绵，未得旸晒，籽粒泡秕，收成四分余。阿勒楚喀、宾州厅所属大田，除马延河新荒四牌佃民承种纳租地亩，因六月间天将大雨，连阴月余，河水涨发……致将禾稼淹潦，颗粒不收……伯都讷厅所属大田，因八月间连降大雨，江水涨溢，致将北下坎佃民承种洼下纳租地亩被水淹没，颗粒无存，仅剩畸零沙冈其禾稼未被冲淹者，又因秋雨连绵，未得旸晒，籽粒泡秕，收成不及四分。……宾州、伯都讷二厅所属被水淹没成灾。……吉林通省地方大田收成，统计五分有余。"②

这一年，伯都讷、阿勒楚喀二处绝收。而绝收的原因又并非皆江水暴涨。春夏亢旱也是原因之一。像这样因为旱灾和水灾夹杂或是任意两种灾情在同一年度出现，这一地区的收成基本上会减至最低。这样的数灾并发的情形还有很多，"黑龙江本年自春徂夏缺雨，籽粒本自不实，

①　中国科学院地理科学与资源研究所、中国第一历史档案馆等编：《清代奏折汇编·农业环境》，525 页，北京，商务印书馆，2005。

②　同上书，551 页。

复于(1898年)七月中旬天降严霜，禾稼大半冻萎，以致被灾轻重不一。"①

"宁古塔地方官庄丁民承种纳粮、纳银地亩，讵五月十日天降冰雹，禾稼均被打伤，以致被灾六分至十分不等，其余村屯大田收成四分余，宾州厅属阜财等社佃民承种纳租地亩，讵七月十五日天降严霜，八月十六日又降大雪，以致禾稼被灾，实有八分，其余村屯大田收成五分余。三姓地方凄旗民所种大田，委因小苗出土未得透雨，迨拔节秀穗之际，雨泽延期，复于七月十五日天降严霜，禾稼均被冻伤，籽粒泡秕，收成将及四分。又三姓所属鄂勒国木索等四站丁佃承种纳租地亩，因春夏之间雨泽稀少，复于七月十五日严霜早降，禾稼悉被冻伤，籽粒泡秕，收成四分。"②

这种数灾并发的现象不仅发生次数频繁，而且具有广泛的地域性。从辽宁到黑龙江，均有出现。从时间的连续性到地域的广泛性，东北各地都主要表现出了一种特征，即易受东北平原面积大、纬度高等这样一种地理和气候因素的大背景影响。其实，自然原因只是诱发水灾发生的直接原因，其背后还有更深刻的社会背景。

三、近代东北地区水灾之成因

1. 东北地区独特的自然因素

东北地区水灾的形成和发展，与它所处的地理位置有密切关系。东北地区是我国纬度最高的区域，冬季寒冷。它北面与北半球的"寒极"——东西伯利亚为邻，从北冰洋来的寒潮，经常侵入，致使气温骤降。西面是高达千米的蒙古高原，西伯利亚极地大陆气团也常以高屋建瓴之势，直袭东北地区。因而本区冬季气温较同纬度大陆低10℃以上。东北面与素称"太平洋冰窖"的鄂霍次克海相距不远，春夏季节从这里发源的东北季风常沿黑龙江下游谷地进入东北。此外，东北地区是我国经度位置最偏东地区，并显著地向海洋凸出。其南面临近渤海、黄海，东面临近日本海。从小笠原群岛(高压)发源，向西北伸展的一支东南季风，可以直奔东北。东北地区有着大面积针叶林、针阔叶混交林和草甸草原，肥沃的黑色土壤，广泛分布的冻土和沼泽等自然景观，都与温带湿润、半湿润大陆性季风气候有关。

东北地区河流众多，分布密集，冬天有封冻期。许多河流如松花

---

① 中国科学院地理科学与资源研究所、中国第一历史档案馆等编：《清代奏折汇编·农业环境》，580页，北京，商务印书馆，2005。

② 同上。

江、嫩江等源头补给也主要源于长白山山脉及大小兴安岭的春雪消融。这样的水文条件使得东北地区受气候影响较中原及南方地区更大。很多地区周边遍布大小河流，每当众河河水因雨暴涨，灾情自然频繁发生。由于夏秋季降水量大且集中，涝区河网少，排水系统不健全，江河水位过高且持续时间过长，内水不能及时排出，加之涝区土质黏重，地下水位高，这是东北地区各涝区形成涝情灾害的主要原因。近代以来，对江河下游及一些本来不宜种植的土地，乱加开垦种植，排水系统又未跟上，这些地区更易出现涝情灾害。

东北地区的水系主要有三：辽河水系、松花江水系及黑龙江水系。其中以辽河水系和松花江水系对东北地区的水文环境影响更大。辽河流域中西辽河上游系内蒙古高原，东辽河发自长白山脉。松花江流域地处北半球中高纬度，流域气候属于寒温带大陆性气候区。东北地区降水主要受季风影响，年际之间变化较大，年内各季亦分配不均，除冬季外的各个季节均有水涝发生。东北地区涝渍区主要有三种类型。

第一种，冲积平原型。地势平坦，当排水工程不健全或排水工程管理不善时，常出现地面漫流或洼地积水而致涝灾。包括西辽河平原区、东北平原大部分地区。

第二种，平原洼地型。河流周边低平地，大河于支流地区，地势低下，自排能力差，或因排水动力不足等致涝。包括辽河中下游支流河口附近、辽河滨海地区等。

第三种，山区谷地型。丘陵山区的冲谷地带，地势相对低下，面积零星分散，是山区河谷洪涝区，包括西辽河地区上游西辽河谷地、松花江、嫩江上中游部分地区。

以辽宁的新民为例，下面的材料很能说明问题。

"新民大患，以柳河为剧，辽河次之，绕杨河又次之。往往三河水势齐发，则祸更惨烈。前清宣统二年七月，即因三河齐涨，新民全境被灾，饥民嗷嗷，栖凤原野。"①可见在遍布大小河流的东北平原上灾害的严重性。

值得一提的是我国气象学、物候学奠基人、著名科学家竺可桢先生

---

① 王宝善修、张博惠辑：《新民县志》(一)，295～306 页，民国十五年石印本，成文出版社影印本。

花费多年心血，认真研究了我国最近 5 000 年来的气候变迁。[1] 他的研究表明，清代北京、南京、杭州和苏州有过雨日的记载，根据秋季初次降雪到春节末次降雪的平均日期，得出结论是：1801 年至 1850 年间比其前的 1751 年至 1800 年间和其后的 1851 年至 1900 年间更为温暖。虽然研究结果文字有限，不能完全说明东北地区的气候变化，但我们仍然可以从史料中找到证据来支持这样一种观点，即近代东北地区的水灾频率与气候间歇性周期变化有关。在整个 14 世纪到 19 世纪的世界，气候普遍寒冷。经过最近几十年西方和国内的研究，已达成的共识是：自然灾害不仅仅与气候变化有密切的关系，还有更深层次的天文背景，与八大行星汇合的地心张角和太阳黑子活动等特殊天文现象出现也有关联。[2] 而清末则恰好处于我国 4 次较大规模灾害多发群发集中期的最后一段时期（其余三次为夏禹群发期、两汉群发期、明清群发期）。

以吉林(省)地区为例(东北地区属于季风气候，黑龙江地区纬度较高，河水、气候易受低温影响，辽宁地区沿海，易受海潮影响。因此本着从气候研究的角度出发仅以吉林省为例)：在气候较温暖的 1801 年到 1850 年的 50 年内，特大规模的水灾仅有 8 次(不计雪灾、雹灾)，1851 年到 1900 年的 50 年间共遭受特大规模的水灾 16 次。[3] 数量差异之明显为灾荒史上罕见。

2. 人为活动因素对水灾的影响

水灾本为自然灾害，但其发生的程度受人为活动因素的影响。近代东北地区政权更迭频繁、军事行动、人民意识、政府政策等都不同程度影响了水灾。许多人为的行为会加剧水灾的灾情并带来更严重的水土流失。以辽河流域为例，该地区曾是森林茂密、水草丰盛的富饶地带。自1829 年以后，清政府为安抚灾民，提出"借地养民"制度，解除封禁以后，开始了无计划的毁林开荒和过度放牧。后来又由于军阀混战，帝国主义的侵略掠夺，使辽河流域许多地区森林、草场遭到严重破坏，昔日茂密的森林变成了荒山秃岭，导致水土流失愈益严重。

---

[1]　1972 年的《考古学报》第 1 期上，83 岁的竺可桢发表了《中国近五千年来气候变迁的初步研究》，后转载于 1973 年《中国科学》16 卷 2 期以及 1973 年 6 月 19 日的《人民日报》。全文篇幅也就 5000 余字。

[2]　赫治清：《中国古代自然灾害史与对策研究》，见《中国古代灾害史研究》，23 页，北京，中国社会科学出版社，2007。

[3]　水利部松辽水利委员会编：《松花江志》，第 1 卷，327～330 页，长春，吉林人民出版社，2004。

（1）大规模移民开垦破坏了原有的生态平衡。

近代东北水灾频繁发生，随之带来的饥馑等衍生灾情十分严重。在自然原因之外，政治原因也不容忽视。政治腐败与战乱的频繁发生，极大地降低了政府和人民抵御灾情的能力。如果说自然原因是造成水灾发生的直接原因，那么政治原因则为间接原因。二者相互作用，给生产力本已低下的东北社会生存环境带来了更恶劣的消极影响。

清代时期，全国人口增加到 4 亿多人，人口规模不断扩大。而在当时以农业为主要生产方式的状态下，百姓的生存压力和环境的生态压力增大。在已无更大农业生产潜力可挖的背景下，不断地有河南、河北，尤其是山东等省份农民"闯关东"，大批人口进入东北地区，导致后来清朝政府不得不采取"弛禁"的政策。人口的几何级数的增长，必然要不断地拓宽活动区域，寻找新的生活点。而东北地区生态原本脆弱，松花江、嫩江等河流及周边的湿地、森林则关系到水流通畅，起着引洪防涝的作用。当时民众迁徙开垦，都带有很大的自发性和盲目性，加上科技条件的限制，结果破坏环境，引发灾害频生。因人的活动而破坏生态不止限于农业开发，其他诸如兵祸与大规模修建活动等也是原因之一，但农业破坏性开发则占主要位置。清代大量移民开荒，轮耕撂荒。特别是清末民初时期对东北地区的开垦活动远远超过以往，对生态的破坏所造成的后果较前更为深远，因此导致的灾害自然也就更多。1906 年，姚锡光提出昭、卓、哲三盟实行移民实边的主张，以防止沙俄势力南下。1908 年林西县放地 8 000 顷。1922 年热河决定在巴林左旗放地 16 200 顷。结果至 1928 年巴林左旗放垦 5 万顷，竟然比原计划多出 33 800 顷！①

东北地区的西北部为草原湿地，生态脆弱，大规模的开发使原有生态日趋恶化，引发自然灾害频繁发生，水患也更为严重。

（2）植被的破坏加重了水患灾害。

一个地区森林的数量与水文条件息息相关。不合理的开荒与乱砍滥伐，使森林植被遭受破坏，导致水土流失，这就造成或加重了灾害。特别是清末，东北地区人口激增，相对而言已开发土地的数量严重不足，农业生产矛盾逐渐突出。为了生存，农民自行开发土地、荒地。逐渐地，清朝政府开始默认这种行为，予以承认。光绪二十一年（1895 年），齐齐哈尔副都统增祺向光绪帝详细上奏了东北现有荒地的开发概况，其中就提到了"……吉林宁古塔、三姓东境千八百里山林重叠，其中均不

---

① 松辽水利委员会编：《辽河志》，第 4 卷，92 页，长春，吉林人民出版社，2004。

无大段可垦之荒。"①到了清末，政府开始鼓励农民开发未开垦的荒地，造成原有的荒山、草地上的植被破坏，土地的沙漠化不断形成，对自然生态环境的破坏，导致近代灾荒频发，并加重了其危害程度。河北平乡人前往东北各地拉锯伐木的歌谣"秦晋树，辽吉林，伐木成材平乡人，倘若老子没空去，树还是树，林还是林。"②在砍树卖钱的利益驱使下，中国的部分原始森林就是在这样愚昧落后思想的牵制下惨遭灭绝的，从而使近代中国东北自然生态环境日趋恶化。大大降低了东北地区森林对水灾的蓄水缓解能力。

东北地区有着丰富的森林资源，森林面积约占东北总面积的 32%，东部有着连绵起伏的长白山山脉，北部有大小兴安岭，森林的蓄积总量达 34 亿立方米。③ 但是在近代，人们缺乏对森林认识的科学观念。凡有水旱灾情，但凭祈雨烧香，而丝毫不知森林对于调节水源气候的重要性。一味地乱砍滥伐，无论是政府还是民众都或多或少地对森林进行了破坏。"长白山县长刘克札倒卖森林，废公利己。"④"原控刘克札等，若干多人在二十四道沟等……砍伐大木 1 万余件，小木不可胜计。"⑤"立买山林合同字据认张德本，今有自己山林一处，经人说妥卖与戊申评行名下，卖价洋四百元整，同众言明八年为期，每年看法道楼。"⑥这些破坏行为有的并非故意损害国家利益，清朝政府开始也有制止。道光九年，上谕"先是，以永陵照山北面烟筒山、玛尔墩岭二处居民私砍树株，开垦地亩，命盛京将军奕颢妥为查办。至是复奏，玛尔墩岭周围三十余里，内有关帝庙一座，香火地亩，应仍其旧。所有民间私垦地亩，饬令平毁，分别给价迁移，无令失所。仍查明地界，安设红桩，以防偷砍私开等弊。得旨，著照所议办理，务要随时认真，不准日久生懈。"⑦但清代末期实施的"弛禁"政策中管理的疏漏却使得这些无知的行为产生了"损公肥私"的效应，使得私自砍伐树木所带来潜在自然灾害的意识漏洞

---

① 中国科学院地理科学与资源研究所、中国第一历史档案馆等编：《清代奏折汇编·农业环境》，544 页，北京，商务印书馆，2005。

② 夏明方：《民国时期自然灾害与乡村社会》，第 3 章，147 页，北京，中华书局，2000。

③ 佟冬主编：《中国东北史》，第 6 卷（修订本），524 页，长春，吉林文史出版社，1998。

④ 《饬查倒卖森林》，《奉天省长公署档·JC10》，776 号，中华民国四年六月十三日，辽宁省档案馆藏档案。

⑤ 同上。

⑥ 同上。

⑦ 郑毅主编：《东北农业经济史料集成》（一），244 页，长春，吉林文史出版社，2005。

一直延续到民国;① 与此同时,不可避免地破坏了东北地区脆弱的生态系统。

随着中国门户的开放,帝国主义加紧对中国掠夺,森林资源成为他们掠夺的一个主要目标,对我国东北部原始森林造成毁灭性的打击。

日俄两国的战争在中国的土地上进行,破坏和掠夺中国的森林资源,造成中国原始林业的大量破坏。据估计,俄国在铁路沿线攫取森林采伐权的总面积达 24.5 万平方公里,木材蕴藏量约为 750 亿立方米。在 20 世纪的头 11 年,平均每年采伐约值 1 亿银元的木材②。近代时期的俄国对中国的原始森林进行大规模地乱砍滥伐,使中国森林遭到毁灭性的打击。

日俄战争结束后,日本对中国森林的掠夺,时间之长,数量之大,范围之广,为世人所震惊。1908 年 4 月 15 日,日本驻华公使林权助于外务部会办那桐订立采木公司章程十三条,其中第一条规定:"自鸭绿江右岸之冒儿山至二十四道沟之间,距江面六十华里之林木,由两国合资公司采伐"。"九一八"事变后,日本帝国主义 14 年间掠夺的木材资源竟达 1 亿多立方米,破坏森林面积 600 万公顷,凡铁路沿线交通方便的地方森林均被砍伐殆尽。③ 这也是为什么东北地区铁路对水灾抵抗性很差的一个重要原因。日本疯狂掠夺,破坏中国东北森林,严重损坏了中国自然资源,造成生态环境的严重破坏,水土流失,从而不可避免加重了灾荒的程度。土地蓄水保墒能力减弱,致使东北近代自然生态环境日趋恶化,其结果是旱涝灾害频发,这种结果又促使自然生态恶化与自然灾害频发之间形成了恶性循环。

此外,原始的农牧开发方式对自然植被的破坏作用也十分明显。蒙东地区的牧场主长期以来实行单一的原始游牧生产方式,靠天养畜,只破坏不建设,恶化了草场自然环境,加速了自然植被的破坏,进而沙丘移动不断引起草场沙化,草质变劣,饲料短缺,二者互相影响恶性循环,最终导致茂密的天然植被遭到毁灭性的破坏。

近代的中国东北地区封建落后,大片原始森林被毁,自然环境恶化,沙漠化进程在加剧。政治腐败,贪污成风,徭役繁重,降低了人们

---

①　凌道扬:《论近日各省水灾之剧烈缺乏森林实为一大原因》,《内外时报》,《东方杂志》,14 卷,第 11 号。

②　孔经纬:《新编中国东北地区经济史》,229~230 页,长春,吉林教育出版社,1994。

③　水利部松辽水利委员会编:《松花江志》第一卷,231 页,长春,吉林人民出版社,2004。

的抗灾能力，加重了灾害程度。

3. 帝国主义战争与军阀混战加剧了水灾影响

在近代的中国东北内陆地区，第一次大规模的战争当属1904年的日俄战争。这次日俄在东北境内作战，给东北的森林、水文环境带来了极大破坏。

1903年俄国入侵东北后已开始作乱，给当地生产带来了严重损失。时任吉林将军的长顺等向光绪帝如此禀奏："……三岔口地方，光绪二十六年佃民所种禾稼多被水冲，迨八月初俄兵入境，占据招垦局房，佃民闻警逃避，禾稼委弃于地，均被兵马践踏，并无收获。迨乱后归来，糊口无资，困苦不堪。"面对如此情形，长顺竟束手无策，只能再次奏请光绪帝"……仰恳天恩将应纳光绪二十六年份大租全行蠲免，以示体恤。"①

1904年8月，日俄第一次辽阳大会战，毗邻的首山东南一带就有万亩森林，在两军的炮火中化为灰烬。而甜水、水泉、安坪等原始森林也被破坏。铧子乡砾子寺方圆60里的原始森林，或毁于炮火，或砍伐修筑战防工事，所剩无几，从辽阳东部山区亮甲山东堡到甜水陈家堡方圆80里的大片山林，被日俄两军炮火荡平。② 1913年，军阀热河副督统米振标任林西镇守史，率军二十营共计4万余人，部队分布在林西、统布、乌丹、赤峰等地，按地亩数向当地人民征收树疙瘩烧火。每顷地征收树疙瘩三四方不等，每方需牛车拉三车左右，重850公斤至900公斤，致使森林被大量砍伐。因此，"林西县境内多重山阜陵。"③民国三十五年、三十六年国民党占领东北地区期间，乱砍滥伐，修碉堡筑工事，使林业资源遭到严重破坏，北镇地区森林面积仅存5 067公顷，并多为寺庙、地主、富绅所霸占。④ 1933年至1941年，日军侵占热河省，在宁城等地山区实行集家并村，修部落、大围圈，搜索抗日武装力量与镇压民众，大肆烧毁山林。⑤ 1940年，日伪为守卫军事要道，历时3年堵塞了西辽河苏家堡分流决口，⑥ 从此西拉木伦河、老哈河水流全部流入西辽河。1945年，日本为阻止苏联红军南下，将开鲁县苏家堡的西

---

① 中国科学院地理科学与资源研究所、中国第一历史档案馆等编：《清代奏折汇编·农业环境》，627页，北京，商务印书馆，2005。

② 辽宁省档案馆：《日俄战争档案史料》，387页，沈阳，辽宁古籍出版社，1995。

③ 水利部松辽水利委员会编：《辽河志》，第4卷，92页，长春，吉林人民出版社，2004。

④ 同上。

⑤ 同上。

⑥ 水利部松辽水利委员会编：《辽河志》，第1卷，36页，长春，吉林人民出版社，2004。

辽河黑龙坝扒开(即 1940 年到 1942 年堵截的苏家堡分流口),洪水进入新开河故道,由于河道野草丛生,泥沙淤积,洪水到处漫溢,淹没了开鲁、通辽、科左中旗的 6 700 公顷丰收在望的农田。[①] 可见战争本就置民生于不顾,对于灾情又无异于雪上加霜,对环境的破坏也加剧了再次发生灾情的严重程度。

此外,近代吏制的腐败也加重了灾后的社会危机。在灾荒时官方给予农民的财政性补助本来就比较少,却仍然有一些贪官污吏无视人民的死活,仅有的少量的赈款也被他们所侵占,"县属城厢前营子村正王铺臣刻薄起家,富而不仁,去岁战事以后,水旱荒灾,蒙奉省宪赈济一千余元,此项赈款早已发到,当经村正王铺臣领,讫讵料,该款到手伊即邀同会众假称该款系阶级籽种应得按地亩摊收,贫民分文未给。"[②]天灾人祸,大大加重了灾后的社会危机。

第二节 水灾对近代东北社会的影响

在近代的东北社会,由于没有成熟的预见系统和良好的应对体系,一旦发生水灾,会给人民生活带来方方面面的消极影响。其中最具危害性的,则是一个时间内一个地区大规模的发生水灾,这样损失不但极其严重,受灾的地理环境也给救灾工作带来了很大的困难和不便,时间上的延误更间接导致了灾情的加剧。

一、水灾造成房地损失

无论是近代还是当代,水灾都会给当地带来巨大的经济和人口损失。在生产力不发达的近代,民众对于灾害的抵御能力非常低,一旦洪水来临,人们躲之不及,家当器物丢弃一旁,任凭随波逐流。1932 年黑龙江流域水灾,据不完全统计,全流域受灾耕地 222 万公顷(其中黑龙江省 190 万公顷,吉林省 32 万公顷,内蒙古没有统计),受灾人口为 70.28 万人(黑龙江省哈尔滨市 23.85 万人,吉林省 36.5 万人,内蒙古 9.93 万人),毁坏房屋 9.14 万间(黑龙江省 8.65 万间,吉林省 4 878

---

① 水利部松辽水利委员会编:《辽河志》,第 1 卷,38 页,长春,吉林人民出版社,2004。

② 《杂报,新民,吞赈被控》,载《盛京时报》,第 5 版,1927-08-23。

间），死亡 2 万余人，被害家畜 144.4 万头（只），遭损粮食 1.5 万货车。[1] 同治九年（1870 年）都兴阿奏称：（永陵）"本月初间，山水骤涨，将新修草仓河东头南岸冲开，水口分流归入苏子河，两岸桩囤数丈，增修月堤一道，仅剩桩迹，漂失鹿角多架，古堤三空桥板栏杆间有冲失，地面石条移动等。"[2]

1934 年 8 月，丹东发生水灾，鸭绿江大水冲进市内，牲畜物品漂失不计其数。安东县内各缫丝厂损害状况合计 16 户，大水之后 1 308 名工人离职，在水中漂走杂物、挽手、丝等无计。直接损失金额 20 620 元。油房方面，仅"永增顺"一家便减员 29 名，损失大豆更是无计，直接经济损失金额 1 000 元。[3]

1930 年，辽西地区发生洪水，规模百年难见。"其灾区之广、民之多、灾情之重，洵本省空前未有之浩劫也。"[4]"30·8"暴雨大致从 8 月 2 日开始到 8 月 6 日结束，历时 5 天左右，暴雨中心时间集中在 8 月 3 日到 4 日，据当地居民反映：六月初九（8 月 3 日）晚上六七点钟开始下大雨，像把天捅个窟窿，屋檐下来的雨水不是成流而是成片，像帘一样，三四米外看不见人，呼吸都感到憋气，雨后地里死鸟一溜一溜，3 日夜到 4 日下午，暴雨下满缸的有 21 处，估计一次降水量为 1 500 毫米到 1 700 毫米。[5] 这次水灾究竟是历史上什么样的一个水平，"文化大命革"结束后，辽宁省水利厅组织调查组历经两年多的时间，经反复核实，调查结果确定暴雨中心在辽西的西河复兴堡，雨量为 1 500 毫米到 1 700 毫米，24 小时雨量达 900 毫米到 1 000 毫米，相当于 1975 年发生在河南省的那次特大暴雨。[6] 以此次辽西大水灾为例，将部分灾情进行统计，我们不难看出灾情对于社会的影响以及灾后重建的难度之大。

---

① 水利部松辽水利委员会编：《松花江志》，第 1 卷，338 页，长春，吉林人民出版社，2004。

② 水利部松辽水利委员会编：《辽河志》，第 4 卷，252 页，长春，吉林人民出版社，2004。

③ 《安东市八月水灾后缫丝厂及油房损害状况》，《（伪）满洲国政府公报》，1932 年 10 月 3 日，星期三，178 号，吉林省档案馆藏档案。

④ 《辽西水灾情形》，辽宁水灾急赈会编：《灾赈专刊》，1930 年 11 月，第 71 号，辽宁省档案馆藏档案。

⑤ 水利部松辽水利委员会编：《辽河志》，第 1 卷，294 页，长春，吉林人民出版社，2004。

⑥ 1975 年 8 月，在一场由台风引发的特大暴雨中，河南省驻马店等地区共计 60 多个水库相继发生垮坝溃决，引发了历史上最惨烈的水库垮坝事件，共有 1 015 万人受灾，超过 20 万人死难，倒塌房屋 524 万间，冲走耕畜 30 万头。

表1-1　1930年辽西水灾部分地区直接损失一览表

县名＼类别	冲毁地亩数	冲毁房间数	淹毙人数	被灾人口数
绥中县	宽40里、长100里 约216 000亩	35 000间	2 000余名	40 000余名
盘山县	不明	10 000余间	100余名	100 000余名
新民县	80余万亩	6 200余间	10余名	6万名
锦县	不明	4 000余间	2名	51 210名
台安县	744 000亩	2 640间	80名	126 714名
黑山县	141 845亩	34 300间	10名	25 000名
义县	9 800余亩	2 500间	208名	1 459名
北镇县	77 994亩	4 679间	228名	5 000余名
辽中县	340 056亩	859间	无	16 098名
彰武县	325 000余亩	8 944间	34名	29 122名
兴城县	3 328亩	2 293间	14名	628名
上述合计（已知）	2 663 567亩	111 000余间	2 500余名	450 000余名

二、农业减产与物价上涨

整个清代，除个别时段外，人口一直在不断地增加，足见清代的粮食生产是一直增长的。而粮食增产的途径不外乎耕地面积的增加及亩产量的增产，根据清代耕地面积的增加速度远远落后于人口增加的状况，可见清代粮食生产不断增加的重要原因就在于亩产量的不断增长。一些学者认为，清代人口不断增加是事实，但粮食生产供应不足也是事实，粮食价格不断上涨，饥荒频频，说明清代的粮食产量并不是随着人口的增加而增长的。有些学者甚至还根据某些地区有关粮食生产的文献资料记载，得出了清代粮食亩产量有下降趋势的结论。但在东北地区，情况则并非完全如此。我们知道，在南方，农作物的生长期一般是一年两熟，而像岭南地区甚至能达到一年三熟。这样，即便夏季绝收减产，灾情过后立即种植也会在年底取得好收成。从而能够减少灾害所带来的负面效应。而在东北，农作物生长期皆为一年一熟，这样，一旦春耕时雨水不足或初秋时暴雨连绵，作物一年的收成基本上只能达到四成、三成甚至绝收。所以，在近代东北地区，一旦出现灾荒，对农业的生产和人民的生活，影响是相当巨大的，如1877年黑龙江将军丰绅和齐齐哈尔副都统托克湍给光绪帝的上文中详细提到了这一年份黑龙江各处因灾的收成情形："呼兰城守尉所辖沃野甲于通省，本年收成足有六分。齐齐哈尔等处春夏亢旱，雨水不均，入秋霪潦，黑龙江城春夏雨水虽属调均，入秋霪雨连绵，谷穗多系秀而不实，收成各有三分余。布特哈处春夏稍旱，秋后雨水较多，收成计有四分、三分余不等。茂兴、墨尔根等二十七站内除被灾两站外，其余收成六分、五分、四分、三分余不等。惟墨尔根城并墨尔根站、依拉喀站春夏亢旱，入秋虽得雨场调和，而田禾先因被旱甚重，未能畅茂，继至霜降先后尚未成实，以致禾稼受伤，籽粒平常，收成仅有三分、二分不等。"①光绪年间虽属清末，内外交困，可东北地区的地方大员还能做到灾情据报，所奏数亩收成十分详细。但到了宣统时期，地方官已无心思把所有地方的情况都原原本本翔实地上报了，如宣统二年（1910年）吉林巡抚陈昭常所呈："新城府（今扶余县）、珲春厅、舒兰县、敦化县、依兰府委因洼地居多，膏腴甚少。本年夏秋之间大雨连绵，河水暴涨，以致所种二麦多被淹浸，核计收成分数仅及三四分不等。"②可见灾情频发仍与长年动乱二者相互助长，地方官已无心经营而转为潦草为事。

再者，在东北很多地区，灾情的频发使得该地已成为皇帝和地方大员心中有数的重灾区，比较严重的有吉林三姓，灾害连年发生的情况非常之多。越是这样的地方农业的因灾的产量记载越细致，如"咸丰九年三姓地方，本年禾稼正直度粒之际，叠次被雹，及至收成，又值雨水连绵，未得旸晒，以致籽粒泡秕不实，收成仅四分有余，收成歉薄。三姓地方连年歉收。……查咸丰八年（1858年）三姓收成仅四分有余，兹三姓本年禾稼田叠次被雹、被雨，收成又与上年相同，连岁歉收，旗民倍形苦累。"③收成四分的年时很多，还有三分的，如长顺等所奏"吉省三姓地方于（1899年）二麦正值秀穗之际，霪雨连绵，未得旸晒，以致成熟穗小粒少，收成三分。"④甚至还有绝收的情况"（1877年）九月初旬猝遭风雹，连日雨雪交加，江河陡涨，被水成灾情形较重。本年播种田禾均皆被水淹没，颗粒未收，实属灾至十分。"⑤在不断的减产甚至绝收的

---

① 中国科学院地理科学与资源研究所、中国第一历史档案馆等编：《清代奏折汇编·农业环境》，535页，北京，商务印书馆，2005。

② 同上书，617页。

③ 同上书，497页。

④ 同上书，579页。

⑤ 同上书，534页。

情况下，有时候还要应对政府摊派的税收，广大灾民根本无纳税之力，开始想尽办法争取减免。1915 年 10 月 28 日，克山县灾民数百人，反抗缴纳税捐，迫使县知事"赞准免收"。①

减产最直接的后果就是物价的上涨。粮食价格的涨落情况，往往是当地粮食生产状况的灵敏反应。清朝规定，各省高级官员，每年必须奏报当地的粮食价格涨落情况，而且每当青黄不接之际，粮食价格若有重大涨落，也应随时奏报。这些奏报文件，往往与奏报雨雪情形的奏件合在一起。如：盛京将军增祺光绪二十九年九月十六日奏"……奉天广宁县迤南……其地原估百万亩，当时各领户报额领五十余万亩。嗣因滨海各地连年被水淹没，垦户以不保租赋纷纷退销……"②而在地方，提供的信息则更为详细，可以看到具体的粮食价格。"去岁冬际雪大，迨至今春又复大降雨雪，旗营屯户洼田地均被水占……小豆由一元提至一元三角。"③到了清末民初，商机踊跃，供求关系对灾后的物价影响更为明显。政府也不得不采取更多的干预措施来保证粮价的稳定。"今夏霪雨连绵水祸成灾……本地民食若经商贩输运出境，价值不免昂贵，贫民乏食实属堪虞；赵大令有鉴此详，请将境内烧锅按号停止，一并出示禁止商贩运粮出境以济民食，故近来每日集市胜有粮车二三十辆无主过问，因之粮价渐次低落，一般贫民稍觉安稳云。"④各地物价的普遍上涨，使广大民众和地方官员都无所适从。出现了没钱买不起粮，有钱无处买粮的情形。政府没有有效的措施，致使灾情加重，民众生活在水深火热之中，饿殍遍野，在生与死之间挣扎。农业的减产，导致物价的上涨，从而造成地区整体生活质量的下降，使得民众抵御自然灾害的能力更为降低。而一般来说，旱后生蝗，水过生疫，灾害频发的东北终于暴发了世界范围内规模罕见的瘟疫。

三、水患造成瘟疫流行

近代的人们思想观念落后，缺乏科学意识，对于卫生的重视不够，这就扩大了瘟疫的范围，加重了灾害的程度。水灾伊始，各种病毒和传染病菌会随之传播到各地，洪水的退去使病毒大范围暴露在空气中，大

---

① 黑龙江省社会科学院历史研究所编：《黑龙江近代历史大事记》，73 页，哈尔滨，黑龙江人民出版社，1987。

② 中国科学院地理科学与资源研究所、中国第一历史档案馆等编：《清代奏折汇编·农业环境》，598 页，北京，商务印书馆，2005。

③ 《新民 粮价骤涨》，《盛京时报》，第 4 版，光绪三十四年五月二十一日。

④ 《海城 赵大令对于民食之计划》，《盛京时报》，第 4 版，宣统三年十一月十二日。

大增加了人或动物之间传染瘟疫的概率。清末东北大鼠疫这一典型事例就可以说明这点。

鼠疫发生始于 1910 年 6 月，黑龙江省阴雨过多，嫩江水势暴涨，水灾淹地达 30 余万垧，淹死 200 人，积水生虫，食禾殆尽，灾民达 15 万人。同时，坤河水涨，屯居被淹，雨雹寸余，禾苗损伤严重。民房、田禾均被淹没，为灾甚巨，饥民困苦万状。① 继而整个黑龙江省被水成灾。10 月 24 日，满洲里站街首先发现鼠疫。随之而来的则是"冬大疫"。

冬季过后到了 1911 年，气候情况没有好转：全境持续着低温与湿涝。大部分地区大雨成灾。呼兰河、汤旺河流域山洪暴发，平地水深七八尺至丈余。呼兰、绥化、海伦、青冈、兰西和铁山包等地有 400 余村屯受灾，灾民 10 万余人，淹没耕地 28 万垧，冲毁房屋近 5 000 间，死亡 180 余人，损失粮、畜不计其数。② 鼠疫迅速蔓延东三省，死于此疫者数以万计。

由水灾引起的鼠疫，还带来了其他方面的社会影响。鼠疫发生后，清政府以防鼠疫为名对很多地区的居民进行了强制迁徙。但没有解决好迁徙后的安置措施，导致民众载怨不断。1911 年 1 月 26 日，从哈尔滨驱赶到呼兰的 3 000 多灾民更是发生了暴动，烧毁了呼兰府衙门。③

水灾过后，大批牲畜死亡。人与牲畜染上瘟疫，传播速度特别快。在近代，硬件上，医疗条件差；软件上，卫生意识低。人们对此几乎是束手无策，致使大批的牲畜死亡，被掩埋。瘟疫盛行严重威胁着人民的生命安全。

四、水灾严重影响交通运输产业

水灾对于当时的交通运输业带来了消极的影响。1911 年汤旺河大水、呼兰河大水，使得沿岸所有洼地尽成泽国，满铁所属南北两线铁路均被冲，火车停驶。④ 1924 年，吉林、黑龙江各处发生水灾，冲毁了中东路。"近来各路被水冲坏者甚多。兹闻东三省连日亦大雨连绵，河水暴涨，一面坡与阿什河间，第一三六里地方铁路被水冲毁，十二纱绳，即由一面坡派遣救济车，满载工人，前往修理，间于昨日（一日）业已恢

---

① 黑龙江省社会科学院历史研究所编：《黑龙江近代历史大事记》，74 页，哈尔滨，黑龙江人民出版社，1987。
② 同上书，138 页。
③ 同上书，75 页。
④ 水利部松辽水利委员会编：《松花江志》，第 1 卷，335 页，长春，吉林人民出版社，2004。

复原状，往返客货列车，得已勿阻云。"①冲毁火车轨道、淹没车站的情况时有发生，又如 1926 年因辽河灾，通辽车站被水的描述：

"四洮铁路局长卢贵，因该路受辽水泛滥影响，淹没站场，损害商运。昨特电致交部报告经过情形。原文如下：上月三十一日，辽河水涨，由通辽县之万字窝棚决堤泛滥，侵入通辽车站货物场，现正通知货主来站，帮同救护。并调集工役，设法防堵。又辽源县属之果树站，附近一带，与去年积蓄之水，联成一片，已成泽国。特此电陈云云。"②

1932 年的黑龙江水灾，使得北满铁路西线（今滨州线）、东线（今滨绥线）、南线（今京哈线）及呼海线、齐克线等铁路均遭水害，曾一度中断交通，据不完全统计冲毁铁路近百处，桥梁 20 座。③

近代的东北，内忧外困，无时无刻不面临着俄国和日本两国的觊觎。水灾的发生，一方面阻碍了东北地区的经济发展；另一方面也延缓了东北被逐步侵略的进程。但毕竟这能起到的作用微乎其微，而水灾给国内民众带来了巨大的经济损失，阻碍着东北地区赖以为生的农业以及不成熟的资本主义经济的发展。

除此之外，在洪水中漂泊不定的，除了牲畜和禾稼，深层次来讲，其中还体现了自然灾害的经济性对社会的作用。水灾的产生，既有自然生态过程，也有社会经济过程。水灾的社会经济过程源于灾荒的社会经济成因。也就是说，水灾在其发展的过程中，"由于种种社会经济方面的原因，灾害的烈度和破坏性大大减弱甚至消除，或者被强化和放大。"④而这种减轻和放大的效应，往往一方面取决于生产力和经济发展水平；另一方面取决于防灾、救灾方面的经济政策和其他方面政策的实施。正是基于这样的原理，伴随着每一次的赈灾与粮食外运，在减轻灾荒带来的影响的同时，商品经济恰恰逐渐体现出了主导市场的地位。首先，每逢灾年，周边丰收之地便会领谕旨率先运粮赈济，这必然会导致另一处的粮价波动。以光绪十五年（1889 年）为例，奉天滨海地区潮水泛滥，收成不稳定，而当时吉林等地恰逢灾年，所以次年奉天粮价上涨便是顺理成章的事。光绪帝因此下诏"以奉天米价增昂，缓各城旗丁、

① 《中东路被毁》，《晨报》，第 30 分册，第 4 版，1924 年 8 月 4 日。

② 《辽水泛滥为灾》，《晨报》，第 37 分册，第 5 版，1926 年 4 月 12 日。

③ 水利部松辽水利委员会编：《松花江志》，第 1 卷，338 页，长春，吉林人民出版社，2004。

④ 王茜：《论自然灾害的经济属性》，见谢永刚主编：《灾害经济学研究》，第 1 辑，149 页，北京，经济科学出版社，2006。

站丁等应还仓米",① 继而产生了一系列连锁反应。再次，春旱秋雨使得禾稼未能及时播种采收，大面积的降水又导致减产、绝收，势必使粮食歉收，从而可供给市场的粮食就会减少，供小于求势必造成物价的上涨。而民众对于物价普遍上涨几乎无抵御之力。针对因灾情而产生的粮价上涨，清廷亦有所准备。每次若有地方物价上扬，便饬令地方官员做好灾区与相邻地间的粮食储运工作，以平定灾区物价。如：同治十三年吉林省全境大水，皇帝下令"吉省向赖奉天粮米接济，现在灾区甚广，著都兴阿等仍准直省商民就近贩运，接济民食。……奉省所属各城秋收除牛庄镶黄等五旗界据报田禾被淹外，其余各城均皆丰稔，粮价渐减，民间得有积蓄。现界立冬在迩，既获收成，自应奏请将奉省从前奏明禁止之高粱、粟米、包米三项一律照常开运，以济各省民食。"②奉省丰收，粮价较往年低，而恰逢吉林遭灾，两相互补，稳定了粮价。

如此此消彼长数十年，我国农业商品化的程度自然有所提高。这正如毛泽东所说："封建时代的自给自足的自然经济基础是被破坏了。"③但是我国近代农村商品经济发展的程度还是比较低的，农村经济生活在许多方面仍保持着半自然经济的状态，资本主义在东北农村发展得依然相当缓慢。

第三节　对水灾的应对措施

对遭受水灾的地区和人民进行救助，这是任何时代的政府都必须承担的义务。具体做法如灾情调查、提供赈灾资金、供应救灾粮食、控制物价以及加强和重建生产等。在东北，水灾给人民造成的负面影响极其深远，物价上涨、农业减产、瘟疫流行，使得东北地区广大民众的生活受到了严重威胁。面对如此严重的情况，政府、乡绅、社会组织，以及各界人士都展开了灾害救助活动，减轻并解决人民的生活困难。同时兴修水利，加强和改善地方的蓄水能力，确保社会各个层面能够在水灾来临之际把损失减到最小的程度以应对新的灾情。

一、赈济免捐的应对措施

水灾是严重的自然灾害之一，影响深远，水灾的发生导致农业颗粒

---

① 中国科学院地理科学与资源研究所、中国第一历史档案馆等编：《清代奏折汇编·农业环境》，599 页，北京，商务印书馆，2005。

② 同上书，579 页。

③ 《毛泽东选集》，第 2 卷，93 页，北京，人民出版社，1952。

无收，人民生活困苦，各界对此都很重视，政府为缓解人们的压力，经常采取赈济免捐的方式。

1. 清王朝及地方政府采取的赈济免捐措施

在晚清时期，面对水灾所造成的损失，清朝中央及东北地方政府实施赈灾免捐等措施。即便在清朝末年，政治腐败，经济落后，但是为了维护其濒临灭亡的统治，政府部门还是尽量做到了应尽的责任，缓征赋税，发放籽种，在一定程度上缓解了人民的困苦。1845 年，"奉天凤凰城等处雨多歉收……均已随时加恩分别缓征，接济抚恤口粮。"①1831 年十月"黑龙江、齐齐哈尔、墨尔根城等处被旱被雹展缓应征积欠并贷银米有差。"②1867 年，"辽阳春旱牛庄等处秋涝。——缓征奉天开原牛庄白旗堡被淹地旗民额赋。"③1868 年"（黑龙江等地）查定例收成六分者额粮满交，收成一分至三分者将额粮全行蠲免，仍行分别接济。"④光绪二十四年（1898 年）还在吉林地区增设了两个常平仓。

清政府时期，在各地方大员与皇帝之间的奏折和批文里随处可见上报的灾情以及政府采取的赈济措施："同治六年，辽阳春旱牛庄等处秋涝……缓征奉天开原牛庄白旗堡被淹地旗民额赋。"⑤其实早在乾隆初年，各地官员向皇帝呈报雨雪粮价和禾麦收成分数已经形成为一个完整的制度。⑥ 每个省区以府和州为单位，按月或季度，由督抚等官汇总开单上报朝廷，遇有特殊情况如突发灾变等则随时具折呈报，一般到年底时汇报本年度总况。如 1870 年黑龙江将军德英 12 月 16 日⑦所奏"黑龙江省所属各城本年秋成分数……呼兰收成六分。齐齐哈尔、黑龙江、布特哈三处自去岁冬际雪大，迨至今春又复大降雨雪，旗营屯户洼田地均被水占，未能耕种，高阜正值籽粒成熟之际，猝于八月初十、十一（9 月 5 日、6 日）等日苦降严霜，受冻轻重不一，收成粮石籽粒不等。齐齐哈尔、黑龙江二处仅收成三分余，布特哈处收成三分余、二分，茂兴、墨尔根等二十七站收成六分、五分、四分、三分余、三分不等。墨

① 中国科学院地理科学与资源研究所、中国第一历史档案馆等编：《清代奏折汇编·农业环境》，464 页，北京，商务印书馆，2005。
② 张伯英总纂：《黑龙江志稿》，卷十三，《经政志》，《灾赈》，铅印本，5 页，1932。
③ 白永贞纂修：《奉天通志》铅印本，第 6 函，卷 144，民治三，《灾赈》，27 页。
④ 中国科学院地理科学与资源研究所、中国第一历史档案馆等编：《清代奏折汇编·农业环境》，817 页，北京，商务印书馆，2005。
⑤ 白永贞纂修：《奉天通志》铅印本，第 6 函，卷 144，民治三，《灾赈》，27 页。
⑥ 郭松义：《清代的灾害和农业》，见赫治清主编《中国古代灾害史研究》，北京，中国社会科学出版社，2007。
⑦ 时间为现在的阳历，清历则为同治九年闰十月二十四日。

尔根城所种田禾夏间被旱……嗣后得雨而田禾长发不茂，正在成熟之际，仍于八月初十、十一等日降霜受冻，仅收成三分。"①这个奏折中就详细地说明了黑龙江省各地受灾情况以及收成数，比较具有代表性。这一做法一直延续到清朝灭亡。雨雪量的大小，一直是探测水旱灾害程度的重要标志，而粮价的高低和年成的好坏也与灾害有着密切关系。

2. 民国时期东北地方政府的赈济免捐措施

到了民国时期，政府对于赈济水灾的态度更为积极。即便在军阀统治时期，仍有不断救济的活动，"民国六年缓奉天牛庄等地被水灾民租赋"。② 救济灾民所发粮米规定数目必须严格依照规定，不得妄自添损，对在救济灾区过程中徇私舞弊的官员进行了严处，以保障赈济救灾工作的顺利进行。

"兹查县属三家子村长孙乃勤发放赈粮于赈米到村，时因城斗与村斗大小稍有差异，竟将斗底加添柴板，任意发放……究属办事不力，拟按照行政罚款，处于罚金，定价大洋八十元，以示惩儆……全数留县充作赈款，归入冬赈案内购粮散放，借资辅助。"③

在内战等外界因素的干扰下，东北地方政府成立了东北筹赈总会。1928 年，张学良改旗易帜之后，在行政体制上顺从了中央政府，考虑到东北三省各地灾害严重的实际情况，设立了东北筹赈会吉林分会等官方救灾组织，以图救济。

"东北筹赈会吉林分会……经于十七年十二月十七日正式成立，并推张作相为会长，熙洽诚允为副会长，张松龄为委员长，钟毓、贾文凌为副委员长，均各于是日分别就职，并经吉林省长公署颁发木质关防一颗，文曰东北筹赈会吉林分会，关防当于十二月二十九日启用。"④

随后又将原同善堂改组为辽宁省救济院，并依照中央政府的政策法规确立了东北地区赈灾的方针政策。为了更好地解决如 1930 年辽西大水灾这样的灾情，1930 年中秋节，张学良政府邀同东北边防军司令长官公署副官处、东北交通委员会、辽宁全省警务处、辽宁省公安局、沈

---

① 中国科学院地理科学与资源研究所、中国第一历史档案馆等编：《清代奏折汇编·农业环境》，523 页，北京，商务印书馆，2005。

② 张伯英总纂，崔重庆整理：《黑龙江志稿》(一)，16 页，哈尔滨，黑龙江人民出版社，1992。

③ 《呈省政府为盘山县村长孙乃勤办赈处罚情形》，辽宁水灾急赈会编：《灾赈专刊》，民国十九年十一月，71 号，辽宁省档案馆馆藏档案。

④ 《奉天省长公署刊发东北筹赈会吉林分会组织成立的通令》，辽宁省档案馆编：《奉系军阀档案史料汇编》，第 8 册，96 页，南京，江苏古籍出版社，1990。

阳县、东三省官银号、辽宁商工总会、辽宁省农务会、辽宁省教育会、世界红十字会沈阳分会、青年会、各报馆开会，组织成立了辽宁水灾急赈会，通电全国并登报公布成立，[①] 并公布了急赈会募捐办法，确立了以下几个原则及详细的募捐办法："军政界由各机关首领分别劝募，城乡绅富由公安局负责劝募，教育界由教育会负责劝募，商界由商工总会负责劝募，民众方面任听自动捐款委托七家报馆代收。"[②]"用军乐队、灾民化妆、图画、旗语分为两组在街市游进(以上军乐队由民政厅直接通知，灾民化妆、图画由阎总干事承办)；另再由童子军布散传单(由民政厅再印)；一面遍贴标语(如电车、公共汽车、电杆、各公共娱乐场所，由《东三省民报》赵社长承办)，一面用电影广告(由公安局承办)。特殊行政罚款拨充水灾赈款，陕赈余款移充水灾赈款，设立施粥厂对灾民进行救助。"[③]可见，东北地方政府对于水灾的善工作后极为重视，不仅能够确立捐款的原则方案，而且对具体的实施也做了妥善的安排，在细节方面也能够做到比较量化的处理。水灾急赈会"自民国十九年八月十五日成立起截至二十年七月三十一日止所有收支赈捐各款数目，收现洋共计 9 001 803 元 9 角 7 分 6 厘，支现洋共计 895 686 元 2 角 4 分，余存现洋 6 117 元 7 角 3 分 6 厘"。[④] 有着良好的政府支持及细节处理，水灾急赈会成立的一年时间里，取得了较大的成绩也是意料之中的事。在看到如此巨大成就之后，张学良计划在 1931 年中央政府成立"救济水灾委员会"后采取相应跟进措施。[⑤] 可惜时运不济，"九一八"事变爆发，一个庞大的救灾系统计划就此搁浅。

3. 伪满时期的赈济免捐措施

伪满时期在水利法规的制定上比较完善，赈济方式同时吸收了民国与日本的相关规定。民众对水灾的灾情更为关切。1932 年 9 月 26 日大水，黑龙江口水势暴涨，洼地水深五丈十丈不等，高地亦有一二丈深。伪满政府各官员捐银 25 000 元，以资赈济。[⑥]面对如此规模的灾情，赈济规模相形见绌，这固然与民众对伪满政府的态度不无关系。而伪满政

---

① 《成立水灾急赈会》，《灾赈专刊》，1930 年 11 月，71 号，辽宁省档案馆馆藏档案。

② 同上。

③ 同上。

④ 同上。

⑤ 1931 年中华民国中央政府成立了"救济水灾委员会"以宋子文为委员长，许世英、刘尚清、孔祥熙、朱庆澜为救济水灾委员会委员。

⑥ 《皇帝陛下赐金于灾民之件》，《(伪)满洲国政府公报》，1935 年 7 月 29 日，414 号，吉林省档案馆馆藏档案。

府也想了很多办法，以充实税收。1932 年，辽源县县长陈亚新打算整顿路政，苦于囊中羞涩，便上报民政部拟发行彩票以筹款筑路。彩票既行，不料效果甚差。倒是夏季大水后，民政部给陈出了招妙棋，举办水灾赈济彩票以替整顿路政之名，结果效果极佳。①

二、社会各界的赈捐活动

在近代，包括士绅、教会、民众在内的社会各界对水灾自发进行了各种各样形式的义赈活动，其中甚至不乏官吏以私人名义捐助的善款。与政府进行官方赈灾活动的同时，来自社会各界的赈捐也开始逐渐壮大起来。

1930 年辽西大水灾发生之后，社会各界几乎都本着"有钱出钱，无钱出力"的态度认真对待灾情。中国慈善会联合总会更是在第一时刻作出了积极的反应，并迅速与灾区各级政府联系，采取了行之有效的赈济方法。"张教五长官联合哈埠官绅士商成立哈尔滨水灾急赈会。等高一呼，众山齐应。劝募善款二十余万元，委托敝会办理急赈。"②不仅仅是捐助资金，包括粮食、衣物、能源等各种生活必需品都由专人亲自送至灾区，从而最大限度上减轻了灾情的严重程度。

"一令派专员运输赈粮，分交被灾各县施放。敬请贵厅通知东北交通委员会发给运输赈区粮米免疫麻袋等类免费执照及便衣二三等乘车证各一百张，赈粮到各站时即请拨车辆。请通知东北交通委员会转饬税捐局发给赈品免税执照救灾。即是救命，以免耽延时日，并请通知被灾各县县政府商务会水灾急赈会与敝会派员接洽。会商赈务函请查照转知后，准函开敝会办理辽西各县水灾急赈。按所募善款，分期备粮。令照收到之款备妥红粮三千四百七十石。……照敝会预算表被灾最重之台新锦绥五县，酌量分配其余。俟赈款集齐再为分运所有应需运输免费赈粮免税电报免费及三二等乘车便衣证业经函请贵厅转知交委会税捐局各在案。现在应运于各县第一次赈粮堆在皇姑屯车站……救济嗷嗷待哺众灾黎一面耽延时日。今特派敝会经理辽西赈务员前往贵厅请派员接洽详商运输"。③ 慈善会救灾的态度非常积极。

---

① 《举办水灾赈济彩票宣言》、《水灾救济彩票发行》，《(伪)满洲国政府公报》，1932 年 9 月 26 号，50 号，吉林省档案馆馆藏档案。
② 《成立水灾急赈会》，辽宁水灾急赈会编：《灾赈专刊》，1930 年 11 月，71 号，辽宁省档案馆馆藏档案。
③ 《成立水灾急赈会》，《灾赈专刊》，1930 年 11 月，71 号，辽宁省档案馆馆藏档案。

四省(辽吉黑热)慈善联合会、佛教华龙义赈会、中国华洋义赈会等全国各义赈会东北地区分会在历年的赈灾过程中也作出了不少贡献。[①]

最值得一提的是在本地慈善总会、义赈之外，还不乏外省各义赈会对东北灾区的捐助。光绪二十年(1895年)，辽宁地区发生严重水灾。在新民，就有来自江苏的团体"江苏义赈局"特意携款前来捐银筑堤。当时的《新民县志》记载道："江苏义赈局阎绅作霖官阶道员携巨款来新赈济灾黎……堤长二百一十里宽五尺至七尺高八尺至一丈不等，阎绅舍款合清钱二十一万吊不足，又由老达房以南之商镇募款六万吊大工告竣。居民受庇实多。迄今乡民岁有补修每届补修聚众堤上犹追思创始之宏慈衔感不已。"[②]来自浙江省的义赈会也对东北的受灾地区进行了捐助，"民国八年新民水灾邑绅刘百泉等正在筹济赈恤之际，适浙江义赈会专人来新，施给红粮五十石，又冬衣若干……"[③]这些来自外省的赈济，受到了当地民众的欢迎，"迄今食德人民犹追念不置"。[④] 东北受灾民众对义举感念不忘。

除慈善组织的捐助外，不少政商富贾也以个人名义采取了义捐善举。1923年东北全境大水之后，各地政商精英纷纷慷慨解囊。张作霖"以所属各县旱潦成灾，哀鸿遍野，为救济灾黎"，与时任省长王永江磋商，在署内筹设义务赈捐处。以私人名义带头捐助十五万元，吴俊升捐助七千元，张作相与王永江各自分别捐助五千元，其他各处厅局长知事也大大小小各有捐助。[⑤] 一时，东北各地乃至全国都兴起了一番慈善的热潮。更有意思的是，袁世凯和溥仪当政期间也分别以私人名义对东北地区的灾情进行了"义捐"。1915年7月，呼兰、肇州等地连降大雨成灾，在财政部已经给呼兰等7县发了赈银3万元之外，袁世凯又以私人名义捐助了3 000元。[⑥] 1932年东北大水，伪满政府各官员捐银25 000元业已不少，溥仪又颁发谕旨一道，以个人名义捐助3万元，以资赈济。"皇帝"的"亲民爱子之心"使得伪民政部大臣吕荣寰提心吊胆地

① 《四省慈善联合会帮助朝阳凌南赈灾情形》，《热河省长公署档·JC23》，2130卷，辽宁省档案馆馆藏档案。
② 王宝善修，张博惠辑：《新民县志》(一)，295页，1926年石印本，成文出版社影印本。
③ 同上书，295页。
④ 同上书，306页。
⑤ 《东三省筹赈》，载《晨报》，第4版，1924-07-30。
⑥ 水利部松辽水利委员会编：《松花江志》，第1卷，372页，长春，吉林人民出版社，2004。

亲命九省省长监督善款施行，"不得稍有疏忽"。①

三、制定水利政策与兴修水利

1. 灾情上报体系与水利政策法规

在灾情的上报问题上有几种比较流行的看法。一种是认为官吏总是想扩大灾情以求蠲免获得赈济。对于这个问题，应该了解统治者是如何对待自然灾害的。早在清初，乾隆皇帝对直隶总督的批示就有"以为我君臣于吏治民生之间即无一不当，未必能仰邀风雨时若之赐；而吏治民生间有阙失，即未有不致水旱之微告，此皆非卸过之词。"而乾隆三年直隶春旱，李卫一筹莫展，自请交部议处。可以得出官吏扩大灾情以求赈济的胃口不能过大。过大无异自供吏阙。另一种观点认为官吏为了粉饰太平而讳灾。看来皇帝也深知此点；1738 年 4 月 17 日，李卫为甘霖连续需事的奏折中，乾隆帝指出这是"因欣慰朕怀而存掩饰之念"；亦有"不可粉饰"之语。② 这样会对下属的粉饰起到一定的钳制作用。清以农业为本，灾害对于农业发展的重要性不言而喻。一旦出现地方大员怠慢灾情的情况，清朝政府是绝不手软的。1878 年在处理三姓地区水灾的问题上，光绪帝更是对时任伯都讷副都统的乌勒兴阿忍无可忍："谕内阁，兵部奏，遵议副都统处分一折。前伯都讷副都统乌勒兴阿于三姓被灾，经该署将军铭安咨令提拨仓存米石接济，乃任意迟延，且复饰词搪塞，实属玩视民瘼。乌勒兴阿著即照部议革职。"③因此我们可以认为清朝的上报体系中，没有匿灾或扩大灾情的系统偏差。

民国时期，有关东北地区的水利政策、法规很少。1923 年，奉天水利局制定《用水管理规则》七条。1932 年《将境内历年水患情形及补救办法用款来源调查报告》，以期通盘设计今后赈灾用款办法。1936 年，日伪政府制定了以各省为单位的《水灾综合报告要纲》，《水灾综合报告要纲》中规定了各省在今后水灾发生后的上报制度，确立了地方水灾上报体系。确立了以下 5 个重要的上报原则。

"一、省公署应令所属县旗公署（在吉林省则除长春县公署）及警察厅在水灾镇静后一个月以内制成报告呈报省公署，同时并应呈报个关系

---

① 《皇帝陛下赐金于灾民之件》，《（伪）满洲国政府公报》，1935 年 7 月 29 号，414 号，吉林省档案馆馆藏档案。

② 中国科学院地理科学与资源研究所、中国第一历史档案馆等编：《清代奏折汇编·农业环境》，6 页，北京，商务印书馆，2005。

③ 同上书，564 页。

本部。二、(伪)首都警察应在水灾镇静后一个月以内,应分别制成新京特别市管内之报告与长春县管内之报告。该两份报告于呈报民政部同时并应将新京特别市关被份之抄件函送新京特别市公署,长春县管内份之抄件函送吉林省公署及长春县公署。三、哈尔滨警察应在水灾镇静后一个月以内应制成报告呈报民政部,同时并应将共抄件函送哈尔滨特别市公署。四、各警察厅应将报告之抄件函送该厅所在地之市县旗公署。五、报告中应检同浸水区域图。"①

　　1937年日伪交通部设立辽河治水调查处后,又于1938年公布《河川法》,以控制河流的开发利用。1943年日伪交通部公布《河川堰堤规则》。这一系列的政策和法规,一方面改善了东北地区水利法规几近空白的情况;另一方面也大大加快了对东北地区资源的掠夺和利用。

　　国民党接手东北后,忙于筑工事,抢地盘,没有把注意力放在相关政策法规的制定上面。内战结束后,东北水利总局接管东北水利工程总局,代行政流域机构职能,发布了一些法规和办法。1949年6月东北水利总局颁发《东北防汛办法草案》,规定东北地区7月1日至9月10日为防汛期以及《水利工程验收暂行办法》以及《东北农田水利暂行规则》等。②

　　2. 水土保持与兴修水利

　　东北地区的水土保持工作,始于民国年间。民国十四年(1925年),乡民高化远等发起"从长计议必须组织山林公会,以资守望相助,方能安居乐业"的护林倡导。民国十五年(1926年),指令每年清明为植树节,届时举行典礼,以示劝导和鼓励种树,以博林利而厚民生。当年大石桥镇造林总场奉令拨付北镇县造林苗木12 000棵。民国十七年(1928年)于西门外建苗圃一处。民国十八年(1929年)又在东门外购地建苗圃。③"不论公有、私有各山一律保护。"④当局虽有振兴林业之愿,终因军阀割据,育苗造林成效甚微。

　　(1)清朝采取的水利措施。

　　"民以食为天"。近代的东北地区,小农经济占绝对的主导地位。农业的兴衰关系到整个社会的正常运行,要保证农业的生产,必须保证农

　　①　《水灾报告之件》《(伪)满洲国政府公报》,1936年8月13日,721号,吉林省档案馆馆藏档案。
　　②　水利部松辽水利委员会编:《辽河志》,第4卷,237页,长春,吉林人民出版社,2004。
　　③　同上书,107页。
　　④　《保护山林不收利益》,《辽阳公署档·JC20》,2029卷,辽宁省档案馆馆藏档案。

业免于各种灾害的侵袭。而水灾对农业的影响不言而喻。因此，在农业生产上，最首要的工作是必须大兴水利，维护水利设施和防护工作的正常进行。"水利一兴，则旱潦有备，可转荒芜为乐土。"①荒废水利，必然会导致灾害的加剧。然而历史上一直是只有当灾情来临，人们才会更多地关注水利设施的建设。清代以前，东北地区没有专门的水利机构，水利和土木工程一并纳入地方政府的职能范畴。近代以来历届政府在这个问题上作出了一定贡献，使水利有了一定的改善，组织水利分局，灌溉农田，略有成绩。

在清代，由于没有专门的官方水利机构，兴修水利工程往往由民间优秀的组织人才主导。这样充满英雄色彩的事例不在少数。光绪末年辽河两岸经常发生水患，清政府拟修堤防治。光绪举人刘春烺被聘，提议"修堤而不挑河，难于根治水患。"②遂由冷家口浚碱河一道，使辽河水流经双台子入海。既解决了辽河本流二狼洞至三岔河一段因多年淤塞而成灾的问题，又使碱河两岸变成沃壤。碱河开通后，人们称颂不已，立碑记述此事。清宣统三年（1911年），刘春烺拟浚河策数千言，提交督府后，将付诸施行，因筹款困难而中止。后受聘到省城绘制河图，劳累所致，不久病逝，卒年63岁。③

（2）民国时期初具规模的水利措施。

随着社会的发展，思想的不断进步，人们认识到水利事业的重要性，水利灌溉提上日程。民国初年，在吉林省省长公署民政厅或建设厅内设实业公司，在县公署内设民政、建设、实业等科兼管水利。1922年至1925年，在今吉林省境内原属奉天省管辖的各县，设置柳河、怀梨、安丰、海辉水利分局，并在民间组织"农会"，指导农民办水利。日伪时期，在日伪各省公署内设实业、民政、建设等科，在各县公署内设行政科土木股，在有"开拓团"移入的县设科掌管水利，同时在民间组织"水利组合"（后改"水利公会"）开发水田。1948年9月，吉林省解放前夕为加强水利工作，于农业厅内设水利科，调舒兰县县长刘鹏为首任科长，留用沦陷时期水利技术人员（包括未回国的日本人）到该科任职，这是吉林省首次建立的省级水利专职机构。1949年1月，吉林省政府决

---

① 张瀚：《松窗梦语》，转引自李文海、夏明方主编：《天有凶年——清代灾荒与中国社会》，239页，北京，生活·读书·新知三联书店，2007。

② 水利部松辽水利委员会编：《辽河志》，第4卷，246页，长春，吉林人民出版社，2004。

③ 同上书，247页。

定将吉林省农业厅水利科改为吉林省农林厅水利局，下设秘书、工务、设计、水政、材料等科。①

兴修水利可以疏通河道，引导水流，从而减小雨水降落至地面后的冲击和侵蚀强度。奉天政府在这方面有着很清醒的认识。1927 年的《盛京时报》当时记载："水利局水路之延长约十九日里，其灌溉面积以北陵吾家荒讷本浑板桥子方面为中心，约有四千町布（日里），水田之引用水量于一秋间约灌三百二十立方尺为标准，然河堤有不完全之处，自然漏水，则定量水之引用不得实行，现在水路之断面于完全到导水实觉困难，去岁天旱之际，受有多大之障害，亦属当然，现在堤中之水月有八成由浑河流入，自东陵至东门外之水六成于灌溉上甚感缺乏，民国八年来，太公堡以西约一千三百町布，以至行干沓式耕种，抚顺附近二千町布因去年之天旱以来亦以干沓式播种。"②

显然，奉天政府在水利工程问题上已经能做到具体的量化。随着东北人口的增加和耕地面积的逐渐增多，政府也越来越重视水利工程。民国初年，政府在东北地区相继设立了水利分局，以保证农业和水文环境的正常有序发展。

（3）日伪时期水利的完善。

日伪时期，伪政府出于统治的需要，也实施了一些水利工程，并对以往的一些水利工程分别加以改进。以柳河为例，早在清朝末期宣统年间，辽宁省新民县著名士绅荣凯便受命治理柳河，他采取植柳培堤，导水入辽的方法，从宣统三年至民国十一年（1911 年至 1922 年），前后历时十余载。③ 取得了治柳的初步效果，但未达治本的要求。日伪时期，鉴于柳河洪水泥沙危害严重，曾于民国二十三年（1934 年）着手对柳河进行水土流失调查，在此基础上确定了治理柳河的方针，即采取工程措施和植物措施相结合的办法开展水土保持。在上游水源地营造固沙林和拦沙坝，在下游则利用堤坝和护岸林、固沙林等防止洪水泥沙泛滥。对沙漠区则用埋杆造林法以固沙。堤防则借鉴荣凯的"植柳培堤法"。该方案于 1937 年经日伪国务会议通过，计划 5 年内完成柳河治理工程。1938 年日伪交通部在锦州成立土木工程处。当时治理柳河的主要工程

---

① 水利部松辽水利委员会编：《辽河志》，第 4 卷，224 页，长春，吉林人民出版社，2004。

② 《东三省新闻 奉天 水利局河堤不良》，载《盛京时报》，第 4 版，1927-05-11。

③ 《荣凯修治柳河始末记》，《奉天通志》，第 4 函，卷 93，建置六，祠庙二，"新民县"，24 页。

是，在内蒙古库伦旗境内有 4 处控制地隙工程（称为深谷工程），总长达 37 公里，面积为 455 平方公里的防风固沙林；1938 年至 1939 年完成了两项滞洪拦沙工程：三家子拦沙堰坝高 7 米，坝长 80 米，储沙量 106 万立方米，和石门子拦沙堰，坝高 8 米，坝长 112 米，可拦沙 815.6 万立方米。同时采用埋杆造林法栽植固沙林，用栽植法种植了紫穗槐。[①] 另外，从 1939 年至 1942 年，在内蒙古库伦旗沿岸及周围沟谷地带修了谷坊工程。为了控制水挟带泥沙下泄，1939 年至 1942 年，在柳河上游建成闹得海大型拦沙堰工程，堰体为混凝土重力坝，高 38 米，长 167 米，控制面积 4 051 平方公里。[②] 除闹得海拦沙堰外，在柳河流域其他各沟谷共修建了 7 处小型拦沙堰，上述 8 座拦沙堰对调控滞沙、控制沟道发展、提高地下水位和方便交通，起了十分明显的作用。但 1942 年 2 月 28 日，随着工程的竣工，工程处也随之撤销，辽宁省境内直至中华人民共和国成立前都未再有全省性的水土保持机构。

当然，上述水利工程并不理想，据 1949 年 5 月东北水利总局的查勘报告中记述的治柳情况称：“日伪时期，为防止风沙，涵养水源，由日伪营林署在柳河中上游地带植林，林带间隔 4 公里，林带宽 50 米，当时仅完成一半，成活率三分之一。凡林带经过耕地者均被毁掉，残存者为高不及 0.5 米的枯弱林；护岸林与河流并行，宽 50 米，以杨柳为多；植树面积，在三家子、石门子拦沙堰上游右岸 4 公里范围内，共植树 153.33 公顷，库伦街也有植林地 153.33 公顷，栽植后一年成活率为 80%，勘察时仅剩三分之一。”[③] 这些工程措施和生物措施实施以后，直至 1949 年中华人民共和国成立前，对控制洪水和泥沙，发挥了一定的积极作用，但受当时局限性影响，未能解决柳河泥沙下泄及输入辽河淤积河床的根本问题。

日伪时期，为了配合对中国的侵略和对资源的掠夺，伪政府还兴修了一些水库。其中最具代表性的便是二龙山水库。1933 年 11 月，日伪国务院国道局第二技术处提出《东辽河贮水池计划案》。随后，日伪又分别公布了《东辽河治水工事计划书》《东辽堰堤理水计划书》，并确定二龙山水库主要是以防洪、灌溉，次为居民用水，按 50 年一遇水位标准设计。水库于 1943 年 12 月 15 日正式开工，到 1945 年 8 月 15 日日本投降时工程已完成计划总量的 87%。整个工程施工由日伪交通部负责，

---

① 水利部松辽水利委员会编：《辽河志》，第 4 卷，114 页，长春，吉林人民出版社，2004。
② 同上书，115 页。
③ 同上书，116 页。

将工程发包给日本人神谷组，施工队伍主要有两部分人，一部分由米记公司负责从天津"招募"，另一部分是日伪强行征集的"勤劳报国队"。为安置库区移民，当时确定淹没线为 220.20 米，房屋收买线 222.60 米，土地房屋按当时规定的地价、房价强行收买，淹没线以内耕地不准耕种，房屋收买线以下土地允许耕种，淹没损失自理。土地收买费由当地地方部门负责，伪政府则不去管理。日本投降后，国民政府继续完成了水库的兴建，并于 1947 年 6 月竣工。竣工后的二龙山水库坝顶宽 6 米，土坝工程量 504 770 立方米，溢流坝工程量 36 740 立方米，进水闸工程量 1 966 立方米，合计为 543 476 立方米。[①] 工程质量完好，但已不能应付新的灾情。后于 1960 年进行扩建。

（4）解放战争后的水利事业百废待兴。

光复后，国民政府开始接收伪满政府一系列的水利工程。1946 年国民政府行政院水利委员会在沈阳成立东北区特派员办公处，7 月撤销，成立东北水利工程总局，为续建二龙山水库，成立东辽河工程局。但由于国民党忙于内战，特别是东北地区，战火更烈，因此虽设机构不少，但工作不多。相反在已经解放的地区，各民主政府领导人民进行了多项水利建设和水利事业，如辽北省进行的西辽河苏家堡堤防堵口工程、盘山和台安两县的治水防汛修堤等。

东北地区内战结束后，在中国共产党的领导下，东北各界开始了新一轮大规模的兴修水利工程，并且开始由政府单纯组织到党政、军队、人民群众三位一体的构成体系。自 1947 年冬至到 1948 年夏近一年来，东北水利工作在党政领导、军队帮助以及组织群众进行下，成绩斐然，以松江省为例："兴修水利（包括恢复水田）从去冬开始即进行阿城石槽电力抽水，场送电线的架设工作，按时抽水，使 704 垧的水田得到"八一五"后第一次收获，将产水稻 1 400 吨以上。阿城天里村现代化的电机抽水工程的恢复工作在与哈市市府协力进行下，已完成基础工程，现仍继续进行中，已完成部分播种水田 500 余垧，如果全部完工，可灌溉 4 500 垧，能使 10 000 垧的旱田不受淹，伪满时候未完工的通河大通河堰工程，则争取封冻以前完成，如无意外，明年剩下的只是水渠工程了，可以播种 1 500 垧。此外，各县群众争取合作兴修办法，修筑不少的水田，为数在万垧以上，根据初步统计，今年全省播种水田面积达 45 209 垧（大垧）。今年水田尚佳，估计一垧产二吨左右，全省可产水稻九万吨以上。原松江十二县，今年水田面积为 33 292 垧，比去年水田

---

①　水利部松辽水利委员会编：《辽河志》，第 3 卷，14 页，长春，吉林人民出版社，2002。

面积 23 596 垧增加 9 696 垧。"①使得水利基础设施建设和农产量有了显著的效果。

但是由于受科学技术、客观因素、认识因素及财政政策等因素的影响，近代东北投入兴修水利的资金极为有限。基础设施建设耗资巨大，如果政府没有给予足够的资金做后盾，就失去了物资保障。政府部门没有支持，要发展大规模水利工程，是很难实现的。因此近代东北无论是旱年还是涝年，水利设施所发挥的作用仍然是杯水车薪。

本章小结

在中国近代的东北，水灾发生之频仍，持续之久，受灾面积之大，为东北区域史上所罕见。在近代不同的历史时期，面对严重的灾情，在不同时期的意识形态的指引下，人们采取了不同的对策和表现。这些表现，集中体现在两个方面：一是当灾情来临时，民众的应对措施；二是如何去预防和解决灾情从而避免再次发生。近代东北旧的民俗观念随着封建旧的统治制度而寿终正寝。在近代中国东北水灾频繁的时期，面对严重的灾情，东北民众的民俗观念经过几个时期的曲折发展，随着科学的深入，最终形成了新的民俗观念和新的信仰。于自然灾害面前，不是祈求老天的帮助，而是运用自己的能力来战胜灾害。

近代东北水灾频繁发生，面对严重的自然灾害，人们的民俗观念经过几个时期的发展最终走向了科学的轨道。近代前期人们在愚昧落后的民俗观念的支配下，遇到灾情就去拜祭庙宇，毫无科学意识而言。直到解放前期，在广大的东北农村，仍然是封建的小农意识在社会各个层面占据了绝对的主导地位。面对严重的灾情，在当时极低的生产力水平下，就连蒋介石也认为"非人力所能捍御"②。

柳河是辽河干流中游右岸的一条多泥沙支流，清朝初期名柳河沟，年降水量 400 毫米到 600 毫米，夏季暴雨集中，春、秋少雨干旱。近代以来柳河平均每 5 年发生一次洪水，每次洪水都造成下游河水泛滥，河流改道。新民居民迷信有河神，于是盖河神庙，祭河神。光绪三年在新

---

① 《松江省军民合力兴修水利，治涝防泛保证秋收，修复电力抽水工程，灌溉稻田千余垧，筑堤挖壕五十余条，六万垧良田免灾》，载《东北日报》，1948-09-29。

② 1931年长江大水，8月17日武汉被大水最后淹没的时候，蒋介石从南昌飞往上海。9月1日，蒋介石发表了《呼吁弭乱救灾》的电文，而重点仍然是"弭乱"（第三次"围剿"），对水灾，则称此属"非人力所能捍御"。

民县西大街建柳河神庙，但水患未减。① 虽然，拜祭庙宇不可能解决水患问题，但在近代中国东北地区却仍有相当大的习惯势力。

新文化运动中，先进的知识分子以科学为武器，猛烈抨击有神论和有鬼论。知国家之凌辱，必大兴教育，开启民智，抵御外辱，提倡毁寺办法。近代东北在主潮流的推动下，也不甘落后，把过去人们祈雨求佛地变为科学圣地。"各区村屯莫不有庙宇在焉，自改行新法以来，劝募巨资，重修庙宇之事，虽仍不能尽，无而借其地改设学校，暨作别项机关者，竟所在多有任守土之责者，能因势利而利导之，不难移风而遗俗也。"②人们的科学观念开始增强。

晚清的东北，正值辛亥革命呈星火燎原之势，清政府不能尽全力对灾情严重的地区采取很好的赈灾措施。因此在政府以外，号召乡绅及社会各慈善组织采取措施对灾情的赈济起到了主力军的作用。但是在很多情况下，清政府却无力而为。比如常见的采取官商结合的方式来建立粥厂，这种方式对于灾民的生计来说不啻为一个利好消息，但在实际操作过程中却有着相当多的矛盾和不便。如在设立粥厂的同时订立的许多规定，严重影响了救灾的效果。1911年，辽宁地区灾情严重。在新民，地方政府计划设立11个粥厂，并且在原则上确立了十条规定："（一）凡吃粥灾民，必家无粮石柴薪及车马等物可以变卖，而不能自谋生活者为合格。（二）无论土著、客籍，凡是壮强男丁自谋糊口者，概不准赴粥厂就食。（三）凡各处饥民，必先该厂领有券证者，方准赴厂就食，其无券证者一概斥退。（四）凡饥民入厂，宜女先男随后，不准紊乱秩序，以免男女混杂等弊。（五）粥厂男女老幼甚伙，不准喧哗纷扰及其作不正当之行。（六）凡就食认到粥厂，务须分别地点，男女不得杂坐。（七）无论男女执券就听领粥以一饱为止，不准携带家中。其有老幼及残废不能亲自就食者不在此限。（八）凡饥民年老在六十以上，幼在六岁以下及有残废疾病者，不能自行到厂准。（九）凡饥民到厂，按日于入口时查验领粥券，无则不准入厂，以在假冒等弊。（十）凡饥民到厂未至指定时间及已遵指定时间者概取不给，以严取缔。"③

虽然清政府赈济灾民设立粥厂，但实际操作起来却有很大的困难。

① 水利部松辽水利委员会编：《辽河志》，第4卷，240页，长春，吉林人民出版社，2004。

② 李毅纂修，张博惠辑：《开原县志》（一），卷二·坛庙，12页，1930年铅印本，成文出版社影印本。

③ 《杂报 新民 开办粥厂》，载《盛京时报》，宣统三年十一月四日。

当时灾情严重，根本没有时间详细查勘。于是当地包括一部分政府有识之士的社会各界，不仅先后设立了 20 多个粥厂，并且也制定了相关规定："（一）查办理粥场原无可仿善策，非有勤慎耐劳操守可信之员绅总其事，难保不滋流弊。兹拟每厂于议董会或地方士绅公推总监及稽查各项职员以专责成。（二）开办前，现以调查为入手之必要，其调查之标准，必承无柴□粮石，并无车马与不动产可以变卖，而面带饥色者为合格。如稍涉宽假需粮甚多，赈期势必缩短，而救饥之目的终不能达。（三）调查明确准予发给券证，开办后由府委员莅厂，监查就食之饥民是合限定资格，并无虚□冒滥等敝，准由委员据实禀报，以便分配续据赈粮石数，以昭□实而期平允。（四）无论土著、客籍，壮年男丁可以就食远方，并雇工能以自谋生活者，均不准发给吃粥券证。（五）调查合格之男妇均□执券就厂领食，不得携带家中，以免取巧而杜流弊。如有年老在六七十以上年，幼在六七岁以下，不能亲自行动及有疾病残废者，准由该左右邻及百十家长出结，报由粥场总监理，派员亲往查验。属实准发给特别券，由本家或屯人代领。倘嗣后仍有虚冒等弊，一经察觉，惟该左右邻及百十家长等是问。"[1]

从关于设立粥厂的救济规定中，可以看出，与政府的规定大体相同，只是在救济的条件上稍微宽限一些，另外没有"男女不得杂坐"的规定。

随着科学的不断传入，人们思想不断进步，终于认识到了应该如何应对灾情。"1947 年 2 月 11 日东北政委会决定发放水利贷款一亿元，减征公粮百分之十，奖励垦荒，发展生产。"[2]1948 年松江省双城、五常、拉林、尚志、呼兰、阿城、延寿 7 县连遭暴雨，水灾严重，冲坏田禾 5 万余垧。松江省政府紧急指示各地，"挖沟治涝，广筑江堤，严防江水泛滥成灾。"[3]人们面对灾情的态度和认识有了深层次的发展，不再靠天吃饭，而转为依靠自己的能力来战胜灾害，发展生产。从清朝末年到中华人民共和国成立，东北人民走过了太长的应对灾情的艰苦历程。

---

① 《杂报 新民 新民府粥厂之办法》，载《盛京时报》，第 1544 号，263 页，宣统三年十一月十九日。

② 李鸿文、张本政：《东北大事记》（1840—1949）（下卷），1088 页，长春，吉林文史出版社，1987。

③ 黑龙江省社会科学院历史研究所编：《黑龙江近代历史大事记》，254 页，哈尔滨，黑龙江人民出版社，1987。

附　录

附表 1-1　近代东北地区水灾年表①

年份	灾害等级②			受灾地区	灾情概要
	辽河	松花江	黑龙江		
1840	C		C	辽阳、黑龙江、墨尔根	辽阳 6 州县大水，墨尔根、黑龙江两城被水。
1841	C	C		辽阳、三姓、宁古塔	辽河下游、太子河大水；三姓、宁古塔水灾，伯都讷冰雹。
1842	C	B		牛庄、吉林市	牛庄六月被水灾；吉林大雪二丈二尺有余，人们出入俱凿雪洞而行，出动 3 000 人打扫三日才通行，房倒牲口死亡无数。
1844		C	C	松嫩平原	齐齐哈尔、墨尔根、布特哈秋雨连绵，嫩江河水漫溢。
1845	C		C	辽阳、黑龙江	太子河大水，辽阳水灾，缓征被灾粮赋。
1846	B	C		辽阳、铁岭、开原等 17 州县，吉林大部	清河、柴河大水，铁岭"东门外可行船"，辽阳等 17 州县受淹。松花江中下游和沂、沭河下游大水成灾，梨树水。
1849	C	C	C	东北全境	辽河下游水灾，开原秋大风雨连日不止，损禾苗大半；墨尔根、齐齐哈尔、布特哈、呼兰水灾，三姓、宁古塔涝灾。
1850		C		三姓	秋水灾。
1851	C			奉天、辽阳等九州县	辽河下游干支流洪水，免奉天等 15 州县赋。

---

① 附表 1-1、1-2 资料来源：各地通志、各县县志、《中国近五百年旱涝分布图集》《松花江志》《辽河志》及辽宁、吉林省档案馆部分档案。

② 灾害等级由 A－B－C 按高低排列，A 为严重灾害(百年一遇标准)；B 为巨大灾害(二十年一遇标准)；C 为一般灾害。

年份	灾害等级			受灾地区	灾情概要
	辽河	松花江	黑龙江		
1852	C			辽阳等12州县	辽河下游、太子河发生水灾。蠲免辽阳9州县被水旗地额赋。
1854		C		三姓、吉林	三姓、吉林水。
1855		C		三姓、吉林	三姓、吉林水。
1856	C	B	B	辽宁东北部、吉林中部、黑龙江北部	第二松花江、拉林河及辽河中下游大水,第二松花江丰满河段调查洪峰流量15 300立方米/秒,吉林中部、黑龙江、辽宁部分地区严重水灾。清河、昭苏台河、东辽河河水泛滥,平地水深一尺至三尺不等,坏庐舍,人畜漂溺。
1858		C		三姓	三姓水,通河七月六日雪厚二尺。
1859	C	C		牛庄、三姓	牛庄水灾,三姓水。
1861	C			辽河下游一带	辽河大水,河水猛涨,于下游右岸冷家门口溃堤决口,洪水冲入双台子潮沟,形成现今的双台子河。
1862	C	C		辽河中下游地区,三姓、吉林	开原、宁远、辽阳等7州县夏大水。三姓、吉林大水。
1863		C		松花江、牡丹江流域	江水进三姓城。
1864	C			辽宁南部	牛庄、海城、凤凰城多灾被淹。
1865	C			盛京	盛京水灾。
1866	C	C		奉天、新民等12州县,吉林、伯都讷	奉天、新民12州县被水,被扰本年额赋租课有差。吉林、伯都讷水。
1867	C			辽河中下游地区	开原等处秋水,牛庄等处秋涝。
1870	B			辽阳、奉天	七月,辽河、太子河、浑河、东辽河等处发生水灾,辽阳等处平地水深丈余。

年份	灾害等级			受灾地区	灾情概要
	辽河	松花江	黑龙江		
1871	C			辽河中下游地区	盛京等处六月大水。夏季东辽河洪水泛滥成灾，农业歉收。
1872	C	C	C	东北全境	奉天九月被水成灾，双城夏拉林河边有鳖爬于柳树上。
1873	C			奉天	奉天水。
1876	C			梨树、奉天	梨树夏大雨，冰雹成灾，奉天水灾。
1877		C		吉林大部	吉林(市)二麦收成四五分。
1878	B	C	C	东北全境	昌图等处七月大水雨雹。广宁、新民七月初九、十三等连降大雨，山水陡发，河渠漫溢。奉天田禾被淹，冲倒房屋6 000余间，淹死7 000余人。伯都讷颗粒无收地1 900余垧。
1879	B	C	C	辽宁西部、南部，吉林大部	辽东半岛沿海诸河和辽河中下游大水，辽西地区严重水灾。海城盖县等六处连雨十二日夜，平地水深丈余。广宁、开原、新民等处六月连降大雨，河水涨发泛滥，两岸被淹，亦虫灾，秋收无望。墨尔根秋季洪水成灾。
1880	C			辽河中下游	夏降大雨，冰雹如卵。东辽河水漫溢，大片庄稼被淹。
1881		C		吉林大部	嫩江洪水泛滥，伯都讷淹地200垧颗粒无收。
1882	C			彰武	彰武等州县水。
1883	B	C		赤峰、西辽河地区，双城	赤峰大雨七昼夜，洪水入城。老哈河、西辽河洪水泛滥；拉林河沿岸雨水大涨，沿岸田禾损失殆尽。

年份	灾害等级			受灾地区	灾情概要
	辽河	松花江	黑龙江		
1885	C			辽河中下游	奉天大水。广宁、辽阳尽成泽国。康平,大雨如注连绵不止,降雨五天水深数尺。
1886	B	B		辽宁大部、吉林	嫩江、辽河大水。20余县受灾。
1888	A	B		辽宁、吉林大部	浑河、太子河、鸭绿江中下游特大洪水,据调查估计,浑河沈阳站洪峰流量11 900立方米/秒,鸭绿江荒沟站洪峰流量44 800立方米/秒,辽、吉2省30余州县受灾,死785人。
1889	C	C		辽河下游、吉林大部	盘山洪水;长春厅附近水患用菜充饥。
1890	C			赤峰、通辽	赤峰六月阴雨连绵,锡伯河、英津河河水漫入城内,西辽河洪水。
1891	C	C		辽河上游,吉林大部	招苏台河大水淹人畜无算;墨尔根、布特哈、齐齐哈尔等地秋涝,三姓、伯都讷水。
1892	C			新民、海城、承德(沈阳)等12州县	辽河中下游水灾,开原等12州县大水,柳河被水。
1893	C	C		辽阳、三姓	太子河水溢,三姓夏季水灾。
1894	C			辽河中下游	辽河、柳河大水,台安县境内新旧河堤共决35段。
1895	C	C	C	东北全境	奉天水,东辽河泛滥成灾。呼兰到哈尔滨60里皆水。
1896	C	C		海城、牛庄、辽阳,吉林大部	松花江中下游水灾,平地水深数尺。昌图等地六月、八月大水。
1897	C			新民等十二州县	新民等12州县大水。
1898	C			西辽河流域	广宁团山子等处,辽河阴雨成泽国,灾歉。

年份	灾害等级			受灾地区	灾情概要
	辽河	松花江	黑龙江		
1899	C	C	C	东北全境	松花江中下游大水成灾,自哈尔滨北岸至呼兰间尽成泽国。梨树秋雨雹大如鸡卵,被灾30里。
1900	C			辽阳、辽中	辽阳、辽中七月水。
1901	C	B		东辽河流域、哈尔滨附近地区	梨树夏大雨,东辽河泛滥成灾;呼兰、巴彦被灾地7万晌。
1902	C	C		盛京、三姓、墨尔根	盛京属界六月间大雨,苏子河暴涨,田苗被淹,墨尔根、三姓等处春旱秋涝。
1903	B			辽宁全境	奉天全省今岁被灾,被灾地22 000亩。2月21日赤峰县大雪,积雪1.5米。
1904	C			辽河流域	辽河水溢巴林左旗、封闭蒙古包门。损失牲畜二三万。
1906	C	C		辽宁全境,第二松花江流域	开原、彰武、牛庄、海城被水、被雹、被霜成灾,长春收成二分,伊通、农安收成四分。
1907	C			本溪	本溪六月霪雨多日,河水泛滥,安奉铁路桥被水冲坏,火车停运。
1908		C		齐齐哈尔、墨尔根、布特哈	墨尔根田禾庐舍多被淹没。
1909	C	B		吉林大部,辽河中下游地区	松花江支流第二松花江、拉林河和牡丹江大水,吉林省东北部严重水灾,淹死千余人。辽河中下游地区大水,新民等17县受灾,京奉铁路中断。
1910	B	C		辽河中下游,吉林大部	新民府境内平地水深2.7米,房屋倒塌甚多。

年份	灾害等级			受灾地区	灾情概要
	辽河	松花江	黑龙江		
1911	C	C		辽河中下游,吉林大部	松花江支流呼兰河、汤旺河特大洪水,淹死180人。辽河中下游水灾,新民等10余县受淹,京奉、安奉铁路中断。受灾人口42万,比上年更重。
1912	C			辽河流域	8月,辽河洪水泛滥。开原河水冲坏民房,饿民甚多。
1913	C	B		西辽河流域,吉林、长春、黑龙江大部	辽源县境内沿河一带平地水深1米以上,饮马河、伊通河沿岸30万垧农田被淹。黑龙江省多大水。
1914	C	C		吉林大部,辽河中下游地区	松花江、辽河中下游水灾严重。吉长铁路停运;抚顺伏雨连续,7月20日午后大雨如注一昼夜,浑河泛滥。
1915	B	C		辽河、松花江流域	七月连日大雨淹245屯,数十年之巨灾。袁世凯捐银3 000元。
1917	C	C		辽河流域、永吉	奉天省受灾30余县,通辽全境被淹。永吉县松花江决口。
1918	C	C		东辽河流域,第二松花江流域	辽阳、沈阳、抚顺、新宾、海城七月底连日大雨,人畜漂溺者无计其数。伊通河、柳河沿岸田禾被淹。
1920	C	C		东辽河流域、辉南	抚顺沈阳等17县被水,东辽河连续发水12次,淹没村庄冲毁庄稼;辉南县损失甚大。
1921	C			辽河中下游	西辽河和教来河洪水泛滥连成一片。
1922	C	C		辽河中下游、第二松花江流域	台安大雨滂沱昼夜不止;第二松花江决口。

年份	灾害等级			受灾地区	灾情概要
	辽河	松花江	黑龙江		
1923	B	C		辽宁大部,松嫩平原	辽河大水,10余县被淹,死亡640人,长大铁路中断。松花江中下游大水成灾,吉林、舒兰等县严重被灾。
1924	C			辽宁中部地区	辽阳、海城被水淹。
1925	C			辽宁中部地区	辽河、太子河决口,田地被冲。
1927	C			辽河中下游	辽阳沙河暴涨,决堤洪水下流三十余屯被水成灾。
1928	C	C		辽河中下游、嫩江	辽阳被灾40%;洮儿河泛滥淹28 000垧。
1929	C	C	C	东北全境	嫩江、松花江、辽河大水,30余县农田受淹较重。
1930	A			辽西地区	辽西地区10余县严重水灾,灾民四五十万人。
1931	C			柳河、东辽河	闾家村等十数屯长百二十余里,汪洋无际春耕无望。
1932		A	A	吉林全境,黑龙江大部	松花江流域特大洪水,干流哈尔滨站最大流量16 200立方米/秒(还原值),为20世纪最大洪水。松花江大堤溃决20余处,哈尔滨市区受淹长达一个月,街巷可行船,全市38万人口中有近24万受灾,死亡2万余人,财产损失2亿元,市内交通断绝。据统计,黑龙江、吉林省有46个县(市)受灾,仅黑龙江省农田受灾就达190万公顷,占其耕地面积的80%,毁坏房屋8.65万间;内蒙古自治区有18个旗、919个村屯受灾,死亡2 534人。当时的北满铁路遭到严重破坏,冲毁路基近100处,累计20余平方公里,铁路交通全部中断。溥仪以个人名义捐3万元。

年份	灾害等级			受灾地区	灾情概要
	辽河	松花江	黑龙江		
1933		C		吉林东部	洮、交二河发生洪水，毁民房2 800间，淹耕地47 000垧。
1934	B	C	C	东北全境	第二松花江、辽河、大凌河、浑江大水，辽、吉2省60余县市受灾。
1935	B	B		辽宁全境、吉林大部	沈阳、抚顺等数10县从7月27日连雨三日；永吉、伊通等10县损失1亿元。
1936		C		吉林大部	拉林河洪水冲毁京滨铁路多处。
1937	C	C		辽河中下游，吉林部分地区	辽河中下游大水泛滥成灾，大量农田被淹，农安、伊通等处被水成灾。
1938	B	B		辽河上游、嫩江流域	六月初五，赤峰等地大水灾，倒房1 536间，死114人。东辽河大水溢，改道6公里；7月份嫩江流域降雨为同期多年平均1.5倍至2.5倍。
1939	B	C		西辽河、第二松花江流域	巴林右旗大水灾，连雨40天；东丰水。
1940		C		第二松花江流域	东丰水。
1941	C	C		嫩江流域，辽宁部分地区	嫩江流域水灾。开原等县远望一片汪洋，尽成泽国。
1942	C			辽阳	连日暴雨，水泛辽阳市区。
1943		C		黑龙江省	全省强低温、内涝。
1945		B		嫩江部分流域	伊通河农安站首位洪水洪峰流量1 060立方米/秒。
1947	B	C		辽河流域、牡丹江流域	新民、辽中两线受灾灾民32万人，淹地24.4万亩；牡丹江涝。

年份	灾害等级			受灾地区	灾情概要
	辽河	松花江	黑龙江		
1948	C	B		东辽河流域、双城、拉林、洮南	浑河、太子河来水，东辽河洪水成灾；洮南等12县11万公顷受灾，林甸一片汪洋，淹耕地98%。
1949	C			辽西沿海地区	7月、8月遭台风袭击，阴雨连绵40多天。新民、盘山等25个县受灾。

附表 1-2　近代吉林及赤峰地区雪灾年表

年份	辽宁	吉林	黑龙江	蒙东地区	灾情概要
1842		吉林市			吉林大雪2丈2尺有余，人们出入俱凿雪洞而行，出动3 000人打扫3日才通行，房倒牲口死亡无数。
1858		通河			通河七月六日雪厚二尺。
1902				赤峰	赤峰全境雪灾，地面积雪深1.3米，死牲畜无数。
1903				赤峰	2月21日赤峰县大雪12小时，积雪深1.5米。
1913				赤峰、克什克腾旗	全境大雪，人有伤亡，牲畜损失严重。
1914				赤峰、阿鲁科尔沁旗、巴林左、右旗	平地雪深90厘米，成畜损失过半，幼畜大部分死亡。
1917				赤峰、克什克腾旗	九月，平地积雪深120厘米。有人伤亡。
1940				赤峰、喀喇沁旗	十月六日起连续降雪150天。

清代政区地名表

盛京

奉天府：辽阳州（辽阳市），开原，牛庄城，凤凰城（凤城），宁海（金县），兴京厅，承德（沈阳市），昌图厅，岫岩厅（岫岩），铁岭，海城，复州，盖平（盖县），新民厅（新民），熊岳城，养息牧场

锦州府：义州（义县），广宁（北镇），宁远州（兴城），锦县（锦州市），大凌河牧场

吉林

吉林副都统辖区：吉林（吉林市），打牲乌拉，长春厅（长春市）

三姓副都统辖区：三姓（依兰），普录，台伦

阿勒楚喀副都统辖区：阿勒楚喀（阿城），双城堡，拉林

伯都讷副都统辖区：伯都讷（扶余）

宁古塔副都统辖区：宁古塔（宁安），珲春

黑龙江

齐齐哈尔副都统辖区：齐齐哈尔（齐齐哈尔市），呼兰

黑龙江副都统辖区：黑龙江城（瑷珲）

呼伦贝尔总管辖区：呼伦布雨尔（海拉尔市）

墨尔根副都统辖区：墨尔根（嫩江），布特哈（莫力达瓦达翰尔族自治旗）

第二章
近代东北的旱灾及救助

　　旱灾、水灾与蝗灾并列为人类的三大自然灾害，其危害程度尤以旱灾为最。旱灾，土壤水分不足，不能满足农作物和牧草生长的需要，造成较大的减产或绝产的灾害。

　　旱灾是普遍性的自然灾害，不仅农业受灾，严重的还影响到工业生产、城市供水和生态环境。中国通常将农作物生长期内因缺水而影响正常生长称为受旱，受旱减产三成以上称为成灾。近代中国东北旱灾发生频繁，波及范围之广，规模之大都是令人震惊的。旱灾是一种自然灾害，它的发生是不可避免的，灾害的形成因素很多。自然的社会气候是灾害形成的主要原因，而旱灾的轻重程度与社会因素密切相关，乱砍滥伐，植被破坏，水土流失，自然环境严重破坏；政府腐败，贪赃赈款，人民抗灾能力减弱。旱灾的发生势必会影响人民的正常生活，农业减产，物价上涨，瘟疫流行都严重威胁着人民的生活。面对如此严重的情形，政府采取了相关措施，力图缓解旱灾带来的压力，政界、商界中的个人也采取了一定的方法来应对旱灾，但由于人民的观念、信仰不同，成效迥异。这里所涉及的许多问题，都是非常值得探讨的课题。

　　在中国近代，旱灾作为造成人民生命财产重大损失的自然灾害之一，引起了学术界的极大重视与研究。进入 20 世纪 80 年代以来，史学界对旱灾的研究著作相继问世。不过，对近代东北旱灾作具体而系统的分析论述还是一个空缺。本章在吸收既有成果的基础上，对这一专题进行系统论述。

第一节　近代东北的旱灾及其成因

一、近代东北旱灾频繁

从古至今，东北一向以土地辽阔、自然资源丰富而著称，是世人向往的富饶地区。然而，若将东北地区放置在近代社会大背景中考察，它也是一个自然灾害频繁发生的地区。其中旱灾就非常显著。根据所收集的资料就可以了解到近代的东北旱灾发生频繁，大规模的旱灾每隔几年便会出现一次。现以近代东北旱灾灾情，列表加以说明。

表 2-1　近代东北旱灾年表

时　间	地　点	旱灾程度描述	资料来源
1840	黑龙江	清廷允准缓征收宁古塔（今黑龙江省安宁县）、三姓（今黑龙江省依兰县）遭旱灾地区旧欠银谷。	李鸿文、张本正主编，《东北大事记》(1840—1949)(上卷)，4页，长春，吉林文史出版社，1987。
1858	奉化	咸丰八年(1858年)，奉化大旱，秋虫伤稼苗，岁饥，秋不雨，昌图大饥。	白永贞总纂：《奉天通志》(六)，卷一百四十四，民国二十三年铅印本，26页。
1959	奉天	奉天久旱。	李鸿文、张本正主编，《东北大事记》(1840—1949)(上卷)，82页，长春，吉林文史出版社，1987。
1859	开原	清咸丰九年(1859年)旱。	(民国)李毅纂修：《开原县志》(三)，十九年铅印本，成文出版社有限公司印行，32页。
1867	辽阳	同治六年(1867年)，辽阳春旱。	白永贞总纂：《奉天通志》(六)，卷一百四十四，民国二十三年铅印本，27页。
1867	双城	同治六年(1867年)春种时，双城堡正值大旱。五月初始得微雨，禾苗未能出齐。入伏以来，又不见雨，土地干裂，禾苗枯槁，至六月二十一日始降透雨。当年只有四分收成。	《双城县志》第六章 自然灾害，第一节 旱灾，哈尔滨地情网——双城县志。http://218.10.232.41:8080/was40/search? channelid=39963

续　表

时　间	地　点	旱灾程度描述	资料来源
1868	黑龙江	同治七年(1868年)三月贷黑龙江、齐齐哈尔、墨尔根两城被旱地方籽种口粮。	张伯英总纂：《黑龙江志稿》，卷十三，7页，民国二十一年六月铅印本。
1876	宁远	宁远春旱秋霜，损禾，岁饥。	白永贞总纂：《奉天通志》(六)，卷一百四十四，27页，民国二十三年铅印本。
1887	巴彦	光绪十三年(1887年)春旱。	《巴彦县志》第七章 自然灾害，第三节 旱灾，哈尔滨地情网——巴彦县志 http：//218.10.232.41：8080/ was40/search？channelid＝27542
1888	呼兰	呼兰厅所属大小木兰达春旱秋涝。	《巴彦县志》第七章 自然灾害，第三节 旱灾，哈尔滨地情网——巴彦县志 http：//218.10.232.41：8080/ was40/search？channelid＝27542
1889	辽阳	辽阳春旱，民乏食。	白永贞总纂：《奉天通志》(六)，卷一百四十四，28页，民国二十三年铅印本。
1893	木兰	五月节后多风，春旱。	《木兰县志》，第六章 自然灾害，第二节 旱灾，哈尔滨地情网——木兰县志。 http：//218.10.232.41：8080/ was40/search？ channelid＝43664
1908	奉天	现因关里自入夏以来酷旱异常，并未得有透雨，以致禾稼至今尚未播种，因而影响及于豆谷红粮小麦各项粮价及白面无不涨价值。	粮价骤涨，《盛京时报》(影印本)光绪三十四年五月二十日，星期四，第五版。

时 间	地 点	旱灾程度描述	资料来源
1913	辽阳	辽阳大旱。	白永贞总纂:《奉天通志》(六),卷一百四十四,30页,民国二十三年铅印本。
1914	铁岭	入夏以来雨泽未施,乡间农户均难播种,虽河间洼地,并不能播种。	旱既太甚,《盛京时报》(影印本)1914年5月7日,星期四,第六版。
1914	盖平	盖平植种五谷,向以谷雨后,立夏前为正当节候,本年干旱异常,一月之内从未降雨,虽有布种者,亦未得出,故农人均切望云霓云。	大旱之望云霓,《盛京时报》(影印本)1914年5月12日,星期二,第七版。
1914	辽阳	民国三年(1914年),辽阳旱。	白永贞总纂:《奉天通志》(铅印本)(六),卷一百四十四,30页,民国二十三年铅印本。
1917	长春	本埠属境之内不唯今春无雨,去冬已无大雪,是以干旱非常……恐仍不免干旱之灾。	久旱风雨,《盛京时报》(影印本)1917年6月3日,星期日,第五版。
1917	怀德	本邑自春抵夏点雨未落,田间亢旱不能播种,所有前期播种植者,经此异常干旱,苗将尽槁矣,据农人云,再过半月不雨,谷即不及种,唯小麦、小绿豆数种尚有一时之希望云。	抗旱近讯,《盛京时报》(影印本)1917年6月5日,星期二,第五版。
1918	河林甸	民国七年缓讷河林甸县被旱减灾民租赋。	万福麟兼修,张伯英总纂:《黑龙江志稿》卷十三,8页,民国二十一年六月铅印本。
1919	林西县	民国八年,……四五两区一计有旧地项下被旱成灾九分者一项三十三亩……八分者十顷零一十一亩……又前清理热河官产处便卖官产新迁升料民地项下被旱成灾八分者一十三顷三十二亩一分八厘……	都统第二千三百零四号指令,一据该县呈报旱虫等灾情性《热河省公署档·7020》,民国八年十二月二十九日,辽宁省档案馆藏。

时　间	地　点	旱灾程度描述	资料来源
1923	宾县	1923 年 3 月，七区（今平坊乡）、八区（今宁远镇）春季无雨，种子入土不发芽，有的萌芽后枯死，到秋颗粒未收。	《宾县志》第五章 灾异，第五节 旱灾，哈尔滨地情网——宾县志 http：//218.10.232.41：8080 /was40/search? channelid＝27393
1925	辽阳	奉省辽阳旱情严重。	李鸿文、张本正主编，《东北大事记》(1840—1949)(下卷)，601 页，长春，吉林文史出版社，1987。
1926	春宁	民国十五年（1926 年），春宁远大旱，辽阳西南区亢旱，至六月乃无雨。	白永贞总纂：《奉天通志》(铅印本)(六)，卷一百四十四，30 页，民国二十三年铅印本。
1926	开原	本邑自春迄今雨水甚少，以致大田不克耕种，近来不时风过云气，直至昨晚（三号）间阴云密布，继而细雨纷纷，农人无不额首相庆，以为好雨之时，讵料未及半点钟即行云散天晴，农人大失所望云。	未得透雨，《盛京时报》(影印本)民国十五年五月七日，星期五，第五版。
1926	东三省	民国十五年（1926 年）大旱。	民国·李毅纂修：《开原县志》(三)，33 页，十九年铅印本，成文出版社有限公司印行。
1926	宾县	1926 年 5 月至 8 月，县内大部分地区干旱，农作物与树木成片枯死。	《宾县志》第五章 灾异，第五节 旱灾，哈尔滨地情网——宾县志 http：//218.10.232.41：8080/ was40/search? channelid＝27393
1926	东三省	旱灾人口 14 000 000 人。	《东三省空前大旱灾》，载《晨报》1926-06-27。

时　间	地　点	旱灾程度描述	资料来源
1926	东三省	东三省旱情严重，农作物大量枯死。	李鸿文、张本正主编，《东北大事记》(1840—1949)(下卷)，622 页，长春，吉林文史出版社，1987。
1926	四平	四平因天旱钱荒，农民群起"吃大户"。	李鸿文、张本正主编，《东北大事记》(1840—1949)(下卷)，622 页，长春，吉林文史出版社，1987。
1927	突泉	本邑一、三、四区，自夏及秋末未得透雨，天苗多被旱死，即有生者收获亦难期望，如高粱一种高者仅及二尺，矮者尺余，现出小穗，仅如指许，无论秋雨如何，定然无望矣。	《旱象已成》载《盛京时报》，民国十六年八月十六日，第五版。
1930	经棚县	……本年烟政经（职）等尽力提倡劝导之结果，种数尚不算少，……自入春熙来风多雨少，得雨一次仅二分，有奇旱象，岌岌堪虞……	辽宁省档案馆：JC23, 21911，《经棚县禁烟分局承包春旱风灾请求救济粮食及热河禁烟善后管理局的指令》，中华民国十九年五月二十五日。
1931	热河省	热河省亢旱。	孟少华、彭传荣编：《中国灾荒辞典》，151 页，哈尔滨，黑龙江科学技术出版社，1989。
1932	开鲁县	自入伏以至秋分，雨水之久涓滴未降，大好禾苗全被旱干，白地一片，秸粒不收，荒凉惨状目击心伤，统计全境靠河边地仅有一二分年景，其余全无收成，人民终岁劳动，仍然饥寒交迫，冬无吃粮，春耕何望，哀鸿遍野，赈济不瑕……	辽宁省档案馆：JC23, 1474，《开鲁县旱灾极重民户流亡情恤情形》，中华民国二十一年十月。
1943	吉林	旱灾人口 1 000 000 人。	《伪满灾情严重》，《解放日报》，1944-02-19。
1946	辽宁	旱灾人口 200 000 人。	《解放日报》，1946-09-11。

续　表

时　间	地　点	旱灾程度描述	资料来源
1946	绥宁	《东北日报》报道，绥宁省各地遭20年罕见的旱灾。	黑龙江省社会科学院历史研究所编：《黑龙江历史大事记》，211页，哈尔滨，黑龙江人民出版社，1987。
1947	辽宁	旱灾人口 1 020 507 人。	《大公报》，1947-08-23。
1947	三肇	《东北日报》报道，三肇地区发生虫灾、雹灾及旱灾，约 8 万余垧地受灾。	黑龙江省社会科学院历史研究所编：《黑龙江历史大事记》，234页，哈尔滨，黑龙江人民出版社，1987。
1949	黑龙江	黑龙江省委和省政府召开直属机关干部抗旱救灾动员大会，指出当前旱灾严重，是本省 20 年来最大一次旱灾，要求紧急动员抗旱救济。	黑龙江省社会科学院历史研究所编：《黑龙江历史大事记》，268页，哈尔滨，黑龙江人民出版社，1987。
1949	松江省	全省大部分地区久旱不雨，估计减产五成以上。	黑龙江省社会科学院历史研究所编：《黑龙江历史大事记》，270页，哈尔滨：黑龙江人民出版社，1987。

　　从上表可知，在中国近代东北，旱灾频繁发生，严重威胁人民生活，尤其使东北农业遭到毁灭性打击。在近代，东北地区旱灾呈现出以下规律：第一，普遍性。近代东北的旱灾几乎年年都有发生，这说明时间具有持续性（见上表）；受灾面积大、范围广，这说明从空间上具有普遍性。尤以 1926 年最为典型（见上表），几乎波及整个东北地区，在中国历史上实属罕见。据《向导周报》载："东三省大灾，屡志本报，兹得调查，灾区极广，据吴俊升赴热河之军需处员云：所过洮南、通辽、卓里克图王府等处，亢旱较东三省尤甚……吉林报告：田禾受害为数年所未见，如再不雨，小麦将如民国十二年时颗粒无收。开原报告：大豆未下种，高粱虽发芽又枯死，平民有妄动之势。洮南报告：久旱未雨，误播种时，四民憔悴，极为不安。……据劳农云：夏至内若不雨，收成完

全无望，实二十年未有之旱灾也。"①第二，持续性。即大旱之后常伴有蝗虫、疫灾。林西县："该县八年亢旱之后，继以虫雹各灾，现据调查，南乡被灾户口，极贫二百一十户；男女大小一千三百八十八口，次贫一千二百八十户，男女大小七千零二十三户，东北两乡尚不在内。"②开鲁县报大旱后瘟疫情况："开鲁自六月中旬迄今两月有余，雨点未落，禾苗旱干，沙地尤甚，现即遇雨难望，秋收瘟疫流行，旱魁为虐，祈祷无灵，人心恐慌。"③

二、近代东北旱灾的成因

导致近代东北旱灾既有自然因素也有社会因素。影响旱灾形成的自然因素主要有：地理位置、气候、降水、蒸发、土壤、水文地质、地形、地貌等。东北地处温带季风型大陆性气候区，四季气候差异显著，受地理位置、自然环境以及大气环流的影响，东北各地区的降水量在时间上和空间上分布不均，蒸发量也有较大差别。春季风多，风大是东北气候的主要特征，气候干燥，农作物生长长期缺水，蒸发量大。由于蒸发量大，造成土壤失墒、跑墒严重，地下水位下降，易发生干旱；受季风影响，各地干旱程度也有所不同，辽西北地区处于西风带，地势为由内蒙古高原倾向辽东湾和松辽平原的斜坡，气流下坡则易产生下沉运动。较大的降水锋面和低压系统经过此地时，降雨会明显减少或无降水，因此西北部成为降水量最少的地区，朝阳、辽阳、阜新地区和锦州部分地区常年出现干旱。仅就辽阳而言，"同治六年（1867 年），辽阳春旱。"④"光绪十五年（1889 年），辽阳春旱，民乏食。"⑤"民国三年（1914年），辽阳旱。"⑥"民国二年（1913 年），辽阳大旱。"⑦旱灾的形成主要是受季风，地理位置的影响。这一问题有许多学者已经深入讨论过，下面就近代东北的社会大背景分析一下近代东北旱灾的发生原因。

近代东北旱灾，主要是自然因素造成的，但旱灾的程度却与社会因

---

① 述之：《军阀统治下之灾荒与米荒》，载《向导周报》，1926-07-21，第 164 期，1626页，北京，人民出版社，1954 年影印。

② 《林西县公树详报勘明境内造虫旱风雹灾之各区灾情及热河道署都统令》，《热河省长公署档·JC23》，4126 号，1917 年 9 月 10 日，辽宁省档案馆馆藏档案。

③ 《开鲁县旱灾极重民户流亡情恤情形》，《热河省长公署档·JC23》，1474 号，1932 年10 月，辽宁省档案馆馆藏档案。

④ 白永贞总纂：《奉天通志》（六），卷 144，27 页，民国二十三年铅印本。

⑤ 同上书，28 页。

⑥ 同上书，30 页。

⑦ 同上书，30 页。

素密切相关。乱砍滥伐，社会环境遭到破坏；政府腐败，侵吞赈款；水利废弛这些都是导致或加重旱灾的社会因素。

这里重点讨论社会因素对于旱灾的影响。

1. 森林的砍伐加重旱灾

对于水量的平衡调节，森林起着至关重要的作用。林木的树干树叶，有增强水分和增多雨量的功能。林地的败枝落叶，久经腐败，也能涵养水分，久晴也不愁水分的断绝，旱时可以增强水分。山地造林，容易行云降雨。不合理地开荒与乱砍滥伐，使森林植被遭受破坏，导致水土流失，这就一定程度上促成或加重了灾害。森林与水利，关系至为密切，直接影响着旱灾的发生。一国林业，如果十分发达，就可以防患未然，泯除旱灾。"我国之林业本是相当发达，尤其是东北占有很大一部分。有着丰富的森林资源，森林面积约占东北总面积的 32%，东部有着连绵起伏的长白山山脉，北部有大、小兴安岭，森林的蓄积总量达 34 亿立方米。"①"东三省山脉颜面，山之地积，几占全面积三分之二。此三分之二中，上面多半森林茂密，下面矿物蕴藏。林区之大者，一望无际，延长数十里，小者亦数里，林中落叶积后数尺，变为天然之肥料，树叶则盖天蔽日，黑暗异常，鸟兽鸣吼，令呈一种景状，其价值之高，地位之重要，足以使世界实业者为之注目，诚我国东北最大之富源地。"②但是在中国近代，人们的科学观念薄弱，还没有认识到森林有防止水旱灾害的作用，毁坏了一部分林业。但是中国原始森林的大面积被毁，主要是俄日帝国主义所为。

（1）国人对林业的砍伐。

近代东北人民的科学意识淡薄，封建迷信思想浑厚，没有意识到森林对于干旱有重大影响，一味地乱砍滥伐。"钧府享字第三四九一号指令，再业旋据该长白山县长刘克札倒卖森林，废公利己。"③"原控刘克扎等，若干多人在二十四道沟等庭名目长大但砍伐达木 1 万余件，小目不可胜计。"④"立买山林合同字据认张德本，今有自己山林一处，经人说妥卖与戊申评行名下，卖价洋四百元整，同众言明八年为期，每年看

---

①　佟冬主编：《中国东北史》，第 6 卷（修订本），524 页，长春，吉林文史出版社，1998。

②　《东三省林业现状》，载《晨报》，1925-10-24。

③　《局长刘克札盗卖森林废公利己勾结讼棍等情一案逐条分析开列清措呈请》，《奉天省长公署档·JC10》，776 号，辽宁省档案馆藏档案。

④　同上。

法道楼。"①人们缺乏森林环保意识，政府疏于对森林的管理、保护，致使一部分原始森林被破坏。

据统计："今辽宁辉南县 1910 年全境大部均为森林覆盖，1919 年森林面积由 1910 年 1 000 余方里（230 平方公里）减至 360 余方里（90 平方公里），减至一半还多；14 年后，森林面积减至 200 余方里（50 平方公里）；到 1938 年，原始森林近乎绝迹，仅剩下 4.88 平方公里。"②民国时期，在落后的农业生产技术之下，人口激增与土地严重不足的矛盾日渐突出。为了生存，不仅农民自己用开荒种地的方式来获取粮食，而且政府鼓励农民向荒山、草地进军。在关内移民时期，也造成农田挤占森林的现象："关内移民，全国的耕地呈现出明显的向东北和西北边区拓展的趋势。莽林园就在这急骤的农田扩张过程中迅速走向灭绝。仅辽宁省辉山县 1910 年只有人口 33 463 人，人口密度约为 23.47 人/千米，全境大部人均为森林覆盖；1919 年人口增加 1 倍，达到 74 213 人，森林面积也由 1900 年 1 000 余方里（230 平方公里）减至 360 余方里（90 平方公里），减少一半还多。14 年后即 1933 年，人口增至 102 792 人。迁来之户日多，辟天毫无顾忌，森林面积减至 200 方里（50 平方公里）。到 1938 年，原始森林几乎绝迹，仅剩 4.88 平方公里。"③砍树卖钱，伐林种植，人们在这样狭隘的观念下，只看见眼前的小利，没有认识到社会的长远发展应该注意的大问题。乱砍滥伐使近代中国东北自然生态环境日趋恶化，这无形中为提升旱灾的程度和频率奠定了基础，东北地区干旱连续数年与此脱不了干系。

（2）俄日帝国主义对中国森林的掠夺性砍伐。

对中国东北森林的破坏，除中国人们自己的砍伐外，还有外国侵略者，主要是俄日帝国主义。日俄疯狂地掠夺中国东北森林，使中国森林资源遭受毁灭性打击，严重损坏了中国自然资源，造成生态环境的严重破坏。

中国近代原始森林破坏同帝国主义的侵略是分不开的，尤其是日本侵占东北后，为其经济和政治服务，对中国东北的原始森林进行了大面积的砍伐。1904 年发生在东北大地上帝国主义间的争霸战——日俄战

① 《本溪凤城等县人民私伐盗卖国有森林各情形》，《奉天省长公署档·JC10》，7827 号，1915 年 6 月 13 日，辽宁省档案馆藏档案。

② 王振堂、盛连喜：《中国生态环境变迁与人口压力》，92～93 页，北京，中国环境科学出版社，1994。

③ 赵泽光：《河北平乡的民变及其社会背景》，载《东方杂志》，第 32 卷，第 10 期，128 页。

争，极大地破坏了东北的森林资源。“1904 年 8 月，日俄第一次辽阳大会战，毗邻的首山东南一带就有万亩森林，在两军的炮火中化为灰烬。而甜水、水泉、安坪等原始森林也被毁。铧子乡砬子寺方圆 60 里的原始森林，或毁于炮火，或砍伐修筑战防工事，所剩无几，从辽阳东部山区亮甲山东堡到甜水陈家堡方圆 80 里的大片山林，被日俄两军炮火荡平。”①帝国主义性质决定其本性，掠夺中国的自然资源是不可避免的。日俄战争前后，吉林省的森林资源遭到破坏和掠夺亦甚为严重。“战前，俄国在修筑中东铁路时，沙俄就违反规定，擅自砍伐树木，毁掉森林，充当铁路枕木，建房及燃料之用。有些木料被砍伐后加工为成材，专卖中国或运往国内，价值一亿元以上。”②日俄两国的战争在中国的土地上进行，他们破坏和掠夺中国的森林资源，使中国原始林业的大量破坏，又从中牟取暴利，充分体现了这场战争的帝国主义性质。

中国的原始森林先后遭受俄日两个帝国主义的疯狂掠夺。俄国为修路而大肆破坏林业资源，盗伐木材。“按照《东清铁路伐木合同》规定，划定地段，专供铁路公司砍伐木材。据估计，俄国在铁路沿线攫取森林采伐权的总面积达 24.5 万平方公里，木材蕴藏量约为 750 亿立方米。在 20 世纪的 11 年，平均每年采伐木材约值 1 亿银元。”③俄国人逼迫清政府签订了很多不合理的森林采伐合同，造成掠夺森林的合法化，如 1907 年 8 月的《吉林木植合同》，1908 年 4 月的《黑龙江铁路伐木合同》等。沙俄对东北森林的毁灭性砍伐，致使东北的林业遭到极大的破坏。特别是黑龙江省尤为严重。“林业蓊郁的大兴安岭山脉，已多为俄人所采伐。”④“清光绪二十七年、二十八年，就呼伦贝尔境内被铁路公司砍伐的木料大约八十余万株。”⑤“1900 年至 1910 年间穆棱县的四外绿山树木俱被俄人作道方原木烧柴等，用殆尽。”⑥“沙俄在黑龙江也进行了大量采伐，如在珠江县境，霸占铁路沿线所有森林，不分国有民有，南北占据一百余里，东西二百余里。”⑦近代的俄国充分发挥其帝国主义的本

---

① 无尤：《日俄战争辽阳会战》，载《今古辽阳》，1992(2)。

② 蒋颂贤主编：《近代吉林人民革命斗争史》，40 页，长春，吉林文史出版社，1992。

③ 孔经纬：《新编中国东北地区经济史》，229～230 页，长春，吉林教育出版社，1994。

④ 佟冬主编：《沙俄与东北》，497 页，长春，吉林文史出版社，1985。

⑤ 黑龙江档案馆：《黑龙江交涉局卷》，第 28 号，转引自佟冬主编：《沙俄与东北》，498 页，长春，吉林文史出版社，1985。

⑥ 黑龙江省档案馆：《俄人砍伐道木向其索要山东及历史亏欠票费卷》，第 28 号，转引自黄定天：《十九世纪末二十世纪初沙俄对我国东北经济掠夺述略》，载《龙江史苑》，1985(1)。

⑦ 佟冬主编：《沙俄与东北》，498 页，长春，吉林文史出版社，1985。

性，对中国的原始森林进行大规模地乱砍滥伐，为其战争服务，完全无视中国的环境破坏。

俄国最先来到东北采伐森林资源，采伐数量巨大，接踵而来的是日本，日本对中国森林的掠夺，时间之长，数量之大，范围之广，令世人震惊。日本对鸭绿江右岸中国森林资源的侵夺由来已久。"曾以军用为名，强迫地方官签订《鸭、浑两江军用木植合同》，任意砍伐森林树木。光绪三十四年（1908年）四月，日本又以'合同'为名，迫使清政府签订《中国合办鸭绿江采木公司章程》，攫取了鸭绿江右岸的森林采伐权。以后又陆续签订若干章程、合同，加大了对东北森林资源的掠夺。"①东北有着丰富的森林资源，森林面积约占东北总面积的32%，森林的蓄积总量为34亿立方米。日本对中国丰富的林业资源垂涎已久，1908年4月15日，日本驻华公使林权助于外务部会办那桐订立采木公司章程十三条，其中第一条规定：自鸭绿江右岸只冒儿山至二十四道沟之间，距江面六十华里之林木，由两国合资公司采伐，鸭绿江流域之林木，从此断送日本帝国主义手中。日本人设立鸭绿江木植公司进行森林采伐，每年均有巨额木材由鸭绿江静安东关出口，大步运往日本。"1915年10月，日本大仓组在安东与中方合办'鸭绿江制才公司'；1917年11月，日本三井、三菱等财团取得了在哈尔巴岭、张广才岭的森林采伐权；1918年，日本三井财团占据五常、舒兰、额穆一带森林，在吉林设立了黄川采木公司；同年11月，日本大仓财团系统又霸占了桦甸、安图一代森林；并在长春设立丰材股份有限公司；1919年，日本人又在哈尔滨设立中东制木公司。"②通过这些机构，日本大肆掠夺东北的森林资源。在奉系军阀统治期间，张作霖为寻求日本的庇护，使日本实际控制东北林业开采和销售等权益。1929年一些林业公司建立并掠夺了东北许多林业资源，特别是鸭绿江采木公司，对鸭绿江沿岸的森林进行了疯狂地野蛮采伐，使林业资源的破坏非常严重。

与此同时，日本侵略者开始对直辖林进行大肆采伐。"从1936年起，为了保证军需及重要产业所需的木材，开始实行官方采伐，动用上千名劳工，当年就在延吉、牡丹江、哈尔滨、勃利4个营林署内掠走46万立方米的木材；1937年又将采伐地域扩大到穆棱、五常、绥化3个营林署馆内，掠走木材54万立方米；1938年，为满足伪满产业开发

---

① 藩喜廷：《中日和办鸭绿江采木公司与日本对东北林业资源的掠夺》，见《东北地区资本主义发展史研究》，哈尔滨，黑龙江人民出版社，1987。

② 孔经纬：《新编中国东北地区经济史》，223～224页，长春，吉林教育出版社，1994。

五年计划及日本大规模移民用材，官方采伐的地域进一步扩大，当年在东北的东北部掠走木材 130 多万立方米，是 1936 年的 3 倍。"①将中国的原始森林转化为本国的资源，为其战争、经济服务，充分体现其帝国主义的本质特性。

为了更有效地掠夺东北的森林资源，"1942 年伪满洲株式会社又伙同满铁在其大量采伐的地域里准备铺设森林铁道，使森林铁道总延伸达 1 440 公里。"②"1944 年 8 月，满洲株式林业会社又扩充为满洲林产总社，其资本金为 7 000 万元，最后达 1 亿元。"③日本对中国东北森林的野蛮掠夺持续了几十年，导致生态环境被破坏，出现了土壤沙化、草场退化、天然绿洲萎缩、气候干燥、水土流失严重、降雨减少等问题。

东北林业资源丰富，大部分集中于松花江流域、鸭绿江流域以及大、小兴安岭一带。但在日本帝国主义统治时期遭到了毁灭性的破坏，大片的原始森林被毁。自从 1908 年开始，到侵华战争结束，日本对中国的森林掠夺就从未中断过，或者是作为它的经济来源，或者是为了他们的军事需求，他们的魔爪无孔不入，遍及各个角落，大量优质的木材皆被掠走，森林遭破坏，水土流失严重，地下蕴藏的水量无法保持，暑时不能蒸发水汽，导致旱灾的发生。

谚语有"山林为水田之母"，为水田最为必要者，当然为水，而水乃供给自由山林流出之河川，故若山林荒废，则水源枯竭，欲得水如何可能，务必为食粮问题之前途投以一大阴影……帝国主义对森林资源的掠夺，使中国大部分林业遭到毁灭性的破坏，大片原始森林被帝国主义砍伐殆尽；再加上本国人民的乱砍滥伐，无视森林的重要性，使森林植被萎缩，水土流失，土地荒漠化，土地蓄水保墒能力减弱，致使东北近代自然生态环境日趋恶化，其结果是旱涝灾害频发，特别是长期频繁的大面积旱灾又往往造成赤地千里，进而陷入生态恶化与灾害频发的恶性循环。

2. 政治腐败加重灾情

近代东北社会混乱，官场腐败，贪官污吏不体恤民情，水利事业几近废弛。奉天："奉天水利局苏尚武时代……由林浥尘、李铁珊诸氏接

---

① ［日］满洲国史编纂刊行汇编：《满洲国史》，中译本，分论（下），东北沦陷四十年史吉林编写组译，166 页，长春，东北师范大学出版社，1990。

② 同上书，169 页。

③ 佟冬主编：《中国东北史》，第 6 卷（修订本），525～526 页，长春，吉林文史出版社，1998。

办，延揽农科专门人才，驻水闸，浚河流规模大备，河道绵亘数十县，灌溉水田数万顷。一般人士罔不视为有望之事业，不图今岁当局无缘无故将水利局拨归实业厅，责成张之汉厅长接办。各椽属明知张氏头脑不足……虽居实业之职，然而吟诗、作赋、吸烟、书画是其长，一言水利农田会不如一老农，且所用之人，非其侄其婿。……以至水利事业搭建废弛，种种计划无人主理。"①时局混乱，腐败现象层出不穷，本是利国利民的水利事业被一些不善经营的人管理，这样在灾害之年，水利事业就不能发挥它应有的作用。

旱灾发生，政府不但不采取有效的措施，缓解灾情，有些官吏反而中饱私囊，大发灾难财。奉天"昨据一般经营稻田者曰水稻播种芒种节后即须种之，种之过晚势必歉收，今岁天气亢旱，浑河水少，而水利局吝惜工资仅截三分之一，以致涓涓之流随过随浸，河身而去，时下放水及旬北陵一带，水田犹且不能上水，他者更无论矣"②"关于历年皆于五月前后至十日左右放水，而水利局既于二十日以后始行放水，对于秋收大有影响，究其原因播种之时过迟，于禾十分之成熟之际，则行下霜，是以不免歉收者也，水利税去年一天地征收十五元，而今年因奉票毛慌，将不免征收三四十元矣，水利局对于今年四千町布之水田灌溉如何亦为一大问题云。"③水利部门为了一己私利，放任灾情的蔓延，使水利工程在抗旱防灾方面所起的作用微乎其微。

中国近代政治腐败，政府只顾无限制地从农民身上索取，根本不重视水利工程的兴修，因而使北中国有限的河水不但不能用于合理灌溉，反而经常发生河决、漫堤等水患。奉天"水利局水路之延长约十九日里，其灌溉面积以北陵吾家荒讷本浑板桥子方面为中心，约有四千町布（日里），水田之引用水量于一秋间约灌三百二十立方尺为标准，然河堤有不完全之处，自然漏水，则定量水之引用不得实行，现在水路之断面于完全到导水实觉困难，去岁天旱之际，受有多大之障害，亦属当然，现在堤中之水月有八成由浑河流入，自东陵至东门外之水六成于灌溉上甚感缺乏。"④上述材料说明水利部门疏于对水利设施的管理，当政者将关系到农业命脉的水利工程当成了可有可无、无关紧要的事业，坍塌没人修，毁损无人管，每个冬季，惯例的维修、疏浚工作没有做。这样就使

---

① 《水利局日渐废弛》，载《盛京时报》，第4版，1926-05-27。
② 《种稻者望水播种》，载《盛京时报》，第4版，1926-05-28。
③ 《水利局河堤不良》，载《盛京时报》，第4版，1927-05-11。
④ 《水利局河堤不良》，载《盛京时报》，第4版，1927-05-11。

得中国东北有限的水资源不仅不能得到合理利用，反而阻碍了农业生产。

在东北，小农抗灾能力差，固然与生产力水平有关，但根本原因是封建统治阶级的沉重剥削，官府、地主最大限度地榨取农民的劳动成果，使大量小农始终挣扎在半饥半饱的贫困之中，很少有粮食储备，灾欠之年便无以为生。即便是丰稔之年，收获也很有限，而各种租赋、差役，不可胜数。一遇水旱灾害，生活便很难维持。民无积蓄，便难以抵御灾害。奉天："省城税捐其税率不为不高，商民于事业萧条……早有不胜负担之势，乃闻当局现以钱法毛慌，故又定提增税率三分之一，日内应有布告云。"①辽阳"入春以来，天久未雨，以致田间干旱，麦苗因之枯槁殆尽，其他杂粮多有未种者，一般农民惶恐万状，加以官家屡催验契需款，则不知继极，农业前途大可悲也。"②奉天"张军长为筹备军费，计募集七年省公债，乃因劝募不及征募之迅速，故改令各县随赋课之多寡以征募之"。③灾害本就降低了人们的生产能力，加上繁重的徭役杂税，人们更是苦不堪言。干旱时，麦苗干枯，农民颗粒无收，统治者不体恤民情，反而加大税收，横征暴敛，这就极大地削弱了民间的抗灾防灾能力。

吏政的腐败在旱灾时最突出的表现，就是侵吞农民的赈款。东北地方政府财政困难，旱灾发生时农民所得到的救助款极少。即使这样少得可怜的钱款，贪官污吏也不放过。据当时的新闻披露：新民"县属城厢前营子村正王铺臣刻薄起家，富而不仁，去岁战事以后，水旱荒灾，蒙奉省宪赈济一千余元，此项赈款早已发到，当经村正王铺臣领，讵诟料，该款到手伊即邀同会众假称该款系阶级籽种应得按地亩摊收，贫民分文未给"。④自然灾害，对于落后的农民来讲是天灾，而且近代的东北生产力落后，水利不发达，他们遇到旱灾，希望只能寄托于政府给他们一些救济来维持生活，然而政府的赈款却被这些无情的贪官贪掉。"新民六区乡农会会长渠广财等私吞农款二千余元。"⑤"辽阳南路分局局长黄周化在差，未三载而吞蚀地款辽钱至十万余元之多。"⑥奉天"高等

① 《省城又提增税率》，载《盛京时报》，第 4 版，1926-07-16。
② 《农业悲观》，载《盛京时报》，第 7 版，1914-05-09。
③ 《杂苛政猛于虎》，载《盛京时报》，第 5 版，1918-06-19。
④ 《吞赈被控》，载《盛京时报》，第 5 版，1927-08-23。
⑤ 《农会长吞款告发》，载《盛京时报》，第 4 版，1918-04-03。
⑥ 《吞款被押》，载《盛京时报》，第 5 版，光绪三十四年六月十二日。

监察厅现据辽中县民人田允中等呈诉村长于守本舞弊屯款。"①"省公署据抚松县公民魏化棠呈称该县公款主任孟焕新串通雇员舞弊侵款等情，予撤查。"②近代东北政治腐败，经济萧条落后，国库亏空，加之地方官吏营私舞弊，侵吞赈款，致使政府的抗旱救灾能力极弱。在农业生产力极其低下的情况下，遇到长期大面积的旱灾，他们束手无策，难免陷于饥馑。旱灾对社会的危害程度，与旱灾的轻重有关，更与人的御灾能力有关。平日若有积蓄，即使偶遇大灾，也可不受天灾之害。而政治腐败，赋役苛繁，人民生活困苦，人祸已甚，再加上天灾，即使是小的灾患，也可酿成大害。

第二节　近代东北旱灾的社会影响

旱灾给百姓带来的直接经济损失就是粮食减产。旱灾是对农业生产影响最大的自然灾害。春旱，籽种无法下种，即使下种后，也很难发芽；夏秋旱，农作物无法生长，以致颗粒无收，这都严重危害着人们的生命与财产。近代东北时期的旱灾首先是造成粮食大幅度减产，人民生活困难；接着就是物价上涨，人民困苦不堪；更为严重的是长期的干旱造成空气流通不畅，致使瘟疫大范围发生。这是封建社会下灾民的普遍遭遇。旱灾打击下的小农，如果没有得到政府的有效赈救，往往从乏食、失所开始，最终导致流徙、死亡。

一、旱灾对社会经济产生影响

1. 农业歉收

近代中国东北每次持久的大范围旱灾之后，都给农业生产造成严重损失，这种损失不像其他短期灾害一样是可以估计的。因为每次大面积干旱往往都会出现较长时期的野无青草、土地大片荒芜、饥民大量死亡以及社会数年混乱的状况，这种状况造成的经济损失是难以量化的。旱灾对农业的影响表现在麦苗因缺少生长的水分而生长困难。缺少必要的生存条件，从而造成粮食减产，农业歉收。突泉"本邑一、三、四区，自夏及秋末未得透雨，麦苗多被旱死，即有生者收获亦难期望，如高粱一种，高者仅及二尺，矮者尺余，现出小穗，仅如指许，无论秋雨如

---

① 《饬查村长》，载《盛京时报》，第 2 版，1926-08-02。
② 《饬查办公款主任》，载《盛京时报》，第 2 版，1927-05-09。

何，定然无望矣。"①粮食下种，然而在生长之期没有得到充足的水分，致使麦苗发育困难，高粱本来的生长高度要达到二米有余，然仅及二尺，麦穗仅如指许，这样的情况下，秋收更难指望。

春旱，直接影响就是土地干燥，粮食无法下种，即使勉强下种，但因缺水，籽种无法发芽，从而大面积荒芜，赤地千里，直接影响了农业的收成。奉天"天气亢旱乡民无法播种，昨系熟悉地方情形者云，沈界时下未能播种之地足占十之六，已播种者，谷雨前所种苗已出齐，谷雨后者或未出土或出而枯，就中大豆一项不拘早晚皆不旺盛，且起虫害"。②海城"海城亢旱异常，现今芒种期已过期十日，以全境论尚有二分之一而弱未经播种"。③

农业大面积的歉收，农民的衣食来源丧失，威胁到正常生活。朝阳"呈悉据称该县全境亢旱赤地数百里"④，辽阳"本镇辽河两岸以麦田为大宗，今年因天时先旱后雨，大小麦全行受伤，甚至籽粒不成，众农人云，今年麦秋比较往年收成不过十之二。"⑤仅有往年十分之二的收成，已是严重的自然灾害，交了政府的关税，农民的生活自是艰难。

干旱使大面积的禾苗没有足够的水分正常生长，甚至枯死，导致粮食歉收、无收，没有粮食，人们的生命必然受到威胁。铁岭"本邑农民近知种水稻之利益，将漥下地亩多种水稻，但稻田之水多赖井水，今年上季亢旱，井水亦干，稻田多半枯旱，收成均形歉色云。"⑥水可谓水稻生活之母水，气候干旱，井水干枯，水稻没了所依赖的生命之源，势必造成农业歉收。

旱灾引起的粮荒，资料显示，一半以上未能播种之地大量存在，播种之后或未出齐，或出土而枯，因之歉收或绝收之地甚多，农民苦不堪言。锡埒恪图库伦旗"全境人民，禾未得播种，南半境受旱之，十年之中九年歉收，又为地瘠民贫区域……今民等各户或有忍饥数餐始得一食者，或有忍饥数餐尚无实物者，老幼妇孺啼饿饥无食，哀鸿遍野，惨苦

① 《旱象已成》，载《盛京时报》，第 2 版，1927-08-16。
② 《沈界农作物之状况》，载《盛京时报》，第 4 版，1926-06-12。
③ 《高县长二次祈雨》，载《盛京时报》，第 2 版，1926-06-18。
④ 《朝阳县呈报旱灾严重情形，请求赈济及热河道署镀铜共数指令》，《热河省长公署档·JC23》，7086 号，1920 年 8 月 13 日，辽宁省档案馆馆藏档案。
⑤ 《麦秋歉收》，载《盛京时报》，第 7 版，1914-07-17。
⑥ 《水稻亦歉收矣》，载《盛京时报》，第 7 版，1914-07-18。

已极。"①

灾荒之年，灾民只好以野果、野菜乃至草叶、草根、树皮等为食，艰难度日，悲惨之状可见一斑。奉天"田禾枯槁，秋收难忘，虽经各界虔诚祈雨，无奈天不眷佑，闻日来乡间富厚人家尚有食粟，若仅持数亩之田，供给生活者，大有每日不得一饱之势，或得一饱，其所食之物亦甚难堪，兹将最近乡民之程度，就见闻所及分列如下：（甲）米糠（乙）田野草（丙）秫秸叶（丁）嫩树皮。其他能度生命之各种食物，亦复不少。"② 朝阳"鉴核事窃本年全年朝阳全境自春夏以来，雨泽稀少，旱麦既告歉收，秋禾复遭亢旱，野无青草，则四邻皆空，民鲜盖藏，而仓库无储，此诚地方不幸之。数历年未有之奇灾。……嗷嗷者十万户……"③ 铁岭"城东南当铺屯一带皆系山地石田，今夏亢旱已甚，未能播种，民食堪虑，日昨该处十一屯乡民公举代表来城报灾，并求赈抚，闻有食野菜之处甚多云"。④ 大旱之年，粮食无收，农民没有了生活来源，为了生活他们以食野菜、啃树皮来度日，生活可谓艰难。

2. 物价上涨

旱灾之年，粮食歉收，市场供应不足，根据市场供求规律，物价上涨。盖平"盖境日久未雨，人民惶恐异常，以致各色粮价逐渐提涨。"⑤ 黑山"全境客冬少雪，天地旱干，今又未降雨水，农民惶恐，兼之连日大风，粮价提涨，秫米每斗六元，秫秸百捆五元有奇，现大洋每元涨至三元八角五分。"⑥ 东丰"近时天气亢旱，农人忙碌买粮之大车日渐减少，以致粮价大为提涨。"⑦ 由于干旱异常，禾稼未能及时播种，大片土地荒芜，粮食减产，农业歉收。从而可供给市场的粮食减少，供不应求势必造成物价的上涨。物价的上涨给本来生活无依的农民更是雪上加霜。

粮食歉收，市场供应不足，价值规律决定物价上涨，加之一些奸商无视人民死活，哄抬物价，粮价暴涨，小农无力购买，灾区的粮价要比正常年景高出几倍、几十倍甚至上百倍，人民的生活困苦不堪。孙家台

---

① 《锡埒恪图库伦旗咨为旗境旱灾奇重请速赈济并热河省政府训令》，《热河省长公署档·JC23》，1243 号，1929 年 9 月 25 日，辽宁省档案馆藏档案。

② 《乡民苦况》，载《盛京时报》，第 5 版，1917-06-27。

③ 《呈报朝境亢旱成灾将来荒旱不堪设想请鉴核由》，《热河省长公署档·JC23》，7086号，1920 年 8 月，辽宁省档案馆藏档案。

④ 《乡民报灾》，载《盛京时报》，第 6 版，1914-06-26。

⑤ 《旱久粮贵》，载《盛京时报》，第 5 版，1917-06-05。

⑥ 《粮价激增》，载《盛京时报》，第 5 版，1926-05-25。

⑦ 《粮价暴涨》，载《盛京时报》，第 5 版，1917-06-07。

"自春于兹天气干旱日久不雨，以致农人咸忧耕种维艰，兼之商家趁机居奇，由是各色粮食无不涨价，乃粳米由一元九角提至二元二角，秫米以前八角现竟涨至一元，如再不雨，其民食前途不堪设想矣。"①海城"海境辽河沿岸，素称产麦之区，而今岁酷亢旱，麦粮减收，小麦寥寥无几，大麦亦仅半数，遂至上市出售者大昂其价，而商人加价竞买，每斗竟能售洋一元之谱。"②然而奸商们为了获得他们的一己私利，雪上加霜，无视人民的死活，哄抬物价，把人们推向了死亡的边缘。

1926 年的东北大旱灾，奸商猖獗，高抬物价，无视人们死活，小民很难生存。东丰"人春以来亢旱异常，兼之钱法毛慌，粮价飞腾，民食堪虑。"③奉天"县属毘台村地址高阜，每届天旱则必减收，今岁入春以来，滴雨未落……百物疼贵……洋面每斤四毛，豆油每斤六角五分……民命何堪设想矣。"④干旱异常，整个一年几乎滴雨未落，大片土地荒芜，粮食绝收，人们生活在死亡的边缘。市场上没有更多的粮食进行买卖，物价上涨在所难免。田台庄"天公无情，亢旱不雨，自春汲夏一滴未降，田亩辍耕，呼天不应，老农以将驴骡畜以维残喘矣，吾人试行乡村一观，赤地千里，哀鸿遍野，稍人心者无不凄然泪下，即以柴米言，市价日涨，民命难堪……"⑤干旱，粮食作物不能健康的发育，从而影响农业的正常发展，粮食歉收，绝收。农业减产，社会的供求必然减少，势必会造成物价的一定上涨，加之政府没有行之有效的措施，从而投机商囤积居奇，高抬物价，致使粮价暴涨，甚或有米不卖者，这都大大影响了人们的正常生活，以致到了买不起粮，或有钱无处买粮的境地。

3. 政府的财政损失

以农为本的中国，尤其在工商业还不发达的近代，农业税收是政府财政的主要来源。素以地大物博著称的东北，是中国财政的主要贡献者。然而由旱灾引起的粮食减产、歉收，势必会影响政府正常税收，尤其在旱灾严重之年，政府还要拨款赈济灾民，这无形之中造成了政府的财政损失。林西县"……兹奉前因复查该区林西县被灾九分之地四顷……又被灾八分之地四十五顷十亩……又被灾七分之地三百五十四顷就是一亩

---

① 《麦收无望》，载《盛京时报》，第 4 版，1917-05-03。
② 《大麦昂贵》，载《盛京时报》，第 5 版，1917-07-21。
③ 《粮价暴涨》，载《盛京时报》，第 5 版，1926-06-12。
④ 《民命可堪》，载《盛京时报》，第 4 版，1926-06-09。
⑤ 《天灾人祸》，载《盛京时报》，第 5 版，1926-07-07。

六分。……又被灾六分之地，一百七十顷七十四亩八分。……又被灾五分之地，二百七十七顷六十七亩三分。……以上统计被灾之地八百五十二顷四十三亩七分，应征银一千一百二十三两四钱三分四厘，蠲免银一百八十九两五钱六分一厘九毫九丝，缓征银九百三十三两八钱七分二厘一丝。"①干旱使大面积土地受灾，粮食减产，政府为缓解人们的压力，蠲免赋税，减少财政收入。

旱灾威胁到人们的正常生活，政府体恤民情，为人民发放赈款。开原"去岁旱涝为灾，奉省北部各县受害匪浅，本县马知事为拊念灾黎，特令行政科长邱可名面谒上峰转向东三省官银号借贷二万元，由洮南该号分庄领取现洋放给灾民，以不动产为抵押品，平均借贷各灾民，近日指照领取者络绎不绝。"②吉林"大旱不雨民不聊生，遍野贫民嗷嗷待哺，虽祷天祈雨之事时有所闻，而天宫仍不降雨，田禾枯槁，民不堪命，昨闻王代理司召集群僚开会，讨论筹款睬民之方，拟派员在四方产粮区域收买粮食赈济贫民。"③政府发放赈款实属体恤民情，减轻灾民负担。遭遇重大的旱情，政府不但要免征农民的基本赋税，而且必须从财政收入中拨发大笔的赈款，这些举措严重削减了政府的财政收入，一定程度上影响着社会经济的正常运转。

二、旱灾引发瘟疫流行

旱灾发生，不仅直接威胁到人们的生活之源——粮食，而且还严重影响到人们的身体健康。土地干枯，空气流通不畅，为瘟疫营造了充裕的存在空间。灾后瘟疫的流行，给灾民生活带来了灾难性影响。

久旱不雨，土质干燥，空气不能流通，灾民饲养的家畜多患有疫病，传染甚速。政府对此重视不够，传播范围很广。张家湾"近因天气亢旱已极，各村所饲之牛发现一种牛疫，传染尤劣，一经受疫，片刻之间即行倒毙，以站内为最重，俄妇有长腿者饲乳牛，头已染疫，无一生者，均一觅空阔隙地掩埋矣。"④天气干旱，牲畜染上瘟疫，大批死亡，这必然使人们的生产遭到极大的损失，影响人们正常生产生活。

牲畜染上瘟疫还间接地威胁到人类的生命。奉天"省垣养猪各户近

---

① 《林西县公树详报勘明境内造虫旱风雹灾之各区灾情及热河道署都统令》，1917年9月10日，《热河省长公署档·JC23》，4126号，辽宁省档案馆馆藏档案。

② 《贷款救济灾民》，载《盛京时报》，第4版，1918-06-08。

③ 《筹赈睬灾黎》，载《盛京时报》，第6版，1914-05-30。

④ 《发现牛疫》，载《盛京时报》，第7版，1914-06-24。

来咸报惶恐，缘天气炎热，发现一种猪瘟，且为急性传染，凡染此瘟症者约二小时即毙，入市卖，食其肉者立即吐泻，轻则卧床不起，重则亦有性命之忧。"①近代时期人民的科学思想薄弱，不了解染上瘟疫的牲畜对人们身体健康的危害，甚至还拿来食用，严重威胁到人的健康和生命安全。

除牛瘟、猪瘟等兽类疫病外，干旱还引发了其他传播性疾病。具体表现是上吐下泻之症，传染甚速。海城"海城由春入夏大气亢旱，气候失常，以致小儿多感不正之气，发现一种瘟症，既甚危险，尤易传染，近闻城内患此症者夭亡者不少……"②奉天"自春迄下，天气亢旱，田苗故多枯槁，而人民亦多得时症，死者不知……经传染死期甚速。"③锦县"锦县全境近因天气酷旱，更兼今岁大旱，空气不能流通，故城乡人民多得腹痛、头疼、吐泻、痢疾，一切时疫之症，查城内外染此症者十有五六。"④干旱异常致使瘟疫滋生，而在当时医疗环境极差的近代东北，人们对待瘟疫几乎是束手无策，所以因患此病而死者不下少数。

瘟疫的急速传播，与当时的人们轻视环境卫生有关。人们对于自己周围的生存环境卫生不重视，便加速了瘟疫传播。长春"近日天气炎热易于传染疾病，而各界出售之瓜又多腐烂，殊属有碍卫生，及巡警竟不过问，致命患泻症者层出。"⑤近代东北每次大面积的旱荒之后，几乎都造成大面积的瘟疫发生，严重地破坏了当地的生产与生活。

第三节 应对旱灾的相关措施

旱灾给人民造成的影响是深远的，土地干旱，赤地千里，寸草无生，严重威胁着人们的生活。天气干旱，麦苗枯死，颗粒无收，人民的衣食之源没有着落，加之投机商无视人民死活，哄抬物价，人们的生活雪上加霜；土质干燥，空气流通不畅，致使瘟疫盛行，大批牲畜死亡，生产工具受到极大的损失，雨水稀少，空气混浊，卫生不洁，人们也大多染上瘟疫，轻者上吐下泻，重者导致死亡。人们流离失所，在痛苦中挣扎。面对此严重情况，各界人士积极开展抗旱救灾活动。发放赈款，

---

① 《发现猪瘟》，载《盛京时报》，第 7 版，1914-07-14。

② 《疫流行》，载盛京时报》，第 5 版，1917-05-20。

③ 《时疫流行》，载《盛京时报》，第 5 版，1917-07-01。

④ 《时疫盛行》，载《盛京时报》，第 5 版，1926-08-05。

⑤ 《泻症流行》，载《盛京时报》，第 7 版，1914-08-12。

缓解人民的生活困难；兴修水利，浇灌农田，确保农业的收成；面对天灾，无计可施的人们，祈求老天的帮忙，向天祈雨，希望得到神灵的怜悯。

一、无效应对：传统迷信思想支配下的祈雨求神

祈雨求神活动是一种封建的迷信思想。在封建愚昧思想指导下的农民，认为旱灾的发生是老天对他们的惩罚，只有对天祈祷，得到上天的谅解，上天才能解除惩罚，免除灾害。

在整个近代文化素质较低的大背景下，虽有近代文化的传播，但人们的思想仍保守、愚昧、落后，迷信思想仍然充斥着人们的整个大脑，面对旱灾，民众把希望寄托于某种神秘力量。社会生产力发展缓慢，科学技术不发达，民众受教育程度低，加上政府腐败，无视人们的死活，遇有天灾，人们就只能求助于超自然的神灵。

1. 政府高级官吏组织的祈雨求神活动

政府高级官吏组织的祈雨活动在近代的东北时有发生。

在封建愚昧落后思想的支配下，上级官僚也迷信，遇到旱灾时，向天祈雨，祈求老天的帮忙，而不是发挥自己的能力来战胜灾难。近代中国东北旱灾发生时，县级以上领导组织向天祈雨的现象比比皆是。奉天"张上将军以天气亢旱，四民望雨，特于二十一日斋戒沐浴，在军府祷告，以苏民困，同时并令知事，全城各商家一律在门边插柳枝共同祈祷云。"①新民"新邑入春以来，雨量稀少，兼之土属沙性，枯旱非常，一般农民大有不能播种之患，日昨县知事周启英邀集农商各界虔心祈雨，于月之三日训令禁止宰杀，斋戒设坛，并令各户门首设备水缸水桶内插柳枝，供奉龙王牌位，躬率农商各界人等齐集龙王庙前虔诚祈祷，该知事可谓关心民事矣。"②梨树"本邑自春及夏雨点毫无，亢旱已极，下籽不能，秋收无望，人心异常惶恐，臧知事以饥溺为忧，前虽祈祷未能如愿，昨七日会同郭所长在城隍庙设坛虔诚祈祷能邀彼苍之眷顾，甘霖沛降以慰三农，殊难逆料云。"③从上将军到知事，都认为神主宰人的一切，他们在这种思想的支配下，遇到旱灾就是祈神求雨。如果巧遇雨水降下，则会认为是神的恩惠，是祈雨的结果，并令禁屠几日，以酬谢神灵。民国时期，在旱灾发生时，由政府官员组织的向神灵祈雨求晴的现

---

① 《上将军躬亲求雨》，载《盛京时报》，第 4 版，1926-05-22。

② 《知事祈雨》，载《盛京时报》，第 5 版，1917-05-08。

③ 《臧知事诚意祈雨》，载《盛京时报》，第 4 版，1926-06-11。

象屡见不鲜，几成惯例。

2. 农商界人士的祈雨求神活动

农商各界人士组织祈雨活动企图幻想借助某种超自然的力量来战胜旱灾，表明近代东北的农商各界人士的思想仍处在迷信落后的状态之中，面对旱灾，大多数人士主要去庙间祈雨。台安"台安县境入春以来，终未降雨……固本县新开河镇农商学警各界提倡求雨，定于二十九号躬赴该镇关帝庙虔诚祷雨，以期甘雨下降而得耕种云"。①干旱，农商学警各界求雨，以求上天给予恩赐，降下甘霖。青冈"本月十五日绅商各界在龙王庙祈祷甘霖……"②海龙"海龙四方约四五十里由春至夏未降透雨，每日狂风大起，挟沙卷石，路尘高飞，春耕失时，田苗不望，日昨王监督及农商会首领议定二十八日设坛与关帝庙率众民祈祷三日，许戏三日以酬神恩，未知能降甘霖否。"③试图在精神上寻求出路是民众向神灵祈雨，巫术救荒的主要原因。水利失修，赈济缺无，在死亡线上挣扎的人们只有盲目地采用原始的迷信的方法了。

祈雨也是巫术的一种活动，何时何地祈雨则由专门人士来算一下。奉天"奉省旱魃为虐，田禾枯槁……讨巡包瞎子预为算定何日有雨，即日祈祷，果然甘霖下降，喜形于色，然云消雨散，旭日该县农人互相谈论云，大约当轴不虔诚之故，是以张氏继续祈祷，然而终不足以润原野，张氏问故于包瞎子，包对曰，屠未除尽，张氏面论各侦探严为查拿，并令改装农人冠至各肉铺购买，违者拿获。"④干旱发生，祈雨禁屠成为必行之事，政府组织，向天祈求，希望得到老天的救助，殊不知旱灾的发生不是老天能解决的问题。

3. 受灾农民的祈雨求神活动

贫苦农民自发组织的祈雨活动，是农民的一种迷信自救运动。广大农民的封建迷信落后思想更加浓厚，加上政治腐败，无视人们的死活，旱灾发生，农业颗粒无收，为得到生存之源，生存无路的人们只得向天祈雨，祈求老天的帮忙。旱灾发生时几乎所有的人们都向天祈祷。祈求老天帮忙。铁岭"东一乡七里屯等处十余村屯于二十日聚集八百余人至城内祈雨……"⑤奉天"近来亢旱异常，四乡农民来城求雨者日有所闻，

---

① 《情殷求雨》，载《盛京时报》，第 5 版，1926-05-01。
② 《求雨得雨》，载《盛京时报》，第 4 版，1927-08-26。
③ 《虔祈甘霖》，载《盛京时报》，第 5 版，1926-06-18。
④ 《祈雨声中之所闻》，载《盛京时报》，第 4 版，1917-06-20。
⑤ 《乡民祈雨》，载《盛京时报》，第 7 版，1914-05-23。

二十六日有城北蒲河等三十余屯齐集你们四千余，头戴柳树圈，跣足来城求雨，逐庙叩祷。"①铁岭"本邑城乡均呈旱象，设坛求雨为民请命，志前报日昨复有省城桑园岭、七里屯、靠山屯、黄金屯、左家沟、温床子各村联合一起来城祈雨。"②干旱无奈，在小农思想支配下的农民只能祈求老天的怜悯，而没有有效地利用自己的劳动能力。成千上万的劳动，如果用于有利于农业发展的事业上来，大力兴修，发展水利事业，必会降低旱灾程度。

灾害频仍，社会动荡不安，民众把希望寄托于某种神秘力量的支持，以求风调雨顺，国泰民安。历史上的东北是旱灾频繁的地区，天灾不断，人民生活在水深火热之中，政府既无减灾能力，又缺乏有效的赈济对策，很多人对政府感到失望。他们转而寄希望于某种神秘力量的支持，以避祸求福、逢凶化吉，他们对目前的生存状况感到恐惧，恐惧心理极易产生迷信。大范围求神祈雨，断屠等闹剧就这样一幕幕上演。而且祈雨之虔诚是令人震惊的。铁岭"天气亢旱地皆然，铁邑河西一带尤为特旱，已种之地非但未出，待雨播种之地不在少数，农民望雨心切，是以祈雨之声由张督办倡导，因事进城见大帮农民一步一头，阿弥陀佛之声不绝于耳，"③人们对神灵的崇拜以达到了如痴如醉的标准。如果神灵不降雨则认为是自己不够虔诚，继续祈雨。《铁岭县志》曾有这样的记载："酷寒望雨，于无可知何之中，则头带柳条枝，齐集龙王庙，僧道诵经，地方官及各团体首领素衣跣足，各执瓣香或小旗插鼓，呼天声闻远近，一步一跪或数十步一跪，后儿神亭及水瓶，瓶插柳条沿途呼号，逢庙则拜，井则拜，抠宣阿弥陀佛焉——以三日之期，不雨后三日仍设坛再祷。"④一步一叩头，表现出人们对神灵充满了敬畏，把神看做是主管自然、掌管人的生命活动的主体，对其崇拜，虔诚服从，以期能得到神灵的安慰和缓解痛苦。上至官吏，下至百姓，城自商民，乡到农民，对天对神都有一种莫名的崇拜，认为对他们叩拜，便能消除人间的天灾。在这样的民俗意识的指引下，人们战胜灾害的程度是可想而知的。

与祈雨相配合，庙宇的兴修也兴盛起来。奉天"小西关上头靠城墙

---

① 《求雨众多》，载《盛京时报》，第4版，1917-06-28。

② 《联合求雨》，载《盛京时报》，第5版，1926-06-12。

③ 《来城祈雨》，载《盛京时报》，第5版，1926-06-06。

④ 黄世芳修，陈德懿纂：《铁岭县志》(四)，民国二十年铅印本，15～16页，台湾，成文出版社有限公司印行。

根之真武庙前年兴修电车路时，由市政公所命令拆毁，该庙道士几经呈请保留未蒙允可，另据确闻张上将军不知听得哪个地理先生之言，谓该地之真武庙于奉天全城及大帅本身有莫大利害关系，非重新修起，不足以保全风水，大帅信之，已令副官外赶赴觅工兴修。又一消息谓大小东门之城及其他城墙之坍塌地方，张大帅亦已明令补修，此项工程费约需十数万元。"①政府通过祭祀鬼神的仪式，宣传天命论，用祈神保佑来转移民众的愤懑情绪，要求民众安于现实的生活。旱灾频繁，祈雨盛，龙王庙兴。

中国是一个封建宗法专制的农业国家，生产力不发达，广大农村还主要倚重于现有的传统资源，在近代的东北，这一现象表现得更为突出，中国东北多灾的自然环境为经久不衰的自然崇拜提供了最肥沃的土壤。人民生活在旱灾等自然灾害的阴影中，当一次一次的灾害向人们袭来时，灾民茫然、无助，人们在神灵面前，企图借助某种神秘的超自然力量控制和影响鬼神，使之听命于人类，因此，制造出大量的神灵来保护自己的生存。龙王就是灾民虚构出的保护神，是人类在旱灾面前无能为力的典型表现。这是人类认识把握自身和世界的一种低级的方式，它能迎合没有多少文化的下层民众的心理需求。在中国近代东北，每当久旱不雨的时候，就是祈雨活动登场之时。

二、有效应对：科学的抗旱举措

1. 科学的抗旱举措

在对旱灾的应对方面，人们也经历了一个由迷信向科学转变的过程。在传统封建思想观念的支配下，人们认为旱灾的发生是天谴，是老天在惩罚人类。为了减轻这种惩罚，成千上万的人们到庙间祈祷，祈求老天的怜悯，降雨济民。随着新文化运动的开展，西方新文化的不断引进，科学思想开始萌生，人们的观念也有了一定的进步。已逐步认识到抗旱应全力依靠自己，只有通过自己的努力才能战胜自然灾害，植树造林，减少或避免旱灾的发生，兴修水利灌溉田地，降低旱灾发生。

即使在以祈雨为主流的时期，也不乏持有科学救助思想的进步人士的活动身影。盖平"盖平两月以来从未落雨，田土枯干，农民惶恐，因之一般家庭生迷信举动，提倡求雨，查雨之为物，本由阴阳气节合而

---

① 《重修庙宇》，载《盛京时报》，第 5 版，1926-05-22。

降，断非人力所可求来，雨果可求，天下岂有旱灾，勿轻举妄动，以致劳民伤财。"①

民国初年掀起的一次又一次的破除神权迷信运动进一步强化了科学抗旱行动。在五四新文化运动中，知识分子以科学为武器，猛烈抨击有神论和有鬼论。而近代东北的主流思潮也不甘落后，开始宣传科学理论，甚至把过去人们祈雨求佛之地变为科学圣地。据《开原县志》载："各区村屯莫不有庙宇在焉，自改行新法以来，劝募巨资，重修庙宇之事，虽仍不能尽，无而借其地改设学校，暨作别项机关者，竟所在多有任守土之责者，能因势利而利导之，不难移风而易俗也。"②《开原县志》载："慈圣寺、虫王庙附在今菜市胡同现为市农会。"③据《辽阳县志》载："天齐庙，一在难关，一在东关现改为农业试验场。"④

在宣传科学抗灾的过程中，进步人士认识到森林对于防御旱灾的重要性，主张植树防灾。"雨霆先生大鉴，敬启本年旱灾广及吴省，哀鸿遍野，触目惊心。警谨就此学著为《森林与旱灾之关系》一书，借以贡献社会，用备采择，对于上东林业人未遇旱灾之关系尤切，固伦支教详。素仰。"⑤宾县"宾县农务会会长刘德峰前者会帖布告，拟提倡农业栽培植树。"⑥强调森林对于保持水土具有重要作用，它可以防止沙漠化，涵养水汽。受科学熏陶的先进人士认识到这一点，主张大规模植树造林。

这一时期，科学农业生产技术也有了长足的发展。农民开始注重在农业生产中对科学技术的应用。自光绪三十四年至宣统元年（1908—1909），吉林省城创建农业试验场，附设农学研究会，兴建了植物园，试验与种植各种作物，讲究水、肥、土、种和田间管理，注重使用新式机具，使用农药和防治病虫害，推广农业科技。其中如引用直隶小麦、日本菜豆与白杨、落叶松等优良品种，使用美国新垦犁、多角耙耢和除草器等，使省城及全省的农、林、牧各业都得到了相当的发展，特别是粮食得到较大的增长，除自给自足外，还有大宗粮食转为商品粮，外贸

① 《提倡求雨》，载《盛京时报》，第 6 版，1914-05-21。
② 李毅纂修：《开原县志》（一），卷二，民国十九年铅印本，12 页，台湾，成文图书出版社。
③ 同上书，30 页。
④ 斐焕星修，白永贞纂：《辽宁省·辽阳县志》（一），民国十七年影印本，25 页，台湾，成文图书出版社。
⑤ 《上东林区凌道杨函送森林与旱灾开系书》，《奉天省长公署档·JC10》，7612 号，1920 年 12 月，辽宁省档案馆馆藏档案。
⑥ 《农务会收买榆子》，载《盛京时报》，第 4 版，1926-05-24。

出口。同时这一时期也培养了一批农业人才。可见科技是第一生产力。

　　庙宇改建学校，也可以看成是重视科学、淡化迷信的重要行为举措之一，辽阳"关帝庙，城多罗大台正殿三楹两廊六间钟楼一座，民国学校设此。"①"城西北徐公堡后街正殿一座东厢王间，民国学校设此。"②"城南谷首峪下堡村西正殿山门各一座，殿东瓦房四间，民国学校设此。"③随着清政府的灭亡，西学思想传入传统的中国，人们的信仰有所改变，科学观念有所增强，寺庙改为传播科学文化的基地。面对旱灾的发生，人们也逐渐采用科学的方法对抗干旱。

　　在先进思想的指引下，水利事业受到了重视。旱灾发生时，人们除去庙宇祈祷外，也注重一些水利工程的建设。清宣统三年（1911 年），即开始在新民府设水利局，该局除管农田水利外，还兼办一般水利事务，这是最早的专门的农田水利统治管理机构。至民国二年（1913 年）在奉天设置水利局。为了便于水利事业的管理及水利税的征收，还制定了管理用水规则及征收水利税章程，除管理水利外，兼经营灌溉设施等事业。这样在遇到旱灾时，就有一个专业的职能部门指导抗灾防灾。

　　总之，随着西方科学知识的不断传入，人们的思想观念有了重大转变。遇到旱灾不是去庙宇求天拜佛，而是运用自己的能力来战胜自然灾害。"1946 年 6 月 28 日，《东北日报》报道，绥宁省各地遭受 20 年罕见的旱灾，省政府号召开展节约运动，自己动手，克服困难。"④黑龙江，"1949 年 8 月 2 日，黑龙江省委和省政府召开直属机关干部抗旱救灾动员大会，指出当前旱灾严重，是本省 20 年来最大一次旱灾，要求紧急动员抗旱救灾。"⑤松江省"8 月 10 日松江省委发出紧急指示指出，全省大部分地区久旱不雨，估计减产五成以上，必须开展救灾备荒，从生产中找出路，节约粮食，战胜灾荒。"⑥中华人民共和国成立前期，人们遇到旱灾，不是像以前那样，到庙宇祈求老天的帮忙，而是运用科学知识，依靠自己的双手来战胜自然灾害。

---

　　①　白永贞纂等修：《辽阳县志》（一），民国十七年版，25 页，台湾，成文图书出版社。

　　②　同上书，31 页。

　　③　同上书，28 页。

　　④　黑龙江社会科学院历史研究所编：《黑龙江近代历史大事记》（1840—1949），268 页，哈尔滨，黑龙江人民出版社，1987。

　　⑤　同上书，269 页。

　　⑥　同上书，270 页。

2. 地方政府采取积极的赈济措施

政府采取积极的赈济措施，维持农业生产，保证农民的正常生活。《东北大事记》(下)记载："1947 年 2 月 11 日东北政委会决定发放水利贷款一亿元，减征公粮百分之十，奖励垦荒，发展生产。"①"1948 年 1 月 13 日，东北行政委员会决定发放贷款四十五亿元，发展农业生产，增产粮食。"②共产党领导下的地方人民政府发放的赈济贷款超过以往的任何年代，有效保障了人们的生产生活顺利进行。

共产党领导下的地方人民政府积极组织抗灾活动，有效地控制了灾情的蔓延。解放战争时期，东北的灾害也是很严重的，但是中国共产党采取科学有利的政策，领导群众有效战胜自然灾害。"1948 年 2 月 27 日，辽北省民主政府发放五亿元农贷解决农民春耕生产艰难。1948 年 3 月 17 日，嫩江省政府发放农贷十五亿元，帮助群众解决生产困难。"③"1948 年 4 月 16 日，东北银行辽北分行发放农贷九亿五千元，帮助群众解决生产困难。"④"1949 年 8 月 2 日，黑龙江省旱灾严重，中共黑龙江省委与省人民政府召开省直属机关干部抗旱动员大会，领导群众战胜灾荒。"⑤面对旱灾，中国共产党领导的政府，采取积极的态度，运用科学的方法，领导群众，以减少赋税，发放贷款等方式来战胜旱灾。

(1)政府赈灾。

赈灾免捐，是政府应对旱灾积极有效的措施之一。为了减少旱灾给人们带来的重大损失，政府减免灾区的赋税。林甸县"民国七年缓讷河林甸县被旱灾民租赋。"⑥宁远"光绪二年，宁远春旱秋霜，损禾岁饥。——免盛京同治六年以前逋赋。"⑦林西县"……以上统计被灾之地八百五十二顷四十三亩七分，应征银一千一百二十三两四钱三分四厘，蠲免银一百八十九两五钱六分一厘九毫九丝，缓征银九百三十三两八钱七分二厘一丝。"⑧减免赋税在一定程度上能缓解人们的生存压力，是一

---

① 李鸿文、张本政：《东北大事记》(1840—1949)(下卷)，1088 页，长春，吉林文史出版社，1987。

② 同上书，1109 页。

③ 同上书，1113 页。

④ 同上书，1115 页。

⑤ 同上书，1147 页。

⑥ 万福麟兼修，张伯英总纂：《黑龙江志稿》(铅印本)，卷 13，8 页，1932。

⑦ 白永贞纂修：《奉天通志》(铅印本)(六)，卷 144，27 页。

⑧ 《呈为核议热河林西县民国五年分被灾地亩恳请分别蠲缓银粮以纾民困恭呈仰祈》，《热河省长公署档·JC23》，4126 号，1917 年 9 月 10 日，辽宁省档案馆馆藏档案。

项行之有效的措施。

在军阀统治时期，虽然战事不断，但是政府仍拿出一部分财政来救济灾民。在《盛京时报》中亦有一些相关的资料来论证此问题。锦县"目前张国垣知事召集各区区长来县会议，闻所议者为锦属灾黎已蒙省署发下赈灾金数十万元，应即按各区难民受灾轻重分别发放，各区长会议后，已将斯款领出，回归区所即饬各村村正副通知大小灾户不日具名赴区领取云。"①吉林"大旱不雨民不聊生，遍野贫民嗷嗷待哺，虽祷天祈雨之事时有所闻，而天宫仍不降雨，田禾枯槁，民不堪命，昨闻王代理司召集群僚开会，讨论筹款甦民之方，拟派员在四方产粮区域收买粮食赈济贫民。"②

政府发放籽种，以保证农作物的种植。齐齐哈尔、墨尔根"同治七年三月——贷黑龙江齐齐哈尔、墨尔根两城被旱地方籽种口粮。"③旱灾区，粮食歉收，人们难以温饱，农民缺乏种子，难以维持生产。政府贷给被旱地区的籽种，保证了农民的顺利生产，在一定程度上缓解了人民的困苦，这是政府实施的一项有效的保护农民利益的积极措施。

政府免息贷款，维持农事。牛庄"本属为去秋歉收，春种艰难，按县发给公款若干，不取利息借给贫民，聊作耕种之费，牛庄第五区区长李子惠现已领到小洋二万元，按所辖八十余村发给云。"④干旱，颗粒无收，灾黎到处皆是，政府发放公款，以作耕种之费，从而保证农民的正常生产生活。

（2）民间慈善救助。

一些官绅个人对灾区的赈济，也从一定程度上缓解了人们的生活压力。旱灾发生，禾稼枯死，收成甚微，人们的生活难以保障，民乏食，哀鸿遍野，一些有识之士体贴人们，给予生活上的救济。辽阳："光绪十五年，辽阳春旱民乏食……官绅筹设栖流所统领左宝贵奉委发放大麦种并以工代赈。"⑤本溪："本邑客岁大旱，禾稼歉收，大约仅有十分之二，民食缺乏，哀鸿遍野，昨闻邑南保佑寺监院心君了然素性慈善，见该村乡民贫难度日，触目伤心，遂将本庙积谷按户发放，一时领取粮食

① 《赈灾金不日到发》，载《盛京时报》，第2版，1926-06-18。
② 《筹赈甦灾黎》，载《盛京时报》，第6版，1914-05-30。
③ 万福麟兼修，张伯英总纂：《黑龙江志稿》（铅印本），卷13，7页，1932。
④ 《发春耕费》，载《盛京时报》，第5版，1927-05-01。
⑤ 白永贞纂修：《奉天通志》（铅印本）（六），卷144，28页。

者鱼贯而行，莫不称颂心君之大德。"①官绅的个人救济不但直接缓解了人们的生活困难，也间接减少了政府的财政支出，是一项自发的慈善活动。

商界的救助是慈善救济团体中的生力军。黑山："县境北乡去岁受灾甚重，现值春耕，生活不足，兹经曹知事、杨团长、穆所长提倡救灾办法，同莅商会议决详情省宪官银号借款十万元专为接济灾区之用，其款仍归商会担负承完，日前已由某当道晋省办理，若然吴邑灾民其有幸乎。"②中国的封建社会，小农的经济形态在社会上占据着统治地位，商业是在帝国主义打开中国大门之后才慢慢兴起的，然而在封建的经济形态下商业也有了一定的发展，而且对社会经济也起着重要的作用，在灾害之年，商业给了灾区一定的补助作用。

近代东北旱灾的影响之大，破坏面积之广，是令人震惊的。面对如此严重的旱灾，面对人们如此困难的生活情况，政府施加仁爱政策，在一定程度上体恤人民，缓征人们的赋税，给人民发放赈款，减缓人们的生活压力。政府赈灾救助，是体贴民情的有益政策。然而近代时期的政府腐败不堪，战争频发，政治腐败，官场黑暗，加之帝国主义的侵略，使国家的财政入不敷出，几乎没有多余的财力来补助人们的生活，在抗旱过程中，缺少长期稳定的资金投入，致使干旱灾害治理的基础设施极为薄弱，一些重旱区建立抗旱工程措施几乎是一个空白，抗御干旱能力非常差。

（3）兴修水利设施。

干旱，顾名思义，是雨水不足，缺少水分，那么治理干旱最显著、最有成效的办法就是兴修水利，利用水利灌溉农田，使农作物正常生长，解决人民的正常用水。在近代东北，水利事业不是很发达，但是面对严重的旱灾，政府也不得不采取一些有效的解决办法，致使水利有了一定的改善，组织水利分局，灌溉农田，略有成绩。

旱灾的频繁发生，将东北的水利事业提上日程。安图，"安图处白山之阴，地势极高，森林未开，气候特别寒，即大田之稼常值不稔，水稻之利更无可言，近数年来人烟稀少，渐多韩乔之户亦颇不少，其人皆勤苦耐劳，颇晓种稻之法，居民亦有与其多种者，而丰收之处十无一二，水利之兴当俟后日。"③人们虽掌握了水稻种植技术，"而皆勤苦耐

① 《寺僧施粮》，载《盛京时报》，第7版，1914-07-31。
② 《灾民其有幸矣乎》，载《盛京时报》，第4版，1917-05-01。
③ 陈国钧修，孔广泉纂：《安图县志》，卷3，31页，1929。

劳"，然收获却很少，其主要原因是水利事业不发达，当人们认识到水利事业的重要性后，水利灌溉才会逐渐获得发展。

兴修水利，灌溉农田，是缓解旱灾的有效措施。在以农为本的中国，农业的兴衰关系到整个社会的正常运行，要保证农业的生产，必须保证农业免于各种灾害的侵袭。要使农业免受旱灾的侵袭，就必须给农田以充分的水源，最有效的解决办法就是大力兴修水利，以此来灌溉农田。吉林"省公署……辅助之工事：一、农事辅导，关于农事及水利事业，两方厉害之消解。二、关于灌溉用水，分配上纷争之从速排解。"①奉天"水利局水路之延长约十九日里，其灌溉面积以北陵吾家荒讷本浑板桥子方面为中心，约有四千町布（日里）……民国八年来，太公堡以西约一千三百町布，以至行干沓式耕种，抚顺附近二千町布因去年之天旱以来亦以干沓式播种。"②水利的兴修是解决干旱最有效的措施之一。在干旱之年，农田没有充足的自然之水来满足它们的生长。如果没有充足的水源，禾苗就会干枯死亡，如水利发达，以此来灌溉农田、水田，那么赤地千里的现象将不会发生，农作物有了生活的保障，秋收也便有望，也就不会有歉收、绝收的现象。水利的发达对于农业的发展有着至关重要的作用，可以使赤地千里的荒地变为千里肥田，保证农业的丰收。从而使国家对水利局的建设也就提上了日程。

设立水利分局，严密督管，保证水利事业的正常运行。洮南"北京水利局业经工商部请拨官款十余万元，以便扩充，前张民政长曾电请政府设立水利分局于洮南，藉辟内蒙之富源，政府业已许可"③，辽中"前经本邑士绅李君乡等在省公署请设水利分局等情已志报端……似此化废荒为沃壤，修河道以利民，一举两得，省公署当不日即正式表示，吴邑分局可望成立矣。"④奉天"实业厅张之汉为扩充稻田起见，特在辽阳、本溪两县添设水利分局……"⑤水利的兴修对于农业的发展是相当有力的，灌溉农田，减少农田损失，或使农业免于旱灾的袭击，农田的大面积灌溉，保证了农业的收成，从而使人民的生活有了一定的保障。

政府认识到水利的重要性，设置水利分局，水利兴修，大面积的田

① 《吉省署组织农事辅导委员会》，载《盛京时报》，第11版，1936-05-07。
② 《水利局河堤不良》，载《盛京时报》，第4版，1927-05-11。
③ 《洮南设立水利分局》，载《盛京时报》，第6版，1914-05-07。
④ 《水利局成立有期》，载《盛京时报》，第6版，1914-06-25。
⑤ 《实业厅添设水利局》，载《盛京时报》，第2版，1927-05-09。

地被灌溉，农民的生活有了保障。然而在当时由于官吏腐败，仍有一些妨害水利发展的情况。奉天"实业厅因凤城县公民王世卿呈控赵恩琦私招韩侨妨害水利等情……"①水利事业是政府与人民极为关注的事情，面对有碍水利发展的情况严为查办。

旱灾，威胁着人们的正常生活，给经济发展、社会稳定都带来不良影响，政府开始关注新科技的发展，利用新的技术来战胜旱灾。奉天"政界人传言辽沈道尹公署近查人工降雨机，不知用几许经费可降雨……润田颇为适合，是以道署现拟购买之，以利农事，将来买到时应来省城首先实验云。"②购置人工降雨机来降雨，可以缓解旱灾的压力，保障农业的顺利发展，虽然这一情形在当时还不是很普遍的事情，但也说明人们思想的进步。

兴修水利、灌溉农田在抗旱减灾和节水增效上有着不可替代的作用，农田的生长需要充足的水分，充足的水分孕育才能保证农田的健康发展。兴修水利，以利农田农事，救济灾荒，保证农业的收成，用水利来浇灌农田，是取之于民，用之于民，造福百姓的工程。

由于受客观因素、认识因素及水利政策等因素的影响，近代的东北投入抗旱补助资金极为有限。无论是一般干旱年，还是重旱年份，其抗旱资金的投入都是杯水车薪，无助于旱灾的解除。

本章小结

近代东北长期存在着大范围的干旱灾情。旱灾造成农业减产，人们生活困苦，瘟疫流行，并严重威胁着人民的生命财产安全，给社会经济造成了重大损失。本章对近代东北旱灾的程度、成因都进行了探讨，认为这些旱灾造成危害的轻重程度与社会原因密切相关。除了过度生产开发，植被森林破坏，在一定程度上加重了旱灾外，政治腐败，官场黑暗，人们封建迷信，也大大降低了人民抵御自然灾害的能力。科学意识的增强，有助于调动农民的积极性，有利于制定实施发展农业的政策措施，从而促进农业的发展，增强抵御自然灾害的能力；政治清明，社会稳定，更是增强防灾抗灾能力的重要条件。

总之，保护自然生态环境，植树种草，是减轻乃至防止北中国水土

---

① 《饬查水利》，载《盛京时报》，第5版，1926-07-22。

② 《拟购人工降雨机》，载《盛京时报》，第4版，1926-06-24。

流失、减少旱灾的根本条件。近代中国东北由于长期以来对自然植被的破坏，造成水土严重流失，加重了旱灾的发生率。所以，保护自然植被，提倡植树种草，对抗旱保墒，防止水土流失，最为重要。

第 三 章
近代东北的饥荒及救助

  近代东北的饥荒问题，虽不如关内严重和明显，但却一直存在。由于学术界许多人仍持有东北地区不存在饥荒的成见，就使得这方面内容没有进入研究视野，使得近代东北饥荒史的研究基本上还处于空白状态。

  饥荒必须包括食物短缺并且食物短缺可能是很普遍的，或者是非常严重的，其严重的程度即是饥饿导致的死亡。本章力图系统地讨论近代东北饥荒状态，饥荒的成因以及饥荒救助相关问题。

  本章认为近代东北仍然广泛地存在饥荒，以一般性饥荒居多。为此，根据地方志、地方档案等资料整理出近代东北饥荒的表格，来简洁地反映近代东北社会饥荒的基本情况。探讨了近代东北饥荒的成因，尤其从农民生活贫困，政府腐败、战争频繁、土匪横行、奸商作祟及俄日的掠夺性统治等方面着重突出对社会因素的论述，尤其注重从日本帝国主义 14 年统治所造成的严重危害方面阐述饥荒存在的根源。

  针对近代东北地区广泛存在的饥荒的历史事实，还从社会治安、经济生活和社会伦理道德饥民心理三个方面详细论证了饥荒对东北乡村社会的全面影响，也从政府和民间两个层面讨论了应对饥荒的措施。政府部分主要从赈济，剿匪，打击奸商等方面进行讨论；民间部分主要以专业慈善组织和个人义赈两条线说明民间自成一体的救荒模式。

第一节　近代东北地区的饥荒状态

  自古至今，中国东北地区一向以土地辽阔，丰产富饶著称，在世人眼中是一片鲜有饥荒的乐土。然而，将东北地区放置于近代中国半殖民地半封建这个宏观社会背景中考察，不难发现东北人民的生活并非如想象中的那样理想。东北大地上持续了近一个世纪的帝国主义铁蹄践踏和蹂躏，再加上这一时期频繁降临的天灾，使得富饶的东北地区也时常陷入饥馑、饥荒的旋涡中。根据搜集的资料，充分证明了东北地区在近代曾存在着广泛的饥荒。只是由于中国东北地区良好的自然地理环境给世人留下的深刻印象以及东北地区相对落后的文献记载和新闻传媒等因素的影响，使东北地区的饥荒状况鲜为人知。

根据饥荒的定义，饥荒是分为不同等级和程度的。当然相对而言，得益于优良的自然地理条件，东北地区没有出现像陕西、山东等地区那样惨绝人寰的大饥荒，但是一般性的饥荒还是存在的，而且是广泛存在的，尤其是在日伪统治时期。饥饿、饥馑、饥荒已经成为近代东北人民生活中最常出现的伴生现象。

饥荒在字典中的概念，主要是指"庄稼收成很差或颗粒无收"[①]；《公羊传·襄公二十四年》："大饥"。何休注云："有死伤曰大饥，无死伤曰饥"[②]；饥馑是指灾荒《尔雅·释夫》："谷不熟为饥，蔬不熟为馑"[③]；然而在《贫困与饥荒》一书中，作者阿玛蒂亚·森给予了更加详细的诠释："总的来说，令人满意的饥荒定义必须包括食物短缺并且食物短缺可能是很普遍的，或者是非常严重的，其严重程度的最好度量是饥饿导致的死亡人数"，"严重和持续的食物短缺造成普遍而持久的饥饿，人们的体重下降，身体憔悴，饥饿或因身体虚弱而引发的疾病导致死亡率增加"。[④] 总之，所谓饥荒就是人们普遍的缺乏食粮，必须忍受饥饿甚至被饿死。

谈及饥荒，前人常用诸如"饥""大饥""饥民遍野""哀鸿遍野""嗷嗷待哺"等经过高度抽象和概括的灾荒术语来描述灾情之剧。简简单单的几个字蕴藏着饥民的多少苦难，这往往是后人无法体会的，同时也为我们评定饥荒的程度带来了困难，饥的程度有多深，规模有多大，是无法从中而知的。但毋庸置疑的是，在近代东北的史料中，能让在当时还不太重视灾异史研究的，以简练著称的史学家载入史册的饥荒记录，虽

---

① 罗竹风：《汉语大词典》12卷本，493页，北京，汉语大词典出版社，1993。

② 孟昭华、彭传容编：《中国灾荒辞典》，9页，哈尔滨，黑龙江科学技术出版社，1989。

③ 《辞海》，2380页，上海，上海辞书出版社，1999。

④ ［印］阿马蒂亚·森：《贫困与饥荒》，王宇，王文玉译，54页，北京，商务出版社，2001。

然寥寥数字，也足以证明当时的饥荒已经达到了一定的规模。关于史料中饥荒材料的运用，卜风贤给予了明确的界定："凡史料记载为'饥'、'荒'者，皆为饥荒。史料中'饥'对应为'一般性饥荒'；如果中央政府采取赈济和移民措施也推断为发生了饥荒。虽未显示"饥荒"二字，但表示出饥荒特征者，如'赤地千里'、'饿殍载道'、'流移'、'人相食'等，也推断为发生了饥荒。"还确定了灾荒的等级：如果灾荒发生后仅仅造成农业歉收，或一般性的食物短缺，可作为一般性灾荒看待。但如灾荒发生的区域多达数十州郡或天下过半，则作为重大灾荒；如果灾荒发生区域很小，仅为县或数县范围，则作为轻微灾荒对待；灾荒发生后发生食人或者饿死人的现象，不论范围大小一律作为重大灾荒对待。① 遵照以上标准，笔者根据地方志、档案，报纸杂志等资料归纳整理出东北地区的饥荒情况，成表如下。

表 3-1　近代东北饥荒年表

时　间	地　点	饥荒程度描述	资料来源
1841	岫岩	清道光辛丑咸丰癸丑两次岁饥	岫岩县志，刘景文修，民国十七年铅印本，卷4人物，11页
1845	呼兰	道光二十五年大水麦苗被浸颗粒无收居民食羊草为生	呼兰县志，清黄维翰编，民国四年铅印本，卷3财赋略，288页
1846	昌图	清道光二十六年秋岁饥	昌图县志，程道元修，民国五年铅印，卷1天文灾祥，42页
1851	义县	咸丰元年，该地附近村屯乏食甚多	义县志，王鹤龄修，民国二十年铅印，中卷12人物志，130页
1852	南金	咸丰二年饥	南金乡土志，乔德秀编，民国二十年石印本，祥异志，69页
1853	岫岩	清道光辛丑咸丰癸丑两次岁饥	岫岩县志，卷4人物，11页
1858	梨树	咸丰八年大旱秋虫岁饥	《梨树县志》，曲廉本，范大全等修，康德元年续修铅印本，乙编人物，卷4乡范，29页

① 卜风贤：《历史灾荒资料的信息识别和利用》，载《中国减灾》，2007。

续　表

时　间	地　点	饥荒程度描述	资料来源
1858	昌图	咸丰八年秋不雨岁大饥	昌图县志，卷 1 天文灾祥，42 页
1858	奉化	咸丰八年旱秋虫伤稼岁饥	奉化县志，清钱闻雷修，陈文焯纂 光绪 11 年刊本，卷 1 灾祥，58 页
1861	海城	咸丰末大饥	海城县志，陈荫翘，康德四年六月印刷，卷 3 人物志，96 页
1863	昌图	同治二年六月初一大雨雹如鸡卵……秋大饥	昌图县志，卷 1 天文灾祥，42 页
1864	海城	同治间遭水灾，哀鸿遍野	海城县志，卷 3 人物志，96 页
1870	海城	同治九年水灾村民大饥	海城县志，卷 3 人物志，94 页
1871	南金	同治十年，霪雨伤禾饥，前后屡次歉收	南金乡土志，祥异志，69 页
1873	奉天	穆宗同治十三年，灾黎嗷嗷待哺，情形迫不可待且各处已有聚众乞食分粮抢粮情事……灾民户口至三十万	奉天通志，白永贞总修，民国二十三年铅印本，卷 43 大事志 43，清 17，穆宗 3，41 页
1874	奉天	据都兴阿等奏报：奉省上年各城受灾人口达三十余万，需赈银等项银二十九万余两。灾民嗷嗷待哺，迫不及待，并已有聚众乞食，分粮，抢粮事情发生	东北大事记（上），李鸿文、张本政主编，吉林文史出版社，1987 年 1 月第一版，156 页
1876	义县	德宗光绪二年春旱义州大饥彗星见	义县志中卷 12 人物志，130 页
1876	绥中	德宗光绪二年春旱闰五月乃雨秋霜损禾稼岁饥	文铿纂修，绥中县志，民国十八年铅印本，卷 1 天文灾祥，15 页
1878	盖平	清光绪四年饥经邑	章运熙监修，盖平县志，民国十九年本，卷 15 慈善志，38 页

时 间	地 点	饥荒程度描述	资料来源
1879	复县	光绪五年六月海水溢田无麦禾，居民嗷嗷	程廷恒修，复县志略，张素纂，民国九年石印，人物略，10页
1879	安东	光绪五年……是岁大饥	王介公修，安东县志，民国二十年铅印，卷8灾害志，63页
1887	梨树	光绪十三四年间，岁大饥，哀鸿遍野，嗷嗷待哺	梨树县志，乙编人物，卷4乡范，29页
1888	辽中	光绪戊子秋霖为灾，河水暴发，哀鸿遍野，嗷嗷待哺	徐维淮修，李植嘉纂，辽中县志，民国十九年铅印，卷11义举，53页
1888	奉天	光绪十四年，浑河，太子河洪水泛滥，奉天城东南水深15尺，人畜死亡无数，次年大饥荒	沈阳人民政府地方志编纂办公室，沈阳大事记(1840—1987)，10页，沈阳出版社，1998
1889	辽阳	德宗光绪十五年，民乏食，春旱	白永贞纂修、辽阳县志，民国十七年铅印本，元册，22页
1889	呼兰	光绪十五年，因三姓，伯都讷，宾州等处遭受水灾，霜灾，清政府蠲缓各地银各租赋，呼兰民田受灾甚重，缓征租钱，拨款加赈，是秋，呼兰饥民达数千户	黑龙江省社会科学院历史研究所编，黑龙江近代历史大事记(1840—1949)，46页，黑龙江人民出版社，1987
1890	锦县	光绪庚寅凌河泛溢成灾……饥民就食者不远数十里而来……	陆善格修，锦县志略，民国九年，石印本，卷15，人物上，21页
1891	凤城	光绪十七年岁荐饥，四月乏食	凤城县志，沈国冕修，民国十年石印，卷9人物志乡型，14页
1892	梨树	光绪十八年岁饥	梨树县志，乙编，卷4，30页
1892	奉天	光绪十八年，辽河两岸猝遭水患，10月清政府令于奉天民仓拨存粮5万担各灾区粥场	沈阳大事记(1840—1987)，11页

续　表

时　间	地点	饥荒程度描述	资料来源
1893	辽阳	光绪十九年八月时城西连年水灾，民多乏食	辽阳县志，卷7名宦，16页
1894	新民辽中	光绪二十年，辽中阴雨连绵，辽河上下游进口十数外，水灾严重，秋后发生饥荒。	沈阳市人民政府地方志编纂办公室：沈阳大事记（1840—1987）
1894	锦县	光绪甲午之夏，霪雨为灾，岁复大饥，较庚寅尤甚……	锦县志略，卷15人物上，21页
1894	绥中	德宗光绪二十年夏六月霪雨不止伤禾，是年秋大饥	绥中县志，卷1天文灾祥，15页
1895	北镇	清光绪乙未岁大凶，里中不举火者数十家……	北镇县志，吕中清纂，伪满大同2年石印本，卷5慈善，19页
1895	绥中	光绪二十一年岁大饥	绥中县志，卷7慈善，17页
1901	呼兰	光绪二十七年，呼兰厅所属之大小木兰达段自春但秋迭遭匪乱蹂躏不堪，颗粒无收，民户逃亡殆尽。次年复业籽种全无糊口补给	呼兰县志，卷3财赋略，291页
1902	瑷珲	光绪二十八年，是年瑷珲难民在省城齐齐哈尔市困苦两年之久，贫困交加，难民，妇女100余人到将军衙门求赈	黑龙江近代历史大事记（1840—1949），59页
1905	奉天	光绪三十一年，日俄战争造成奉天遍地灾荒，据时统计，有48 300余名难民涌入奉天城	沈阳大事记（1840—1987），19页
1908	奉天	光绪三十四年九月十八，奉天城内饥民掀起抢粮风潮	东北大事记（上），368页
1908	辽中	光绪三十四年岁大饥	辽中县志，卷13列女，85页
1910	辽中	宣统二年……是年县南大水，民不聊生	辽中县志，卷13列女，85页

续 表

时 间	地 点	饥荒程度描述	资料来源
1910	黑龙江	宣统二年夏五月大雨江水暴涨为灾……灾民十五万余口	黑龙江通志纲要,金梁撰,宣统三年铅印,田制志纲要3,29页
1910	新民	宣统二年七月即因三河齐涨,新民全境被灾饥民嗷嗷待哺栖风原野	新民县志,王宝善修,民国十五年石印本,卷10慈善,88页
1910	黑龙江省	宣统二年,黑龙江省阴雨过多,嫩江水势暴涨,民房,田禾均被淹没为灾甚巨,饥民困苦万状	黑龙江近代历史大事记(1840—1949),74页
1911	黑龙江省	宣统三年,黑龙江各地江河涨溢为灾,绥化,呼兰,庆安等县村屯,房屋人畜多被淹没,兰西灾民荡析离居,200余屯悉数被淹,汤原居民流离失所,海伦,景星,青冈秋收无望	黑龙江近代历史大事记(1840—1949),77页
1911	铁岭	宣统三年秋霪雨成灾,全境之田淹没过半,大饥	铁岭县志,黄世其修,民国二十年铅印,卷17慈善,1249页
1911	新民	宣统三年水灾更设粥厂二十余处,延逾六个月,救济饥民三万余口	新民县志,8人物 名宦,13页
1911	新民	宣统三年,暴雨成灾,浑河铁桥冲毁,南满,安丰,京丰三线交通中断,辽河泛滥,新民上千人丧生,淹没房屋数千间,灾民遍野。	沈阳大事记(1840—1987),27页
1911	安东	宣统三年六月……时值霪雨兼旬江水汜滥,沿岸商民房屋尽遭淹没……哀鸿嗷嗷	安东县志,卷8灾害志,63页
1911	怀德	宣统三年秋霪雨成灾,哀鸿遍野……	怀德县志,孙云章修,民国十八年本,卷14,10页

续 表

时 间	地 点	饥荒程度描述	资料来源
1912	开原	宣统四年秋辽河大水坏房屋饥民甚多	开原县志，李毅修，民国十九年铅印本，卷9灾异，88页
1912	开原	民国元年……曾连遭水涝居民食宿无处甚至日不举火饥困流离……	开原县志，卷9人事，22页
1912	龙江	因粮价暴涨，龙江府饥民二百余人在市街抢粮。	东北大事记（上），425页
1912	大赉	大赉县饥民妇女200余人，拥至嫩江江岸老坎码头抢粮，并手持剪刀与军警搏斗，刺伤警兵数人，抢走粮食二十多石	东北大事记（上），425页
1914	宁安	民国三年冬四年冬县境荒歉民多乏食……	宁安县志，王世选修，民国十三年铅印本，卷4人物，47页
1914	东丰	民国三年夏县大水……城中居民房多被冲毁，贫民失所，嗷嗷待哺……	东丰县志，李藕修，民国二十年铅印，卷4人物志义举，11页
1914	辉南	因受灾减产，粮食奇缺，辉南县高家岗等处聚集饥民数百人，纷纷拥至存粮之户，欲强行分食	东北大事记（上），447页
1915	辽阳	辽阳七十二乡八万余饥民掀起"吃大户"的抢粮风潮，波及省城和附近各县	东北大事记（上），463页
1915	开原	民国四年辽岸田禾又遭淹没……放赈三次……饥民赖以全活者甚多……	开原县志，卷九人事，22页
1915	吉林省东京城	民国四年……收成不及往年十分之二，实数十年未有之荒歉，缺衣乏食，到处皆是，啼饥号寒，比户皆然	中国历史档案馆，中华民国档案资料汇编第三辑，372页，江苏古籍出版社，1991
1916	凤城	民国五年岁大饥，乡民绝粮	凤城县志，卷九人物志，15页

时　间	地　点	饥荒程度描述	资料来源
1916	沈阳	所得无几即有盈余，由冬至春夏食粮不足，各户皆然非独一人一家，就今年籽种尤难购买若不堪闻恩，此次水灾比较上而年尤甚以致各户有赴洮南黑龙江等处谋食 20 年以来无比惨状	奉天省公署档，5022，夏玉仑等禀丈地被灾恳缓缴价 辽宁省档案馆馆藏（中华民国五年）
1916	梨树	民国五年……哀鸿遍野困苦颠连……县西北欢喜领一带遂有饥民聚众分食大户，并陆续赴三江口会合，辽境饥民意图分抢粮船等情……	奉天省公署档，17515，军事顾问张焕相密禀犁树乡王知事等纳贿枉法纵资殃民，辽宁省档案馆馆藏
1917	梨树	民国六年夏辽河水溢岁饥	梨树县志，首编6，12 页
1917	新民	新民县灾民掀起抢粮风潮	东北大事记（上），484 页
1919	安东	民国八年县属白菜地亢旱为灾。及秋收之际，冰雹肆虐灾侵复起，以致饥馑荐臻，民不聊生	安东县志，卷8名宦，14 页
1919	江省	因本年旱灾严重，饥民众多，江省下令自二十日起暂禁各种出口三日	东北大事记（下），538 页
1922	凌源	诚数十年未有之奇灾，居民罕见之异事。现在被灾难民日不举火，露天而居……	热河省公署，8491，为凌源县详报县属第 6 区滨河一带被水淹没人口房屋（民国十一年）
1923	开鲁	春旱夏涝秋收歉薄，估计年成不及四分，十室九空，哀鸿遍野……	热河省公署，8833，呈为事案据职县公民陶初白等联名呈称灾乱存臻民生困苦
1926	东三省	东三省亢旱，禾稼半数业已不能收获。罹饥灾者约有一千四百万人……已有八十万朝鲜人食料无出……	东三省空前大旱灾，晨报，1926 年 6 月 27 日，第 2 版

时　间	地　点	饥荒程度描述	资料来源
1926	围场	军兴以来……十室九空又加年景歉收……眼见哀鸿遍野，求生无路	热河省公署，8815，呈为据情转报县属锥子山各村年景歉收情形
1926	沈阳	民国十五年，本年禾稼较比常年减收十分之六七，……现在隆冬乏衣无食嗷嗷无策……	奉天省公署，5020，沈阳县佃民尚其秀等禀为年歉民饥请将地将减则缓征地租
1926	四平	四平因天旱钱荒，农民群起"吃大户"	东北大事记（下），第 622 页
1926	阜新	本年秋成始无十分之三，诚为近三十年中绝无仅有之奇歉，经济流离殍转沟壑之惨，迫在眉睫	热河省公署，8795，呈为呈报职县各区歉收情形附送一览表（民国十五年）
1926	朝阳	民国九年，自春夏以来雨泽稀少，秋禾复遭亢旱，则四邻皆空，数历年未有之奇灾，遍地啼饥号寒……嗷嗷者十万户	热河省公署档，7086，朝阳县呈报旱灾严重情形，请求赈济及热河道署镀铜共数指令
1927	桓仁	上年兵荒发歉异常重大灾民嗷嗷待哺数逾四万…	奉天省公署，66，回覆通化县呈请贷款救济案的抄电
1928	滦平	查职属宫后牌附近乏食饥民数百于本月六日忽聚会于该牌住户赵姓三家坐卧乞讨	热河省公署，8872，滦平警察报告该县饥民聚众乞食经驻县孙师长散给钱米均以归家安度
1928	辑安	上年歉收民食已尽，民户聚众或七八百人或三二百人扶老携幼全吃粳米（俗名"吃大户"）哀声震野，不忍所闻	奉天省公署，114，辑安临江贫民共八百人吃大户及通化恒江商会电常关税重船户罢工情形
1928	海龙	民国十七年四月一日因荒旱乏食者甚多朝阳镇商会设粥厂……	海龙县志，卷 19 慈善，第 14 页
1928	滦平	饥民等男妇老少计有 640 余名因饥馑所迫嗷嗷待哺，聚众乞食……	热河省公署，8570，滦平县各乡饥民聚众乞食情形

时　间	地　点	饥荒程度描述	资料来源
1928	临江	临江县因兵荒几歉灾害迭生以致四万之灾民全行断炊，流离失所，嗷嗷待哺	海龙县志，卷19慈善 义赈，5页
1928	海龙	康德元年十二月间……该处迭受匪患天灾颗粒无收，哀鸿遍野	海龙县志，卷4行政，139页
1929	哈尔滨	阴雨连绵，松花江水势暴涨，发生水灾，哈尔滨正阳河，道外等处被淹，灾民啼饥号寒，惨不忍睹	黑龙江近代历史大事记(1840—1949)，111页
1930	兴京	康德二年，因匪乱焚毁警察所及学校房屋，损失甚巨。春夏两季，民食缺乏，贫民食树叶草根，饥馑存臻，盗匪滋炽。	兴京县志，张耀东修，民国二十五年铅印本，卷14慈善 灾异，2页
1930	辽中	去岁大水为灾，马无草，人缺吃烧……	奉天省公署，3667 关于辽中县当高利贷情况（民国十九年）
1930	承德	去岁受旱涝风雹之灾，秋收歉薄，今春贫户乏食万堪言状，加以官粮官草继续摊派，现已十室九空……王喜等贫民五十一口来局声音贫困乏食已将饿毙……	热河省公署，15741，承德县呈报各饥民困难情形请平粜救济及热河全省警务处指导（民国十九年）
1930	平泉	去岁歉收，小康之户食粮率皆糠秕…突来八里街贫民二千余名嗷嗷索食……	热河省公，24314，平泉县呈报贫民聚众分食大户并办理情形
1930	隆化	为隆化全县人民财尽粮绝，死亡相继且驻军无隔宿之粮情势紧急……进来乡民业将树叶树花摘食净尽……更有饿毙于路者	热河省公署，24667，热河省政府委员会议卷宗 建字第97号第99次会议 秘书长报告第七号
1930	丰宁	秋收不过二成……今春穷人颗粒皆无，哀鸿遍野，有撇妻卖子逃往他乡者，有食草根树叶者……	热河省公署，24670，热河省政府委员会议卷宗 第202次会议秘书长报告第8号

续　表

时　间	地　点	饥荒程度描述	资料来源
1930	翁牛特左旗	该处屡遭荒歉……小户之家糊口无资……老幼啼饥号寒喊声震天……壮者散四方谋生，老者转沟壑待毙，以致父弃其子，夫弃其妻……	热河省公署，24670，热河省政府委员会议卷宗 秘书长报告第10号（民国十九年）
1930	开鲁	开鲁连年荒旱，民不聊生，今岁灾甚，五六月间十室九空民皆绝食，民众自动拟分富户商户……	热河省公署，27926 热河省公署（教育厅）来文第373号 民国十九年九月十五日
1930	梨树	民国十九年夏霪雨为灾……居民因食粮缺乏日见流离……	梨树县志，丁编人事 卷4实业积谷，93页
1930	辽西	民国十九年 辽西水灾奇重……其有甚者全村被困绝粒，经旬路远水深无法施救及至此户流为饿殍全家悉就死亡迨及水退之后，灾民无家可归，非悖乞讨以苟存即赖粥厂以度命……	黑龙江志稿，张伯英纂，万福麟临修，民国二十二年铅印本年，卷4大事志，9页
1930	双山	今年民食不足，值此青黄不接之际，人民多以野菜充饥，谷皮果腹……	奉天省公署，117，双山县呈报三千余贫民来县追借仓粮，另有万余人是大户及二道河子水患情形
1930—1931	辽西	吾省今夏七月间，阴雨连绵……嗷嗷待哺，朝不保夕，不下四十余万人，灾情奇重，靡与伦比……	灾振专刊（1930—1931），辽宁水灾急赈会，7页，辽宁省档案馆馆藏
1931	盖平	……现在本村人民啼饥之声几乎遍野……历年产粮不敷食用，此次因于经济致成饥馑……	奉天省公署，116，盖平县瓦房店三岔两村青黄不接饥民聚集欲挨吃大户等情形（民国二十年）
1931	丰宁	种种重灾相继而来，秋收分数不足四成，人民生计难免饥馑……	热河省公署，6047，丰宁县呈为县属一四六（民国二十年）

时　间	地　点	饥荒程度描述	资料来源
1931	辽源	查职县境内各区饥民计有七万余口……	奉天省公署，118，呈为西夹荒非职县管境而荒民迭聚越境乞食劝拒两难由
1931	凌南	近二年来水患频仍，偏地荒歉加以去岁股匪猖獗……民食已罄，民力已竭，嗷嗷待哺	热河省公，9397，据凌南公民代表乔树声等呈为岁饥民难请缓徵亩捐并设法赈济（民国二十年）
1932	开鲁	我县数年荒歉，本年不及二成，突来吉军数万，月余粮草食尽人民绝食杀马牛充饥，烧房屋逃走数百群乞食不饱……	热河省公署，27926，热河省公署（教育厅）来文第293号
1932	海城	海城 天灾人祸迭相袭来，罹难黎庶，缺衣乏食，数万饥民，嗷嗷待哺	盛京时报1932年6月30日，第6版，380页
1937	安东县黄土坎村	十室九空，哀我民命奄奄待毙，详查本村居民五千七百余户（人口约三万四千余），现已有一千二百余亦贫之家（人口七千二百余），所特以苟延残息者，草种树皮豆饼豆渣而已，足食无虑者不过五六百户，号寒涕饥，惨不忍闻…黄旗保五百余户到即绝食者四百余家……	国民党档案，JE5－5－100，为年歉收粮荒民困待毙，恳请恩赐救济以治民命由
1943	明水	伪北安省明水县明水街居民五百多名包围伪县公署，要求配给粮食	东北大事记（下），1029页
1944	东北四省	……旱灾蝗灾接踵而至……吉林一省灾情广至十余县，灾黎达百万以上，四省秋收只占1941年百分之六十。入冬以来灾民衣食无着，饿毙冻死者日以数千计……	伪满灾情严重，解放日报，1944年2月19日，第2版

续　表

时　间	地　点	饥荒程度描述	资料来源
1947	莊河	……到处哀鸿遍野，尤以管内石成岛居民以苞米骨子草根树叶等调和少许粮穀充饥者为数六千余人，该岛内一万二千人，无有不现饥饿之色，老弱者已有转于沟壑，强壮者不无铤而走险之举……	国民党档案，JE5－5－100，安总收字(36)第6869号085为恳请体恤职县粮荒奇重准予急赈以济灾黎
1947	凤城	……哀鸿遍野，饿殍载道，嗷嗷待哺，查本县人口四十一万余除能有民食或有购买者自体能以榖法稍事救济外，其无食粮而又无购买力者五万余人	国民党档案，JE5－5－100，安总收字36第6530号，为灾重粮缺恳请急施赈济以救民命由
1947	安东县滨海乡	遽遭暴风烈风摧残不堪言状以致秋收失望民食维艰待哺嗷嗷，加以奸匪盘踞蹂躏遍区斩争百日荡析千家露宿风餐，烟断火绝，此外闭户自毙引颈待尽以及卖儿鬻女，借博一饱者尚不知凡几。灾区广泛，饥民众多……	国民党档案，JE5－5－100，安总收字(36)第6187号呈为配售食粮以维民命由
1947	岫岩县后团山乡	山洪暴发，榖粒无收，哀鸿遍野，所谓山茉野草树叶难以秕糠为食物代品者，十有八九奄奄待毙……	国民党档案，JE5－5－100，安总收字36第6034号呈安东县龙王庙乡公众　为灾情奇重民食告罄恳请筹备食粮以救民命由
1947	安东县桃源乡	风雨为灾年歉收又经奸匪蹂躏十室九空，民困乏食，啼饥号寒，偏于荒野，散乡两万余人半以草芽树叶充腹，百数之中无一饱餐……	国民党档案，JE5－5－100，安总收字36第6034号呈安东县龙王庙乡公众　为灾情奇重民食告罄恳请筹备食粮以救民命由

时　间	地　点	饥荒程度描述	资料来源
1947	安东县龙王庙	颗粒无存加以奸匪盘入春踞达十四月之久强征迫夺十室九空……入春以来民食顿呈枯竭初则并日而食近自比户断炉，除极少数者外其余悉以城蓬种野色米树皮等勉强延命。…因毒致死其他以救生无术而长卧待毙或因饥厌也而企图自杀者时有所闻兼盗案叠出日至数起其原因率由饥饿所迫	国民党档案，JE5－5－100，安总收字36第6034号呈安东县龙王庙乡公众 为灾情奇重民食告罄恳请筹备食粮以救民命由
1948	盤县	仁合、六合两区群众据了解多数吃豆饼、野菜，据六合村统计：有10%的户数讨饭吃，40%户数吃豆饼，30%吃野菜，20%能吃上苞米……	革命区档案，ZB1－1－41，粮第18号 辽宁省委省政府联合指示
1948	嫩江省	嫩江省政府向东北政委会呈报林甸灾情及救灾情况称：林甸去年及今春水灾严重，造成民食恐慌，全县灾民已移走5 000户，计划再迁出2 000户	黑龙江近代历史大事记(1840—1949)，248页
1949	辽宁省	去年虫灾水灾造成歉收，特别是蒋匪残酷掠夺，与其在撤退中泛乱残民的结果，使得东北各解放区的辽阳、辽中、海城、兰平、营口、沈阳等十几个县，约有150万人口，缺乏食粮，缺乏种子与生产的资料。热河新区亦有40万灾民	东北行政委员会关于组织灾区群众生产自救的指示，东北日报，1949年2月13日，第1版

从上表可知，虽然东北地区并未出现令人震惊的大饥荒，但东北饥荒普遍性、持久性、广泛性、长期性的特点，几乎贯穿了整个近代东北社会。考虑到东北地方文献对饥荒记载的不充分，和当时新闻传媒的不发达以及受本人搜集资料范围的局限，我们完全有理由相信，饥荒在近代东北地区的存在范围还远较以上记载的多得多。那么，探析有"北大

仓"之称的东北地区在近代一直被饥荒所困扰的原因就成为了解东北地区饥荒问题的关键所在。

第二节 近代东北饥荒的成因

邓云特在《中国救荒史》中所述："所谓灾荒者，乃以人与社会关系之失调为基调，而引起人对于自然条件控制之失败所招致之物质生活之损失与破坏也"。[①] 可见，灾是形成荒的直接原因，荒是灾的发展结果。而由灾及荒，又由荒及灾的过程中，并非仅有自然因素的作用，社会因素的作用亦不容忽视。尤其是结合近代东北多灾多难的社会背景，不难发现社会因素在饥荒的形成过程中作用巨大。因此，对饥荒成因的分析，应从自然和社会两方面全面地考察。

一、水旱灾害等自然因素的影响

饥荒常是指人民陷入饥饿状态。所以，在某种意义上，饥荒的发生是由于粮食的正常供给受到了破坏。通常是自然因素影响到粮食的收成，进而导致饥饿的产生。从农业生产的特性上分析，影响粮食生产最直接的因素是自然灾害，尤以水旱灾害为重。早在 20 世纪 20 年代末期，著名的金陵大学农业经济系美籍教授卜凯先生在调查中就发现了这样一个事实："水旱灾害皆易于发生在中国北部，每有较广大之面积，感觉灾荒影响，以致演成饥馑。"[②]近代东北是受到多种自然灾害频繁侵扰的地区。

表 3-2 1912—1948 年历年受灾人口总数一览表[③]

(以每年每省受灾人口 10 万以上为 1 次)

年　份	省　制	受灾人口（人）	资料来源	总　计	
				省次	灾民总数
1917	奉天	250 023	《申报》	2	5 861 782
1917	直隶		1917.11.6		
1926	东三省	14 000 000	《晨报》，1926.6.27	4	15 267 000

① 邓云特：《中国救荒史》，3 页，上海，三联书店，1961。
② 夏明方：《民国时期自然灾害与乡村社会》，34 页，北京，中华书局，2000。
③ 夏明方：《民国时期自然灾害与乡村社会》，384 页，北京，中华书局，2000。（表中带 * 为估计数，带 # 者系据资料中出现的有关县份的灾民数相加而得）

年　份	省　制	受灾人口（人）	资料来源	总　计	
				省次	灾民总数
1928	吉林	236 433	《申报》1929.6.4	18	70 645 304
1930	辽宁	2 400 000	《时报》1931.1.16 转引自《中国历史大洪水》(上卷)，86 页		
1930	热河	1 000 000	《大公报》1930.7.4		
1932	吉林黑龙江	703 233	《中国历史大洪水》上，105～106 页		
1943	吉林	1 000 000	《解放日报》1944.2.19		
1946	辽宁	200 000	《解放日报》1946.9.11		
1947	辽宁	1 020 507	《大公报》1947.8.5	8	24 882 541

以上表格资料虽未明确注明饥民人数，但灾民在某种意义上是饥民的后备军，在大灾来临的非常时期，一旦粮食供给稍有不足，灾民极易转化为饥民。

下面以 1930 年 8 月发生的辽西大水灾为案例，从个案的角度分析水灾对于饥荒形成的影响。

关于 1930 年的辽西水灾，当时的档案描述道："本年辽西水灾连亘绥中锦县新民盤山北镇黑山义县辽中台安彰武兴城等十一县，都计被灾四十五万余人，其灾区之广，灾民之多，灾情之重，询本省空前未有之浩劫也。……冲没房屋人畜无算，其幸免者亦无衣无食，露宿于山岭树杪，嗷嗷待哺，朝不保夕，不下四十余万人，灾情奇重，靡与伦比。"①锦县"小凌河村设有粥厂，聚食四百余名……丰乐镇难民多整理破房用地，内掘出之霉烂高粱为饽饽，赖以充饥，色黑味酸焦臭难闻……幼孩因缺乳饿毙而挨饿者不乏其他，老弱废残不能到厂食粥而无人代领，因而挨饿颇不乏人，孤儿寡妇惨哭哀号，闻者酸鼻……"；黑山县"断炊难民约两万五千余人"；台安县"汪洋坝顶壕头灾黎满目，不唯无食而且无居嗷嗷待哺，惨不忍观。……全区户口 22 153 名待赈者，全区皆属之矣"；台中县"人民除食树叶糠皮外间有食草者，杀骡马为食亦复不少。间有日食一次或有竟日不食者，其稍丰裕各户多赴集镇购茄为食，男女

---

① 辽宁水灾急赈会编：《灾振专刊》，辽宁水灾急赈会 1930 年印刷，第 1 册，7 页，辽宁省档案馆馆藏档案。

老幼势将饿毙……待赈人民 16 098 口"；彰武县"被水浸过之红粮，多糜滥生芽，用以压成面粉维持生命，现在则食田中尚未成熟之高粮，其制法亦同上……待赈人口 29 122 名"；新民县"灾区人民强半露宿风餐，嗷嗷待哺，灾民不下 6 万余人"①。此次水灾波及范围之广，破坏力之大，在东北历史上是罕见的。仅从待赈人数就可知，此次水灾所造成的饥荒是十分严重的，由水灾所引起的交通不便，致使外赈粮无法及时运到，也加剧了灾民的受饥程度。

俗话说："水灾一条线，旱灾一大片"。旱灾对农作物的破坏往往更为严重，中国历史上几次大饥荒，绝大多数都与旱灾有关。东北地区在 1926 年也遭遇了罕见的大旱灾。据《申报》所载：东三省大灾，屡志本报，兹得调查灾区极广，除三省外，东蒙古地亦如此。……四平街半拉山地方，发现大批灾民强向富户索食……吉林报告：田禾受害为数年所未见，如再不雨，小麦将如民国十二年时颗粒无收。开原报告：大豆未下种，高粱虽发芽又枯死，平民有妄动之势。……据劳农云：夏至内若不雨，收成完全无望，实二十年未有之旱灾也。②"民国九年（1926 年），全年朝阳全境自春夏以来，雨泽稀少，早麦既告歉收，秋禾复遭亢旱，野无青草，则四邻皆空，民鲜盖藏，而仓库无储，此诚地方不幸之。数历年未有之奇灾。……今者方届秋令，人民扶老携幼，已散四方，转瞬东来，遍地啼饥号寒……嗷嗷者十万户，倘得雨粟于天，奄奄者无量。"③旱灾的发生及其作用于农业生产而产生的一系列不良反应，使人民必须直面粮食短缺的困境，甚至是饥饿。

雹灾对农业生产的影响也是致命的。"兹将本县缺粮情形报告如下：仁合、六合二区因受雹灾严重，仅仁合区雹打了一千多垧地，收的粮食除交出公粮外（公粮尚未完成任务），仁合区缺 32 万多斤，六合区缺 63 万多斤，基本上没有什么余粮。现在这两区的群众据了解多数吃豆饼、野菜。六合区村主席代表的父亲还出村求乞，这对民主政府影响不佳。据六合村报告称：有 10% 的户数讨饭吃，40% 户数吃豆饼，30% 吃野

---

① 辽宁水灾急赈会编：《灾振专刊》，辽宁水灾急赈会 1930 年印刷，第 1 册，7、37、42、44、47、49、51 页，辽宁省档案馆馆藏档案。

② 述之：《军阀统治下之灾荒与米荒》，1926 年 7 月 21 日《向导周报》，第 164 期，1626 页，北京，人民出版社，1954。

③ 《朝阳县呈报旱灾严重情形，请求赈济及热河道署镀铜共数指令》，《热河省长公署档·JC23》，第 7086 号，辽宁省档案馆馆藏档案。

菜，20％能吃上苞米"，① 在生长或收获时节，一场大的雹灾会将正生长的禾稼或即将成熟的果实一网打尽，使农民一年的辛苦付诸东流，更严重的是，农时已过，无法补种，粮食短缺就成为人民和政府必须面对的问题。

我国的自然灾害素来以多样性著称，而这些灾害往往不是以单一灾种，而是接连不断或并发、续发的出现的。这一特征在东北地区尤其明显。"民国八年（1919 年），安东县属白菜地亢旱为灾，及秋收之际，冰雹肆虐，灾祲复起以致饥馑，蔫臻民不聊生"，② 阜新县"民国十五年（1926 年），本年春夏亢旱，旧历五月十三日始得透雨，农民一律播种晚穀。入秋以来禾苗经兹长，而虫灾又复发生，犹冀霜冻晚来，籽粒犹能实硕，乃中秋才遇严霜，即降山平之禾一概冻坏。……高原及缺雨之区甚至有不能收回原种籽……本年本旗歉象已成，关系民命匪浅。业经本旗派员四出调查，覆报无异。合计全旗本年秋成始无十分之三，诚为近三十年中绝无仅有之奇歉，饥馑流离，殍转沟壑之惨，逼在眉睫。"③ 庄稼往往同时或相继遭受几种灾害的侵袭，导致歉收甚至颗粒无收，人民难免陷入饥馑的深渊。

近代东北农业生产处于落后状态，加之时局动荡，政府根本无暇顾及灾害的防治工作，使得这一时期水旱雹灾等自然灾害对东北农业的破坏威力加倍，严重影响了粮食产量，破坏了人们的正常的粮食供给，增加了人民陷入饥馑的可能性。由自然灾害而引起的庄稼歉收，民食缺乏等一系列连锁反应，是不容忽视的。

二、不良人为原因招致饥荒发生

历代严重饥荒最初大部分都是由水旱等自然灾害引起的，但由饥饿演变成饥荒，社会因素在其中起巨大作用。尤其在动荡多变的社会环境中，饥荒的发生将更多地取决于人为因素。"三分天灾，七分人祸"是对东北饥荒最贴切的描述。自然灾害在历朝历代都会发生，具有不可预测性及不可避免性。然而面对程度相同的自然灾害时，灾害所造成的损失将取决于社会机制的功效。良好的社会调节机制，能够及时阻止灾情的

① 《辽宁省委、辽宁省政府联合指示粮第 18 号》，《革命区档案·ZB1－1－4》，辽宁省档案馆藏档案。

② 王介公修，于云峰纂：《安东县志》，卷 8，名宦，15 页，中华民国二十年六月。

③ 《呈为呈报职县各区歉收情形附送一览表仰祈》，《热河省长公署档·JC23》，第 8795 号，辽宁省档案馆藏档案。

蔓延；但失衡的社会公共系统不但起不到防灾的功能，反而要加重灾荒的程度。饥荒如此普遍的近代东北社会，即是一个严重失衡的社会公共系统。战争频繁，政府腐败，人民生活困苦，毫无御灾能力，这点在日伪统治时期尤甚。

马尔萨斯曾说过："任何一个国家，当其生产力仅能维持人民生命时，那么任何一个坏年成的物质不足都是致命的。"这是东北人民生活的真实写照。在近代东北社会，农民一直处于各种势力的联合剥削下，负担异常沉重，生活十分贫困，每年辛勤劳作的成果，除去交租纳税，仅够勉强维持温饱，伪满时期甚至连种子都被抢走了，根本毫无余粮而言。在平时东北农民仅够勉强维持温饱，一旦灾害来袭，毫无防灾御灾的能力而言。在由灾害引起的粮食缺乏的情况下，经常性的饥饿极易发展为饥荒。农民生活极度贫困化，严重削弱了对饥荒的抵御能力，而经常性饥饿现象的普遍存在为饥荒的产生奠定了基础，成为饥荒产生的充分条件。

1. 人民生活贫困难以抵挡灾害袭击

贯穿整个近代东北社会的经济基础仍然是自给自足的小农经济，农民依然过着靠天吃饭，靠地为生的农耕生活。落后的经济基础和粗放型的生产方式，使得农民生活水平低下，"农民所得仅敷衣食之需，无丝毫积蓄，以至一遇凶年，即流离沟壑，无以为生"。考察近代东北人民的生活状况，必须首先衡量东北地区政府的统治政策。近代东北社会，按其行政主体可分为四个时期，即清政府统治末期(1840—1911)；民国初期奉系军阀统治时期(1912—1931)；"九·一八"事变后日伪统治时期(1931—1945)；解放战争时期(1945—1949)。综合评估各阶段政府对东北人民的宏观统治政策和实际实施效果，成为判断东北人民生活状况的重要标准。文章主要从农民的土地占有情况和承担地租赋税两个方面考察。

(1)东北农民自占土地严重不足。

对主要生产资料——土地的占有情况成为衡量农民生活水平的重要标准。从全国范围来讲，依当时生产力水平和耕作方式，在南方，"平均需用农田三亩，可养一人"，在北方，"平均需用四亩农田之生产，可养一人"。[①] 据农民自言，维持一家最低生活至少需农田 25 亩(以每家五口计)。而即使是以土地广袤著称的东北地区，农民自占土地不足仍是普遍现象。

---

① 李树青：《中国农民的贫困程度》，载《东方杂志》，第 32 卷第 19 号，74 页。

　　清朝封禁时期，东北地区绝大部分土地为官府旗人所有，汉人的民地所占面积甚少，在乾隆四十六年间(1781年)，黑龙江甚至还没有民地。1860年东北开禁后，地方官府的招垦，以"井"和"方"为报领基数，按当时中等荒价估算，每井1 620垧价银3 400多两；每方45垧价银940多两。如此大额的面积和价格，是一般农户无力报领的，因而领荒者多为官僚、商人、高利贷主，他们与官荒局勾结，包揽数十百"井"，然后有的划成小块，"任意加价"，转手贩卖，成为地商；有的划成小块招佃，成为大地主。"至贫苦小农，实力辟荒者，其领荒之难，有若登天焉"。① 因此，广大农民只能过着无地或少地的生活。

　　奉系军阀统治东北后，对土地的掠夺更是肆无忌惮。这些军阀从执掌东北政权起，就开始了对土地的肆意掠夺。他们把清朝的官庄旗地占为己有，同时借放荒招垦之机，承领大片土地，当上了大地主。1916年，张作霖强迫开放达尔汉亲王的旗地四千余方(每方四十五垧)，张作霖及其岳母王老太太、鲍贵卿、冯德麟等分割了千余方。1922年，张作霖又强占了通辽以西土地两千八百余方。1924年至1925年，吴俊升"攫取土地几遍全省，另外在洮南尚有田地二万亩。"② 在四平至洮南至昂昂溪铁路沿线，"特别是车站附近的土地，多归吴氏一手所独占"③，奉系军阀利用一切手段强占土地，以对土地重新丈量为由，实行所谓的"清丈"，多丈量出来的土地要追交地价，增收赋税。但是，大地主勾结官府，贿赂公行，丈量的结果常常是"以多丈少"；贫困农民则是"以少丈多"。这一时期，农民自有土地仍严重不足。

　　在东北沦陷的14年期间，日本帝国主义通过各种手段，强占了大量的民地。1932年到1937年在对东北五次移民的过程中，日本以移民为借口，强行"收买"东北农民正在耕种的熟地，以极低的价格进行"收买"(约为市场价的1/2)，与强行剥夺无异。最为残暴的收购方式是"并村"，以武力驱逐村民离开原住地，到指定地点，空出的土地就留给了日本移民，有相当多的人死于途中。截至1941年4月，伪满政府和满拓会已拥有土地20 026 000公顷，其中支付地价面积为10 800 930公顷，未支付地价面积为9 224 070公顷。到1945年日本战败之时，日本移民在东北占地已达2 552万公顷，据统计，其中可耕地达152.1公顷，约占当时东北地区耕地面积的1 300万公顷的十分之一强。由于日本大肆

---

① 李文治：《中国近代农业史资料》，第1辑，216页，上海，三联书店，1957。
② 李文治：《中国近代农业史资料》，第2辑，16页，上海，三联书店，1957。
③ 同上书，20页。

掠夺土地，使广大农民无地可种，无家可归。表 3-3 为伪满时期东北地区土地占有情况。

表 3-3　东北农村土地的阶级分配（户数或所有面积之和＝100）①

项　　目	北部 16 县 17 屯		中部 10 县 10 屯		南部 10 县 10 屯	
	户数%	所有面积%	户数%	所有面积%	户数%	所有面积%
大土地所有者	2.9	50.0	0.2	3.2	4.22	40.42
中土地所有者	11.2	37.9	16.7	69.0	14.76	35.88
小土地所有者	10.5	10.0	17.5	22.3	15.47	13.71
零碎土地所有者	12.2	2.1	16.7	5.5	33.04	9.99
无　地　户	63.2		48.9		32.51	

即使在解放区土改运动之前，广大东北农民仍然处于无地少地的境地，生活于"赤贫"中。根据当时北安、庆城（庆安）、绥化、克山、拜泉等地的调查：40％的土地仍掌握在只占人口 5％的地主之手，25％的土地仍归只占人口 6％的富农所有；贫雇农占人口的 70％，而约占人口 20％的中农也有一半是佃户"扛活不用本，越扛越加紧"。②

总之，无论在哪一时期，东北农民自有土地都是十分不足的，正如石世康夫所说（黑龙江流域）"普通农民只有施用不可思议的劳动和放弃最低限度的幸福方能保守一〇垧至三〇垧田地"。③

（2）农民负担沉重的苛捐杂税。

为了生活，无地少地的农民只有租种土地，然而高额的租金又剥夺了他们大部分的收入，同时还要承担苛捐杂税和各种形式的徭役，农民的负担极其沉重。驰禁放荒时期，清政府向农民征收高额的"押租"。咸丰十年（1860 年），这种"押荒之款"，仅黑龙江一地就达"二十余万"

---

①　李文治：《中国近代农业史资料》，第 3 辑，552 页，上海，三联书店，1957。注：村户分类标准，北部依次为 1 000 亩以上、200～1 000 亩、50～200 亩、不足 50 亩、毫无地亩。中部依次为 500 亩以上、100～500 亩、30～100 亩、不足 30 亩、毫无地亩。南部因县而异，辽阳依次为 70 亩以上、20～70 亩、10～20 亩、不足 10 亩、毫无地亩；辽中为 500 亩以上、100～500 亩、50～100 亩、毫无地亩；其他各县介于这两县之间。

②　黑龙江省社会科学院历史研究所：《东北近百年史讲话》，237 页，哈尔滨，黑龙江人民出版社，1984。

③　李文治：《中国近代农业史资料》，第 1 辑，9 页，上海，三联书店，1957。

两。①《民报》深刻揭露了清廷在东北的苛捐杂税："地租之额，既课余地，复课山荒。商货之率，既税出场，复加销场。酒户之税，征及烟突；船运之捐，算准帆樯。此外，如粮食税、牲畜税、山海税、斗秤税……渔税、盐税、木税、矿税、猎税，参税、车税、农税、窑税。"或"新创名目，或提高旧率，涓滴不漏，聚敛称能"。②

到"九·一八"事变之前，较好的土地已开垦的所剩无几。由此导致地价普遍上涨，少则30％，多则150％，平均上升50％左右。③ 地租剥削也随之加重。据调查，东三省的地租剥削率，以旱田为例，奉天省上等旱田为43％以上，中等42％，下等为41％。吉林省上等旱田为51％以上，中等31％，下等41％。黑龙江省上等旱田为39％，中等35％，下等26％。④奉系军阀统治时期，对苛捐杂税的征收更是无物不捐。据《民国日报》报道：当时东北农民种地要纳正赋，又要按土地多少摊派警捐、学捐及保卫捐，上缴粮食时得交落地捐、车捐、斗捐、经纪费、货牙捐，养牛马要交牲畜税，买日用品要交印花税、验契税，清丈土地时，除交地价外，还得交清丈费、发契费注册费。⑤ 辽宁省安图县一个农民出卖自养的小鸡，价不过六吊，而税捐就收去了三吊！盘剥之重，搜刮之苛，令人震惊。

伪满时期，土地被侵占后，广大农民无地可种，无家可归，不得不靠租种日本开拓团移民的土地为生，忍受着多重的剥削和压迫。有资料表明，伪满前期，东北佃农和半佃农约占农户总数的26％，雇农约占30.3％；至伪满后期，佃农所占比例总数增至34％，雇农更是猛增至49％。佃农和雇农的增长速度在日本侵略最为猖狂的东北北部地区更为快速。⑥佃农和雇农除了要忍受移民地主的剥削外，还要交纳中间人满拓土地经理人二地主的抽二层租金，农民的负担异常沉重，仅以伪满时期的伪龙江省为例考察，1934年平均地租率为29.1％，1938年上升为40.1％。其中，富裕县李地房子屯1934年地租率为13％，1938年增为

① 万福麟监修，张伯英总纂：《黑龙江志稿》，卷18，"捐税"，11页，哈尔滨，黑龙江人民出版社，1992。
② 《辽东义军檄文》，《民报》，第3册，1908年4月25日，109页，北京，科学出版社，1957。
③ 马尚斌：《奉系经济》，294页，沈阳，辽海出版社，2000。
④ 乌廷玉：《民国初年东北大土地所有制的发展和租佃关系》，载《北方文物》，1990(4)。
⑤ 《东三省之真民意》《民国日报》，第7版，1916年2月27日，北京，人民出版社，1981。
⑥ 关捷：《日本对华侵略与殖民统治》（上），690页，北京，社会科学文献出版社，2006。

29.3％，提高了1倍多；青冈县董家店屯1934年地租率为25％，1938年高达45.1％，农民几乎把守城的一半交给了地主。① 伪满时期，东北农民所遭受的剥削是最为残酷的。以前"每天"地（在辽宁每天合十亩，每亩合七百二十方步）最多不过七元五角的正税和附加税，现在竟增加到十七八元以至二十元了。农民一年辛苦，所得仅供赋税而已。一遇水旱天灾兵匪之扰乱，农民更入不敷出。"从前东北民众以地多为富，现在以地多为累。各县贫瘠之区，农民耕地更无利可图，赋税又不能豁免，于是甘心放弃土地，地照黏于墙壁，合家远徙，以避吏役之横征暴敛者，比比皆是。于是佃农赔累不堪，富农日趋衰落，有地者自种无力，出租无主，雇农亦寻觅工作不易，更兼工业品价格仍高，货币集中都市，农村金融奇紧，经济破产，消费不足，凋敝情况，不堪言状。"② 不论以何种方式计算，残酷的租佃制度迫使农民至少要交出收成的一半作为地租，本已在贫困线上下徘徊的农民还要交纳苛捐杂税。而日伪苛捐杂税的种类之多，数目之大，令人咂舌。"屯中房地，于课地捐外，又加税数种，每亩地年需付捐税共约十余元。户口极严，远行无证不行，家中车、马、牛、犬、鸡、鸭，一概登记。课以重税。又新增户别捐，凡未饿死之家，按人口用度，必须纳税，比地亩还多。即街上卖豆腐、青菜、鱼果之负贩，亦一并领营业许可证，其费亦不少。今日妇人剪发，月税四角，后髻二角……宰猪及年节、红白等事，亦必上捐，不能少减……"③ 如此苛政下，人民生活困苦不堪。东北大学教授柳国明曾这样描述他家乡的农民生活："一般号称小康的农家辛勤了终年，累尽了汗血，仅能混足衣食而已。他们平日的饮食非常恶劣。今日吃高粱米和咸菜，明日还是照样。一年到头总是如此。这种生活真算是苦到家了。若是问他们说：'为什么不要吃好一点呢？'他们准回答说：'若是一生将高粱米混足，还是好的啦。'我想这种现状不只限于敝乡一处，大半在东省各地都是如此。""小康"的农户尚是这样，那些不如小康的农户和占人口数13％的雇农的情形更可想象。④ 如此悲惨的情景，即为近代东北农民的生活状况。

近代东北农民的处境是十分悲惨的，农民自有土地严重不足，大多

---

① 关捷：《日本对华侵略与殖民统治》（上），691页，北京，社会科学文献出版社，2006。

② 李文治：《中国近代农业史资料》，第1辑，558页，上海，三联书店，1957。

③ 延安时事问题研究会：《日本帝国主义在中国沦陷区》，35页，上海，上海人民出版社，1958。

④ 李文治：《中国近代农业史资料》，第2辑，486页，上海，三联书店，1957。

数必须靠租种地主土地为生，农民年收成的一半用于交纳租金，余下的被苛捐杂税克扣去了大半，农民实际的收入根本无法养活全家人，就更不用说存余粮御灾了。农民一旦遇到灾害，即使是暂时性的歉收，对于经常忍饥挨饿的人民也将是致命的打击。农民的赤贫化，经常性饥饿的存在，都成为饥荒迅速漫延的决定性因素。

　　2. 政治腐败加剧饥荒的形成

　　腐败现象是任何国家和社会都无法避免的，在社会动乱时期这种现象尤为猖獗。近代东北社会，政局动荡，政治统治中各种腐败现象层出不穷。官吏不体民情，不恤民力，中饱私囊，甚至大发灾难财的现象时有发生，如此腐败的统治下，政府及其官员能投入多大力量来治理饥荒是可想而知的。即使政府投入大量人力、物力用于救济，但由于各级官吏的贪污、挥霍，荒政效果也大打折扣。孙中山在《中国的现在和未来》一文中曾准确指出了腐败与饥荒二者的关系："中国所有一切的灾难只有一个原因，那就是普遍的又是有系统的贪污，这种贪污是产生饥荒、水灾、疫病的主要原因。同时也是武装盗匪常年猖獗的主要原因。"①政治腐败所造成的恶性后果是：灾民得不到及时的救助，灾情势必扩大，灾民极易转化为饥民，导致饥馑的快速来临。同时政务的败坏，政府设置的防灾、治灾制度形同虚设，这无异于成就了饥荒的形成。政治腐败是导致和加剧东北饥荒形成的重要促成因素。

　　一些官吏对于身陷饥馑的百姓不闻不问，只顾个人私利，醉心于权术斗争，当时的材料对这种现象也进行了描述，"为安属桃源乡，位处海滨嵝堺斥盐不毛甚多。客岁风雨为灾，年歉收又经奸匪蹂躏，十室九空，民困乏食，啼饥号寒，偏于荒野，敝乡两万余人半以草芽树叶充腹，百数之中无一饱餐。而首脑人皆丰衣足食，每日竞争权位，将奄奄待毙数万同胞，置若罔闻，袖手旁观。日昨见新声报载滨海乡请求粮荒救济，经政府批准敝乡首脑不得已才举动，以十万流通券最为资备，赴沈向善后救济总署，请求救济，实际走行式而矣……"②由于官吏报灾的不及时，造成一系列荒政措施的推后，政府贻误了救济的最佳时机，放任灾情的迅速蔓延。

　　更为恶劣的官吏，不但不体恤灾民，反而借饥荒之机，中饱私囊，

---

　　① 孙中山：《中国的现在和未来》，见《孙中山全集》，第 1 卷，89 页，北京，中华书局，1981。

　　② 《呈请配售粮食以维民命由》，《国民党档·JE5－5－100》，安总收字 36 第 6187 号，辽宁省档案馆馆藏档案。

大发灾难财。民国十八年（1929 年）新民县"等六村，客岁因灾情奇重，在粮秣厂呈请免征军草，已蒙调查准加本县六十万亩灾歉之内免征，讵意延至今年四月……惟县长不遵是令，不但不予核减，及行追草益厉，使陆军自带车辆亲往乡下逼草，乡民受扰实难堪命，竟耗损招待及军脚费数千元。将村长据传到县，柔软监视着，店人看守不许自由。逼村长无法之际，该县长遣税捐征收稽查主任徐春山诱之以利，谓差交价县公署代买军草，能以省钱又能少交。村长……出于无奈，遂责令村民措办草价，六村共计七万九千二百元……方知县长出愚弄手段欺勒草价，未代买军草又何摊要草价举控村长。"①如上材料，一县之长利用职权，欺上瞒下，竟能以欺骗暴力等卑劣手段向受灾饥民强征已经免除的赋税，这不仅仅反映了贪官污吏个人的品行贪欲，也体现出当时吏治的腐朽松散。腐败的政治统治加重了饥民的负担，促使饥馑的程度进一步加深，直接推动了饥荒的进程。

3. 日本帝国主义的掠夺性殖民统治

日本帝国主义对东北的掠夺性的统治，是东北地区饥荒存在的特殊原因。日本帝国主义视中国东北为其争霸世界的策源地，对东北实行竭泽而渔，杀鸡取卵的掠夺性统治。日本统治十四年是东北历史上最黑暗的时期，也是饥荒存在范围最广、持续时间最长的时期。"呼海路沿线居民贫困万分，所有的牛羊与狗，都吃了精光！大多数的马都瘦得不成形，几乎不能再耕田了。许多村庄已无人住，海龙一带常有易子而食者。""黑龙江省富庶之区如绥化、青冈、望奎、拜川等县之饥馑很厉害，居民以树皮为食。春荒时饿死甚多，以致许多地方没有人烟。"上海《字林西报》在 1933 年 6 月 11 日亦曾登过一篇关于满洲的文字说："黑龙江省因饥饿而死者已数万人，每日常有数百人自杀！甚至有吃人肉者。"满铁调查月报昭和七年（1937 年）5 月号有如下之记述："珲春县一带地方由于去年空前的不景气，绝粮者渐次出现；二月二十五日……饥民 7 000 余名……进城陈情。"② 以上仅列举几例关于记载饥荒的材料，仅一县范围而言，饥民数目就如此之多，而且在黑龙江省甚至出现了食人肉的恶性事件，不能不使人震惊。可见，在伪满时期，东北饥荒存在的范围之广，程度之深，危害之大，是东北历史上罕见的。

日本除了通过武装移民强占土地，还通过更为恶毒的"集团部落"和

① 《新民县因灾不减军草下乡扰民等情》，《奉天省长公署档·JC10》，第 513 号，辽宁省档案馆馆藏档案。

② 李文治：《中国近代农业史资料》，第 3 辑，581 页，上海，三联书店，1957。

"粮谷出荷"政策导致饥荒形成。"集团部落"即以烧房、杀害等恐怖手段，强迫各村村民迁往指定地点居住。实际上，这是日本为镇压东北的抗日力量所采取的措施，建立起法西斯集中营性质的"人圈"。人圈皆在条件较为恶劣的边远地区，人民的人身自由和言论自由受到限制，个人生命和财产权完全得不到保障。据统计，由于实行归屯并户，自1934年至1936年，仅伪通化县就烧毁民房1.4万间，废弃耕地33万亩①。到1936年，东北地区"集团部落"已达到4 433个。东北人民在人圈中过着衣食无着，无房无地的艰难生活。土地大面积荒废，致使粮食奇缺，许多人靠挖野菜，剥树皮充饥或被活活饿死。"东边道等处之强令并村，致使无地耕作，流离失所，哀鸿载道；畴昔富有，变为饿莩……"②据日伪统计，仅通化县1936年末就有1.3万饥民。辑安县除县城外有半数农民过着"日无食，寝无被"的生活。日伪方面也不得不承认："由于生活贫困而缢死者日有所闻"③。在日本帝国主义惨无人道的统治下，东北人民的生活极度贫困，饥饿是这一时期人民最深刻的感受。

随着战争的不断扩大，日本陷入了不能自拔的窘境，从1940年秋起，日本国内已经开始实行米谷配给制。太平洋战争爆发后，盟军对其实行经济封锁，日本帝国主义只能将东北作为主要的粮食供应地。1941年东北全面实行"粮谷出荷"政策，规定按照官价出售，强制收购，与农民订立"出荷契约"，规定最高的出荷量，无论收成好坏，农民必须如数交粮。1943年，伪满政府发布了《战时紧急农产物增产方案要纲》，全面推行"决战搜荷对策"。为了搜尽农民手中的粮食，伪满中央和各省都成立了"出荷督励班"，以殴打、下狱、焚毁民房等卑鄙的手段逼迫农民交出所有粮食。出荷过程中存在着诸多不公平因素，首先，出荷所定的官价与市价相差甚多，如一百斤大豆，市价为二百元，而官价仅为十七元，名为有价出荷实为强取豪夺；其次，伪满政府所规定的出荷量普遍高于农民的实际产量，如遇灾年，粮食歉收，差额不足部分农民须自行解决，无粮的农民只得典当物品，再从黑市上以高价买米出荷；最后，负责收粮的伪满官员贪污勒索，用大秤收粮，还要压低给价，不放过任

---

① 常诚主编：《东北近现代史纲》，209页，长春，东北师范大学出版社，1987。

② 延安时事问题研究会：《日本帝国主义在中国沦陷区》，35页，上海，上海人民出版社，1958。

③ 王承礼：《中国东北沦陷十四年史纲要》，167页，北京，中国大百科全书出版社，1991。

何一个盘剥农民的机会。日伪还巧立名目颁布"报恩出荷"等政策，增加农民的最高出荷量，农民被剥削到颗粒无存，食不果腹的地步。出荷量随着战争的深入不断地增加。1942 年日本粮谷出荷量为 220 万吨，1943 年为 250 万吨，1944 年为 270 万吨，1945 年达到了 300 万吨。从下表能够更清晰地看出东北年出荷量。

表 3-4　省别出荷量统计表(1940—1943)①

单位：吨

年度别 省别	1940 出荷率	1941 出荷率	1942 出荷率	1943 出荷率	年度别 省别	1940 出荷率	1941 出荷率	1942 出荷率	1943 出荷率
吉林	32.5	35.7	43.5	45.2	三江	33.0	27.3	33.5	42.1
龙江	29.9	38.1	47.7	47.1	东安	30.4	25.0	51.2	49.5
北安	34.3	40.6	55.1	53.5	牡丹江	10.9	25.2	40.4	40.4
滨江	27.0	34.2	45.2	45.0	间岛	19.7	21.0	38.8	42.4
四平	35.4	37.6	47.6	47.6	安东	10.1	25.8	24.3	29.7
通化	22.0	30.6	40.6	40.6	奉天	22.9	21.9	17.5	27.2
兴安南	53.0	28.5	43.2	31.6	热河	2.0	7.8	3.5	7.8
兴安西	5.1	6.5	10.1	31.6	黑河	14.8	8.0	13.8	25.8
兴安东	19.8	22.7	40.4	31.6	兴安北	0	29.5	25.5	37.7
锦州	15.3	19.1	15.3	22.6	兴京	0	87.2	48.3	54.9
总 计	26.4	29.3	36.5	39.5					

由表可知，农民收入的一半用于出荷，剩余的支付种子、饲料、地租、赋税等其他开支，最终能够支配的收入少得可怜，难以糊口，如遇荒年，境遇则更加悲惨。这一时期东北出现了长期的严重的食粮不足现象，成千上万的农民徘徊在生死线上，饿死人、自杀的现象屡见不鲜。据伪警务总局 1942 年 7 月 3 日第 258 号经济情报所述："奉天省沈阳县农村，由于民食极缺，县内 95% 的农民缺乏食粮，大部分人脸色苍白，呈现半病状态，屡次发生偷粮事件，某部落一个月已达 40 多件。"②1943 年伪奉天省警务厅的《经济情势报告》记载："当年奉天省内民食困难，特别在 4 月以后，已进入恐慌阶段。抚顺县境内的贫苦农民，已有

---

① 中央档案馆、中国第二历史档案馆、吉林省社会科学院合编：《日本帝国主义侵华档案资料选编》，见《东北经济掠夺》，14 辑，590~591 页，北京，中华书局，1991。

② 同上书，613 页。

一部分饿死，沈阳县西北境内及靠近抚顺地区的许多村庄已饿死很多人。"①

战争后期，对粮食的需求量越来越大，日伪当局加大了搜刮粮食的力度。1940年起开始实行粮食配给制，要求农民将所有粮食及作物全部上缴，再统一配给。在配给过程中，存在着配给品种单一，质量低劣，供应严重不足、不及时等一系列问题。1943年以后日伪政府的配给标准为东北城市居民大人每月9公斤，小孩每月7公斤；农村大人每月6.5公斤，小孩每月6.1公斤，但实际的配给量要低于这一标准。如沈阳的配售量，大人只有4.5公斤；抚顺，大人是6公斤，小孩只有1公斤；营口、铁岭、本溪等地，大人是7公斤。配给粮食品多为豆类、地瓜、橡子、豆饼等②。锦州省骛欢池警察署的两个牌长曾说过："粮谷出荷时，官家对农民说，一切粮谷都出荷吧！以后如不够吃时，必定配给。可是缺粮已经几个月了，一回也没有配给。到了最近连采摘的山菜，也因天旱而枯死，已无生活之路，怎能带领饥饿哭号的孩子生活呢？"③日伪吉林官吏阎传绂的口供也印证了这一点："由于粮谷出荷数量不断增加，使得农民手里根本没有余粮，有的甚至出钱买粮出荷。食粮不足，由兴农部配给豆饼、橡子面等充饥，致使广大农民陷入饥寒交迫之中，在死亡线上挣扎。"④住在农村的人还有挖野菜的机会，但是城市中的许多人，每月的份额不过是几磅玉米和小米，再加上很少的肉、油或蔬菜，不能通过黑市买卖来补充这些微薄的配给的，只好严重地忍受着营养不足。⑤据伪康德十年(1943年)的《经济情报》所载，兴安北省于1942年起，每人每月粮食配给量递减，2月份为9公斤，4月份减为5公斤，5月份在5公斤的配给量中，掺进3.5公斤发霉的包米面，从7月份起停止30天至35天的配给。⑥至于大米白面等细粮被定为军需品，东北人民根本吃不到的，一经发现即被视为"经济犯"予以重罚。

日本帝国主义对东北农业资源的疯狂掠夺使东北农业经济遭到极大

① 王建中主编：《东北地区食生活史》，275页，哈尔滨，黑龙江人民出版社，2004。

② 于素云：《中国近代经济史》，451页，沈阳，辽宁人民出版社，1985。

③ 中央档案馆、中国第二历史档案馆、吉林省社会科学院合编：《日本帝国主义侵华档案资料选编》，《东北经济掠夺》，14辑，609页，北京，中华书局，1991。

④ 同上书，547页。

⑤ 〔英〕琼斯：《1931年以后的中国东北》，胡继缓译，214页，北京，商务印书馆，1959。

⑥ 王承礼编：《中国东北沦陷十四年史纲研究》，508页，北京，中国大百科全书出版社，1991。

的破坏，造成了农业生产长期停滞甚至倒退。"东北的农耕地区已经开始缩小，1935 年的耕地面积，较之 1931 年减少了十分之一，甚至比 1927 年的减少还多。"①直接引起了粮食产量的缩减。另一方面也使东北各地农村发生了严重的民食缺乏现象，致使农民的生产和生活资料严重不足，始终处于生死挣扎的边缘。"人民缺衣少食，只好以橡子面充饥，以更生布遮体，度日如年，甚至走投无路而自杀。1942 年 1 月至 5 月仅黑龙江省双城、依兰、绥化、鹤岗等地，因断粮而自杀者达 340 人。据 1942 年伪'警务书缀'中记载，桦川县进入 6 月以后，有总人口的 20％即 4 万人断粮"②日本在东北地区惨无人道的统治，成为这一时期东北饥荒存在的主要原因。

　　4. 东北地区战事频繁，土匪横行

　　近代东北社会，战事连绵，土匪横行。战争的破坏性，巨额的军事开支以及土匪的抢劫成为人民生活中的最大隐患。不但严重影响了人民生活的安定，而且在某种程度上成为决定百姓命运的关键所在。

　　(1)近代东北战事频繁。

　　从清末开始，东北地区的战事一直不间断的发生着。近代时期，发生在东北大地上的战争有 1894 年甲午战争，1900 年俄国十几万军队占领东北长达 5 年之久，1904 年日俄战争，日本俄国制造的一系列的独立事件及血腥惨案，1929 年中东路事件，1931 年"九·一八"事变及大大小小的军阀混战。战争的破坏性、巨额军费开支、驻军等都是加诸在人民身上沉重的枷锁，不仅促使饥荒的形成而且还严重削弱了政府和民众防灾御灾的综合能力。

　　受战争破坏性影响最深的是贫民百姓。日俄战争期间，《盛京时报》记载了东北人民的悲惨境遇："陷于枪林弹雨之中，死于炮林雷阵之上者数万生灵，肉飞血溅，产破家倾，父子兄弟哭于途，夫妻亲朋呼于路，痛心疾首，惨不忍睹。"日俄战争使开原和旅顺之间"几同赤地"，辽阳到海城流离失所的人"以数十万计"。仅盖平、海城两县就有三百多个村庄、八千多户受害；而逃到沈阳的难民达九万以上。至于沿途饿死、病死或被俄日侵略军活埋、枪毙的，不知凡几。日俄侵略军所到之处，杀戮劫掠，无恶不作，行军所需物资一并在其所到之处解决。吉林省扶

　　① 延安时事问题研究会：《日本帝国主义在中国沦陷区》，17 页，上海，上海人民出版社，1958。
　　② 王承礼编：《中国东北沦陷十四年史纲研究》，508 页，北京，中国大百科全书出版社，1991。

余县是战略要地，沙俄侵略军在这设立粮站，拦截粮车，大肆抢掠，使这一地区的粮食缺乏，人民生活十分困苦。[1]生命和财产损失仅是战争对人民生活不良影响的一个开端而已。接踵而至的影响是百姓将承受持续的饥饿之苦。（见近代东北饥荒年表中1949年的材料）辽宁本已遭灾歉收，加之国民党军队在撤退中的蓄意掠夺破坏政策，造成了十几个县150多万人缺乏食粮，热河还有49万饥民。受饥人口过多，尤其是在战乱时期，政府是无力救济的，即使救济，也是远远不够的，150万人中势必有相当多的人遭受饥饿，更为严重的是农民缺少种子和生产资料，这将严重影响到粮食的再生产能力，如果得不到及时的救助，将会形成恶性循环，陷入持续饥荒的怪圈。可见，战争给人民生活造成了巨大的破坏性影响，是东北饥荒普遍而又广泛存在的重要原因。然而百姓所要承受的战争之苦远远不止这些。

战事一起，军费浩大，这不仅加重了饥民的负担而且损耗了政府的财政，削弱了官方和民间的抗灾能力。咸丰四年（1854年）以后，清廷"京仓支绌"，军粮无所筹措。咸丰帝多次下令，要求盛京将军、奉天府尹迅速征集粮食，并严谕："京仓紧要，此系不可缓之事"。[2]借"采买"之机，地方官更可名正言顺地搜刮，掠夺农民仅有的粮食。东北的俸饷银，原来由朝廷下拨。但到太平天国时期，这笔巨款不但不能下拨，反而需要东北地区上交银两，从而加重了东北人民肩上的负担。从1854年至1868年，仅黑龙江省历年欠俸一百二十万零六千九百余两。[3]奉系军阀统治时期，在短短的近二十年的统治期内，战事连绵，频繁入京南下征战，其军费开支更是惊人。张作霖为称霸关内，几乎把东北每年的收入都用于军费。民国八年（1919年），奉天的军费支出每月为70万元，民国十二年（1923年），每月增至170万元，一年的军费支出，等于奉省一年的收入。第二次直奉战争，"耗大洋4 800万，须三省人民摊出"。为了支付庞大的军费开支，奉系军阀不断地增加税收，1924年奉省各种税收增加1到7成。各项税收层出不穷，除正税之外，尚有战时附加税，甚至连结婚、入学、毕业都要纳捐。第一次直奉战争时，张作霖曾停发机关职员的薪水，以充军饷，其搜刮之剧，显而易见。同

---

① 黑龙江省社会科学院历史研究所编：《东北近代百年史讲话》，90页，哈尔滨，黑龙江人民出版社，1984。

② 《清文宗实录》，卷121，4页，北京，中华书局出版，1986。

③ 黑龙江社会科学院历史研究所：《东北近代百年史讲话》，44页，哈尔滨，黑龙江人民出版社，1984。

时，军费开支耗去了政府财政收入的大部分，致使政府防灾抗灾能力的严重削弱。奉系军阀时期军费开支浩大，严重入不敷出。据调查，1926年奉系兵工厂的经费年额为奉大洋 2 300 元，经常军费年额为奉大洋 1 800元，张作霖的个人特支经费为年额奉大洋 1 000 万元，总计高达奉大洋 5 100 万元之多，而岁入仅为奉大洋 2 300 万元，尚不及军费支出的一半。① 半数的军费还无从解决，就更不用讨论恃战如命的军阀会将多少资金用于赈济事务上了。

军队驻扎，开销皆由当地百姓承担，而驻军却为非作歹，扰乱民生。"民国十五年(1926 年)，围场县锥子山附近各村，今春以来大旱无雨直至五月苗尚未旺……又兼军兴以来，大队接踵，草料无着。身等牌地亩近接锥街，巨不过数里。来往住宿之兵昼则割禾喂马，夜则任意牧放，以养民之地尽作牧马之场，两月之间全成赤地，仰首一望满目凄然，现届秋收一粒无成。身等牌子……附近一带不下数百顷，人有数千口，以军队来往宿住，业已十室九空。又加年景歉收，不但课税无着，小民将何以糊口，目视哀鸿遍野，求生无路，似此惨况已达极点……"②即使是出于正义的目的，驻军的开销也足以令本已积贫积弱的人民吃不消。凌南县"近二年来水患频仍，偏地荒歉，加以去岁股匪猖獗绑勒索杀烧。此蒙军队到境剿捕，数月之久供应食宿，财殚力痛，是民食已罄，民力已竭，待哺嗷嗷，乏人赈济。现多饿殍载道，奔走流离，以数百年未有之最……"③无论出于何种目的的驻军，对人民来说都是沉重的负担，而这种摊派的强制性，最终将使百姓陷入民食耗尽，民力枯竭的境地，将百姓过早地推向了饥馑。

(2)近代东北土匪横行。

近代以来，东北地区一直处于遍地有匪，剿而不灭的状态。据统计，清季东北地区有报号的匪绺约五百多个，匪徒约在万人左右，平均每绺约在 20 人以上，匪徒约占光绪三十三年(1907 年)东北人口总数的 0.07‰。到了民国年间，1924 年至 1925 年间约 2 万人，1931 年增加到 6 万人。约占东北当时人口总数的 2‰，"九一八"事变前，东北报号的匪绺约有二千多个，平均每个匪绺有匪徒 30 人以上，与清季比较看，

① 马尚斌：《奉系经济》，230 页，沈阳，辽海出版社，2000。

② 《呈为据情转报县属锥五山附近各村年景歉收情形仰祈》，《热河省长公署档·JC23》，第 8815 号，辽宁省档案馆藏档案。

③ 《据凌南公民代表乔树声等呈为岁饥民难请缓征亩捐并设法赈济》，《热河省长公署档·JC23》，第 9397 号，辽宁省档案馆藏档案。

匪徒大约增加了 5 倍，匪绺大约增加 4 倍，① 且遍布东北各个角落，无处不匪。究其原因，近代东北地区多灾多难的社会环境，连绵不断的战争，频繁降临的天灾，都成为孕育土匪的温床。尤其在沦陷 14 年期间，在走投无路的情况下，饥寒交迫的人们唯有为匪才能保命。同时这也正是东北遍地有匪，剿而不灭的根源所在。这一时期的东北，几乎人人皆为饥民，任何饥民皆可为土匪。饥饿、饥荒与土匪是一个共同增长的关系。

土匪横行，受害最深的依然是平民百姓。按照惯性思维，土匪的抢劫对象应多为富商、地主等有产者，但众多的报案资料却表明土匪更多的是向中小户甚或贫民下手。其原因不外乎两点：其一，富商地主大多自组武装，而土匪也会出于降低损失的考虑，将目标更多地转向无防御能力的一般农户；其二，当时时局混乱，富户与土匪往往结成同盟，达成各取所需的目的，在当时这是普遍现象，张作霖为保护一方治安所办的保险区就是最典型的例子。土匪抢劫加剧饥馑的例子不胜枚举，海城"同治五年（1866 年），马贼刘老好等破牛庄，四方受其蹂躏，民食缺乏，里中不举火者五六十家……"②"海龙全境因康德元年（1934 年）秋天旱霜早，榖多未收成，农村旧储之粮因盗匪掠夺，已十室九空。一般农民鉴于年景欠佳食粮不足，多食不脱粟以资撙省。延至康德二年三四月间食粮早经用罄，人民咸剥树皮或掘草根聊充食粮……查本县受灾最重，食粮最缺者以三四七区为最甚，遍野哀鸿，嗷嗷待哺。同时，城镇红十字会赴七区调查缺粮户数占全区户口十分之八九，计被灾二千六百户，人口一万二千余人。不得已均以野外植物充饥果腹，甚或野无青草，民有菜色。计其食用品非树即草，共有二十一种……"③土匪将灾民所剩无几的余粮抢劫一空，他们只好以食树皮草根为生，迫使灾民过早地转化为饥民。

归根结底，受战争匪患危害最深的依然是平民百姓。尤其在荒歉之年，人民仅存的余粮，不是用于交纳军饷就是被抢劫一空，难以长时间抵御接踵而至的饥馑。可以说，战争匪患加重了饥荒的程度，尤其是在时局动荡的近代时期，战争和匪患成为东北地区饥荒频繁发生的重要原因。

---

① 田志和：《近代东北胡匪概要》，载《东北师大学报》(哲社)，1992(3)。
② 陈荫翘、常守际、镰仓严撰：《海城县志》，卷 3，人物志，94 页，1937。
③ 王永恩修，王春鹏纂：《海龙县志》，1937 年铅印，卷 4，行政，赈恤，179 页。

5. 经济波动物价上涨

天灾降临，粮食奇缺，物价上涨也许是正常现象，但是每在此时，物价大幅上涨就属于异常的现象了。究其根源，奸商作祟。每每灾荒之时，粮食紧缺之刻，总有一些贪图利益的奸商乘机囤积居奇，抬高物价，牟取暴利。如下则材料，红粮由百元之内猛涨至二百元，涨幅二倍之多，物价的高涨，灾民只能以高于平时几倍甚或几十倍的价钱才能买到粮食，致使人民用于抵御饥荒的积蓄迅速的消耗，迫使人民过早的面对饥饿，客观上扩大了饥馑的形成速度和饥荒的影响范围。"民国十九年（1930 年），开鲁连年荒旱，民不聊生。今岁灾甚，五六月间，十室九空，民皆绝食……不意奸商利徒希图扰害救济期条，以八折通用高台物价，已经发惩儆奸商竟成和忿。最可恨者平粜之时，商粮尔即落价，平粜粮尽，奸商小米由二元八角涨至六元六角，况银行贷款商会先行挪用五千余元，一坐渔利之想。值此饥荒之年，奸商坑害黎民莫此为甚。"[1]下面这则材料中奸商抬高物价的行为更为恶劣，"辽中县境河水涨发渐成灾象，而一般奸商徒即视为有隙可乘，逐将食粮价格任意提高。如十数日前，红粮每斗粮格尚在百元之谱，不知何故，近忽增至一百五十余元，今又增至一百八十余元之多，殊属骇人听闻，似此垄断居奇殊堪痛恨。"[2]在灾区，奸商囤积居奇，抬高物价的现象经常发生，这使得本已贫弱不堪的灾民处境更加悲惨，无钱购粮，只能等待饥荒的侵袭。

除此之外，奸商富户借灾荒之机，发放高利贷，鱼肉乡民。"王柄辰等所居辽中县界满都户镇，已归辽西灾区之内。而伊不加怜悯，复在该镇设一贷款钱庄又名（钱堆子），素以放款为业，以十三四分之重大利息为发财之源。……查民间贷款年利不得过百分之三，前经通饬王炳辰贷款索利竟至十二分，十四五分不等……查满镇农户崔振有，由五月贷伊等现洋三百元至十月一日止，本利滚成五百九十元，无力偿还竟被伊等力行恶迫与地三十五亩，始行完结。"[3]灾区高利贷的利息高于平时数倍，即使饥民能够以借贷之款侥幸度过饥荒，高额的利息也会使人民失去田产甚至家破人亡，遭遇饥馑仍然是他们的最终归宿。"重债高筑下

---

① 《抗日义勇军与日军交仗及赤峰县民二千余人因灾歉砸店分粮的有关电报》，《热河省长公署档·JC23》，第 27926 号，辽宁省档案馆馆藏档案。

② 《为具复辽中县呈拟调查囤积由官订价出售各办法通辽现无仿行之必要请鉴核由》，《奉天省长公署档·JC10》，第 3641 号，辽宁省档案馆馆藏档案。

③ 《为土豪劣绅结合资放款滚利盘剥陷害灾民复恳转饬从严惩办以重法纪而维民生事》，《奉天省长公署档·JC10》，第 7151 号，辽宁省档案馆馆藏档案。

的农民，到了收得粮食的时候，债主们便来迫偿债务，农民为了要还债纳税等各项支出，只好把粮食卖掉，掌握东北经济命脉的××（日本）人，趁机将粮食价格压低，大批收买，到高价时再出卖。这样一操一纵，农家经济就不用想有宽裕的一天了。"①一旦与高利贷沾上关系，就很难摆脱，尤其是负有常年债务的农民，难以偿还本金，仅能勉强缴纳利息，本金之外，利息又生利息，变成农民终生的桎梏。举借高利贷虽然能够暂时推迟饥荒的到来，但最终仍会将百姓推入无法翻身的深渊，最终仍摆脱不了饥饿的侵扰。

第三节　饥荒的社会影响

东北地区普遍存在的饥馑、饥荒现象，给以小农经济为主的东北乡村社会带来了广泛的影响，对社会治安、经济生活，伦理观念都产生了强烈的冲击。

一、饥荒对社会治安的影响

"饥馑之年，天下必乱，丰收之岁，四海承平"②饥民为保命，各种生存方式都会尝试。强壮者或为匪亦或去分食大户，女人被卖或自甘为奴为妓，稍有气力者流窜到周边乡县乞讨，老弱病残者则在本地乞讨。毛泽东曾准确解释过流民乞丐的来源："中国的殖民地和半殖民地的地位，造成了中国农村和城市中的广大的失业人群，在这个人群中，有许多人被迫到没有任何谋生的正当途径，不得不找寻不正当的职业过活。这就是土匪、流氓、乞丐、娼妓和许多迷信职业家的来源。"③饥荒改变了人民的生活方式，由此而产生了大量的土匪、娼妓、乞丐、流民，平时违法的买卖人口和分食大户成为饥荒时期最普遍的"合理合法"现象，社会治安十分混乱。

1. 饥民沦为土匪、娼妓

"饱暖思淫欲，饥荒起盗心"是东北土匪横行的写照。饥荒与土匪有着相辅相生的密切关系。饥荒迫使许多饥民为求生不得已沦为土匪，成为土匪的饥民去抢其他饥民的粮食，这就逼迫着一穷二白的其他饥民也

---

① 李文治：《中国近代农业史资料》，第3辑，572页，上海，三联书店，1957。

② 池子华：《中国流民史近代卷》，305页，合肥，安徽人民出版社，2001。

③ 毛泽东：《中国革命和中国共产党》，见《毛泽东著作选读》（上），337页，北京，人民出版社，1986。

加入土匪的行列，形成了一个恶性循环。"民国十七年（1928）以来，辽源县连遭荒旱，去岁霆雨连绵为灾尤甚……值此民并财殚之际，更加胡匪遍地，颗粒无收……而民亦不聊生矣，平日所称良民者逼至群相聚集，夜入人家硬索粮米或伏路傍打劫行人。"[①]这即是东北胡匪生生不息的根源所在。下表更为清晰地体现了饥馑与土匪盗窃的关系。

表 3-5　滨江省延寿县因缺乏食粮所发生的事件表（1942 年 6 月 3 日）[②]

时　间	地　点	行　为	事　由
4 月 27 日	横山村	盗窃	该村 4 名农民盗窃包米 5 斗
4 月 27 日	永安村	盗窃	该村 10 多名农民盗窃小麦 2 袋，高粱 4 袋，大豆 9 斗
4 月 27 日	长发村	自杀	该村马春山之妻因缺乏食粮而自杀
4 月 30 日	陆家村	盗窃	该村 9 名农民盗窃包米 3 石 4 斗
5 月 3 日	集贤村	抢夺	该屯 29 名农民抢夺大豆 7 袋，包米 1 袋，高粱 1 袋，谷子 1 袋，麻子 1 袋
5 月 3 日	宋家村	争夺	该处区长等 30 人夺取隐藏在山里的 6 石粮食
5 月 8 日	玉河村	抢夺	该村 13 名农村抢夺包米 5.5 斗
5 月 13 日	延寿县公署	请愿	该县延寿街 300 名中国农民请愿配给食粮
5 月 14 日	延寿县公署	请愿	该县玉河村 400 名农民到县公署请愿配给食粮
5 月 15 日	平安村	抢夺	该村 20 名农民抢夺大豆 8 石，包米 1 石
5 月 16 日	延寿县公署	请愿	该县寿山村 150 名农民到县公署请愿配给食粮
5 月 16 日	文化村	抢夺	该村 20 名农民抢夺包米 4 石

　　缺乏食粮或遭受饥荒是女人沦落为娼妓的主要原因。对于身陷饥馑的柔弱女子而言，只有两种途径可以生存下来：被卖或自甘为妓为奴。所以饥荒发生时经常会出现买卖人口的现象，饥荒大面积铺开时，当食物极度匮乏，不足以支撑全部家庭人口时，舍弃或出卖幼小的儿女便成为饥民减轻负担或缓解灾情的最后手段之一。卖掉小孩之后紧接着就是女人了。被卖的女人多半沦落妓院，成为娼妓。民国二十二年（1933

---

　　①　《呈为西夹荒非职县管境而荒民迭聚越境乞食劝拒两难由》，《奉天省长公署档·JC10》，第 118 号，辽宁省档案馆藏档案。

　　②　中国第二历史档案馆、吉林省社会科学院合编：《日本帝国主义侵华档案资料选编》，《东北经济掠夺》，14，中央档案馆，562 页，北京，中华书局，1991。（此表未全引用）

年），北满发生了损失惨重的大水灾，同时南满也发生了更为严重的蝗灾，导致食粮奇缺，粮食价格上涨。一些人生活困难至极，求借无门，万般无奈，只得卖儿卖女。"有一个叫张中宾的庄稼人，在万般无奈的情况下，挑着两个小姑娘来窑子胡同卖。大的十三岁，小的十一岁。"①如上材料，只有遇到严重的饥荒，无法活命，才能迫使父亲将亲生女儿卖到妓院里。从下表中可知饥荒中沦为娼妓的人数占总饥民的比例数。仅在一次小规模的乡级别的饥荒案例中，就有如下的人口沦为娼妓。饥民走上娼妓这条道路，皆因食粮缺乏，生活所迫而致。

表 3-6　安东县龙潭乡粮荒状况调查报告表（1942 年 5 月 16 日）②

保　别	死亡数	性　别		死亡种类及数目				奄奄待毙人数	为娼妓
				自缢	饿死	中毒	服毒		
刘家保	35 人	男 19 人	女 16 人	14 人	5 人	8 人	9 人	508 人	9 人
大房身保	28 人	男 18 人	女 16 人	6 人	3 人	12 人	7 人	472 人	5 人
棋盘山保	42 人	男 25 人	女 17 人	11 人	9 人	13 人	9 人	429 人	13 人
古城保	19 人	男 6 人	女 3 人	7 人	1 人	4 人	4 人	316 人	2 人
龙潭保	14 人	男 8 人	女 6 人	2 人	4 人	5 人	3 人	163 人	1 人
周家保	17 人	男 8 人	女 9 人	6 人	5 人	4 人	2 人	218 人	2 人
合计	155 人	男 84 人	女 67 人	46 人	31 人	45 人	34 人	2 106 人	32 人

2. 饥民沦为流民、乞丐

在《中国流民史》中，池子华是这样解释流民的：丧失土地而无所依归的农民；因饥荒岁年或兵灾而流亡他乡的农民；四处求乞的农民；因自然经济解体的推力和城市近代化的引力而流入都市谋生的农民，尽管他们有的可能还保有小块土地。③根据以上论点，灾荒时期的流民与乞丐具有近乎相同意义。流民和乞丐亦是饥荒的附属现象，饥馑降临，逃亡他乡不失为一条求生之路，由此而产生大量的流民和乞丐。"查丰宁县所属地僻，伪隅幅员辽阔，且各乡频遭兵燹、匪患，年景荒歉，人民户口迁徙逃避……查十四年调查全县户口尚有十三万七千五百十三丁

---

①　文史精华编辑：《近代中国娼妓史料》（上），240 页，石家庄，河北人民出版社，1997。

②　《为民贫财尽生活维艰恳请贷款救济以重民生而维持治安由》，《奉天省长公署档·JC10》，第 14267 号，辽宁省档案馆馆藏档案。

③　池子华：《中国流民史近代卷》，2 页，合肥，安徽人民出版社，2001。

口，节至十六年调查则剩十一万有奇，十七十八两年又覆调查剩八万五千余名……"①"1943 年 5 月，伪奉天省新民县后营子村粮食匮乏，连野菜也难采到，整村男女老幼相携乞讨……12 月伪辽阳县约 400 户农民 1 700 人饥饿难忍成群结队向北安方向觅食。"②"滦平县属官后牌附近乏食，饥民数百于本月六日，忽均聚会于该牌住户赵姓三家坐卧乞讨……该饥民等男妇老少计有 640 余名，困饥馑所迫，嗷嗷待哺，"③"民国二十年(1931 年)西夹荒民蒙汉均有两次入职境(辽源县)茂林街乞食，一次二百七十余人，一次五百余人，"④此类事例举不胜举，真可谓流乞遍地。流民乞丐所到之处，必然分享该地居民有限的粮食资源，如果侥幸流窜到富足之乡，对当地的影响也不足为惧；倘若是在贫瘠之乡，或是同样受灾之地，流民乞丐的到来将引起大的轰动，甚至会有暴力驱逐事件。同时，在迫不得已的情况下，流民乞丐会做出抢劫盗窃的事件，势必对社会治安产生不良的影响。

由此可知，饥荒引起的流民乞丐数量众多，给社会治安带来了不稳定的因素。除了通过沦为土匪、娼妓、流民、乞丐自救外，还有一部分饥民，尤以体弱病残的老幼等弱势群体为主，因无力迁徙只好留在原籍，就近分食大户人家的粮食，作为生计之道。

3. 分食大户社会现象的出现

分食大户，又名吃大家，即缺乏食粮的百姓聚众到有粮食的大户家分抢粮食。分食大户是饥馑年代最常出现的现象，同时也是当政者相当困扰的问题。分食大户现象严重扰乱了社会治安，但活动本身有更多的令人同情的因素，分食大户大部分是在"炊烟已绝，遍地哀鸿，奄奄饿毙"的时候才发生的。"隆化县近来乡民业将树叶树花，摘食净尽，虽剥树皮挖草根者以为食，不但不得一饱，反有受毒死于家者，更有饿毙于路者，在老弱者固如是，而少壮者势必铤而走险，所以近日抢劫之案匀粮之事……"⑤这根源于几千年"忠顺良民"思想的熏陶，更有饥民为减

① 《呈覆调查户口因地方饥馑逃徙流离难定行止现在分催查报》，《热河省长公署档·JC23》，第 30662 号，辽宁省档案馆馆藏档案。
② 中共中央党史研究室科研管理部：《日军侵华罪行纪实》，405 页，北京，中共党史出版社，1995。
③ 《滦平警所呈报官后牌饥民姚余人来县乞讨及伊逊河川饥民 160 余逃流至县情形》，《热河省长公署档·JC23》，第 17975 号，辽宁省档案馆馆藏档案。
④ 《辽源县呈西夹荒遭罹灾蒙民五百余乞食及分食并救济》，《奉天省长公署档·JC10》，第 118 号，辽宁省档案馆馆藏档案。
⑤ 《热河省政府委员会议卷宗·秘书长报告第七号》，《热河省长公署档·JC23》，第 24667 号，辽宁省档案馆馆藏档案。

轻政府负担，仅要求可以维命的最低赈粮标准。滦平"饥民数百忽均聚于赵姓三家坐卧乞讨……内有二三老者曰县长慈悲，而欲活我不用小米，请将食盐放给民等一斤半斤，民等回家或树皮或树叶山菜、菜根调和盐气吃着，尚可多活几日……"①。

在饥馑时期，分食大户作为一种自救和存生的手段广泛存在着。饥民通过发动分食大户促使政府做出赈济举措，同时也成为向大户借粮的筹码。从过程来看，最初分食大户的民众都是很容易处理的，"婉言劝解就散去"，这是饥民在给政府和士绅时间，当经过几次较为温和的聚众乞食分食后，政府依旧无实质性的救饥行动，活动就会升级为暴力举动。所以，分食大户是饥民寻求救助的办法。

实际上，在一些分食大户现象中，饥民仅仅是想借助分食大户达到向大户借粮的目的。在饥馑年代，仅凭饥民个人想从大户借到粮食是比较困难的，即使借到的也是有息粮。下面这段资料就是很好的佐证，"承德黑山沟村……尚未播种，贫户妇女老幼聚集百余人在双庙等处意欲伙吃大户，以免饥饿，廷长当即前往调查，委系因无粮饥饿所迫意欲与大户借粮食用，以济燃眉，俟秋后加利归还……"②。向大户借粮也成为政府赈济的一项重要举措。由官府为饥民担保，大户借带息粮，这种举措避免了抢粮等暴力事件的发生，也可暂时缓解食粮问题。

分食过程中，不可避免地存在着暴力因素，甚至会出现人员伤亡。"平泉县蒙民万喜于率领贫民20余名，赴李景门首安置锅灶索米做饭，因李景不给互相口角，李景大怒之下，竟持尖刀扎伤女人三名男人二名，内有登时殒命者一名，及五日晨刻因伤毙命一名等情……"③。实际上，大户都有自己的武装，对于手无寸铁又乏食无力的饥民，他们采取的是铁的政策。而政府和大户通常是站在一个阵营的，阜新县长曾请示省政府"将来再有聚众之事……拟请准予择其最重要为首者，当场处以极刑，俾资震慑……"④而历史上政府严惩饥民的例子比比皆是。

① 《滦平县饥民聚众六百余人坐卧乞食》，《热河省长公署档·JC23》，第8872号，辽宁省档案馆馆藏档案。

② 《承德县呈报各区贫民聚众分食大户情形》，《热河省长公署档·JC23》，第15741号，辽宁省档案馆馆藏档案。

③ 《赤峰县民聚众二千余人反抗经界及平泉县民分食大户等情》，《热河省长公署档·JC23》，第24314号，辽宁省档案馆馆藏档案。

④ 《热河省政府委员会议卷宗第181次会议记录》，《热河省长公署档·JC23》，第24749号，辽宁省档案馆馆藏档案。

二、饥荒对乡村经济生活的影响

近代东北社会中农民占总人口的 85％之多，农业是主要的社会经济支柱。整个近代时期，东北农村小农经济的基础十分薄弱。农民依旧过着靠天吃饭的艰苦生活，薄弱的经济基础和落后的生产方式注定了农村经济的不堪一击。频繁降临的饥荒，给本已衰弱不堪的乡村经济以致命的打击。

1. 饥荒给农业生产造成破坏性影响

水旱等自然灾害对农业造成了破坏性影响，即使农田受害不深，尚可耕种，但紧随其后的饥荒又会对乡村社会造成冲击。饥荒使得农村劳动力严重不足。饥荒期间，人口的大量死亡和大规模的迁徙流离，给农业生产带来了直接的不良影响，在以人力为主的耕作模式下，劳动力的缺乏或农时的延误都将严重影响到粮食的产量。民国三十六年（1947年），在持续的饥馑的打击下，滨海乡农业耕作状况"现已播种者约占 8％，耕完者约占 6％，似有停顿状态，有耕中迁移者有施肥后而种子食尽者，有牛马无饲料，而不能工作者，有为饥饿所迫而赴海滨挖蚬子或他往求借亲友者。"[1]尤其在食不果腹的情况下，饥民根本没有力气耕种土地，农业生产受到了严重的影响。"我们近来已经没有粮食进腹，天天饿着肚子干农活，当然什么活也干不了。"[2]同时，人口的频繁迁徙，饥民无心耕种，造成土地大面积荒芜，即使是暂时性的迁移，也会对农时有严格要求的农业生产造成致命的影响，降低了粮食的总产量。而且，近代东北政府统治残暴，人民生活困苦，甚至连基本的生产资料都残缺不全。尤其是日伪政府实行的竭泽而渔的掠夺性统治，连农民明春播种的种子都被抢去了，农业生产的状况就可想而知了。普遍存在着的饥荒，造成了农业经济的衰退，尤以日伪时期为重。农村可耕地面积大幅收缩，无论是粮食的亩产量还是总产量都随之大幅度的缩减，1935年到 1943 年，高粱每公顷的产量减少 10.6％，小麦减少 37.6％，玉米减少 11.7％。粮食产量的大幅缩减，可供分配的粮食数量的减少，也反过来增加了人民陷入饥荒的可能性，两者形成互为因果相辅相成的关系。

---

① 《安总收字 36 号》，《国民党档案·JE5－5－100》，第 6623 号，辽宁省档案馆藏档案。

② 中央档案馆，中国第二历史档案馆，吉林省社会科学院合编：《日本帝国主义侵华档案资料选编》，《东北经济掠夺》，14 辑，609 页，北京，中华书局，1991。

2. 饥荒影响商业发展

自然灾害成为影响商业发展的重要因素，一次水灾过后，除了农业外，商业的损失最为惨重的。安东县"民国十一年八月（1922年）江水泛滥……唯商业所受损失尤巨，达两千余万元，非经救济培养不能恢复元气。乃甫经水灾，即准道尹函示限旧历八月初一日废更钱法，于十室九空之际，加以金融惶恐，全埠商业有岌岌不可终日之势……"商业的恢复需要相当长的一段时间，即使经过快速复元，但是面对饥荒状况，商业也很难振兴起来。陷入饥馑的百姓无力购买除食粮以外的其他的商品，造成商业的全面萎缩。下面材料为遭受饥馑的滨海乡的商业状况调查报告"全乡原有商店约60余户，因灾情惨重缺乏资本，现仅有气息奄奄之25户存在"①饥民无力购买其他商品，商人尤其小成本的经营者亦不敢贸然投资。饥荒造成买方和卖方市场的双向萎缩，商业萧条。"民国五年（1916年）近年来歉收，米贵如珠。城根内外小本营业房债迟迟，十闲五六，无法输捐，再加课税。此户若累者四也，租出之房尚不够抵款；如房空闲，甘受苦累……"②由饥荒引起的市场萎缩，经济低迷，使得小成本商人陷入困难境地，生活出现危机，增加了其成为饥民的可能性。

总之，饥荒的频繁发生不仅造成农业和商业的巨大损失，而且粮食产量相应的大幅度下降，经济严重倒退，同时极大地降低了百姓应对饥荒的能力，从而使饥荒的影响和危害进一步加深。

三、饥荒对世俗伦理道德产生冲击

管仲曰："仓廪实而知礼节，衣食足而知荣辱。"在饥荒年代，饥饿如影随形，为了活命饥民不择手段，此时人们所恪守的伦理道德都变得微不足道。"现在籽种食尽……最近安分者或不暇择食，因中毒死亡或贫病交加，悬梁自尽或将妻子转寄予人或卖与淫娼，而强壮者或铤而走险，公然窃取及掠夺尤日所闻"③仅仅为一点粮食，将至亲的妻儿当做货物来交换，已成为理所当然的事情，那么人相食现象的出现也就有了合理的解释。饥馑年代，土匪横行，流乞遍地。众多违背传统道德的现

① 《出差工作日记·安总收字36号》，《国民党档案·JE5－5－100》，第6623号，辽宁省档案馆馆藏档案。

② 《沈阳县马三家子车站奸商》，《热河省长公署档·JC23》，第3656号，辽宁省档案馆馆藏档案。

③ 《为难民缺食死亡日多恳请拨给赈粮以全民命由》，《国民党档案·JE5－5－100》，第36号，6203号，辽宁省档案馆馆藏档案。

象充斥着整个东北社会，昔日所推崇的三纲五常毫无约束力可言。在饥饿的煎熬下，人民逐渐形成了抢劫合法化，为娼为乞合理化的观念，只要能活命，一切手段都是合理的，这才是饥民心目中最大的"道德"，当饥民心中的自我认同道德完全凌驾于整个社会的伦理道德的时候，暴动甚或变革就会发生，这也成为引起农民起义的伦理因素。咸丰十年（1860 年），义州爆发了以王达为首的农民抢粮起义。起义群众达五六百人，攻克了义州城。每届饥荒，各地的抢粮分食大户现象层出不穷。

　　饥荒的持续打击，也是对饥民心理素质的严峻的考验。王子平在《地震社会学初探》中，第一次明确提出"灾民意识"这一概念。所谓"灾民意识"，就是灾害发生后灾区人民普遍存在的一种消极的社会心理。面对饥饿，饥民无非分为两类，一类有着强烈的求生欲，他们选择不择手段要活下去。他们心理素质较好，具有乐观积极的态度，所以甘愿为匪、为娼，为流、为乞；另一类则截然相反，他们无法忍受痛苦，被饥饿感逼得采取消极厌世的态度，多半采取自杀的举动对抗饥荒。如安东县龙潭乡粮荒状况调查报告表所列，在一次普通的饥荒中，自杀人口占饥民总人数的比重相当之高，那么在大的饥荒中其比例就可见一斑。所以，自杀现象是饥荒中显著存在的问题。饥饿所造成的身体和心理的双重压力使饥民时时处于焦虑恐慌的状态，根据生理学对于饥饿的分析，当人类持续感到饥饿时，就会产生消极悲观的情绪反映，更何况亲眼目睹亲人在备受煎熬后死去，这是对饥民最大的刺激，如同看到了不久以后的自己，最终都会走向死亡，与其在受尽折磨后慢慢死去，不如选择自杀早日结束痛苦。在持续不断的身体感觉和感官刺激的作用下，饥民意志消沉、情绪低落甚至丧失继续生存的信心和勇气，产生了消极厌世的想法，选择以结束生命来结束饥饿和痛苦。

　　可以说，饥荒不仅是对社会结构和政府效能的考验，更是对社会伦理观念和人类自身心理的一次拷问。饥民受到身体和心理的双重折磨，从而对生活和生命的意义产生了质疑。

第四节　饥荒的应对措施

　　面对来势汹汹的饥荒，无论是政府机构还是民间组织或个人都采取相应的措施积极对抗饥荒，一定程度上，起到了减轻饥荒的破坏性甚至阻止饥荒发生的作用。

一、政府的饥荒应对措施

1. 应对饥荒的救济措施

(1)"蠲缓钱粮"。

"蠲缓钱粮"是最常见的救济措施。蠲是免除之息,缓即缓征,蠲缓就是蠲免、缓征土地所有者应缴的一部分或全部的钱粮。经历了长时间的实践,蠲缓已成为救荒措施中的律例。"历代政府于凶荒之后,必伸蠲缓赋役之诏令,殆已成为例行之政策。"[1]"道光二十三年(1843 年)十月,蠲、缓齐齐哈尔、黑龙江、墨尔根、布特哈四处歉收田亩应交粮石有差,交贷口粮。""道光二十四年(1844 年)十一月,齐齐哈尔、黑龙江、墨尔根、布特哈等处田禾,入秋后霪雨连绵,加以嫩江、井奇黑赣河河水漫溢,收割分数不同,分别蠲免、展限。"[2]清德宗光绪十四年(1888 年)十二月,免缓奉天各属灾粮。初六,清廷免缓兴京、通化、怀仁等 14 个厅州县及抚顺、牛庄、熊岳、海龙等处被灾各民旗地方钱粮地租有差。"[3]蠲缓对减轻农民负担,维持生活和生产,促使经济的快速恢复,都有重要的作用,在客观上有助于缓和因饥荒而变得紧张的各种社会关系。在某种意义上,也起到减轻饥民的心理负担的作用。

(2)对灾民借贷。

对灾民借贷,亦称"农贷",就是贷款给受灾农户,恢复生产。是政府对受灾农民的一项重要的救济措施。农贷有多种形式,以口粮、牲畜、农具的借贷为主。通常情况下,政府是蠲缓和农贷两种形式并用。"道光二十九年十一月(1849 年 12 月),展缓齐齐哈尔、黑龙江、墨尔根、布特哈、呼兰、特木德贺依等城被水田地积欠银、粮,并给兵丁口粮。""同治七年三月(1868 年 4 月),缓征黑龙江马彦苏苏等处被雹被虫地方上年租赋,贷黑龙江齐齐哈尔、墨尔根两城被旱地方籽种、口粮。"[4]至于贷款的归还,则视具体情况而定,如灾民无力偿还,可从宽处理,甚至免予归还。

(3)赈济放粮。

赈济是指免费发放钱粮救济灾民。卜风贤在《历史灾荒资料的信息

① 邓云特:《中国救荒史》,372 页,北京,生活·读书·新知三联书店,1961。

② 万福麟、张伯英纂:《黑龙江志稿》,卷 13,"经政志",589 页,哈尔滨,黑龙江人民出版社,1992。

③ 傅波,曾德全主编:《抚顺编年》,266 页,沈阳,辽宁民族出版社,2004。

④ 万福麟、张伯英纂:《黑龙江志稿》,卷 13,"经政志·灾赈",589~590 页,哈尔滨,黑龙江人民出版社,1992。

识别和利用》提到："真正能够与饥荒发生相联系的只有赈济和移民两项，因为赈济和移民这两项措施最为有效，非到万不得已政府也不会施行。"肯定了赈济这项措施的重要性及所蕴藏的深层含义。"前据董坐办英森，电报临江地方状况……已令安东关监督将常关酌量裁撤，并徇该知事之请，缓征本年后捐，户捐由官银号拨发贷诅款以资接济，另由省库发给赈款奉天大洋二十万元，由县核实散放。"①如上所述，赈济是政府在紧要时刻才实行的政策，同时也是对抗饥荒最行之有效的措施，赈济的实施同时也表明饥荒的规模较大。

政府也时常通过对乡绅富户劝募来扩大捐助的来源。辑安县"光绪十五年（1889 年）春，贺公乃劝令绅商富民捐粮设粥厂以赈之，及新穀既登及罢。顾年虽饥馑也无饥殍。"②官府的担保借粮和积极劝募，倡导民间势力加入救济饥民的行列，扩大了救济款的来源，一定程度上缓解了饥馑的危害程度。除了上述救灾措施外，还有抚恤、安辑等措施。

2. 剿匪惩奸措施

土匪横行和奸商作祟是引起东北饥荒的重要原因，所以东北地方政府十分注重清剿土匪和惩治奸商的工作，有效地保障了人民生命财产的安全，维护了物价的平稳，为灾民提供了相对平稳的社会环境和经济环境，某种程度上抑制甚至阻止了饥荒的到来，造福一方百姓。

匪患是引起近代东北饥荒的一个重要因素。东北政府皆十分注重对土匪的治理，剿匪的原则是清剿为主，兼以招抚。"光绪二十六年（1900年），奸民刘振棠据赵胡窝堡，恣意劫掠，诸生高玉堂总带乡团击走之。是时，俄兵攻陷呼兰城，刘振棠集无赖三百人，号'义胜军'，盘踞巴彦之赵胡窝堡，日事虏掠。侦知呼兰城不守，遂大掠杨美尚店、城子、冯沟、望山各屯堡，恣淫杀。高玉堂，呼兰城诸生，以乡团逐之，捕十五人，戮以殉。刘振棠率余党遁去。同时，有孙本荣者，踞施家、双井各堡，称'义效军'，玉堂编其壮勇者入乡团，余解散；又击赵胡窝堡二次，皆败之。"③招抚亦是行之有效的措施，奉系军阀统治时期主要以招抚政策为主。经过张作霖的"整军经武"和张学良"整军"，收编了胡匪出身的汤玉麟、张海鹏为东北军的将领，有效地减少了胡匪的数目，客观

---

①　《临江县请奉各县帮助募捐赈饥款事的呈文与奉天省长公署批》,《奉天省长公署档·JC10》，第 66 号，辽宁省档案馆馆藏档案。

②　孙云章修，总监修前知事赵亨萃：《怀德县志》，卷 14，"赈务"，12 页，兴京福文印书局印，1929。

③　万福麟临修，张伯英总纂：《黑龙江志稿》（中）卷 32，"兵事"，1439 页，哈尔滨，黑龙江人民出版社，1992。

上减轻了人们的负担。虽然对于遍地皆匪，剿而不灭的东北来说，剿匪行动看似没有太大意义。其实则不然，在饥荒年代，官方的剿匪活动在短期内保障了人民的生活，减轻了灾民的负担，为其提供了休养生息的时机，在一定程度也达到了抑制饥荒扩大的效果。

食粮紧缺时，奸商囤积居奇，导致物价飞涨。对于奸商投机倒把的行为，政府给予了严厉的制裁。调粮平粜粮价，严惩囤积不售者、抓捕不法奸商，制定禁粮出运等法令，从各个方面堵塞了奸商的不法之路，保证了粮价的平稳，推迟了饥荒的到来。如果缺粮的现象比较严重，当地政府会制定临时的禁粮出运条例，禁止商人将粮米卖于外埠赚取高额差价，保证了本地粮源的充足。下文为法库县长关于惩治奸商禁止食粮出境的公文，"兹为保护现状，寓抑于禁起见，援照成案拟订禁止食粮出境暂行条例十条，布告一体遵守。一面责令公安局长会同县商会查明各粮商现各存堆食粮若干，不准出境并仍传谕各商号不得垄断不售，以维民食而安人心。"①同一时期，新民、辽中等县也都制定了禁止食粮出运的暂行条例，有力地打击了奸商的不法行为，稳定了粮价，基本保证了人民食粮的充足。民国十七年(1928年)奉天省政府对囤积奸商进行了罚款。"查本省粮商顺阳号等十二家，前因捐米不售致断民食，当经传厅分别处罚，秫米共一百七十二石八斗七升。拟拨厂粥施济贫民等情形……"②政府将处罚奸商的粮食用于赈务上，不仅起到以儆效尤的效果，而且也救济了饥民，不失为一举两得的好办法。

二、民间的饥荒应对措施

近代东北地区普遍存在的饥荒，仅仅依靠政府单方面的救济是远远不够的。近观历任东北政府：清末政权的摇摇欲坠，奉系军阀的穷兵黩武，日本帝国主义的搜刮剥削本质，国民党政府的腐朽统治，以上任何一个政府都不能带给人民安全感，更何况人民所遭受的饥饿在某种程度上是由以上政府所引起的，忍饥挨饿的东北人民实际上从政府方面所获得的救助是极其有限的。关于救济，东北人民更多地借助于民间慈善势力的帮助。民间的慈善势力大体分为两种：一种是有着严谨的组织和救济程序的专业性的慈善救济组织；另一种是由士绅或某些社会组织进行

① 《呈为粮价飞涨数量缺乏拟禁食粮出境以维民食拟具条例请核示》，《奉天省长公署档·JC10》，第3652号，辽宁省档案馆馆藏档案。
② 《省会警察厅呈请将处罚顺阳号等粮米拨给粥厂救济贫民》，《奉天省长公署档·JC10》，第897号，辽宁省档案馆馆藏档案。

的义赈，民间慈善组织在对饥民赈济和缓解饥情上都有着积极的作用。

1. 慈善组织的赈抚

专业性较强的慈善组织，具有严格的组织体系和一整套完善成熟的救济程序。这样的组织多具有全国性或世界性的特点，最著名的是红十字会和华洋义赈会，这两个组织活跃于近代中国，是极具影响力和号召力的慈善机构。

中国红十字会创立于1904年日俄战争期间，时称"上海万国红十字会"，1911年定名为"中国红十字会"，1912年正式加入国际红十字会组织。红十字会的最初宗旨为遇有战事即救死扶伤，但民国以来，不惟兵燹相继，且灾荒连接，于是红十字会的宗旨也不断扩充，水旱灾患、流行时疫也一起设法拯救。红十字会在全国各地广设分支机构，成为当时中国最有影响力的慈善机构。红十字会在东北地区组织了众多的救济活动，曾经在郭松龄反奉战争期间进行慈善活动，为伤病提供庇护所。"红会电请双方保护，红会总办事处发出电报云，奉天振威军总司令张，山海关国民第四军总司令郭鉴，本会朝阳分会在锦县设病院及妇孺收容所，随时救济，请照章饬属妥为保护，红十字会总办事处支。"[①]由于近代东北社会动荡，饥荒泛溢，红十字会对东北人民进行的更多的是赈济救助。"黑龙江卜奎红十字会，前因哀鸿遍野泣饥号寒之声惨不忍闻，特召集各大慈善家公开会议，并募捐款项，于年前十二月初旬，已在该会设立粥厂，每日舍饭一次。而饥民前往就食者，每日竟有七八百名之多，该会竭力设施，各慈善家量力资助，普就灾黎，功德甚大云。"[②]红十字会下设的分支机构具体到县一级别，能够及时地开设粥厂组织救济活动，有效地缓解了灾情。

华洋义赈会成立于1921年，其全称为中国华洋义赈救灾总会。华洋义赈会是由中外人士联合组成的，以从事经济活动和社会公共事务为主要工作。该会主要在中国部分省区的农村倡导并推动合作事业，同时办理筹款赈灾、防灾、兴修道路和水利工程等方面的事宜。华洋义赈会的分支合作机构遍布全国，因东北地区被日本占领，华洋义赈未能在东北四省建立起合作行政主管机关。但是华洋义赈会仍然积极参与对东北饥荒的赈济活动。民国十九年（1930年），平泉县遇天灾人变，饥民遍野，嗷嗷待哺。向华洋义赈会提交了请求赈济的申请，下文为平泉县得到华洋义赈会赈款的公文。"呈为职县天主堂领到华洋义赈救济会热河

---

①　《张郭战争之救护》，载《申报》，1926-12-06。

②　《红十字会粥厂活动忙》，载《盛京时报》，第5版，1932-01-08。

分会赈款一千二百五十元其报散放情形……敝会前开会决拨评凌两县赈款各一千二百五十元均于 6 月 11 日如数拨付。"①"光绪二十一年(1895年)值兵燹之后,遍地哀鸿。江南义赈局严绅佑之入境放赈。"②像香港义赈局等其他对东北进行过赈济的慈善机构就不一一列举了。专业性慈善组织对东北饥民的大力救助,极大地缓解了人民所受的痛苦,有效地推迟甚至阻止了饥荒的到来。

2. 士绅及社会组织的义赈

在乡村社会中,因乐善好施备受乡人尊敬的乡绅往往成为当地的慈善带头人。遭遇灾荒,具有悲天悯人胸怀的士绅竭尽所能救助饥民,有的人甚至变卖田产、举借债务也要救济饥民,这种精神令人敬佩。"光绪庚寅(1890 年)凌河泛滥成灾,附近村庄均遭漂没,灾民失所惨不可言。王庆升尽出囷藏穀米安设粥厂,饥民就食者不远数十里而来。囷藏既罄,复尽出房地契券,向夙有储蓄之家抵借,以继赈事,全活灾民甚众。阅数年至甲午之夏(1894 年),霪雨为灾,岁复大饥,较庚寅尤甚。庆升自调查灾象已成,一面变产为急赈;一面报官经大吏奏请,发币三四万两而灾区甚广,仍不能给。更值中东战急盗贼蜂起,人情汹汹。庆升蒿目时艰,坐视则疚于心……香港各义赈局募款赈济,夙耳其名,邀出相助。庆升知赈款有著,即踊跃从事。……全活灾民百余万,费款四十余万两。"③"徐春升……民国三年冬四年冬,县境荒歉,民多乏食,附近筹设粥厂三处,施散米粥,活人甚多。"④除了个人义赈外,乡绅还积极倡导建立相应的赈济组织,用以对抗饥荒,新民县的赈济事务所于清宣统二年(1910 年)由当地的张守翼亟招公益士绅程世恩等创立,该赈济事务所救助了饥民无数"宣统二年设立粥厂十余处,由初秋至次年春止,全活饥民无算。嗣及宣统三年水灾更设粥厂二十余处,延逾六个月,救济饥民三万余口,民国元年春又由商富贷款散放灾民……民国四年又灾又设粥厂赈恤……"⑤士绅的义赈,具有及时性和频繁性等特点,将饥荒遏制在初发状态,有效地缓解了饥民的痛苦。

一些社会性组织也积极参与对饥民的赈济。"民国十七年(1928

① 《平泉县呈报华洋义赈救灾会热河分会赈款一千二百五十元散放情形请鉴》,《奉天省长公署档·JC10》,第 9407 号,辽宁省档案馆藏档案。

② 徐维淮修、李植嘉纂:《辽中县志》,卷 11,"义举",52 页,民国十九年铅印。

③ 陆善格、朱显廷纂,王文藻修:《锦州志略》,卷 15,"人物"上,21 页,1920 年铅印。

④ 王世选修,梅文昭纂:《宁安县志》,卷 4,"人物",47 页,1924 年铅印本。

⑤ 王宝善修,张博惠辑:《新民县志》,卷 10,"慈善·赈济事务所",302～303 页,民国十五年铅印。

年），因岁饥荒旱，乏食者甚多。朝阳镇商会……设粥厂一处，每日贫民得食者以数百计，至八月一日始停办。""康德二年四月十六日（1935年），朝阳镇商会因观贫民缺食者日渐增加，不设法救济，殊难得生……设立粥厂一处，每日用秫米三五斗，食人四五百名。"①农会、商会等行业性组织是民间义赈的主力军，他们组织的及时且行之有效的赈济活动，有效地缓解了饥荒的破坏性。同时，在近代东北地区，由于饥荒频繁，促使许多临时性的赈济组织的产生。1930年辽西大水灾成立水灾急赈会就是最典型的事例。辽西水灾有"奇灾浩劫，诚为近百年所未有"之称，水灾连亘绥中、锦县、新民、盘山、北镇、黑山、义县、辽中、台安、彰武、兴城等十一县，被灾四十五万余人。受灾城市皆成立水灾急赈会，并且还创办了一本专门性的杂志《灾赈专刊》，详细记述了各灾区的具体受灾情况、统计数据以及救灾措施等各项文件。此为柳河县召集成立水灾急赈会的公文："辽宁水灾急赈会电，各开查绥锦新盘北镇义黑各县先后同被水灾，中以绥盘尤为最重，人民淹溺，田庐冲毁，死之漂白，荡析流离，浩劫奇灾，前所未有伤心惨目，痛不忍言；省政府闻报立发库五万元并饬民政厅组织水灾急赈会募集捐款赶筹赈济；当于即日将急赈会组织成立。"②紧急成立的临时性的赈济组织，在赈务完毕后即行解散，但组织的临时性并不影响赈济工作效率，在赈济过程中，上下层、同级组织间表现出了高度的协作性，较为有效地控制了灾情，缓解了人民的受饥程度。

本章小结

近代以来，东北地区自然灾害频发，几乎无年不灾。政局动荡、战争频繁、人民贫困等诸多因素造就了有"北大仓"之称的东北地区普遍而广泛地存在着的饥荒。由于丰富的资源和重要的战略位置，东北地区在近一个世纪以来，始终处于风口浪尖之上，尤其是在沦为日本殖民地的十四年中，人民的生活极其悲惨。社会动荡，战祸连绵，农村经济凋敝，人民贫困不堪，相应的导致政府和人民的抗灾防灾能力的削弱，普遍饥饿成为东北社会的伴生现象，也成为饥荒轻易发生的基础条件。本章以近代东北饥荒为主要研究对象，探讨了饥荒形成的原因，着重突出

---

① 王永恩等修，王春鹏纂：《海龙县志》，卷19，"慈善·施粥厂"，14页，1935。

② 《柳河县为组织水灾急赈会事》，《奉天省长公署档·JC10》，第4093号，辽宁省档案馆藏档案。

社会因素的决定性影响，政治腐败、战争匪患等社会因素往往会使小灾酿成大害。

饥荒存在的普遍性与长久性是有目共睹的，即使是在科技与经济如此发达的当今社会，饥荒也是广泛存在的。所以研究饥荒问题还是具有很重要的现实意义的，研究饥荒，最终仍然是为了避免饥荒的发生。通过对饥荒原因的分析，论述了政府和民间应对饥荒的措施。同时也希望可以增强我们防灾抗灾的意识，并以史为鉴，防患于未然。

第四章
近代东北的瘟疫及应对

瘟疫是流行性急性传染病的总称，其传染速度快，死亡率高，给人类社会曾带来过无穷的灾难。千百年来，瘟疫一直困扰着人类，它的流行有时是地方性的，有时是区域性的，有时甚至是世界性的；也许几个月、也许几年、也许几个世纪，它的出现往往伴随着成堆的白骨和无数的血泪，致使生灵涂炭，民不聊生。然而它自古以来又与人类的生存和发展紧密相连，人类到底经历过了多少次瘟疫我们无法计算，但可以知道的是每一次的瘟疫都让人类付出了惨痛的代价，"死者无算""疫死者几半"，这些让人不寒而栗的话语在各地的地方志中都常有出现，它带来的死亡远比其他天灾人祸带来的死亡要多得多。瘟疫给人类社会留下了巨大的阴影，它就像一只无形的手，左右着人类的生与死，掌控着人类的祸与福。它在打击着人们身体的同时也严重的打击着人们的心灵，它就像悬在人类头顶上的"达摩克利斯之剑"，时刻提醒着人类它的存在。

第一节　近代东北瘟疫的流行与成因

一、近代东北瘟疫的流行

人类的生命史可以说成是人类抗击疾病史，人类社会的文明进程一直伴随着疾病和瘟疫的大流行。对人类来说，瘟疫是自然灾害中最大的生命杀手。在近代的东北地区多种瘟疫长期肆虐，践踏着人类的生命。甚至比以往范围更大、时间更长、死亡更多，严重威胁着人们的生命和财产安全，给人们造成了巨大的灾难。

在近代的东北地区，据可查文献记载，"鼠疫在东北流行历史很久，历史上除了 1910 年、1920 年两次全区肺鼠疫大流行外，腺鼠疫还是比较常见，不断发生。鼠疫自 1894 年至中华人民共和国成立前，在东北共流行 33 年次，发生患者 9 万余人，死亡 7 万 8 千余人；霍乱在东北地区始于 1862 年，除 1919 年和 1946 年曾因由外地传入引起的二次广泛流行以外，1883 年、1902 年、1909 年、1919 年、1926 年、1932 年，都曾有过霍乱的发生与流行，终止于解放后 1946 年。霍乱自 1883 年至 1950 年共传入 30 年次，发生患者 20 余万人，死亡 13 万 8 千人；天花则连年不断，被夺去的生命不计其数，但由于历史文献资料较少，并且疫情报告制度的不完善使得无具体留存的数字记录。"①这一个个令人触目惊心的数字，无疑昭示着瘟疫与生俱来的威力，它所造成的伤害不只是指向人类文明，更指向人类文明的创造者——人类本身。

1. 近代东北流行的鼠疫灾难

人间鼠疫在东北三省到 1949 年为止已有 50 年流行历史。1899 年起在营口、盖平、大石桥开始流行，继而吉林省、黑龙江省以及其他县市亦有了人类鼠疫发生。如表 4-1 所示。

表 4-1   1899—1949 年东北各时期鼠疫流行概况②

时　　间	流行范围	发生病例	死亡人数
1899	辽宁牛庄、盖平	1 610	1 610
1901	辽宁营口	119	119
1902	辽宁营口、牛庄、盖平	229	229
1903	辽宁营口、牛庄、盖平	＋	＋
1905	辽宁营口、盖平	＋	＋
1906	辽宁营口、盖平	110	110
1907	辽宁营口、牛庄、盖平	214	214

---

① 吉林省地方志编撰委员会编撰：《吉林省志·卫生志》，第 40 卷，长春，吉林省人民出版社，1992；徐义容主编：《黑龙江省志·卫生志》，第 47 卷，哈尔滨，黑龙江人民出版社，1996；辽宁省卫生志编撰委员会编：《辽宁省卫生志》，沈阳，辽宁古籍出版社，1997。

② 参见沈阳军区后勤部卫生防疫检疫所编：《东北地区卫生流行病学资料汇编》，48～76 页，1960。

续　表

时　间	流行范围	发生病例	死亡人数
1901	吉林长春、长岭、大赍、扶余、梨树；黑龙江哈尔滨	6 019	6 019
1911	辽宁沈阳、康平；吉林农安、大赍、榆树	3 758	3 758
1916	吉林农安、长岭	70	70
1918	吉林农安、郭前旗、大赍	72	72
1920	吉林长春、农安、郭前旗、大赍；黑龙江哈尔滨	240	239
1921	辽宁沈阳；吉林农安、大赍	36	36
1923	吉林郭前旗	90	90
1924	辽宁营口、沈阳；吉林长春、农安、郭前旗	86	86
1925	吉林长岭、郭前旗	117	113
1926	吉林长岭	42	40
1927	吉林长岭	120	120
1928	吉林农安、长岭、乾安、瞻愉、双辽、郭前旗、扶余	138	129
1929	吉林农安、长岭、乾安、瞻愉、开通、双辽、郭前旗、安广、大赍	413	406
1930	辽宁彰武；吉林农安、长岭、瞻愉、开通、双辽、郭前旗	874	862
1931	吉林农安、长岭、瞻愉、郭前旗、安广	467	464
1932	吉林农安、长岭、乾安、瞻愉、郭前旗	1 431	1 101
1933	吉林农安、长岭、乾安、瞻愉、开通、双辽、郭前旗、大赍、洮南、扶余	1 646	600
1934	辽宁康平；吉林长春、农安、长岭、乾安、双辽、郭前旗、大赍、扶余	628	610
1935	辽宁康平；吉林农安、长岭、乾安、双辽、郭前旗、安广、大赍、扶余	372	350
1936	吉林农安、长岭、乾安、双辽、郭前旗、大赍	292	269
1937	吉林农安、长岭、乾安、瞻愉、开通、双辽、郭前旗、安广、大赍	288	261

时　间	流行范围	发生病例	死亡人数
1938	吉林农安、长岭、瞻愉、开通、双辽、郭前旗、安广、白城、扶余	959	886
1939	吉林长春、农安、长岭、乾安、瞻愉、开通、双辽、郭前旗、安广、大赉、扶余、梨树；黑龙江哈尔滨、泰赉	567	485
1940	吉林长春、农安、长岭、乾安、瞻愉、开通、双辽、郭前旗、安广、大赉、扶余	2 539	2 182
1941	吉林长春、四平、农安、长岭、乾安、瞻愉、开通、双辽、郭前旗、安广、大赉、扶余、梨树	1 230	1 167
1942	吉林长岭、乾安、瞻愉、开通、郭前旗、安广、大赉、扶余	542	432
1943	吉林长岭、乾安、开通、双辽、郭前旗、安广、洮南、扶余	373	269
1944	吉林长岭、乾安、瞻愉、开通、郭前旗、洮南	661	501
1945	吉林长岭、乾安、郭前旗、安广、洮南、白城、扶余、镇赉、怀德；黑龙江泰赉	903	847
1946	辽宁沈阳、彰武、阜新；吉林四平、农安、长岭、乾安、开通、郭前旗、安广、大赉、洮南、白城、扶余、镇赉；黑龙江哈尔滨	2 266	1 944
1947	辽宁建平；吉林农安、长岭、乾安、开通、双辽、安广、大赉、洮南、白城、扶余、镇赉、怀德；黑龙江哈尔滨	5 858	2 794
1948	辽宁建平、阜新；吉林四平、长岭、乾安、开通、大赉、洮南、白城、扶余、镇赉、怀德；黑龙江哈尔滨	639	505
1949	辽宁建平；吉林四平、乾安、白城、扶余	66	44

说明：1. 有＋号者为只知有流行，发生和死亡人数不详。
　　　2. 未有之年份为当年没有发生鼠疫的记录。

2. 近代东北流行的霍乱灾难

我国自道光元年（1821 年）间，即有霍乱流行的记载。从 1862 年起，东北地区就有霍乱流行报告，发源地始于印度，从南方大商港输入我国，沿铁路或通过东北各个港口进而侵入东北。1883 年、1902 年、

1909 年、1919 年、1926 年、1932 年、1946 年东北各地区都有大小不等的霍乱发生与流行。1948 年以后霍乱已基本绝迹，如表 4-2 所示。

表 4-2　1907—1946 年东北各时期霍乱流行概况①

年　　别	最初发生地	起源地	流行范围	发生病例数
1907	大连	?	南满各地	26
1909	大连	?	南满各地	25
1910	大连	?	大连、营口	4
1911	大连	上海	旅大地区	144
1919	大连	上海	东北各地	50 191
1920	安东	天津	旅大、满铁	41
1922	营口	上海	营口、大连	22
1925	营口	上海	满铁附属地	12
1926	安东、营口	上海	东北各地	1 131
1927	营口	天津	旅大、营口	9
1928	营口	天津	旅大、营口	29
1929	营口	上海	满铁附属地	30
1932	大连、营口、安东	上海、天津	东北各地	6 423
1937	大连	上海	大连、沈阳	20
1938	?	?	?	22
1940	吉林、哈尔滨	?	?	125
1941	北安	?	?	144
1942	辽阳（烟台站）	济南	?	142
1943	抚顺	华北	?	数十名
1946	锦西（葫芦岛）	上海	东北各地	39 098
1946 后	未发生			

（说明："?"号者为不确定内容）

二、瘟疫对东北社会的影响

在各种传统历史典籍中，经常可以看到对于瘟疫的记载。每一次瘟

---

　　①　沈阳军区后勤部卫生防疫检疫所编：《东北地区卫生流行病学资料汇编》，45～48 页，1960。

疫的流行和肆虐，都对人类社会生活产生了巨大的破坏，给人类经济生活带来了极大的冲击和影响。瘟疫促使大量人口死亡，而人是生产力的主要因素，人的数量的增减和质量的高下，最终将引起整个社会经济生活的波动。

由历史记载可知，瘟疫是近代东北地区人员大量减少的元凶之一。仅发生在1910年到1911年的东北大鼠疫就夺去了近6万条鲜活的生命。此外，瘟疫对于社会生活的冲击也是巨大的。

1. 瘟疫使得社会原有秩序遭到严重破坏

翻开史册，历史上每一次大瘟疫的爆发，都使社会经济在短期内陷入瘫痪的状态。近代中国政局动荡，内忧外患。农村社会中自给自足的小农经济仍占主导地位，农民所用工具仍是传统的犁、锄等，落后的经济基础和耕作方式使得百姓的生活非常穷困，稍遇天灾人祸便会民不聊生。而且各种卫生防疫设施也不健全，医疗条件很差，一旦瘟疫降临便会使整个社会生活面临瘫痪的窘境。

瘟疫一方面造成人口的大量死亡，另一方面使更多的人挣扎在死亡线的边缘。大量人口的死亡使得劳动力非常短缺，而劳动力的短缺又使得大片土地变得荒芜，有时甚至整个村落和田地都荒芜了。

瘟疫的发生也间接地影响到都市与城镇工商业。瘟疫使商家门庭冷落，甚至歇业，到处呈现一片萧条的惨状。出于对瘟疫的恐惧，很多人足不出户，试想商业又怎么会繁荣呢？而且由于交通的阻断，各种货物不能及时运达，致使各种日用品也跟着水涨船高，居民生活苦不堪言。

频繁爆发的瘟疫使得本身就处于夹缝中的东北地区的经济更是孱弱不堪。人民的生活也是难以想象的困苦，一边是面对瘟疫、面对死亡的恐惧；一边是面对贫困、面对艰难的生活的痛苦，瘟疫对于人们来说不仅是身体上的疼痛，更是心灵上的压抑、恐惧。

2. 瘟疫改变了部分民俗生活的内容

近代的东北社会处于一个特殊的历史时期，各种变革都在悄然兴起。瘟疫作为一种疫病因为它的无形和极强杀伤力间接使得很多习俗发生了改变。长期以来，人们在面对瘟疫的时候，总结过很多的经验，形成了许多时令的应对习俗，同时也改变了很多原有民俗习惯。

民俗节日就是劳动人民在长期的生活实践中逐渐吸取经验总结出的符合时令的预防措施。每逢佳节，如元旦、清明、端午、重阳、除夕等，家家户户都要洒扫庭堂、整理环境，将所有污秽不洁的东西或洗刷干净或燃烧清除或者掩埋起来当做肥料。又如元旦烧丁香、椒柏酒；清明节，戴柳圈避瘟疫；端午节切菖蒲放入酒中饮用以辟瘟疫，并用五瑞

（石榴、葵花、曹蒲、艾叶、桅花）辟除五毒（蛇、壁虎、蜈蚣、蝎、蟾蜍），南朝梁宗懔《荆楚岁时》记载，这一天还要"以五彩系臂，名曰辟兵，令人不病瘟"；重阳节遍插茱萸，登高活动，留下了王维的经典之句"遥知兄弟登高处，遍插茱萸少一人"；除夕燃放爆竹、燃烧香药，皂角，焚烧辟瘟丹等。尽管这些在东北地区广为流传的习俗其中不乏一些封建迷信的思想，然而在当时的历史条件下，同样也起到了一定的瘟疫防治效果。

我们说瘟疫会在一定程度上改变当地风俗是有一定根据的。仅以1910 年到 1911 年东三省大鼠疫为例，此次瘟疫对当地风俗的改良起到了推波助澜的作用。① 如何从改良生活习惯的角度，去规避鼠疫的流行，这是当时有识之士重点思考的问题。《盛京时报》宣统三年二月十四日（1911 年 3 月 14 日）发表的由汪翔撰写的《满洲鼠疫谈》一文，就是对这方面较有代表性的思考。他认为，以往疾病的流行多与饮食上不讲卫生有关，"罕讲求预防之道"，现在确实到了非讲究饮食卫生不可的时候了。其实讲究饮食卫生的方法非常简单，那就是"举凡饮食物悉熟煮而后用，其有害卫生之虞者绝不入口，与夫贮藏饮食物之器具，时行煮沸消毒，其金属有毒质者，皆屏而弗用。殆即保全健康之第一要着乎！"② 汪翔在另一篇《满洲鼠疫谈・防疫歌》中讲道："防疫意有如防大敌"，"天人一气相通联，食息当有节，服用尤须洁；广庭时步行，空气宜鲜新；满腔春意盎然足，和风甘雨弥胸衿；造物与人何怨毒，祝福皆由人自作。"明确表达了通过讲究饮食卫生，经常锻炼身体，来达到预防的目的。当时由各地方当局倡议组织的打扫卫生，捕捉老鼠，讲究洁净等全民行动，也可以看成是对这一问题的回应。

3. 瘟疫冲击了传统的丧葬礼仪

生老病死是自然界的法则，但是由于各个地域的风俗习惯、思想观念以及信仰等差异，关于丧葬的礼仪和习俗也不尽相同。其中，伴随着佛教的传入、道教的兴起以及儒家思想的发展，传统的民间丧葬习俗与其不断的融合、渗透，最终四者完美的结合形成了一整套的礼仪、传统和规范。然而即便是这千百年传承下来的体系也没有逃脱被瘟疫改变的命运。

中国的丧葬礼仪，是原始观念和封建观念的混合体，整个丧葬礼仪过程中，是生者和死者的对话。正如孟子所说的要"事死如事生，事亡

---

① 奉天防疫总局：《东三省疫事报告书》，第一编第四章，2～33 页，1912，辽宁省图书馆馆藏档案。

② 汪翔：《满洲鼠疫谈》，载《盛京时报》，第 5 版，宣统三年二月十四日。

如事存"。由于我国古代人民世代以农业为生，以土地为生命之本，因此，人死后使灵魂得到安息的最好办法就是"入土为安"。土葬符合人民的生活习惯和伦理感情。传统丧葬礼仪的程序共分为三段：葬前分礼，即招魂、沐浴、饭含、大小殓、哭丧停尸、送魂等；葬礼即祭典、送葬、下棺等；葬后服丧之礼以及守孝之礼，即斩衰、齐哀、大功、小功、缌麻，也就是传统的"五服"。而且中国传统的丧葬习俗还有所谓"烧七"。"烧七"是为了超度死者的亡灵，在传统的轮回转世观念中，"烧七"可以替死者消罪免祸，使死者在转世的时候可以投生到好人家。"烧七"的具体做法是在死者去世后每隔七天设斋祭奠死者，共烧七次。"七期"完毕后，死者子女及亲属还要向参加吊唁的亲友"谢孝"，之后还有"百日"等。细节非常的繁复，而且每一个细节还都有讲究，每每都要耗费大量的人力、物力、财力。

随着瘟疫的到来，丧葬习俗也受到了巨大的冲击，产生了变革。1910年东北鼠疫大流行时，疫情很快便在东北三省爆发，并殃及直隶、京津、山东等地，短短数月"染疫而死者几六万人"，人人谈鼠色变，全社会笼罩在一片黑色的恐怖之中。在这个时候一切习俗似乎变得不那么重要了。1946年，霍乱由国民党军队带入营口，蔓延全市，仅两个月时间，死亡达2 600余人，其惨状群众形容说："早上抬别人，晚上被人抬；早死有棺材，晚死苇席埋；治疗无人管，只等一命哀。"[1]这些无不说明了，在瘟疫爆发的时候，人们对于死亡的认知已经有所改变，已经无力再像以往那样为亲人的死亡举行各种仪式了。患者虽然死了但是瘟疫并不会因为它的宿主的死而消失，患者的尸体往往又是病菌滋生和繁衍的最好的温床，通过这种方式被传染的病人不计其数，因此政府为了控制疫情的蔓延，强令"凡患疫病者由警察监视二十四小时以内殓埋，并须埋深处置七尺，其属于普通病死者值兹疫气时期殓埋亦不得逾越二十四小时"。[2] 同时为了防止疫情的蔓延和引发新的瘟疫，更是施行了挑战传统丧葬习俗的火葬，甚至死者生前的用具也一并焚毁。"死者薰涤菌，隔别亲属。特以冬令地冻，均付火葬。其有房屋器具如系不能消毒，一并焚化，以防余毒复生。"[3]同样在哈尔滨"傅家甸，近一礼拜中

---

[1]　彭志强主编：《营口市卫生志》，82页，营口市卫生编撰委员会编印，1987。

[2]　《热河省会临时防疫委员会事项，热河省会临时防疫委员会第一次开会纪录》，《热河省长公署档·JC23》，23944卷，辽宁省档案馆馆藏档案。

[3]　《黑龙江巡抚周树模为报黑龙江省鼠疫渐平办理情形事奏折宣》，中央第一历史档案馆馆藏档案。

疫病者已渐少，正月三十一疫死者仅四十三人，前后烧尸近七千具，惟先所死者皆系掩埋，近皆挖而焚之矣。宽城子，道台李因防疫不力已被撤，继其任者为孟观察，该处疫症日盛一日烧尸已至二千五百具之多，此外，来不及收拾者尚众。伦敦，医士法术拉及博阿尔德二君已奉该政府之命往中国防疫，近又接访友来电云，与中国外交家谈及防疫之事谓刻不防备甚严，虽中国向不以火葬为然，然经终锡总督多方劝谕，遂均相安而无事。"①尽管违背了"亡人为大，入土为安"的传统习俗，但却有效地控制了瘟疫的蔓延。

这些由瘟疫带来的一系列变化，使得传统的丧葬习俗走到了一个十字路口，不得不有所变革，然而这些变革都是发展的变革，不是停滞，更不是后退。

4. 瘟疫促使城市公共卫生设施日臻完善

瘟疫的流行，对于城市建设发展的影响也不容忽视。城市里人口众多，而瘟疫往往在人口集中稠密的地方传播极快，特别是环境条件差，公共卫生水平低的城市更容易导致瘟疫通过空气、饮水和直接接触传播。人口数量、城市规模往往与传播的速度成正比，人口数量越多，城市规模越大，瘟疫传播的速度越快，造成的损失也就越大。

在近代的东北地区有的不仅仅是瘟疫，还有无数的水灾、旱灾、虫灾……这无疑会形成很多的饥民、流民，他们涌向城市，在城市的某个角落聚集，为瘟疫在城市的传播和流行提供了易感人群。因此爆发瘟疫时，城市的管理规划就显得尤为重要，要求城市的规划不仅要周密考虑到水的供应、垃圾及污水处理、街道建筑的最小宽度和间距等，还要考虑到城市疫病感染者能否得到有效地隔离治疗。

在抑制疫病传播过程中，环境卫生不容忽视。为了有效地防止瘟疫的传播，规定了"在街市倾倒秽水者；任意便溺者；院宇污秽不加消污者；贩卖腐败瓜果卤食菜蔬者；牧养猪养不加圈禁者任煮污秽街市者；其他妨碍卫生事件。凡犯以上开各项者比照违警律加倍处罚所有罚款专充防疫经费。"②这些政策使得公共卫生的环境得到了很大的改善，从源头上切断了瘟疫传播的途径。

---

① 《赐电以东省办理防疫传染渐少所有火葬僻地及绝断交通各节令等扳宣布俾总讹传此次时疫流形势极酷烈各国均甚注意》，《奉天省长公署档·JC10》，3047卷，辽宁省档案馆馆藏档案。

② 《为具报本县防疫会简章仰祈鉴核备案由，热河省佟才朋县防疫会简章》，《热河省长公署档·JC23》，12720卷，辽宁省档案馆馆藏档案。

瘟疫爆发后，各个城市对于城市环境卫生的管理都有所加强，变得更为具体。

在人粪便处理方面，为了预防瘟疫的传播，东三省皆设卫生队，由专人负责办理清运居民厕所粪便的事宜。而吉林省更是由"吉林市洪溪亭等人筹资 1 500 元，成立吉林省城除秽无限公司（肥料公司），专门从事公共厕所的清掏。"①

在污水处理方面，《养生类纂》指出："厅前天井，停水不出，主病患。"为居房建筑与管理提出了处理污水的要求，即"苟取通浚，屋宇洁净，无秽气，不生瘟疫病。"各省也都根据自身的实际情况颁布了《污物运除规费条例》，对污物的清运工作作了具体的安排。其中黑龙江省设立了专门的车厂，"有马车 700 多辆，承运秽物、污水。"②

在街道卫生方面，各地都设有卫生队，分段清扫辖区的卫生。在吉林"由商人祖秀峰等发起，筹资 28 000 元（吉大洋）成立了吉林省城清洁股份有限公司。"③

另外，"东三省防疫总处在哈尔滨创办了公共卫生机构——公共卫生局，对饮食店、旅馆、理发店、妓馆、奶房、屠宰场进行调查和管理。"④

以上一系列的管理城市卫生的政策使城市的环境卫生得到巨大的改善，有效地控制了瘟疫的传播。这些使得东北三省在经过瘟疫的洗礼后，城市的面貌有了翻天覆地的变化。

5. 瘟疫改变了传统的日常卫生习惯

瘟疫是人类的灾难，而避免伤病，维护健康，延长生命，这是人的本能。故此每次瘟疫的发生都或多或少的改变着人们的生活习惯。从个人卫生到饮水卫生再到食品卫生的习惯无不渐渐变化着。

早在春秋战国时期，我国已有"鸡初鸣，咸盥洗"的说法。汉代王充《论衡》中也有讲道："沐者去首垢也，洗者去足垢也，盥者去手垢也，浴者去身垢。"可见在秦汉时期，已有了洗盥沐浴的卫生习惯。然而，在

---

① 吉林省地方志编撰委员会编撰：《吉林省志·卫生志》，第 40 卷，168～169 页，长春，吉林省人民出版社，1992。

② 徐义容主编：《黑龙江省志·卫生志》，第 47 卷，52～53 页，哈尔滨，黑龙江人民出版社，1996。

③ 吉林省地方志编撰委员会编撰：《吉林省志·卫生志》，第 40 卷，168～169 页，长春，吉林省人民出版社，1992。

④ 徐义容主编：《黑龙江省志·卫生志》，第 47 卷，52～53 页，哈尔滨，黑龙江人民出版社，1996。

近代的中国，人们却很难做到这些。不仅因为当时社会的经济使得人民生活困苦无暇顾及，帝国主义的侵略更是使人民生活在水深火热之中，温饱都困难，更何谈沐浴。况且东北地区冬天气候寒冷，沐浴也并不现实。正是由于这样，往往使得瘟疫的传播更加迅速，贫苦的人们往往也就成了瘟疫传播的载体。

在饮水卫生方面，中华民族凿井而饮的历史约有四五千年之久。然而"吸饮井水向无防卫之法，既不勤加淘换井口，又不置盖遮蔽任令毒秽侵入。"①喝生水的习惯也极为普遍，这些看似不起眼的习惯在瘟疫爆发时却是致命的伤害。"水边洗病人的衣服和粪桶，病菌混入水中。……吃生水和生水浸的瓜果，同时把病菌吃下。"②仅这样造成的死亡数不胜数。水，这个人们日常生活不可或缺的元素却成了细菌和病毒最好的传播媒介。

在食品卫生方面，尽管我们早已告别了茹毛饮血的蛮夷时代，但是在食品卫生方面还有很大的欠缺。生水泡饭，吃病死的牲畜，稍有腐烂的食物更是照吃不误，饭前便后不洗手的习惯也很平常，而且剩下的食物往往都是直接放置而不加盖，这样"脚上附着无数病菌的苍蝇，飞向饭菜和瓜果上面停留。吃着苍蝇停留过的饭菜和瓜果，同时把病菌吃下"。③ 这些不良习惯的危害也非常大。

诚然，瘟疫对人们造成了巨大的伤害，但它的出现同时也促使人们认识到了良好卫生习惯对于防止瘟疫的重要性，在客观上有利于原有不良习惯的改变，"不论何种食物，均须新鲜煮沸。不食切售瓜果，不食凉拌食物。食品须盖纱罩，不使苍蝇停落。饮用井水河水，务必先行消毒。简单稳妥方法，将水务先煮沸。一切食具饭碗，须用开水冲洗。病人不可接近，粪便妥慎处置。饭前便后洗手，注意一般清洁。"④这些虽然只是一些生活上的细节，但这些习惯的改变不仅使得民众的生活质量得到了提高，更主要的是为防疫事业的开展奠定了基础。民众自身自觉的改变之外，同时政府为了加强管理还颁布了一些法规，更进一步地在饮水和食品卫生方面做出了规定，"1928 年，吉林省政府始设卫生处，

---

① 《呈为具报时疫情形拟设法防卫请予》，《热河省长公署档·JC23》，21774 卷，辽宁省档案馆馆藏档案。

② 《卫生部训令热河省民政厅令发霍乱宣传品乙种看即重发即分发张贴由》，《热河省长公署档·JC23》，2656 卷，辽宁省档案馆馆藏档案。

③ 同上。

④ 《内政部卫生署公函，字第五三四号，函送霍乱宣传布告请翻印转发张贴广为宣传由》，《热河省公署档·JC23》，2192 卷，辽宁省档案馆馆藏档案。

根据国民政府卫生部颁发的饮食物防腐剂、饮食物用具、饮食物制品、牛乳业、清凉饮料营业者5个取缔规则的要求，对食品卫生进行一般性行政管理。1931年东北沦陷后，伪吉林省公署和各伪县公署的民政科设专人管理卫生工作。解放战争时期，吉林省国民党统治区各市、县对食品卫生的管理，多在防止霍乱等传染病期间进行，取缔清凉饮料和不洁食品"。① 可见各个时期的政府对于从饮食方面防疫的工作都很重视，体现了良好的卫生习惯对于改善人类的生活、提高人类的生存质量所具有的重要意义。尤其是经历了多次大瘟疫以后，人们更加认识到良好的卫生习惯是自我保护、切断传播途径的重要方式之一。

尽管从很多古代的书籍中都可以看到对饮食卫生的关注和很多保证饮食卫生的方法，如《后汉书·礼仪志》中记载："夏至日浚井改水，冬至日钻燧改火，可去瘟病。"孔子也曾说："食饐而餲，鱼馁而肉败，不食。"但这些都没能改变近代民众忽视饮食卫生的态度，直到一次次瘟疫的肆虐过后，才使得饮食卫生的观念真正走入了千家万户。

6. 瘟疫推动了医疗卫生事业的发展

瘟疫尽管给人类社会带来巨大的灾难，但同时也刺激和触动了与之相关的医疗卫生事业的发展，推动着医疗卫生事业的进步。医学家对疫疾展开研究，涌现出一批医学经典。从清朝末年开始，由于医疗卫生事业的不断发展也出现了很多医学方面的著作。"其中年希尧之《集验良方》《本草类方》，胡万魁之《古方今病》，庆恕之《医学摘粹》等，颇为后世推崇和识者所称道，而且还出现了养生、食疗、法医方面的著作。"② 同样，由于各种瘟疫的频发，使得医界也写了很多关于治疗和预防瘟疫方面的著作，如关于鼠疫方面有吴学存之《鼠疫治法》，罗汝兰之《鼠疫汇编》，吴崇宣之《鼠疫约编》等。关于霍乱方面有王士雄之《随息居霍乱论》、江曲春之《霍乱论》、田宗汉之《狱阴论》、连文冲之《霍乱审证举要》、姚训恭之《霍乱新论》、陈虫之《瘟疫霍乱答问》等。关于天花方面有朱奕梁之《种痘心法》、程文囿之《痘疹精华》、曾鼎之《痘疹会通》等。这些著作的撰成，无疑与当时瘟疫的凶猛和不时流行有关。

数千年来，中华民族在与疾病和瘟疫的抗争中，发展了中医学。并且在预防和治疗感染瘟疫的病人方面，运用了很多行之有效的手段。在近代，随着西方医学的传入，使预防瘟疫又多出了许多新手段。不过，

---

① 吉林省地方志编撰委员会编撰，《吉林省志·卫生志》，第40卷，169~170页，长春，吉林省人民出版社出版，1992。

② 辽宁省卫生志编撰委员会编：《辽宁省卫生志》，4页，沈阳，辽宁古籍出版社，1997。

在最初，西医是不被认可的，直到历次瘟疫中其治疗手段体现出了先进性和有效性，才逐渐被国人所接受并迅速普及。

在近代，东北地区群众缺医少药的情况十分严重。清朝末年，辽宁省每一千人才有 0.2 个医生①。关于医学的教育还仅限于中医的拜师授徒的传统方式，培养出来的人才自然寥寥无几。然而，瘟疫的频繁爆发也间接的推动了医学教育事业的发展尤其是西医教育的发展，如建立了很多学校，培养出了很多医学方面的人才，促进了医疗卫生事业的发展。"英人传教士司督阁，光绪五年(1879年)五月来到奉天小河沿开设西医诊所，后逐步扩大，群众称之为盛京施医院，光绪八年(1882年)附设西医学堂，培养西医人才，民国元年(1912年)创办了奉天医科大学，至 1949 年共培育本科毕业生 531 人。②"不仅有西医的学堂，中医也同样有所发展，"光绪三十二年(1906年)盛京将军署下令创办'中医学堂'，此后在民国年间，一些县城相继举办研究后，以提高中医学术水平和培育中医人才。③"到 1949 年，"黑龙江省从事卫生工作人员已发展到 6 759 人，其中卫生技术人员 5 904 人，当时，全省平均每千人有卫生技术人员 0.58 人，其中医生为 0.39 人。④"而吉林省"1938 年中医人数为 6 282 人，西医人数为 1 373 人，每千人拥有西医 0.1 人，中医为 0.5 人。⑤"到新中国成立前中医人员也达到了 6 561 人⑥。辽宁省的医务人员截至 1945 年 8 月，"共有 16 012 人，其中医生 9 185 人(西医 2 963 人、中医 6 106 人、蒙医 116 人)，每千人拥有医生 0.51 人。⑦"由以上数据可以看出，在这 100 多年中，医学教育事业尽管发展的不是很迅速，但也有了很大的进步。可以说疾病推动了医疗卫生事业，甚至是医学教育事业的发展，而反过来，医疗卫生事业的发展也同样为治疗疾病起到了巨大的作用，使很多人能够免除病痛的折磨。瘟疫对此的推动作用不容忽视。

---

① 辽宁省卫生志编撰委员会编：《辽宁省卫生志》，4 页，沈阳，辽宁古籍出版社，1997。

② 同上。

③ 同上。

④ 徐义容主编：《黑龙江省志·卫生志》，第 47 卷，213 页，哈尔滨，黑龙江人民出版社，1996。

⑤ 吉林省地方志编撰委员会编撰《吉林省志·卫生志》，第 40 卷，2 页，长春，吉林省人民出版社出版，1992。

⑥ 同上书，223 页。

⑦ 辽宁省卫生志编撰委员会编：《辽宁省卫生志》，5 页，沈阳，辽宁古籍出版社，1997。

第二节 政府与民间应对瘟疫之措施

一、政府应对瘟疫之措施

对于瘟疫控制的程度和瘟疫持续时间的长短往往与社会的应对策略的有效性相关，而不完全取决于医疗技术水平。换句话说，不同的政府与社会组织的应对策略决定着防疫的成效和水平。

中国进入近代以来，瘟疫爆发日趋频繁，社会力量也在历次瘟疫的洗礼过后有了很大的发展。鸦片战争后，帝国主义打开了中国紧闭的大门，西方的政治经济以及制度也都逐渐的传入我国。在内因和外因的共同作用下，政府也逐渐开始认识到了在防疫制度方面的欠缺，逐渐确立了一整套国家防疫机制，担负起了公共卫生和防疫事业的责任。

清政府实行的"新政"，使得近代的公共卫生和防疫事业有了长足的发展，并且逐步建立了国家卫生防疫机制，它是在我国传统的医疗卫生事业的积累和医疗卫生观念的发展的基础上与西医融合发展起来的。包括建立了卫生行政体系、卫生防疫机关以及制定和颁布了相关的法规，同时又根据具体疫情的不同采取了不同的应对措施。

1. 建立了国家卫生行政体系

国家卫生行政体系从上至下逐渐普及，为卫生防疫事业提供了必要的基础。东北地区从 1907 年各省开始建立卫生行政机构。由于这是一整套上行下效的行政体系，故此东北各地的卫生医疗机构的建立时间和掌管事物基本相似，故仅以黑龙江省为例。

清末，"1907 年，建立黑龙江行政公署。在行省公署巡警总局内设卫生局、管理中医中药、防瘟疫、检查食物、视察屠宰、组织清扫队清扫街道事项。1911 年，巡警总局改为警务公所，卫生局改为卫生科、掌管事项不变。"[1]然而，由于清朝的灭亡使得收效甚微。

民国时期卫生行政机构也有一定的变化，"1912 年，成立黑龙江省民政长公署，全省卫生工作由省民政长公署警务公所卫生科管理。"[2]1914 年，国民政府颁布了《全国卫生行政系统大纲》，规定省设卫生处，市县设卫生局，各大海港及国境冲要地设海陆检疫所。"1922 年，在哈

---

① 徐义容主编：《黑龙江省志·卫生志》，第 47 卷，425 页，哈尔滨，黑龙江人民出版社，1996。

② 同上书，426 页。

尔滨市设东省特别行政区行政长官公署，在公署的警务管理处内设卫生科，掌管特别区之医保健、卫生防疫事项。1928 年，根据国民政府《建国大纲》成立的黑龙江省政府内设警务厅，厅内设卫生科。科内设第一、第二、第三股，掌管全省之公共卫生、中西医药、传染病预防事项。1929 年 2 月 15 日，省政府警察厅改为公安局、局内设卫生科，科内设医药、保健、防疫 3 个股，由卫生警察监察卫生事项。同年，省政府民政厅设卫生科。同时撤销省公安局卫生科建制。"①

　　东北沦陷时期，伪满实行伪省制，在今黑龙江省区域内先后设置伪黑龙江省、滨江省、三江省、黑河省、哈尔滨特别市、北满特别区、北安省、间岛省、东满省。并分别在各省公署内设置警务厅或民生厅，厅内设卫生科或保健科。

　　解放战争时期，分别在黑龙江省政府、嫩江省政府、松江省政府民政厅、合江省政府民政厅、牡丹江省政府设置卫生处管理医药、防疫、保健工作。从上不难看出从清末到民国期间，警察机关在公共卫生管理和防疫事业中起了不可磨灭的贡献。直到抗战爆发，卫生警察才逐渐被取消。

　　2. 建立了专业的防疫机构

　　近代东北最早的防疫机构建于鼠疫大流行的 1910 年前后。当时的奉天省、吉林省、黑龙江省分别设有防疫总局，省内的各州、厅、县政府也相继设置了防疫所、检疫所、隔离所等临时防疫机构。并于"1911 年 4 月 3 日在奉天召开了万国鼠疫研究会，有中、日、俄、英、美、法、奥、意、印度等国的医生参加，历时一个月"。② 会后在哈尔滨建立了中国第一个防疫机构——东北防疫处，并于各地建立了专门的防疫医院，如牛庄防疫医院、安东防疫医院、哈尔滨防疫医院、同江隔离医院等。1920 年至 1921 年，由临时防疫总事务所综合管理一切防疫事务。从此东北和各地相应的组建了防疫分支机构。防疫在我国存在历史很早，但就组织机构下设到县、厅一级，则始于清末民初。查东北各地方县志，几乎都有关于当时成立县级防疫组织的记载。在开原，1911 年年初，由知县王浣发起在城内设防疫所，四镇八乡亦设防疫分所，由

　　① 徐义容主编：《黑龙江省志·卫生志》，第 47 卷，425 页，哈尔滨，黑龙江人民出版社，1996。
　　② 辽宁省卫生志编撰委员会编：《辽宁省卫生志》，107 页，沈阳，辽宁古籍出版社，1997。

县知事委各镇乡自治人员就近办理。① 义县也"在南门外路东旧观音堂设立防疫所。"②铁岭县也适时建立了相关组织。③ 在榆树县，由于鼠疫广为流行，1911 年初，榆树厅即遵照吉林省防疫总局指令建立防疫局。厅城内设庇寒所、隔离所和特别旅馆各 1 处。城外设疑似病院、诊疗所、消毒所、留验所各一处。其下级单位是居民选举的'十家长'，发现疫情，即由十家长报疫。全县境内共设有防疫局 1 处、防疫所 17 处、防疫分卡 7 处、隔寓所 15 处、疑似病院 l 处、医官 10 人、办事人员160 人。"④榆树厅还在松花江区域的秀水甸子、五棵树一带临江处，设江河检验卡，由防疫局会同警察公所组织水上警察，验视行旅，防止鼠疫进一步流行。⑤ 鼠疫流行不久，德惠县也成立了防疫局。由县知事申伯勋任局长。防疫局下设分局 4 处、防疫所 8 个、检验所 4 个、诊疗所3 个、隔离所 3 个。在防疫机构中，有医官 10 人，办事人员 217 人。⑥总的来看，晚清各级政府已组建起比较完善的防疫组织来应对这场灾难，提供了强有力的组织保证，这与以往完全不同。到 1926 年前后防疫组织更加完善，如营口防疫处就是一个比较著名的地方性常设防疫组织。其他如吉林、长春、哈尔滨等都有类似的防疫组织。

东北沦陷时期，日伪政府在奉天、锦州、安东等城市设卫生试验所、防疫所及传染病院等机构。"1933 年，哈尔滨、齐齐哈尔成立鼠疫临时防疫委员会。泰来设江桥检疫所与隔离所。"⑦日本侵略者虽然设立了防疫机构，但很少进行预防工作，只是发生鼠疫时对患者搞试验治疗，由于日本侵略者采取灭绝人性的烧光政策，有时甚至是全屯烧光，来对待疫区的中国人民，被隔离的人大都九死一生，故虽有疫情，民不敢举，宁死于疫病，也不愿被日本侵略者烧死、饿死、困死。因此鼠疫不仅没能控制，而且越加严重。抗战胜利后，东北各城市都建立了防疫机构，开展预防工作和监视处理鼠疫疫情。"1935 年始设立永久性鼠疫

① 《中国方志丛书·东北地方 27》，《开原县志》(三)，卷九，861～862 页，台湾，成文出版公司影印，1974。

② 《中国方志丛书·东北地方 16》，《义县志》(八)，下卷十九，"大事记"，2940 页，台湾，成文出版公司影印，1974。

③ 《中国方志丛书·东北地方 5》，《铁岭县志》(四)，卷十八，1266 页，台湾，成文出版公司影印，1974。

④ 榆树县政协文史资料委员会编：《榆树文史资料》，第 2 辑，103 页，1988。

⑤ 同上书，105～106 页。

⑥ 德惠县政协文史资料委员会编：《德惠文史资料》，第 5 辑，111～112 页，1988。

⑦ 徐义容主编：《黑龙江省志·卫生志》，第 47 卷，111 页，哈尔滨，黑龙江人民出版社，1996。

防治机构——哈拉海鼠疫调查所和通辽鼠疫调查所，调查所下设有隔离所，隔离所下还设有鼠疫监视所。1941 年 7 月，设省鼠疫防疫所，鼠疫污染的县(旗)设县(旗)鼠疫防疫所，伪满国务院民生部保健司增设第一、第二防疫科。第二防疫科负责处理鼠疫防疫工作，组织防疫队，进行突击性的防疫工作。在吉林省现行区划境内设有 3 个省级鼠疫防疫所，15 个县级鼠疫防疫所，14 个鼠疫防疫分析所。"[①]"1945 年 4 月在奉天市建奉天省防疫所、在锦州市建锦州省防疫所、在安东市建安东省防疫所、又建鞍山市及本溪市防疫所。"[②]

　　防疫与检疫相辅相成，国家在建立了很多的防疫机构的同时也建立了很多检疫机构。特别值得一提的就是海港检疫机构的建立。近代以来，随着牛庄港、安东港、大连港、旅顺港等港口的开放，建立了诸如营口海口检疫所、安东海口防疫局、大连港检疫所、旅大交通检疫所等检疫机构，负责各港口的检疫工作。然而遗憾的是东北各海港的海港检疫权从各个港口开港以来一直掌握在外国人的手里，直到 1930 年通过交涉才逐步收回。并于"上海设立了海港检疫总管理处，营口海港检疫医院及安东隔离所医院都划归该处领导。"[③]海港权的收回和海港检疫总管理处的建立，更进一步的为卫生防疫体系的建设提供了有利的条件。

　　3. 颁布了相关防疫法规

　　由于近代瘟疫的不断流行，从中央到地方，陆续颁布了一系列的卫生防疫法规，并发布告、标语、宣传小册子等宣传瘟疫的防治办法，涉及防疫过程的各个方面。

　　1911 年东北三省鼠疫大流行以后，各方面对瘟疫更加重视，各种法规犹如雨后春笋般的出现。如清陆军颁布的《陆军部暂行防疫简明要则》10 条，奉天省颁布的《百斯笃预防及消毒方法》《奉天防疫事务处订定临时防疫规则》。1918 年内务部颁布了《清洁方法消毒方法》12 条，奉天省公署通令《地方清洁会简章》20 条，民国政府内务部公布《检疫委员设置规则》8 条，《火车检疫规则》8 条，奉天省内政部拟订《防治时疫简易办法》11 条。1928 年国民政府公布《种痘条例》强迫种痘，国民政府卫生部公布《管理医院规则》28 条，其中明确规定："各医院非设有隔离之

　　① 吉林省地方志编撰委员会编撰：《吉林省志·卫生志》，第 40 卷，92 页，长春，吉林省人民出版社，1992。
　　② 辽宁省卫生志编撰委员会编：《辽宁省卫生志》，108 页，沈阳，辽宁古籍出版社，1997。
　　③ 同上书，160 页。

传染病室不得收容急性传染病人，非同一病名之人，并不得收容于同一传染病室"，要求"医院收容传染病人，在病名诊定之48小时内须将病人姓名、年龄、住所、病名、发病地点、年月日及入院诊定年月日，详细呈报该管官署及检疫委员"。1929年国民政府卫生部颁布了《防疫人员恤金条例》《防疫人员奖惩条例》。1930年国民政府卫生部公布《海港检疫章程》《传染病防治条例》。1932年国民政府卫生部颁布的《霍乱及其预防方法》，伪满民政部公布《预防虎列拉（霍乱）暂行令》，对法定传染病制定伪民政部训令111号《共同防疫暂行办法》，1934年伪满政府《百斯笃防疫规程》（9月6日军政部训令864号）《传染病患者铁道乘车规程》（9月11日交通部令31号）。1946年大连《预防霍乱暂行条例》条例规定：对外地来大连人口进行户籍登记，并隔离6天，进入大连口岸的船舶，由港口检疫所隔离6天，进行检疫，1948年东北行政委员会颁布《传染病预防暂行条例》《鼠疫预防暂行条例》，关东公署公布《海口检疫暂行办法》等。

由于近代东北疫情频发，建立规范的疫情报告制度有助于各方面有效的采取措施防治瘟疫。然而疫情报告制度作为瘟疫防治制度不可缺少的一部分，在近代中国也几经变迁。1908年日本关东都督府曾在旅大租借地及满铁附属地内公布《传染病预防规则》，指定霍乱、赤痢（痢疾）、肠伤寒、天花、斑疹伤寒、猩红热、白喉、鼠疫为法定传染病。1911年到1918年又分别公布了副伤寒、流行性脑脊髓膜炎为法定传染病。1919年、1924年又分别公布嗜眠性脑炎为准法定传染病。1916年民国政府内政部公布了《传染病预防条例》，规定霍乱、赤痢（痢疾）、肠伤寒、天花、斑疹伤寒、猩红热、白喉、鼠疫为法定传染病，发现后要向警察部门报告疫情。1928年国民政府内政部公布《传染病预防条例》及其实施细则，在法定传染病中，增加了流行性脑脊髓膜炎。1937年12月伪满政府曾公布《传染病预防法》，规定鼠疫、霍乱、赤痢、疫疾、肠伤寒、副伤寒、天花、斑疹伤寒、猩红热等为法定传染病，1938年又指定白喉、流行性脑脊髓膜炎、回归热等按法定传染病施行。1948年5月2日东北行政委员会公布《传染病预防暂行条例》规定鼠疫、霍乱、天花、麻疹、赤痢及疫疾、斑疹伤寒、回归热、流行性脑脊髓膜炎、猩红热、白喉、伤寒及副伤寒11种传染病为法定传染病，进行疫情报告及管理。以上的规则、条例中都对发生传染病的报告要求、诊断方法和报告项目作出了详细的规定，对近代卫生防疫事业的发展起到了巨大的作用。

这些政策的出台和实施，基本奠定了我国现代防疫体系，为近代中国社会防治瘟疫，提供了理论依据，使我国基本走向有组织的隔离、检疫、消毒、预防接种、传染病的检查等现代化的卫生防疫道路上来。并且，根据上述法律、法规，各地在应对瘟疫的过程中也相应采取了各种防治措施。

4. 施行了具体的防疫措施

(1)实施交通检疫查验措施。

实施交通检疫查验措施，有效地控制了瘟疫的蔓延。瘟疫的大规模流行与发达的交通是分不开的，在交通不发达的蒙昧时代，瘟疫仅仅会使周围的城镇、村落染疫，并自生自灭。但随着交通的日益发达，瘟疫的传播速度也大大加快，1910 年东北鼠疫的大流行就是由于铁路的便利，才使得东三省在短短数月就沦为鼠疫的牺牲品。因此人们不断的总结经验，完善和发展了公路、铁路、水路等各个方面的检验检疫工作。同时政府设置隔离所也花费了大量的人力、物力、财力，仅安东县一个商埠隔离所就用款"6 804.97 小洋"。[①]

霍乱流行的时候，某处地方虽然把环境改善得很好，霍乱的来源及传播的机会都完全杜绝，但是霍乱仍旧可以从别个地方传播过来。譬如上海发现霍乱，南京虽然没有霍乱，但是从上海来的人中如果有患霍乱的，或者新近患过霍乱的，大便都有霍乱病菌，就可以把上海的霍乱传带到南京来。所以要防止别个地方的霍乱传播入境，就当有海港检疫或交通检疫。"霍乱盛行的时候，不准彼此往来。染了霍乱的区域，就认为危险地；停止火车轮船的交通，以避免霍乱的蔓延。"[②]

凡是从一个发现霍乱疫病地方来的旅客，在入口的地方就要严格检查，患有疑似霍乱或者亲近患过霍乱的旅客都要隔离在入口地方的医院或者检查疫所内，将他们的大便送入实验所检查，证明没有霍乱弧菌后，方才准他们入境，这也是预防霍乱的一件重要工作。

仅以 1919 年的霍乱流行为例，"民国八年七月七日，上海来至大连港的轮船旅客中查出霍乱患者 7 人，带菌者 9 人，同年 7 月 20 日营口港也从来自上海的旅客中查出霍乱患者此后，引起本病在东北地区内的大流行，波及省内 33 个市县及旅大租借地，至 10 月中旬疫情终熄，据收集到的资料统计发生患者 33 793 人，死亡 21 458 人，查处带菌者

---

① 《安东县警察事物所造送防疫隔离所用款计划书》，《奉天省长公署档·JC10》，第 1051 号，辽宁省档案馆藏档案。

② 《法定九种传染病浅说之(六)霍乱》，《奉天省长公署档·JC10》，第 12361 卷，辽宁省档案馆藏档案。

347人。"①此次疫情传染极烈,疠疫迅速顺着公路、铁路、港口等沿线蔓延,为阻遏疠疫传播,各地均设立防疫会,办理各地的防疫事宜。并根据不同交通方式的特点做出不同的处理。

公路方面,设置检查站、隔离所,"大连、营口、奉天等处汽车往复,已设有隔离所实行检验,安东亦已筹办,所有由奉开来汽车请即日派员莅站检验,以期双方预防。"②对旅客所携带的物品也都做了仔细的检查,"来往大路于防疫期内,严禁带病人并各种瓜果等类,一概不准入境,以免藏带瘟疫致滋传染。"③如遇到患疫或疑似患疫的人立即采取隔离措施,"警察人员查见或人民告知有患霍乱病者,无论男女老幼一律强制入所,分别隔离医治之。"④而且"凡是染有细菌的东西。或焚烧,或消毒。"⑤患者入隔离所后,若是已患时疫者则"由医士按日诊治之,如果痊愈由医士发给诊断书后始准出所"。⑥ 若是疑似霍乱病者则"入所隔离七日,由医士诊断确悉无传染病者始准出所。"⑦

铁路方面,民国七年(1918年),国民政府内务部公布的《火车检疫规则》,着重从车站、火车、旅客三方面入手。增派医生,设置检验所、留验所、隔离所等,以及采取就车检验、就站检验、留所检验等一系列防疫措施,阻遏疠疫蔓延。车站是各路旅客往来的集散地,从这个角度来看,它就不仅仅是旅客的出入口同时也成了病疫的出入口。因此各地的铁路都在车站进行严格检查和消毒,"沙河镇日本火车站由北来车时,应派员会同铁路警察局人员及日本巡警在车站票房内检查,无病者放行,有病或疑似者当即询姓名住址来安事由附近有无亲属朋友,用日志记载之,即送隔离所医治"。⑧ 疫区小站关闭或暂停售票。所有车站内空地、办公场所、职工住所、售票室、候车室、厕所、垃圾场均定时严

---

① 辽宁省卫生志编撰委员会编:《辽宁省卫生志》,170页,沈阳,辽宁古籍出版社,1997。

② 《安东警察厅致奉天省长公署呈》,《奉天省长公署档·JC10》,第1051号,辽宁省档案馆馆藏档案。

③ 《为朝境亦有时疫当经刊方医治颇见功效谨开》,《热河省长公署档·JC23》,第6967号,辽宁省档案馆馆藏档案。

④ 《安东警察厅呈报时疫并拟定预防办法二十条由》,《奉天省长公署档·JC10》,第1051号,辽宁省档案馆馆藏档案。

⑤ 《法定九种传染病浅说之(六)霍乱》,《奉天省长公署档·JC10》,第12361号,辽宁省档案馆馆藏档案。

⑥ 《安东警察厅呈报时疫并拟定预防办法二十条由》,《奉天省长公署档·JC10》,第1051号,辽宁省档案馆馆藏档案。

⑦ 同上。

⑧ 同上。

格消毒，阴湿处撒石灰，垃圾密装以防蝇鼠叮咬，定时清理焚烧或和以石灰掩埋。车厢里也同样严格进行消毒。对于旅客要实行查验措施，"查验往来旅客。凡是有病的人，或是无病而带菌的人。或是病痊以后，体内还含病毒的人，都要把他们隔离起来，不与人来往。用这个方法，又不阻碍交通，又可以避免传染。"①而疫情严重时则停止售票。

对于港口的卫生检疫，以营口港为例，营口港自 1861 年开港之后，已成为南北交通之要冲，往来之货轮、客商频繁如织，烈性传染病也随之而至，给民众带来灾难。民国三年（1914 年）六月二十九日，颁布了第一个《牛庄口岸防护染疫章程》，才使得检疫工作有章可循。全章程共12 条，其中规定："……凡染疫及疑似染疫船只均须按照民国二年所订牛庄口船只停泊章程甲段界限以下三里之处停泊"②……"有疫及疑似有疫船只进辽河口时，前桅上应挂黄旗，按照停泊章程第一条所载甲段：三公里之处停泊，俟医官准其进口放准撤下黄旗③……"并规定了其他一系列检疫规章，责其检疫所遵照实施。在水路方面，同样也是派警查验，设置隔离所，并具体"于安东、大东沟两商埠及入口轮船停泊之三道浪头、鸭江上游之马市台等处分段查验，并设立隔离疗养所，附近大东沟之赵氏沟则仅派警查验，不设隔离所，遇有染疫之人送大东沟疗治之。"④"木埠第四区大东沟及赵氏沟地方系来舶进海要口，应设检查所一处即派该区署于船只抵岸时依法检查。"⑤对患病者和未患病者也都有不同的处理方法，"凡水路陆路轮舶停驶时终医士验明无病者放行有病或疑似病者当即询姓名住址来安事由附近有无亲属朋友日记簿记载之即送隔离所医治。"⑥同样"所有江中船只、木排悉归水警检查，如有病者即送交陆地隔离所调治"⑦，通过这一系列的措施，在很大程度上控制了霍乱蔓延的速度，为治疗争取了更多的时间。

---

①　《法定九种传染病浅说之（六）霍乱》，《奉天省长公署档·JC10》，第 12361 号，辽宁省档案馆馆藏档案。

②　彭志强主编：《营口市卫生志》，营口市卫生编撰委员会编印，163 页，1987。

③　同上。

④　《东边道道尹公署致东三省巡阅使署呈》，《奉天省公署档·JC10》，第 1051 号，辽宁省档案馆馆藏档案。

⑤　《安东警察厅呈报时疫并拟定预防办法二十条由》，《奉天省长公署档·JC10》，第 1051 号，辽宁省档案馆馆藏档案。

⑥　同上。

⑦　《鸭浑两江水上警察局致奉天省长公署呈》，《奉天省长公署档·JC10》，第 1051 号，辽宁省档案馆馆藏档案。

（2）隔离病人及清洁清毒等手段。

在近代的中国，随着对瘟疫的进一步的认识以及各种理论上和实际上的经验，采取的应对瘟疫的措施已经开始逐步使用现代防疫手段。尽管应对的主要措施是隔断交通、隔离病人、清洁消毒，但是对于不同的瘟疫，防疫的侧重点还是有一定的区别的。由于在近代的东北，困扰百姓最深，爆发次数最多的瘟疫主要就是霍乱、鼠疫、天花，它们三者的防疫也很具有代表性，故以此为例详细介绍一下它们三者的应对措施。

在防治霍乱方面，主要采取的措施是："扑灭苍蝇，罩盖食物；勿喝生水及生水浸过的瓜果或切开的瓜果、勿吃生水做的饮食物；注射霍乱预防疫苗；勿和病人接触，接触后用消毒药水或药皂洗手；病人吐泻物撒石灰或臭药水，衣被煮沸或暴晒。"①

在预防霍乱的过程中，环境的重要性显得尤为突出，"不使粪便染污饮水；设置自来水；粪便不使暴露在地面上；厕所、厨房、饭厅，都要加纱窗；坑垃要设坛焚化，不要堆积或暴露着；食物的渣余当倾倒秽水沟内，或者暂时贮在有盖的缸内，不要任意抛弃；居室、学校、饭馆、厕所以及公共娱乐场所都要收拾消污；贮藏食物的地方应该加纱罩。"②消除传播载体是防治霍乱的非常有效的举措。在各个交通要道设置检疫所、隔离所更是掐断了霍乱传播的命脉。

另外，还有关于消毒用药和死者掩埋的具体规定，"无论已未患疫之家，室中均宜多喷石灰水或遍撒干石灰，并用大黄、苍术烧熏，以消疫毒；未患疫者宜多备生绿豆和冰糖，捣碎用沸汤即白开水冲服数次，可杜绝传染；已患疫者诊治所用药饵，万不宜滥下峻厉激烈之剂，庶免助病，致误生命，此类应由各该巡官长召集本管境内医士妥为告诫，俾知慎重；凡因疫病死者，病家应迅速将尸体埋葬，仍将死人房屋多用石灰水消毒或用大黄、苍术烧熏，其病时所用被服等件，须经柴灰水浣洗洁净后方可再用；凡疫死尸体埋葬时，应挖深坑至少以五尺为度，其坟茔宜用石灰和黄土坚筑，不得仅敷浮土，粗资掩盖；疫盛之家，无论亲族友谊，宜暂停往来，遇有万不得已时，必须饮酒、饱食或多吸旱烟后方可前往。"③

① 《卫生部训令，热河省民政厅令发霍乱宣传品乙种，看即重发即分发张贴由》，《热河省公署档·JC23》，第 12656 号，辽宁省档案馆馆藏档案。
② 《霍乱及其预防方法（传染病小业书之五）》，《热河省长公署档·JC23》，第 2720 号，辽宁省档案馆馆藏档案。
③ 《承德县公署布告稿》，《热河省长公署档·JC23》，第 21774 号，辽宁省档案馆馆藏档案。

关于患者的治疗，"霍乱最危险的病状是缺乏水分。身体因为要排除肠内的毒物，所以吸收全身的水分到肠内，将肠内一切积物如霍乱病菌及毒素等都冲泻出来，这固然是一种自然治疗霍乱的方法，但是身体内的水分也因此而缺乏了，就有种种缺乏水分的症状发生。吾人身体70％是水，身体各器官都靠水分以维持生活，一旦水分缺乏，身体各部的生活机能就失常，同时连同大便及呕吐排泄出来的汗多无机盐，经吐泻后身体的盐质也就缺少了。同时因为水分都是从大便或者呕吐物排出去，小便就减少，或者完全没有，所以各种血液内的废物，也不能由尿抽泻出去，于是乎就发现酸中毒或尿毒症，这些都是霍乱致死的主要原因。所以治疗霍乱的根本原则，是要供给水和盐质（尤其是食盐），就是注射食盐水。"①

在防治鼠疫方面，主要就是采用捕鼠、减蚤、施行预防接种、断绝交通、隔离病人，施行清洁消毒、烧埋尸体等。

关于捕鼠，政府还发布过悬赏捕鼠的布告，"老鼠一物最易感染时疫，因其居于黑暗不洁之处，于疫虫有直接之关系，每由老鼠先染而后传染于人，若不设法驱除恐疫气传播各处有害民生，本局有鉴于此不惜重资收买老鼠为民除害，嗣后见有老鼠无论毙活两种务必照下列各法捕拿，就近送往该管巡警各区"，②并详细介绍了毙活鼠的价格和捕鼠的方法"毙活鼠每个价洋七个字由就近巡警发给；死鼠捕拿宜用小木棍或铁条拑入铁罐载立即送来，至于拑鼠之木棍或铁条亦应烧除；活鼠捕拿宜不可用手宜用捕鼠笼或饵鼠毒物并用罐或小木箱载好送来；毙活鼠宜分开载好送来不可同载一罐；如查有毙鼠活鼠发现之处宜即用石灰或石炭酸水洒之以除毒气。"③

注射鼠疫疫苗，尽管不能完全免疫，但也可以提高人体的抵抗力，从而减少死亡，不过对于肺鼠疫而言，功效甚微。

在鼠疫盛行的时候，断绝交通，隔绝病人是行之有效的防疫措施。鼠疫病人的口沫里面，含有无数的鼠疫菌，所以在发生肺鼠疫的时候，千万不可与病人接近。就是普通人谈话，也要相离五尺以外。送入隔离医院。并且逐户检疫，对疫病人口进行调查，可疑者送往疑似病院，观察处理；确诊病例送入隔离所。同时，切断疫区对外的交通，防止疫情

---

① 《霍乱及其预防方法（传染病小业书之五）》，《热河省长公署档·JC23》，第2720号，辽宁省档案馆馆藏档案。

② 《悬赏收买老鼠告示》，《奉天省长公署档·JC10》，第3049号，辽宁省档案馆馆藏档案。

③ 同上。

扩散。

施行清洁的方法主要是"凡患传染病之家，须注意患者之居室，其有病毒污染可疑之场所，于施行消毒方法后须加扫除，所余尘芥则烧毁之；家屋扫除时，地面之尘芥及其他不洁之物须取出烧毁之；患传染病者之家，其井户、厨房、便所或尘芥委积之处，须于消毒方法施行后加以扫除，但于必要之场合须修理改造或浚治其井；对于百斯脱之传染病，除前各项之规定外，须于屋脊、天棚、板壁间、地板下等处施行鼠族之搜除；污染传染病毒或疑有污染者之家宅，施行清洁方法时得准用前项之规定。"①

消毒的主要方法就是："烧毁；蒸汽消毒；煮沸消毒；药物消毒。"②病人曾经住过的房屋及一切使用物件，都要消毒，或以石灰酸水（其他消毒药水或臭药水等亦可）浸洗，或用硫黄烟熏；若是不值钱的东西，付之一炬，尤为妥当。"传染病患者治愈时，须使全身入浴更换其衣服，但有时得以温湿布拭净之，以代入浴；传染病之死尸收敛入棺时，须以升汞水石炭酸水撒布于其被服，或包以升汞水或石炭酸水浸渍之布，或添以石灰。"③

烧埋尸体的方法就是：采取有力措施处理尸体，"无论贫富商民，凡属疫亡者，其尸体应由清查所照法处理"。其方法"先将尸体严行消毒，复用升汞水浸布，覆盖尸体，棺体厚铺石灰粉，密闭尸体于棺内，抬埋队运至公德堂义地"，"能购得起棺木者，均用埋葬"，"无法购买棺木，采用火葬"。

另外，看视病人者或病人之家人及其他接触传染病患者的人，务须戴口罩面具，以免沾染；并且要使衣服、手足等消毒。

关于鼠疫的治疗，在当时可以说是没有治法；所以在鼠疫发生的时候，只有严密的防范才能解决问题。

在防治天花方面，主要的和最有效的措施无外乎隔离和种痘。

天花这个伴随人类多年的恶性传染病，在近代东北也常有流行，夺去了无数人的生命。晚清开始，各地都创建了牛痘局，开展接种牛痘，预防天花的工作。但由于种痘人数较少，收效甚微。民国时期，国民政府还曾推行了全民种痘，并规定了"种痘法"，种痘人数有所增加，效果

---

① 《热河都统训令第一百五十五号，清洁及消毒办法》，《热河省长公署档·JC23》，第21774号，辽宁省档案馆馆藏档案。
② 同上。
③ 同上。

并不理想。东北沦陷时期，尽管种痘工作较为普遍，但东北地区天花仍是不断地发生和流行。每年死于天花的人不计其数，没死的，其结果不是面麻，就是眼瞎，或者成了废人，不但终身遗愧，对于社会也有极大害处。俗话说："生子只算生一半，终了天花方保全"，① 以此就可以证明得天花的大害了。只有种痘和改善卫生环境，才能减少传染的机会。

天花主要是通过患者痘疫内的脓水血液脓痂等以及病人用过衣服物件传染，因此，隔离病人就显得尤为重要了。而最好的防治办法就是种痘。不论大人小儿当年种过一次牛痘，自然不易传染。切不可因为从前种过便大意。据统计，"种一次痘，大概能保七年不患天花；所以，一个人，如能在生后六个月到一岁的时候，种痘一次，到了七八岁，再种一次，其后每遇到天花流行的时候，再种一次，就可保一辈子不患天花。患过天花的人，不能保一辈子不患两次三次，甚至有一生患过天花五次者。普通患第二次比第一次轻，但也有很危险的。"②

在近代东北特殊的历史条件下，战争和灾荒造成了大量的流民，人民的生活极为困苦，即便是这样，瘟疫也没有放过穷苦的百姓。一次次的肆虐，死者不计其数，政府为了防止疫情的扩大，也曾采取过一些措施救治这些贫苦的百姓，1918 年霍乱大流行的时候，热河省警察厅拟定了《防治简易办法十一条》，其中第十一条和第十二条规定："凡患时疫之人，其家无力延医服药或无家属者，报由本厅传医调治并施给药资，以资救济；凡患时疫死者，其家无力掩埋或无家属者，报由本厅派发苦工或给资即时掩埋，以防传染。"

一次次瘟疫的发生和流行，促使了防疫措施的一次次的进步。近代中国卫生防疫事业在这一次又一次的过程中，不断的发展、不断的完善、不断的成熟，逐渐建立起了现代化的防疫体系，为近代中国社会防治瘟疫，做出了巨大的贡献，也为百姓的生命安全，提供了有力的保障。然而遗憾的是，在近代中国时局动荡，财政匮乏的背景下，尽管控制瘟疫的手段和水平都有了明显的改善，死亡率也有所下降，但是效果并不理想，重大的瘟疫仍时有流行，充分体现了稳定的社会环境的重要性。

---

① 《卫生常识》，国民政府行政院卫生部编印本部刊物之二十三册籍类第八种，《奉天省长公署档·JC10》，第 12532 号，辽宁省档案馆馆藏档案。

② 同上。

二、民间应对瘟疫之措施

诚然，政府的救治措施在预防瘟疫的过程中起到了极为重要的作用，然而另一支不可忽视的力量也一直活跃在防治瘟疫的舞台上，为水深火热中的百姓带来了一丝光明。这支力量就是以乡绅为主导的地方富豪和民间的社会慈善机构。他们筹建了许多救治机构，如红十字会等慈善机构，在筹集资金、救治等各个方面都发挥了积极的作用。每当瘟疫爆发的时候，他们或筹资捐助、或义诊施药、或施送药方……解国家之万难，救苍生于水火。可以说，社会力量对于瘟疫的救治为政府措施的实施起到了巨大的支撑作用。

1. 民间迷信之"无效"应对

瘟疫作为一种疫病，来无影去无踪，每次出现都会对社会、国家、家庭造成极大损失，对人的精神造成巨大的痛苦，造成了民众的恐慌，在长期内使人的心理压抑，甚至出现了信仰危机。人际关系等一系列道德、价值体系都遭到了破坏。曾有诗人作了一首《鼠死行》，描述了鼠疫流行时的惨烈状态，诗曰："东死鼠，西死鼠，人见死鼠如见虎；鼠死不几日，人死如坼堵。昼死人，莫问数，日色惨淡愁云护。三人行未十步多，忽死两人横截路。夜死人，不敢哭，疫鬼吐气灯摇绿。须臾风起灯忽无，人鬼尸棺暗同屋。乌啼不断，犬泣时闻。人含鬼色，鬼夺人神。白日逢人多是鬼，黄昏遇鬼反疑人。人死满地人烟倒，人骨渐被风吹老。田禾无人收，官租向谁考。我欲骑天龙，上天府，呼天公，乞天母，洒天浆，散天乳，酥透九原千丈土，地下人人都活归，黄泉化作回春雨。"在瘟疫发生和流行的地区，人和牲畜大量死亡，空气中都弥漫着死亡的气息，造成了人类内心的恐惧和不安，极度的恐惧往往会使人丧失理智，转向迷信。然而在经历了一个个血的教训以后人们又逐渐地摆脱了各种迷信的沟壑，趋于理智、趋于成熟。

我国迷信的驱疫方式古来有之，据《周礼》（公元前 3 世纪）："男巫……春招弭，以除疾病。""方相氏掌蒙熊皮，黄金四目。玄衣朱裳，执戈扬盾，帅百隶而时难（傩）以索室殴疫。"在近代社会文明和经济发展落后的历史条件下，人们摆脱不了迷信的束缚，把对瘟疫的恐惧和不安求助于迷信的手段，把自身的命运交给那些巫医、神汉、仙方、香灰……再者，传统封建的思想对鬼怪瘟疫的认识是虚幻模糊的，认为鬼怪与瘟疫之间具有一种神秘的感应关系，对鬼怪的这种信仰逐渐成了人们考察病因的途径。故生病多不医治，只借助各种驱鬼逐疫仪式来驱逐赶杀附身的鬼疫邪祟。因此，千百年来，驱鬼逐疫衍化成了治病习俗中一道奇特的风景线，因此也酿成了很多悲剧。

瘟疫来临时人们往往求助于庙宇，"各地庙宇常有施给仙丹药签神乩方治病等事，再者民智未启迷信神救，以为此种丹方系由仙佛所赐视为一种治病良剂。以致每年枉死者不可的计。"①还有的人在得了瘟疫以后，不是通过医药来治病而是求香灰，请人"跳神"来治病，得到的结果往往事与愿违。试想香灰是由柏木、柳木或杉木等木屑、叶屑和榆树皮磨成的粉，加上少量的檀香、芸香粉末、人造香精、玫瑰红、金黄等制成的。燃烧后剩下的灰，主要成分是钾，怎么能治病呢？不仅不能治病甚至会致病。还有在一些地方如若得了病就去请巫婆、神汉等去"跳神"治疗。家里人在夜间先把预备出来的屋子遮得严严实实，并且始终都不点灯；炕桌上供些熟鸡蛋和烧酒。等这巫婆、神汉来到之后，先要烧香请仙，把香烧完，然后坐在炕沿的桌旁，给大仙留着炕里正座，忽然有点儿声响，就说大仙来了，家人忙着叩头，请大仙饮酒，吃鸡蛋，然后由巫婆、神汉请问大仙，"这人得的是什么病"，于是就听大仙似说似唱地答道"这个人得的是××病"，这样反复一问一答，所有得病的原因，治疗的方法和几个简单的药品都给说清。试想这样的方法又如何能治病呢？在黑龙江的部分地区，由于"人口稀少，无医无药。患病时，一是请喇嘛诵经，二是请萨满治病，三是祭祀天地，四是祈祷神鬼保佑，五是占卜吉凶，以此迷信的方法，求得精神寄托"。② 这一个一个地实例，无不显示着民众在面对瘟疫无所适从的心理。

另外，由于政府所采取的一系列措施很多都是与中国古老的传统相违背的现代防疫方式，因此又使很多民众接受不了且产生了排拒心理。而大部分的现代防疫手段都是从西方传来的，故造成了中西文化的冲突。如在1910年东北鼠疫大流行时，尽管火化患者的尸体有效地防止了疫情的蔓延，但在当时的社会历史条件下，还是受到了相当大的阻力，引起了当地群众普遍的排斥和反感，伍连德和锡良只得请求清廷颁旨准行，才使得这项工作进行下去，可见群众的排斥之深。同样，隔离、消毒、烧屋等措施无不遭到群众的阻挠。反映了群众在面对新鲜事务的问题上还没有挣脱传统的束缚。

然而，通过20世纪初的几次大瘟疫的洗礼，人们已经逐渐走出了

---

① 《卫生部咨请饬离严禁庙宇中施给仙丹神成并查照办理由附卫生部咨，第12号》，《奉天省长公署档·JC10》，第12435号，辽宁省档案馆馆藏档案。

② 徐义容主编：《黑龙江省志·卫生志》，第47卷，201页，哈尔滨，黑龙江人民出版社，1996。

恐惧和排拒的怪圈，逐步认识到了科学防疫、治疫的重要性，从迷信走入理性。在瘟疫肆虐的时候，各种传统的祛病方式并没有赶走瘟疫，而是使得它更加肆无忌惮的流行，夺走更多人的生命，人们在痛定中思痛，走出了迷信的阴霾。故此，在当时各地的方志中，常可见到"僧道祈禳之风渐息"，"偶像之拜，形家之言，巫蛊之祸，日见消灭"，"禳灾祈福，祠祀鬼神渐废"之类的记载。由此可见作为信仰者心中的圣地的寺庙都被毁，却没有引起护庙运动，也没有引起信仰者的义愤。这些让我们深思其中的微妙变化，传统迷信的思想已经逐渐地被人们抛弃了，各种科学的防治方法渐渐深入人心，故此，在后来发生瘟疫的时候因为有了以往的经验，死亡人数大幅下降。如1910年东北鼠疫大流行时有六万多人死于此病，而到了1920年鼠疫再度爆发时，死亡人数还不到一万人。这不仅仅是政府措施得力的结果，更是民众心理转变的最有力的诠释。

2. 筹资捐助

每次防疫都要花费大量的人力、物力、财力。除了政府努力地实施防疫措施外，民间也积极进行自救或自发进行筹资捐助活动。在近代的东北，尽管"各地方政府如遇防疫发生之时，对于医员药品等项均赖中央选派拨助。"[①]但是民间的社会力量的积极参与也在很大的程度上缓解了政府财政的紧张。在近代各地的地方志中经常能找到"县长经招集各界官绅会议，组织防疫救济会，并设救济宣传队遴选各医院医士分投医治。所需药费统由县长暨各界官绅捐助。"[②]这样的话语，充分证明了当时各地方政府在成立防疫委员会等机构的时候，往往都依赖社会力量的协助来筹划各种防治事宜。

在1910年至1911年的东北大鼠疫期间，民间积极捐助救灾，尽管当时产业还不甚发达，但全国各地的商人都积极捐助。天津士绅积极捐助款项，建立防疫医院。[③]在奉天，"商会收取防疫经费"，鉴于商会设立防疫所及隔离病院，要求各商董按铺收取，以备应用。[④]在辽阳，绅商不仅自发组织防疫所，而且所需经费自行解决，办事员也不领薪

---

① 《行政院及卫生署为现在霍乱流行各省均应拨发的款》，《热河省长公署档·JC23》，第2192号，辽宁省档案馆馆藏档案。

② 《开鲁县发生虎列拉瘟疫及组织防疫情形》，《热河省长公署档·JC23》，第21762号，辽宁省档案馆馆藏档案。

③ 《北京防疫记》，载《申报》，第5版，辛亥正月十三日。

④ 《商会收取防疫经费》，载《盛京时报》，第5版，宣统三年正月二十一日。

水。① 在开原，"商务会自添设防疫会以来，所有职员医官，均系名誉，不支薪膳。闻各员逐日调查，颇能认真"。凡防商卫生方面所需经费"皆由各街商号募集。"②在长春，各商家为防疫积极募捐，"自头等商号以下约四百余家，共捐洋两千元。"③上述材料说明，民间的防疫捐款不仅面广，而且还积极踊跃。它一方面说明防疫与每个人的身家性命息息相关；另一方面也说明，在应对鼠疫这场战争中，人们的公共意识也在增强。

1932年霍乱大流行时，"中央现时财政困难，不将力有未能，且恐缓不济急。"④遂热河省公安局长"职责所在，不敢自安缄默"，"邀集省会军、政、商、学及各界绅董在警官学校开会讨论，共同决议组设热河省会临时防疫委员会，当即议定检查、治疗、预防各事项，分部进行，所需经费由在会委员等筹垫经管。"⑤其中，"防疫消毒应用的药品由商会尹会长代购石灰四千斤，凡贫寒之家无力缴药资者，各药铺见防疫委员会戳记药单即行付药，药资由防疫委员会结束后设法筹给。为民众施散的预防药剂请托兴业银行代购垫款。凡属贫寒无力购买石灰消毒者，须报告就近警局转报防疫会领发证明书束，持向硝磺局领取此项石灰，由白经理认捐。"⑥至于检疫也是由各分局长会同该管士绅担任，且办事人员不另支薪，此次疫情"共耗现洋六百余元。前省政府电发大洋一千元已如数开支，其余所耗六百余元均由县长捐廉及各界弥补"。⑦

安东商埠隔离所用款，"6 804.97小洋"，除省拨经费，"尚亏小洋四千一百八十三元四角七分五厘，本埠天成金店捐一二大洋一千五百元合小洋一千八百元又拍卖天后宫隔离所用余杂物得价小洋四百十四元五角均终职厅先后呈准拍发以上抵支实在不敷小洋一千九百六十八元九角七分五厘暂由安东总商会借垫。"⑧

① 《绅商组织防疫所》，载《盛京时报》，第5版，宣统三年二月初三。
② 《慨助商务防疫会费》，载《盛京时报》，第5版，宣统三年二月初五。
③ 《于防疫事宜之踊跃》，载《盛京时报》，第5版，宣统三年二月初五。
④ 《行政院及卫生署为现在霍乱流行各省均应拨发的款》，《热河省长公署档·JC23》，第2192号，辽宁省档案馆馆藏档案。
⑤ 《热河省会临时防疫委员会事项，热河省会临时防疫委员会第一次开会纪录》，《热河省长公署档·JC23》，第23944号，辽宁省档案馆馆藏档案。
⑥ 同上。
⑦ 《为呈报办理防疫会耗用大洋款数且缮列清单请备查由》，《热河省长公署档·JC23》，第21762号，辽宁省档案馆馆藏档案。
⑧ 《安东县警察事物所造送防疫隔离所用款计划书》，《奉天省长公署档·JC10》，第1051号，辽宁省档案馆馆藏档案。

由此可见，各地在政府拨款不足的时候，民间的社会力量往往会"借垫"、捐献款项，以救治瘟疫荼毒下的百姓。

3. 义诊施药

在大疫之年，无论是西医还是中医，一般都有义务诊治的义举，各大药房也往往会有免费施药的举动。这些义举在各个时期都有发生。在近代东北，义诊施药也同样成为应对瘟疫不可忽视的力量。

中医医师中流传着各种歌谣，"我说医家多扶贫，得病最苦是穷人，给他良药无取利，半积功德半养身"。这首歌谣在吉林早期中医中流传很广。还有"凡良医者，心存仁义，洞察阴阳，不为功，不谋利，普施众生，恩同天地"等。①

1919年朝阳霍乱流行，朝阳红十字分会就为这次疫情的扑灭提供了巨大的帮助，"借马公祠房屋设临时疫病院，一切药品器械均由红十字会担任，所有费用或由军政各界捐广助理或系劝募尚能支持……余四乡地方另派医员分赴诊视施药，而距城稍远办理困难者广出布告，印刷救济药方多份，随处张贴以补助该会检治之不及。"②

1932年霍乱流行，北平国医防疫委员会因虎疫（霍乱）蔓延，召开北平市医药界全体大会讨论筹设国医防疫委员会，筹备施诊施药，"现征集平市诸大名医防治疫症方法颇多，覆经本会详加评订择取特效者编成方案登报广布，并承平市药界捐助时疫药品甚多，借以救济疾苦同胞。"③而同年围场时疫流行，死亡相继。"业由地方筹设防疫所取缔瓜果零卖食品各情形……集资购药、施舍并筹备防疫药针预为防。"④

由上可见，开展慈善活动的个人和机构往往都根据自身的实际情况，采取不同的救治措施，显示了在当时的社会形势下，社会各界都有意愿主动的防治瘟疫。

4. 施送医方

尽管施医送药能够有效的救治瘟疫，然而所能救治的范围有限，故此，为了能够救治更多的百姓，一些持有药方的乡绅往往在验明了药方

---

① 吉林省地方志编撰委员会编撰，《吉林省志·卫生志》，第40卷，223页，长春，吉林省人民出版社，1992。

② 《呈为呈报本年秋间县属防疫大概情形请予》，《热河省长公署档·JC23》，第6967号，辽宁省档案馆馆藏档案。

③ 《北平国医防疫委员会函达本会成立经附送方案希查照广为宣布由》，《热河省长公署档·JC23》，第2720号，辽宁省档案馆馆藏档案。

④ 《为呈报围场时疫未减并设法预防情形请鉴核备案由》，《热河省长公署档·JC23》，第21767号，辽宁省档案馆馆藏档案。

的实效性后，舍方救人。

民国七年(1918 年)，锦西县陶前县长"曾以家传前明治疫经验良方，舍药济人，全活无算。"①然而，令人意想不到的是，几年后的一场瘟疫又使它派上了用场，"此次按方配药若干，分别施舍亦颇灵效……自应通传，用广救济……遇有此种时疫即照方服用，以资救济，并仰设法印送，俾广流传。"附药方一纸"细辛(三钱)薄荷(三钱)上朱砂(二钱五分)明雄黄(二钱五分)藿香(三钱)桔梗(三钱)木香(二钱五分)防风(二钱五分)管仲(二钱五分)陈皮(二钱五分)清夏(二钱五分)甘草(三钱)硼砂(二钱五分)皂角(一钱)枯矾(二钱五分)共为极细末(每服一钱)姜汤送下并先用少许闻鼻内开窍取嚏极效。"②这样的举措在当时常会出现，帮助了无数的患者。

5. 筹办防疫医院

在瘟疫流行的时候，各地都有筹办治疗和预防时疫的医院或隔离所等，有政府建立的，同时也有私人和社会团体筹办的。

1881 年由韦纬三发起，联络官商，取得奉天总兵和知府的支持，于奉天省创设牛痘局，用天花病的结痂接种于人，以预防天花，每年接种约 2 500 人，此后，辽宁省各地陆续成立引痘局。③ 1887 年，营口三江公所会董在大康平里创办施医局专门施治时疫兼设牛痘局。④ 1908 年，在大连地方当局的支持下，中国人创办了大连宏济善堂，1928 年发展为财团法人，设有医院等附属机构，从事免费医疗，抚恤孤寡等工作。⑤ 1911 年，奉天省成立红十字会，附设医学校及红十字医院。⑥ 1929 年，万国同盟中国红十字会辽宁分会在沈阳成立，省内安东等地设立了分会，各分会设有医院或诊所，从事施舍医药和救护工作，⑦等等。

同时，还建立了很多综合性的医院诊治日常普通的疾病，瘟疫爆发后也都积极的参与救治。

---

① 《热河省政府训令热河省民政厅，据鲁宁孙呈为监所人犯即本城住户患疫死亡之情形，防范方法请鉴核案通令照由》，《热河省长公署档·JC23》，第 2720 号，辽宁省档案馆藏档案。

② 同上。

③ 辽宁省卫生志编撰委员会编：《辽宁省卫生志》，16 页，沈阳，辽宁古籍出版社，1997。

④ 彭志强主编：《营口市卫生志》，1 页，营口市卫生编撰委员会编印，1987。

⑤ 辽宁省卫生志编撰委员会编：《辽宁省卫生志》，19 页，沈阳，辽宁古籍出版社，1997。

⑥ 同上书，20 页。

⑦ 同上书，24 页。

由上述的事实可以看出，面对瘟疫的来袭，政府和民间施行的各种措施已经逐渐完善，卫生防疫事业也上了一个新的台阶。政府和民间社会力量的互补与合作更是顺应了国家和社会发展的要求。

本章小结

近代以来，东北地区瘟疫爆发频繁，超过了以往任何历史时期。瘟疫无情地蹂躏着百姓，给近代的东北社会造成了巨大的灾难。任何一次瘟疫的发生都会对社会产生极大的影响，不管是经济的、政治的还是文化的。人类每战胜一次瘟疫都获得了更强有力的技术手段和社会组织方式，并相继发明和研制出抵御、战胜及预防各种瘟疫的疫苗、血清、抗生素、抗菌素和医用设备等。

历史上的瘟疫也给当代提供了异常丰富的经验和教训。我们必须关注瘟疫对人类的危害，在今天的现代化的社会，即便有着各种各样的防疫制度和防疫手段，面对瘟疫也难免要付出一定的代价。特别是近年来"疯牛病""禽流感""非典型性肺炎"等疫病流行，更是给我们敲响了警钟，让我们认识到瘟疫仍然威胁着当代人类的生命。这除了要总结历史上的教训外，更要总结历史上成功的经验，为我们提供智慧来源。

第 五 章
近代东北的慈善救助

中国是一个自然和社会各种灾害频发的国家，就自然灾害而言，据邓云特的《中国救荒史》记载，从公元前1776年到公元1937年的3 700余年间，我国总共发生各类灾害5 258次，平均约6个月一次。灾害带来的风险损失通常表现为人口的迁移或死亡、贫困程度的加剧、社会的动荡直至危及统治秩序。稍加留意就不难发现，历次农民起义的发生无一不是以灾荒为背景的。灾害的影响和后果也是很严重的：灾害给人们造成了巨大的生命财产损失，也给人们造成了巨大的精神伤害。有鉴于此，历代政府均采取一系列措施对灾民实施救助。在政府救助力不从心时，民间力量也加入到灾荒救济的队伍中来。

民间救灾的源头可以追溯到春秋时期。鲁僖公二十一年（前639年）夏，大旱。"公欲焚巫。臧文仲曰：'非旱备也！修城，贬食省用，务穑劝分，此其务也'。"①所谓"劝分"，就是在灾荒来临之际劝说有余粮的百姓献出粮食来接济其他灾民，协助政府救济灾民。可见，早在春秋时期，统治者已经意识到民众在救灾中的作用了。两汉时期，民间社会参与灾荒救济的实例更多，只是这种救济是以乡邻或者血缘关系为基础的。隋唐时期，随着慈善事业的发展，民间救济灾荒的事例进一步涌现。到了宋代，民间参与慈善救灾的活动真正兴起，甚至有的救灾活动完全由民间个人兴办。但是这种救灾大部分也是为宗族或者乡邻服务的。直至明代，中国才出现了以民间互助为宗旨的慈善救助组织——同善会。

---

① 《春秋左传正义》，卷14，398～399页，北京，北京大学出版社，1990。

近代以来，灾荒频繁，社会救济事业因此得到了很快的发展，灾荒救助也随之引起了人们的关注，而民间对灾荒的救助在民国以后人们才予以提及。研究成果屈指可数。1937 年上海商务印书馆出版的邓云特编纂的《中国救荒史》运用马克思主义唯物史观，系统总结和论述了我国历史上救荒经验和措施，并介绍了民间慈善团体如华洋义赈会对皖、赣、湘、鄂四省灾区的救助。

中华人民共和国成立后，由于长期受"左"倾思潮影响，慈善举措被视为伪善行为，而民间对灾荒的救济又属于慈善举措的范畴，所以在 20 世纪 50 年代到 80 年代期间，这方面的研究一度被视为禁区。直到 90 年代，学者对民间救荒的研究才彰显活力。顾长声《传教士与近代中国》（上海人民出版社，1991 年）对传教士的救荒活动曾有论及，李文海发表的《晚清义赈的兴起与发展》（《清史研究》，1993 年第 3 期）考察了晚清由民间筹集资金并组织散放的"义赈"的兴起和发展状况，夏明方的论文《论 1876 年至 1879 年西方新传教士的对华赈济事业》（《清史研究》，1997 年第 2 期）认为西方新传教士 1876 年至 1879 年间对华的赈济事业，第一次将西方国家的救济事业引入中国，推动了中国独立自主的新型赈灾机制的诞生。

进入新世纪，国内学者相继发表了关于民间慈善团体或个人对灾荒救济的相关文章和专著。文章如：周秋光于 2000 年发表的《民国北京政府时期中国红十字会的慈善救护和赈济活动》（《近代史研究》2000 年第 6 期）、孙玉敏的《简论经元善的赈灾思想》（《黑龙江农垦师专学报》，2000 年第 2 期），郑自军的《湖南辛酉大旱及赈务研究》（《史学研究》，2002 年第 5 期），刘招成的《中国华洋义赈救灾总会述论》（《社会科学》，2003 年第 5 期），苏心留的《旅平河南赈灾会活动始末》（《人文社会科学学报》，2004 年第 2 期），魏文亨发表的《近代工商同业公会的慈善救济活动》（《江苏社会科学》，2004 年第 4 期），任云兰的《论华北灾荒期间天津商会的赈济活动——兼论近代慈善救济事业中国家与社会的关系》（《史学月刊》，2006 年第 4 期）等；专著如蔡勤禹的《民间组织与灾荒救治—— 民国华洋义赈会研究》（商务印书馆，2005 年），周秋光的《中国慈善简史》（人民出版社，2006 年）等。

统而言之，至今发表的有关民间组织和个人对灾荒救助方面的论著主要集中于江南和华北地区以及全国性的概括性研究，而涉足近代东北灾荒的民间灾荒救助这个研究领域的仍然很少。本章则是对近代东北灾荒的民间救助的初步探讨。

第一节　近代东北灾荒救助的发展历程

一、近代东北频繁发生的灾荒

灾，即为灾害。荒，是灾的延续，是灾产生的后果。"有灾必有荒"，灾与荒紧密相连。灾荒包括自然和人为两种。自然灾害是"一种或数种具有破坏性的自然力，通过非正常的、非一般的方式释放出来，在一定范围内，危害和破坏了人类正常经济活动和社会生活的自然现象"①。从自然灾害的种类来看，主要包括水、旱、风、虫、雹、霜冻、鼠疫、蝗患等。人为灾害主要是指大自然之外的破坏力对人类社会的危害。人为的灾害主要是由战争所导致。我国灾荒之多，世罕甚匹。仅从1861年到1895年短短的三十几年中，全国就发生各种自然灾害17 278次②。西欧学者甚至称我国为"饥荒之国度"，实不为过。

近代东北的灾荒更是频仍不绝。从自然灾害的种类来看，以水、旱、风灾为甚。据统计，仅从1861年到1948年间，东北地区就发生各种自然灾害594次③。且具有受灾面积大，发生时间长等特征，受灾害程度相当严重。从人为方面来说，主要是战争导致的灾荒。兵灾与自然灾害一样，给东北人民带来了深重的灾难。为了说明近代东北灾情既频又重，笔者仅以1904年至1905年日俄战争，1930年辽西水灾，1932年黑龙江水灾为例，窥一斑而见全豹，简要论析连绵不断的自然与人为灾害对东北地区社会经济造成的严重影响，给人民生活带来的巨大困难。

1904年至1905年的日俄战争是爆发在中国东北领土上的帝国主义之间的战争。这场战争使东北三省兵戈遍地，烽火弥天。1904年8月下旬，日军包围了俄军一线的辽阳阵地，双方展开激战，难民瞬间激增，遍地都是。随着日俄战争战线延长，兵灾范围也渐广，破坏程度也日益加大。据光绪三十年(1904年)九月初五第二版的《申报》发表的《劝募东三省战地冬振款项并棉衣启》中称："营口北至沈阳间，纵约一千余里，横约六百余里，此年未下籽种，秋成颗粒无收。"这场兵灾使无辜的东北人民在战火纷飞、枪林弹雨中流离失所，苦苦挣扎，他们无可奈何

---

① 袁林：《西北灾荒史》，3页，兰州，甘肃人民出版社，1994。
② 夏明方：《民国时期自然灾害与乡村社会》，北京，中华书局，2000。
③ 同上。

地承受着战争带来的灾难与痛苦。

如果说人为的战争之灾我们可以设法避免，但是天灾则让我们防不胜防，束手无策。1930年，辽宁西部各县遭受严重水灾。"西起绥中、锦县、盘山，东迄新民、辽中、台安，长六七百里，宽二三百里，一片汪洋，淹死万余人，被水围困无食无衣的难民不下四五十万人"。① 灾后，国民政府虽然进行了赈济，但是由于层层盘剥，发到灾民手中的赈款无几，灾民乞讨求食，卖妻弃子，流离载道。与此同时，劳动力迅速减少，造成大片土地荒芜。据同年辽宁省政府向国民政府上报：6个灾县荒芜土地占平地面积的39.53%。② 1932年7月27日至8月23日，黑龙江地区连降大雨，江河诸水同时暴涨，致成水患。呼兰县被水灾地达29.1万余公顷，平均收成仅一分年景，遭灾村屯490余处，灾民约7万余人，无家可归者2万余人；海伦县遭灾村屯330余处，灾民约9万余人，遭灾地亩23.5万余公顷；绥化县淹没村落105个，无粮灾民2.8万余人。此次洪水，依兰县城也未能幸免，灾后疫病流行，县城共死亡500多人③，而且洪水造成了经济的极度不稳定，物价飞涨，米贵如珠。人民生活雪上加霜，他们只能离乡背井，以求灾后余生。由以上我们可以得知，近代东北的灾荒程度之深，灾荒过后，数以万计的灾民颠沛流离。因此，灾荒救济便成了亟待解决的问题。

政府是灾荒救济的主体，但是倘若仅仅依靠政府本身的力量，赈灾就会显得力不从心。当时国库日益亏空，官员日益腐败，使灾荒救济陷入了尴尬无奈的境地。例如，1920年，长岭、吉林、辉南、延吉、蒙江等十余县遭受严重水灾后，全省灾民达300万人，国民政府颁赈4次仅15 000元④。又如1910年，黑龙江地区淫雨不断，经旬累月，久不放晴。嫩江水势暴涨，"嫩江府、西布特哈、龙江府、大赉厅、肇州厅、甘井子、杜尔伯特旗等处沿江民房、田禾均被淹没，且洪水殃及松花江中下游的呼兰、余庆、汤原等府、县，全省淹地30万公顷，淹死200多人，灾民15万余人"⑤。清政府度支部（财政部）"电汇江省水灾赈银

① 辽宁省民政志编纂委员会：《辽宁省民政志1840—1990》，287页，沈阳，辽宁人民出版社，1996。
② 同上。
③ 黑龙江省民政志编纂委员会编：《黑龙江省民政志》，256页，哈尔滨，黑龙江省人民出版社，1992。
④ 吉林省民政志编纂委员会编：《吉林省民政志》，175页，长春，吉林人民出版社，1999。
⑤ 黑龙江省民政志编纂委员会编：《黑龙江省民政志》，254页，哈尔滨，黑龙江省人民出版社，1992。

二万两"①，这些赈款仅相当行省公署民政司"养廉银"（每年 8 000 两）的2.5 倍。这些救助只是杯水车薪，无济于事。而此时根植于中华大地的慈善组织和具有爱国忧民意识的民间乡绅便义不容辞地挑起了灾荒救助的重担，为灾荒救济注入了新鲜的血液。

民间慈善组织和个人对东北灾荒的救助历程并不是一蹴而就的，也经历了漫长曲折的发展过程。

二、晚清东北灾荒的民间救助

东北三省的慈善事业②开始于光绪七年（1881 年），奉天知府徐本衡和总兵左宝贵创设牛痘、惜字等局。到光绪十五年（1889 年），左宝贵又禀请设立栖流所。光绪二十二年（1896 年）年，将军依克唐阿认为省城设各种慈善事业漫无收束，应酌量变通，把从前所设惜字局、牛痘局、栖流所等各类慈善机构统归一处，并启用关防，于是，奉天最大的慈善救助机构——同善堂，便应运而生了。③ 同善堂在频仍不绝的灾荒中担当了重要的救助角色。伴随着同善堂的成立，东北三省的慈善救济事业逐步发展起来。

据不完全统计，至民国成立前夕，东北三省的慈善机构发展到 32个④（见表 5-1）。从表中我们可以看出，这些机构多为施医院和公共墓地等。这些机构在天灾人祸到来之际，能够给难民以一臂之力的还是凤毛麟角。这些组织机构多是"得人则兴，失人则废"。因此，东北的社会救济就落到了士绅个人身上。

但在清末，民间善士的救助能力还是十分有限，仅仅局限于赈粮、施药等传统的救济行为。如光绪二十年（1894 年），辽中岁大饥，"曹家村中有缺乏食粮有地而不能耕种者，张万金目睹村民艰难，典鬻衣物得资乃尽，以之收买小米及大豆共五六石借给邻里，秋成时不还利息"⑤。以上救济举措有个明显的特点，那就是以本地本籍救助为中心，救助有着明显的地域局限性、零散性，这也是中国传统救助活动的真实写照。

① 黑龙江省民政志编纂委员会编：《黑龙江省民政志》，254 页，哈尔滨，黑龙江省人民出版社，1992。
② 民间个人或团体对灾荒的救助，即为慈善行为。在近代，创办慈善事业大都是为了救荒赈灾。从某种程度上说，慈善事业的发展历程就是民间对灾荒救助的发展历程。
③ 徐世昌编纂：《东三省政略》，卷六，3 727 页，台湾，文海出版社，1988。
④ 数据来源：《东北年鉴》，1417～1439 页，东北文化社年鉴编印处编发，1931。
⑤ 徐维修纂，李植嘉纂：《辽中县志》，卷 11，53 页，沈阳东北交通制造厂印，1930 年铅印本。

面对东北如此凶猛异常的灾荒，身在异域的心怀怜悯的慈善人士没有袖手旁观，他们也伸出了援助之手，与东北各界人士一道铸成抗灾救灾的坚固长城。这种救济活动突破了地域的局限，由民间自行组织劝赈、自行募集经费并自行向灾民直接散发救灾物资，我们把这种"民捐民办"的救助行为称为"义赈"。

表 5-1　清末东北三省慈善机构一览表

地区	名　称	成立时间	经费来源	救济人数
辽宁省城	辽宁省贫民工厂	1908	救济院拨给	64
	辽宁省施医所	1901	救济院拨给	1 962
	牛痘局	1881	救济院拨给	1 163
	盛京施医院	1889	英国老教会劝募	每日 250
	重明女学校	1908	捐款及手工费	58
吉林省城	基督教男施医院	1902	英国爱尔兰教会	9 820
	基督教女施医院	1902	同上	7 510
	五省会馆	1906	同乡劝募	不详
	省会官医院	1902	省政府拨款	每月平均约 3 000余人
	五省义园	1906	同乡捐助	不详
长春	女施医院	1898	由基督教会支取	2 320
	公益医院	1891	英国教会	150
五常	五常养济所	1900	五常县拨给	每年 15 人
辽阳	施医院	1906	马车捐及斗捐	不详
	残废院	1894	会员劝募	不详
	孤儿院	1894	马车捐及斗捐	不详
安东商埠	平民工艺厂	1910	商民捐助	520
	安东施医院	1906	安东总商会拨款	18 000
	丹国医院	1902	丹国捐款及诊治费	15 000
法库	卫生医院	1907	地方粮样捐	20 000.
	基督教女施医院	1908	自为筹划	5 000

续　表

地区	名　称	成立时间	经费来源	救济人数
新民	卫生医院	1910	地方公款开支	8 400
	普爱医院	1909	基督教会	100 500
莊河	力行善会	1908	大孤山商会供给	2 000
岫岩	义冢	1874	劝募捐助	250
洮安	官义地	1904	不详	500
依阑	残废院	1911	商会供给	每年约 100 余人
	直东义地	光绪年间	公共施舍	不详
农安	农安县养济院	1896	公田及基本金	每月 20 人
长岭	长岭县公共墓地	1904	自筹	不详
阿城	慈善义地	1908	公众施舍	不详
龙江	黑龙江省立官医院	1911	省政府拨	1 500

注：笔者根据《东三省年鉴》统计制作。

义赈是"开千古未有之风气"，具有近代气息的慈善救济形式，它也是中国近代民间慈善救助的主流。义赈兴起的直接背景是 1876 年，山东、山西、陕西、河南、河北等省及江苏、安徽、四川等部分地区发生了罕见的，持续时间长达四年之久的自然灾害。青州、德州、泰安等府县数月无雨，出现了"赤地千里人相食"的惨相，这就是历史上骇人听闻的"丁戊奇荒"。在这种情况下，"无锡富商李金镛与浙江巨富胡光墉（胡雪岩）等，集十万金往赈，为义赈之始"。义赈初始进展得十分顺利，救济了大量难民。而将之发扬光大，使之成为有组织、有计划的大规模"义赈"活动的是上海名士经元善。在他的宣传号召下，成立了上海"协赈公所"。自此，各地绅商善士闻风而动，纷纷成立了协赈公所，这些协赈公所遍及大半个中国甚至延伸到海外。各地的义赈组织均与上海义赈组织保持密切联系，上海就成为整个清末"义赈"的中心。他们通力合作救灾，成绩斐然。这使得义赈成为一项真正的民间性的慈善事业。上海协赈公所等义赈组织有别于传统的慈善救济组织，具体表现为义赈组织的救助打破了传统的狭隘的血缘、地域界限，其救助对象延伸至全国乃至世界其他地方。因而，近代义赈组织救助具有广泛的地域性。

在 19 世纪 80 年代之后，这种救助地域的广泛性更多地被显现出来。以上海为中心，以江、浙为基础的，参加者涉及社会各个阶层的大型民间义赈活动辐射到了全国各地包括东北地区。光绪二十年（1894年），新民水灾甚重。江苏义赈局阎作霖携巨款来新民赈济灾黎，并查明水灾发生的原因是辽、柳两河没有任何抵御能力，他认为这必将永久为害。于是他提出修筑长堤，为将来作打算，又"由本省总督出奏饬属立案，一面邀集士绅刘孝廉春祁、监生成传、贡生堂李、贡生绍祖和附生荣等，纠工分段监修以县治鲫鱼泡村，东起逾过今辽中县境，直达今台安县之十四家子冷家口，堤长二百一十里，宽五尺至七尺，高八尺至一丈不等。阎绅舍款合清钱二十一万吊不足，又由老达房以南之商镇募款六万吊大工告竣。"①又如光绪二十一年（1895年），辽中兵灾之后，遍地哀鸿。"江南义赈局严绅佑之入境放赈。后严又汇解两万金建修辽河两岸堤坝……上下游百余里一律巩固，水患渐少。"②此类义赈活动还有很多。这种突破地域界限，对远隔千山万水的东北灾区的救灾济贫活动，博得了上至清政府，下至平民百姓及社会舆论界的普遍赞誉。义赈成为中国近代史上独特的亮点。

义赈使中国的慈善救济事业具有近代气息。伴随着义赈的兴起，清末东北的灾荒救济也开始向近代化迈进。总体而言，灾荒救济的主体还只是局限于政府官员和小部分富商大贾，他们的力量十分有限。另外，这一时期他们的救灾活动还只是局限于传统的施物救济，这种救济只是让灾民受益一时而不是一世。总之，晚清时期东北民间的灾荒救济还未真正发展起来。笔者认为这种状况的形成与如下因素有关：东北自古被称为"龙兴之地"，自康熙七年（1668年）清政府开始对东北地区实行封禁，长期封禁的结果使这里地广人稀。直至鸦片战争后鉴于东北边疆危机日益严重，咸丰同治年间清政府不得不逐渐解除对东北的封禁，实行移民的政策。至光绪三十年（1904年）东北才开始全面开放，放荒招垦。此时移民涌入才使东北人口数目增加，但人口密度还是很小。据统计，1912年吉林每平方公里人口密度为33.87人，黑龙江每平方公里人口密度仅为7.61人。③ 况且东北土质肥沃，物产丰饶。早年在关内就曾流传"要想富，到关东"的说法，由此可见，东北物产的富饶程度。这些得天独厚的自然条件，使得东北人民即使在灾年也较易谋生，得以糊口。所以，社会救济就显得无关紧要，慈善救济事业也相对没有发展起来。

---

① 王宝善修，张博惠辑：《新民县志》（一），89 页，1926 年石印本。
② 徐维维修，李植嘉纂：《辽中县志》，卷 11，沈阳东北交通制造厂印，52 页，1930 年铅印本。
③ 胡焕庸：《中国人口史》，512 页，北京，中国财政经济出版社，1991。

三、"九·一八"事变前东北灾荒的民间救助

1. 民国初年民间慈善机构迅速发展

民国时期的中国可谓多灾多难，天灾人祸连绵不断，杂然纷呈，难民、流民与日俱增，百姓罹难更重，人民生活每况愈下。社会救济被提上日程。全国的民间慈善事业因此获得了蓬勃发展，慈善机构如雨后春笋般涌现。据邓云特在 1930 年对全国 16 个省，506 个县统计结果显示（见表 5-2），全国共有各类慈善团体 1 991 个，江苏省的慈善机构数目最多，43 个县数目为 373 个，东北三省 48 个县的慈善团体数目是106 个。

表 5-2　全国 18 省慈善机构统计表

省别	江苏	浙江	湖北	湖南	云南	福建	广东	河南	河北	江西	山西	辽吉黑	热河	察哈尔
调查县数	43	77	26	44	27	18	44	21	50	51	37	48	10	10
机构数目	373	347	132	249	80	46	248	53	132	142	67	106	16	20

资料来源：邓云特：《中国救荒史》，336~337 页，上海，上海书店，1984。

到 1931 年，东北民间的慈善救济事业进一步发展。同年，据《东北年鉴》统计，东北三省境内各类慈善机构数目达 311 个（就各县公安局表覆合计）（见表 5-3）。

表 5-3　东北三省慈善机关统计表

类　别	数　目	民间创办或资本由民间担负的数目	民间慈善机关所占比重（％）
贫民生计辅助	26	10	38
妇女儿童救济	20	4	20
贫民疾病之救济	85	33	39
知识及身体之救济	27	12	44
死亡者之安置	78	27	35
总计	311	140	45

对于专门为救治灾荒、救济难民而成立的慈善机关，笔者也进行了初步的统计。截至1931年，这类慈善机关数目达到26个（见表5-4），而且这些机关救助难民的所有经费几乎都来源于民间的捐助。到同年，26个救助机构共救助难民高达5 637 309人（仅包含统计出的数据）。由于笔者掌握的资料有限，统计的结果可能有一定的误差。但是根据现有掌握的数据来看，我们不难看出，民国时期东北慈善救济事业蒸蒸日上的走势。

表5-4 东北三省为救济灾民成立的慈善机关统计表

地 区	名 称	成立时间（年）	经费来源	救济人数
吉林	世界红十字吉林粥厂	1928	劝募	1 000
黑龙江	东北筹赈黑龙江分会	1928	由主办人提倡劝募	100 000
	中心慈善会	1920	由会员捐资并募化	不详
	五教道德院	1922	由会员自行捐助	不详
	红十字会	1928	由各职员捐资办理	2 800
	陕炎赈济会	1930	由职员劝募	不详
辽宁省城	红十字会沈阳分会	1926	会员及慈善家捐助	268 792
	红十字分会	1929	募集捐款	25
铁岭县	红十字会	1927	会员募款	不详
庄河县	救济院	1927	不详	25 000
双山县	水灾急赈会	1930	临时募集	100
吉林省会	广济慈善会	1927	随时捐募	20 000
	世界红十字吉林分会	1929	临时劝募	3 000
	难民临时收容所	1927	半官府半劝募	3 000
长春	吉黑慈善联合会	1922	随时劝募	不详
滨江	慈善公会	1929	劝募	不详
	滨江红十字分会	1928	募捐	139 098
榆树	慈善会	1921	劝募	不详
宁安	施粥厂	1930	由积谷项下拨支	300 余人
肇州	万国道德会	1928	劝募	不详
	慈善会	1928	劝募	550

续 表

地 区	名 称	成立时间(年)	经费来源	救济人数
安达	栖留所	1916	秋季下乡募粮	30
泰来	道德慈善会	1926	临时劝募	35
景星	赈济会	1929	人民自动捐助	不详
克山	栖留所	1917	求成按井乞粮	不详
肇东	四省慈善会肇东分会	1921	劝募	不详

注：笔者根据《东三省年鉴》统计制作。

这些由民间创办支持的慈善机关，无论是哪种性质，在东北灾荒纷至沓来之际，都成了灾民的保护神。与晚清时期的民间救助略有不同的是，民国前期慈善团体和个人对灾荒的救助更注重救人救彻，教养并重。对于灾荒的救济，不但要直接给予物质的支持，如赈粮开设粥厂、赈款赈衣、施医施药，还要推行劳工福利与职业介绍，使受助者付出劳动，获得一技之长，进而获得生存的本领。"感化救济""技能教育""以工代赈"等积极的救济方式应运而生。其中以工代赈成为一种普遍的救济方式。所谓以工代赈指的是移民垦荒、开矿铺路、修渠筑坝、植树造林或设立民生工厂、习艺工厂以兴实业等。从表 1-3 中的统计结果中，我们可以看到东北慈善组织中，贫民生计辅助事业还不是很发达。但是工赈这种救济方式开始得到了施助者的积极支持。

2. 以工代赈和其他救助方式的施行

1920 年成立的中国华洋义赈会是工赈这种救济方式的首推者。他们认为工赈比单纯的施粥、施银更有意义，并身体力行地不断传播且实践着这种观念。1926 年，东北地区热河省的朝阳、凌源、赤峰、丰宁等地区三月无雨，出现严重旱情。华洋义赈会救灾总会遂招募灾民前往绥远挖河，以工代赈。义赈会发往丰宁的英文公函内称"兹因丰宁荒歉，拟招募灾民前往绥远挖河工作，可用一二千人，请速宣告，代为招募"。[1] 函内还拟出了招募办法。以工代赈中，能者多劳，按劳分资，多劳多得，这就会提高应募者的劳动积极性。他们以自己的付出去弥补收成的荒歉，这就减少了举家食粥的艰辛。

民间提倡以工代赈，振兴实业者，不乏其人。1925 年，建平县绅

---

① 《丰宁县呈报华洋义赈会拟招募灾民前往绥远挖河以工代赈》，《热河省长公署档·JC23》，第 2123 号，辽宁省档案馆馆藏档案。

士白庭兰联署张覆恒、金生彩、张在田三人鉴于"安插贫民富国之道，莫要振兴实业。热河不但无一工厂，而且贱视工业，演成积习。凡所产之贵重原料，统被人吸收日用之品，又输自外省往返之间，损失颇巨"①，建议热河省筹设贫民工厂制皮草厂，招募无业贫民为工徒。笔者认为，他们的建议实属明智。皮草厂的创建，既解决了无业灾民的生活问题，又振兴了热河的工业，促进了热河的经济发展。这样官民双得，公利两便。

以工代赈和其他救助方式的成功施行与民国前期东北民间慈善事业蓬勃兴起是密不可分的。此段时期，众多的慈善团体纷纷举办，慈善事业日渐发达，是由如下几个因素促成的。

第一，东北民族经济的发展。雄厚的经济基础是创办慈善救济事业的先决条件。中国红十字会最早在上海创办成立就是对这种相关性的最好诠释。民国初年，东北民间慈善事业的相对繁荣是与东北此时期经济的发展分不开的。1912 年至 1931 年"九·一八"事变前，是东北经济快速发展的一个时期，农业、工业以及对外贸易等方面都呈现出繁荣发展的态势。

农业方面。由于广大移民对东北地区土地的辛勤开发和近代农业生产工具和生产技术的引进，东北农业生产如日方升，完善的市场机制逐步形成，农业商品经济出现了空前繁荣的景象。20 年代东北规模空前的粮食商品生产，发达的粮食加工业，畅旺的粮食运销业，繁盛的粮食出口贸易，都改写了旧中国的历史。以东北大豆及其制品为例：1921 年为 350 万吨②，遇丰年东北大豆年产量可高达 1 200 万吨。其中 1/10 供当地消费，其余 90% 以原豆或制成品输往国外市场③，大豆及其制品的输出额占全国的 90% 以上。由此可见东北农业商品经济举足轻重的地位。

工业方面。甲午中日战争以后，以日本为首的各帝国主义国家竞相在东北投资设厂，企业家引进先进的科学技术和机器设备，实现了东北传统的工业向近代的转型，促进了工业的日益繁荣。另一方面，民初全国提倡兴办实业，受这种热潮的感染，东北政府也提倡发展实业，奖励工商。这种政策激发了东北实业家投资近代工业的热情。总而言之，在

---

① 《为经本会会员建平县代表白庭兰建议筹设贫民工厂》，《热河省长公署档·JC23》，第 9542 号，辽宁省档案馆馆藏档案。

② 章有义编：《中国近代农业史资料》，204 页，上海，三联书店，1957。

③ 同上，189 页。

诸多因素的作用下，东北工业在第一次世界大战后直至 20 年代，都保持着持续稳定的增长势头，出现了发展中并不短暂的春天。

此外，对外贸易的发展"进步为最速"，据海关册报，"东北四省区（含热河）贸易总额，民国十二年（1923 年）达 438 732 100 余海关银两，此后逐年增加，至十八年达 745 467 700 余两，与光绪三十三年贸易总额142 022 452两相比较，已超过 4 倍半以上。"①

东北三省经济的发展，使城市中以士绅为主体的新兴力量积累了一定的财富。正如"国际红十字运动之父"亨利·杜南之父雅克·杜南所言，"财富可以转化为仁慈的德行"。这些缙绅名流、富商巨贾随着他们经济实力的进一步增长，热心地把财富转化为"仁慈的德行"，他们开始插手地方事务，主持民间慈善活动。每当有天灾人祸降临，他们总是慷慨解囊。乐善好施的传统美德被他们淋漓尽致地发挥了出来，民间慈善救济事业便蔚然成风了。

第二，难民数量的激增。民国时期愈演愈烈的灾荒吞没了广大劳苦大众的大片土地，使他们失去了仅有的生活来源。这些人无以为生，沦为难民。为了解决起码的生存需要，他们只好背井离乡，出外谋生。这方面的史实俯仰即是。以山东为例：1921 年，山东南部费县、曹县等离村率达到 60% 左右。② 离开生活无以为继的家乡，他们会选择一个适合避难谋生的地方。

在这种情况下，关外的东北地区成了他们的首选之地。原因有二：首先，如前文所述，东北地区由于统治者的封禁政策，一直人烟稀少。直至 1904 年，统治者才调整了政策，向外来流民敞开了封闭百年之久的大门。到民国初年，尽管已经有大批流民涌入，但是东北地区依然保持着地广人稀的状态。到 1927 年，调查抽取的东北三省 87 个县，仍有荒地 11 709 万亩③，这无疑让失去土地的农民眼前为之一亮。而且这一时期东北经济迅猛发展，工厂林立，需要大批的劳动力。这为吸收和容纳难民创造了良好的客观条件。其次，东北地方优良的政策也是吸引大批难民把关东作为落脚之地的重要因素。为了开发建设东北，广纳垦民，东北地方当局投入了大量的精力与财力。如 1921 年，奉天、吉林、黑龙江三省分别拨款 30 万、20 万和 17 万元，总计 67 万元来筹办移民事宜。随着关内农民的陆续前来，东三省又把移民工作重点转移到安插

---

① 白永贞编纂：《奉天通志·实业》，2584 页，1934 年铅印版。
② 许涤新：《农村破产中底农民生计问题》，载《东方杂志》(32)，52 页，1935。
③ 路遇：《清代和民国山东移民史略》，58 页，上海，上海社会科学出版社，1987。

方面。1930 年，黑龙江政府拨款 50 万元用作移民经费，并详细制定了安插难民办法 11 条①，对前来垦荒的难民予以照顾。这些优惠政策的实施，更让居无定所，漂泊不定的难民萌生了移居东北的想法。因此民国时期又一次掀起了关外难民"闯关东"的浪潮。据满铁太平洋问题调查准备委员会统计，1923 年到 1930 年，仅华北移赴东北移民总数为 400 余万人，平均每年为 85 万人。

迁移到东北的一部分难民用辛勤的劳动促进了东北的开发，为东北经济的发展注入了新的活力。但是，他们的到来也给东北社会带来了一系列无法回避的问题。一部分没有劳动能力，无法获得正当职业的难民成为不安分的群体。当这些饥饿的人生活没有着落，不能继续谋生时，他们就会游离在城市的街头，以乞讨为生，甚至作奸犯科，扰乱社会秩序。这时只有社会救济才能保障他们的生存。

除了关外大量的难民在东北聚集外，民国时期东北本地的难民也较清末明显增加。这种现象的出现，一方面是由于民国时期东北严重的灾荒；另一方面，外来的移民涌入也给东北当地人民的就业施加了压力，需要糊口的人数增加，就业机会自然减少。因而这些人也需要社会救济来使他们摆脱濒临绝境的痛苦。

解决难民的衣食，安置难民的生活，就成了政府和民间各界不容推卸的责任。而政府又难以单独为难民撑起一方晴天，由此，救济难民的任务就落到了民间慈善组织和善士个人的身上。

第三，政府的立法鼓励。在风云激荡的岁月里，政府没有能力来承担一切灾荒救济活动，但是为了维护自身的统治，摆脱尴尬不堪的角色，政府颁布一系列政令来鼓励民间救济事业的发展。民国北京政府在 1914 年 8 月颁行《义赈奖劝章程》，鼓励社会各界捐款赈灾，规定凡捐助义赈款银 1 000 元以上者由大总统依据《褒扬条例》褒扬之；不满 1 000 元者由地方行政长官依据款银数额分别给予奖励。同年九月，《东三省公报》刊发了这一章程。南京国民政府成立后，相继发布了《赈款给奖章程》《赈灾委员会捐助赈款给奖章程》，规定依据捐款数额，由政府或赈务会分别给予匾额、褒状、褒章等奖励。此外，1930 年还颁行了《办理赈务人员奖恤章程》，1931 年颁行了《办赈人员惩罚条例》与《办赈公务员奖励条例》。通过这些章程，政府建立了一套包括奖励、惩罚和抚恤救灾团体及人员的奖惩制度。"有法"胜于"无法"，在灾荒救济这个特殊

---

① 王印焕：《1911—1937 年冀鲁豫农民离村问题研究》，256 页，北京，中国社会出版社，2004。

的领域，从"无法可依"到"有法可依"体现了一种社会的进步。

在国民政府实行多种政策的同时，东北地方也采纳和实行了一些政策。民国十八年(1929年)五月，奉天颁发了《捐资举办救济事业褒奖条例》①。其具体内容如下。

第一条　凡以私有财产创办或捐助救济事业之褒奖另有法定规定。

第二条　凡捐资者无论以个人名义或私人团体名义，一律按照其捐资多寡依下列之规定分别题给奖匾。

一、捐资一百元以上者，其奖匾由普通市政府或县政府题给。

二、捐资五百元以上者，其奖匾由各省民政厅题给。

三、捐资千元以上者，其奖匾由省政府或特别市政府题给。

四、捐资五千元以上者，其奖匾由国民政府题给。

政府先后颁行的法律政策，尽管还存在着这样或那样的不足，但是它们的实施，使慈善家投入慈善事业的热情进一步高涨，客观上促进了东北三省民间慈善事业的稳定快速发展。

四、伪满时期东北灾荒的民间救助

"九·一八"事变后，日本的铁蹄践踏了广袤富饶的东北大地。伪满政权建立后，日伪统治者实行了经济统制的政策。在经济统制的外衣下，日本疯狂地掠夺觊觎已久的各种资源。堪称"工业食粮"的煤，首先被贪婪的日本人纳入掠夺计划当中。东北蕴藏煤量最大、煤质最优的抚顺、本溪湖煤矿，全被日本占有。据统计，从1933年至1936年，仅抚顺地区每年被掠往日本的煤就达200万吨以上②。除此之外，铁矿、电力、机械、木材等矿产和能源也成为日本抢夺的重点。

在豪夺各种资源的同时，日本一方面设法收买中国人办的各种工厂企业；另一方面限制中国人创设新事业。这样，重要的产业全部被日本国家资本及财阀资本所操纵。截至1937年，日本在东北的投资额已达二十五亿元以上③。东北的民族工商业，由于日本企业资本雄厚、技术先进的优势而在竞争中面临着重重困难，这些企业日益衰落甚至以破产而告终。例如，哈尔滨的油坊在1922年到1927年兴盛时期有39家，

---

① 《捐资举办救济事业褒奖条例》，《奉天省长公署档·JC10》，第12364卷，辽宁省档案馆馆藏档案。

② 姜念东、伊成、解学诗、吕明元、张辅麟合编：《伪满洲国史》，302页，长春，吉林人民出版社，1980。

③ 宋斐如：《日本铁蹄下的东北》，13页，战时读物编译出版社，1938。

到 1935 年减少到 17 家。① 民族工商业在殖民统治下已奄奄一息。

在殖民统治之下，东北的金融业也遭受了严重的摧残。"九·一八"事变后，日本为了操纵东北的经济命脉，夺取了素有"东北金融界决定力量"之称的四行号：东北三省官银号、吉林永衡官银号、黑龙江省官银号和边业银行。后来虽然允许开业，但是也受到了种种限制。据伪满中央银行编制的合并四行的总借贷对照表，其中被日本抢劫去的金银财产约 7 000 余万元现金②。

日本侵占东北后，农业也开始走下坡路。日本为了从东北取得工业的原料，命令农民种植其指定的作物，这使东北农业迅速衰落。以大豆为例：民国二十一年（1932 年），东北产豆为五百三十万吨，民国二十五年（1936 年），则减为三百八十万吨③。1941 年，日本侵略者为搜刮战略物资，进行侵略战争，实行全面经济封锁，对粮、棉、油、盐、烟酒等主副食及生活必需品，取消自由交易。农村实行粮谷出荷。出荷制规定，不论上年度收成好坏，均按耕种面积分担。如疏蓝县，1943 年粮产量为 157 090 吨，出荷量达 78 166 吨，占产量的 50%。④农民如按规定比例出荷粮食，全家的基本口粮就难以保障，农民只能以野菜、草根充饥。可以说，出荷粮就等于"出命"。每当出荷季节，村公所、警察署派出"催粮队"，横行四乡，收缴粮食，给东北农民带来了深重的灾难。

日本对东北的自然资源大肆掠夺，同时严重破坏生态环境，东北人民的生活更加动荡不安、饥寒交迫。变乱之余，灾害频频相继，人民生活的苦况更是不堪言状。大同元年（1932 年）八月，哈尔滨市江堤决口，水势汹汹，人民在惊慌之中逃难。那些贫苦且没有亲戚投奔的人，只能露天而宿，几乎很少有人能够搭盖起席棚或者棚布。据督察员八月廿三日赴难民麇集之处调查：露宿难民的总数，共计 50 300 余人⑤，这个数字让人悚目痛心。胡佛著的《哈尔滨水劫纪》中描绘了灾民的悲惨情形："难民面部多现饥馑之色，啼饥号寒之声，阵阵刺人耳鼓，令人惨不忍闻。"面对如此浩劫，伪满当局不但没有设法加固堤防抵制水患，甚至还领着一群和尚、道士，抬着蛇、猪、羊等祭品，求天免灾。此后，伪满洲国即使对转徙流离的灾民给予救济，也是为了彰显"皇恩"，换取民众

① 邢安臣：《东北近现代经济开发史》，195 页，香港，同泽出版社，1996。
② 王方中：《中国经济通史》，第 9 卷，904 页，长沙，湖南人民出版社，2002。
③ 宋斐如：《日本铁蹄下的东北》，15 页，战时读物编译出版社，1938。
④ 孙健：《中国经济通史》（中），1184 页，北京，中国人民大学出版社，1993。
⑤ 《南岗露宿难民增加》，载《盛京时报》，第 5 版，1932-08-23。

的爱戴。这些形式上的赈济根本无法解决灾民苦不堪言的生活。因此，民间的慈善力量的强弱就几乎决定了灾异过后灾民的生活状况。

伪满洲国成立后，统治者认为东北各地红十字会、义赈会、白十字会等慈善团体，多为旧政权时代的遗物，宗旨与日伪政权大相径庭。为了麻痹东北群众，日伪政权让慈善机构为其支撑门面，使其成为宣传其"皇道乐土"的工具，于大同二年(1933年)对民间的慈善团体进行了全面的改组。改组后的慈善团体在中央由最高机关即满洲国中央社会事业联合会统一监督指导，在东北各地方分别设有各地方社会事业联合会，依据国家大政方针对地方事业进行具体指导。据统计，1933年，东北三省共有政府督办、民间组织及外国人兼办的各类慈善团体174个，其中由民间倡导成立或者经费由民间承担的慈善团体有130个，占慈善团体总数的74.7%。在伪满洲国成立后的两年中，创办的民间灾荒救济的慈善团体共有42个[①](见表5-5)。

表 5-5　伪满前期成立的救济东北灾荒的慈善团体一览表

省　区	名　　称	成立时间
奉天	万国道德会奉天总分会	1933
	万国道德会奉天分会	1933
	世界慈善联合总会奉天省支会	1932
安东	安东世界红十字会安东分会施粥厂	1932
柳河	柳河县救济院施粥厂	1932
铁岭	铁岭县庇寒所	1933
法库	法库县世界红十字会办事处	1932
黑山	世界红十字会黑山分会	1932
新立屯	道德会新立屯分会	1932
锦西	辽西慈善联合会辽西分会	1932
	辽西慈善联合会江家屯分会	1932
岫岩	岫岩县施粥厂	1933
兴京	兴京县慈善会	1932
吉林	万国道德会吉林总分会	1933

---

① 笔者根据石丽珍、王志民编：《伪满洲国史料(12)》，《满洲国社会事业概要》，71～303页，全国图书馆文献缩微复制中心，2002年统计整理。

省　区	名　　称	成立时间
桦甸	世界红十字会桦甸办事处	1932
	万国道德会桦甸分会	1932
伊通	世界红十字会伊通分会	1932
农安	博济慈善会分会	1932
大岭	万国道德会大岭分会	1932
九台	万国道德慈善会沐石河分会	1932
	万国道德会九台县分会	1932
林甸	林甸县救灾赈济所	1932
肇东	肇东县慈善会施粥厂	1932
海伦	海伦县慈善会海北镇施粥厂	1933
	海伦县慈善会伦和镇施粥厂	1933
	海伦县慈善会海兴镇施粥厂	1933
克山	克山县施粥厂	1933
庆城	世界慈善联合会庆城分会	1933
	庆城县世界慈善分会施粥厂	1933
	庆城县公善讲堂施粥厂	1933
东兴	东兴县施粥厂	1933
通河	通河县慈善会施粥厂	1933
新京	新京集善社施粥厂	1932
	新京世界红十字会第一施粥厂	1933
	新京世界红十字会贫民无费宿舍	1932
	新京世界红十字会代办粥厂	1932
	新京世界红十字会第一施粥厂	1933

　　尽管改组后的慈善团体被置于日伪政权的统治之下，但是无论形式上怎样改变，也改变不了中国人根深蒂固的患难与共的情感。在灾荒来临之际，在东北同胞转徙沟壑之时，这些本族的慈善人士团结在一起，把救助灾民当做义不容辞的使命。如 1932 年，海龙因荒旱，饿殍遍野。世界红十字会海龙分会遂在县城西南设立粥厂一处，救济灾民，每日待

食者 200 余人①。这样的事例举不胜举。但是伪满时期，民间慈善团体的救济与民国前期相比显得微不足道，如 1932 年黑龙江水灾后，省桓红十字会以及五教道德会设粥厂三处，仅施济难民一千余人②，予以灾民的救助，实属斗井之水，于事无补。而且此时的社会救济范围甚为狭窄，"此时的活动内容也只限于慈善性救济，至于传授艺术并组织生产自救及扶持其赖以谋生的生产，经营活动等现代的经济性救济事业就寥寥无几了"③。据《辽宁省民政志》记载，1931 年"九·一八"事变后，原有的 27 个教养工厂多数停办，所余的几处，根据伪满洲国民政部令，均改称"贫民工厂"。到 1934 年，全省有贫民工厂仅剩 7 处，比 1930 年减少了 77%。即使存在的工厂，规模也缩小了，安东平民工艺厂艺徒由 520 人减到 190 人④。到 1945 年，贫民工厂已经消失殆尽。这意味着民国前期的"教养并重""救人救彻"的先进的救济模式在很大程度上被改变了。可以说，这是民间灾荒救济历史性的退步。原因并不是慈善家本身的救济观念的退步，而是"巧妇难为无米之炊"，没有足够的经济后盾来支援救济，慈善家也只能望洋兴叹。从民国前期经济的蓬勃发展到伪满时期的迅速衰退，笔者认为，这种状况的形成与当时日本对东北的侵略破坏有着千丝万缕的联系。

　　总体而言，近代东北的灾荒救助大体上经历了兴起、繁盛和衰落的历史时期。各个时期的民间灾荒救助一脉相承：从救助方式而言，各个时期都有传统的赈粮、施粥等方式；从救灾主体方面来看，无论是在晚清、民国前期还是在伪满阶段，参与灾荒救助的人士都是心怀慈爱的官员和善士。但是，在不同的历史时期，东北灾荒的民间救助又呈现出不同的特色：晚清时期东北的民间灾荒救助处于兴起阶段，尚未组织化、系统化和有序化；从民国成立到"九·一八"事变前，东北三省的民间救灾事业进入了黄金发展的时期。无论是慈善团体的数量，还是救助灾黎的方式，抑或参与主体的广泛性，都达到了前所未有的程度；伪满时期东北灾荒的民间救助，较晚清及民国前期相比，有很大的差异性：慈善团体被置于日伪的政权统治之下，改组后的慈善团体完全依照日本天

---

　　① 王永恩等修：《海龙县志》，下函第 9 册，卷 19，"慈善"，海龙县志编纂委员会刊行，13 页，1937 年 3 月铅印本。

　　② 《黑龙江省各县被灾情形》，载《盛京时报》，第 5 版，1932-08-26。

　　③ 满史会编著：《满洲开发四十年史》，东北沦陷十四年史辽宁编译组译，509 页，1987。

　　④ 辽宁省民政志编纂委员会：《辽宁省民政志 1840—1990》，302 页，沈阳，辽宁人民出版社，1996。

皇的旨意行事，某种程度而言，它担当了奴化中国人民，抵制抗日力量的工具。但是，无论慈善组织如何改组，大部分的慈善团体还是由中国人经营，它改变不了中国主体的民族成分，改变不了中国人刻骨铭心的爱国忧民的情怀。然而，由于资金财力的限制，此时期的民间慈善救济事业只能在重重压力下艰难前行。

第二节　灾荒民间救助的方式及特点

一、慈善团体的救助方式

从某种角度来说，灾荒是无法避免的。但是如果采取的救灾措施恰到好处，就可以最大限度地减少灾民生命和财产的损失，稳定社会秩序。随着整个社会迈向近代步伐的加快，民间慈善组织和个人对近代东北灾荒的救助内容也越来越丰富，除了传统的救济措施外，多种现代的救助方式也开始登上灾荒救济的舞台。

1.发放急赈以济生存之需

"救荒之道，以速为贵，倘赈济稍缓，迟误时日流离死伤者必多，虽有赈贷，亦无济矣"[1]，因此，对于救助者来说，发放急赈，是刻不容缓的第一要务。发放赈粮，散放赈款和赈衣是急赈的主要形式。

(1)发放赈粮，散放赈款和赈衣是急赈的主要形式。

"民以食为天"。灾荒发生后，解决民食问题就显得迫在眉睫了。赈粮是解决民食的重要方式。民间的慈善团体在近代广泛地使用了这种有效的救济灾民的方式。1930年历史上罕见的辽西水灾发生后，各慈善团体纷纷募集赈粮，发放给灾民。如"营口商务总会速为劝募赈捐，购买红粮三千包，一千五百石，由北宁路送运灾区，并派员数名随车押运散放"[2]；全国佛教华龙义赈会辽宁总分会为灾民分发救济饼干。在发放之前，首先派人调查"苦难不堪者、疾病相缠者、孤独者"，发一'慈'字，凭此字领取饼干，凭借印有"慈"字标志的证件永远有效。从11月22日到25日四天中，全国佛教华龙义赈会辽宁总分会共拨给灾民225箱饼干[3]。此次水灾中，慈善团体的赈粮数目我们无法做出估算，但这些粮食及时解决了灾民的生存问题，确是无可争议的事实。

---

① 中仁：《康熙御批》，296页，北京，中国华侨出版社，2005。
② 《赈粮千五百石已运往灾区散放》，载《东三省民报》，1030-09-05。
③ 《全国龙华义赈总会请救济西北区灾民卷》，全宗号《奉天省长公署档·JC10》，916号，辽宁省档案馆藏档案。

（2）设立粥厂。

设立粥厂也是赈粮的一种形式，俗称"煮赈"。设立粥厂自古以来就被认为是灾荒发生之时最急切的救治办法。据史料记载，东北地区最早设立的粥厂是 1666 年由当地地方商捐助的热河省东粥厂和西粥厂，到 1931 年，这两个粥厂已经救助难民 750 人①。此后，东北地区先后设立了多家粥厂，此外，其他慈善团体在灾荒发生的年份设立的临时性的粥厂也越来越多，这种能够免费提供伙食的地方成为灾民果腹的好去处。宣统三年（1911 年）六七月间，新民府大雨连绵，辽河、柳河、绕阳河及其余各处河水暴涨。全地面水天一色，河地不分，禾稼颗粒未收，此种情景令人潸然泪下。新民府绅商各界于 11 月发起筹济事务所，在四乡分设粥锅，以此来缓解灾民严冬之苦。此次设立的粥厂，公推"勤慎、耐劳、操守可信人员"为总监及稽查，这些职员上任后，各司其职，调查"无柴、粮石并无车马与不动产可以变卖，而面带饥色者"为领粥人员之标准。调查结束后，职员把调查数目上报到粥厂，经核实后，发给调查合格的男女"吃粥券证"。领粥的人需持券证领食，并且不能携带家中人员，以免有冒充之人。如有年老在六七十岁以上，年幼在六七岁以下，不能亲自行动及有疾病残废者，准由"该左右邻及百十家长出结报"②，由粥厂总监理派员亲往查验，如果情况属实，发给"特别券"，由本家或屯人代领。民国时期的热奉吉江四省慈善联合会、世界红十字会、全国佛教龙华义赈会在东北的各个分会、五台山向善普教佛教会等各慈善组织设立的粥厂都有更详细的规则。以热奉吉江四省慈善联合会临时协赈粥厂为例，其部分规则如下③：①未经开办，必先布告四方难民。有愿食者，先来报名入册。经调查员前往视属实，发给执照，前来执取；②及开办日，必请军警前来弹压，免有搅而重赈务；③入厂难民男女分途，各站一边。以先到者居前，不得随便散走；④入厂难民须受场内约束，不得任意大声呼唤，争吵情事；⑤入厂难民先经招待员声明大帅及各官绅爱民之至意并诸大善士出资热心以开民智而知国恩；⑥每日早十一点起至晚二点止，施粥之时，须招待员按次发给；⑦本粥厂为救极贫难民，如有假充来领者，到家喂猪犬者，一经查出，送官究办；⑧无论远近，将粥领，各自归家，盖不留站；⑨本厂同人禁止私行吸

① 东北文化社年鉴编印处编发：《东北年鉴》，1440 页，1931。
② 《新民府粥厂之办法》，载《盛京时报》，第 5 版，宣统三年十一月十九日。
③ 《热奉吉江四省慈善联合会函为在建平县街设立粥厂及热河道督统署令》，《热河省长公署档·JC23》，第 8533 号，辽宁省档案馆馆藏档案。

烟、吃酒以及他项违法情事各经费以致饮食必要待检，概不奢侈。

这些规章制度，对领粥人员和粥厂的工作人员都做出了相关的规定，约束了他们的行为，保证了领粥工作的正常进行，给饱受饥饿之苦的灾民以莫大的慰藉。仅民国十三年（1924年）十二月末到三月初两个月间，热奉吉江四省慈善联合会临时协赈粥厂救济绥中三区灾民"男女大口四千零七十九口，幼孩小口六百五十口，共计四千七百二十九口，共放米粮五百五十一石五斗三升。"①粥厂的创办，立即解决了部分人的活命问题。但是粥厂的设立也有一定的弊处：原本已经食不果腹的人为了领粥还要长途跋涉，奔波劳累，不但消耗体力，而且浪费时间，影响生产，甚至有的时候饥民聚集在粥厂，惹发是非，影响社会治安。正如陈芳生所言"其为道，能暂而不能久"。② 但是，粥厂在灾荒之年所发挥的作用还是抹杀不了的。

（3）赈款和赈衣。

赈款和赈衣也是急赈最常见的形式。最早的钱币赈济出现在汉代。《后汉书．安帝纪》中载，建光元年，因发生水灾，"遣使案行，赐死者钱，人二千。"到了近代，慈善团体广泛地使用了赈款这种方便有效的赈济形式。慈善团体的赈款主要来源于社会的募捐。为了鼓励社会各界捐款，某些慈善团体还采取了一些奖励措施。全国佛教龙华义赈救灾总会的奖励措施如下：凡一次捐洋十元至二十元由本会给予三等奖；凡一次捐洋二十以上至三十以上者由本会给予二等奖；凡一次捐洋三十以上至五十以上者由本会给予一等奖；凡一次捐洋一百以上至二百以上者由本会给予特等奖。③ 这些政策的实施，燃起了社会各界捐助灾民的热情之火，慈善团体又及时地把来自四面八方的募款送到灾民的手中。如1931年朝阳凌南水灾发生后，热奉吉江四省慈善联合会迅速派员会同地方士绅前往各区详细调查灾民数目，召集地方士绅一同议决，划拨赈款现银洋一千元。并按灾情轻重以及大小口发放。以"置山科、和尚房子、大屯、白束林子四处灾情较重，每处各摊大洋二百元；喇嘛洞、要路沟、古桥子、华子汰城厂等处灾情较次，共摊大洋二百元。喇嘛洞、要路沟、古桥子汰城厂等处灾民男女大口共九千七百一十二名口，小口

---

① 《咨奉天省成立热奉吉江四省慈善联合总会事》，《奉天省长公署·JC10》，第934号，辽宁省档案馆馆藏档案。

② 冯尔康：《生活在清朝的人们》，12页，北京，中华书局，2005。

③ 《全国佛教龙华义赈救灾总会施行政目》，《奉天省长公署·JC10》，第942号，辽宁省档案馆馆藏档案。

共四千零九十六名口，每大口均摊大洋一分七厘，小口均摊大洋八厘六毫，共摊大洋二百元零三角三分。"①慈善团体不仅赈款，当冬季来临时，他们念及灾民单薄的衣服不能抵御严寒，于是在组织"冬抚"时自然为灾民捐助棉衣。1930年辽西水灾过后，至十一月底，辽宁水灾急赈会收到天津红十字会、上海济生会、临榆红十字会、天津华洋义赈会等各慈善团体募集的棉衣共三十一万零五十三件，又鞋帽等项共一万七千五百二十八件②。这些急赈举措以最快的速度救助了灾民的生命，保障了灾民的基本需求。

2. 设难民收容所解决灾民安身之地

灾荒之年数以万计的难民失去家园，流离失所。他们往往流落街头，一贫如洗，亟待救济求生。慈善团体触目怆怀，积极谋划补救措施，为流离失所者提供了食宿的紧急避难处——难民收容所，普惠灾民。在清末，慈善团体就专门为无家可归、老弱病残者设立了栖流所、收留所、残废院、救济院等。早在1772年，东北地区的吉林省就出现了第一家收养贫民的机构——贫民留养所，此后类似的安置难民的场所日益增多。而在巨大的灾荒之年，难民数量增多，原有的慈善场所还是难以容纳蜂拥而起的难民。于是慈善团体又继续筹划，选择在难民麇集或宽阔的地方搭建成片的窝铺。窝铺是由少量木材和大量土泥堆积而成的低矮、窄小、里面昏暗的非常简陋的住宅，设有小型的门窗，并有可做饭用的灶台。这种窝铺成了临时收容难民的场所。另种难民收容所是由会馆、教堂、学校、旅店、寺庙、戏院茶馆、宣讲所等公共场所及部分大户人家的闲房、仓房临时开辟而成的住所。1904年因受日俄战事的牵连，大批难民涌入奉天。奉天的栖流所中留养的妇女和儿童达到了750人，而且涌入的人还源源不断。面对如此沉重的难民压力，世界红十字会奉天分会和官方磋商，借用三义庙空地，作为难民栖息之所。到11月上旬，奉天的难民又进一步增多，红十字会又把北郭的戏园开辟为难民收容所③。

驾驭难民，如驾驭三军。这些来自四面八方的素不相识的难民聚集在一起，难免会出现各种事情，对其管理就成了一大问题。为了便于管

---

① 《呈为具报散放赈粮情形》，《热河省长公署·JC23》，第9397号，辽宁省档案馆馆藏档案。

② 《灾振专刊》，第一至二册，辽宁水灾急赈会编：《灾赈专刊》，1930年11月，71号，辽宁省档案馆馆藏档案。

③ 《朱礼琦译牛莊红十字分会西董魏伯诗德来信》，载《申报》，第2版，光绪三十年九月廿三日。

理，慈善团体设立的难民收容所都制定了管理制度。如世界红十字会难民收容所要求，凡入所难民均须报明姓名、籍贯、年龄、住址，管理人员把这些记录在册、发给证件。这些受灾难民分为妇孺老弱两部，男女分别分收管理，其饮食、衣服由红十字会设法供给。另外，入所的难民还不准携带贵重或危险用品。严格的管理制度，更有助于安顿灾民生活，稳定民心。随着严冬的来临，难民与日俱增，而"粥少僧多"，部分没有得到安置的游民铤而走险，干扰地方治安。1930年，洪水洗礼后的锦县城关一带，部分灾民以"借度残冬"为名，聚集于小店、伙房，屡次偷窃、撞骗及抢劫。把这些游民拘送到教养工厂与艺徒群杂，既不便管理，且该县的教养工厂也难以再容纳。为了解决游民安置的问题，在绅商的支持参议下，经各方慈善团体和个人的劝募，锦县在县城设立了收容所，专收类似游民。收容所"每日给游民两次粥，严加拘管，并且酌令他们扫除街道或服其他劳役"，此项收容游民的办法，"自1930年11月5日起到1931年3月15日止，以四个月为期限"，期满后，查考游民平素行为，或取保开释或判送教养工厂习艺①。东北其他地方也设置了类似的收容游民的场所，如1930年，通河县成立的收容所也专门收容无业游民。

这些从四面八方云集而来的难民聚集到一起，生活在特殊的环境中，避免不了患上各种传染病的可能，因此，收容难民场所的卫生防疫工作显得尤为重要。慈善团体深刻意识到了这一点，广泛地设立医院、施疗所等。1884年，东北地区出现了第一家为贫苦民众减免医药费的慈善医院——盛京施医院，这所施医院是由英国教会主办的；1898年，基督教会支持成立了长春女施医院。② 此后，由各慈善团体倡导成立的各类医院不断增多，到1931年，东北地区贫民疾病救济的医疗机构有85家。这些医疗机构在难民救济中发挥了重要的作用。

通过慈善团体的努力，难民居有定所，饮食和健康也有了可靠的保证。难民妥善的安置，避免了其寻衅滋事的可能，维护了当地社会秩序的安定。

3. 组织义仓平粜以平抑粮价

"岁有凶穰，故谷有贵贱"，每每灾荒发生后，粮食减产或绝收，粮价频频上涨，两者犹如一对孪生兄弟，形影相随。1926年，本溪入春

---

① 《为报设所容收容游民及救灾灾民办法由》，《奉天省长公署·JC10》，第4125号，辽宁省档案馆，

② 东北文化社年鉴编印处编发：《东北年鉴》，1421页，1931。

以来,亢旱异常。商家不运外粮,粮价飞涨:秫米每斗五元涨至七元三四,黄豆每斗六元七八涨至七元八①,粮价如此昂贵,致使一般平民生活困苦。粮价暴涨的原因除了粮食减产或绝收外,还有一个不可忽视的原因就是奸商趁机投机倒把,囤积居奇。1934 年入夏以来,瓦房店雨水连绵,奸商乘此机会收买粮石,以资获厚利。该埠的魁盛与粮栈,苞米原价小洋一元三角,今竟涨至一元七角,高粱每斗一元一角,涨至一元五角②。

灾荒期间飞速上涨的粮价和贫民困苦艰难的生活引起了民间的高度重视。晚清和民国时期举办仓储、组织平粜成为民间救助灾荒的重要措施。慈善团体设立的义仓,使贫民在灾荒之年减少饥馑之忧,在平时也可以减少重利盘剥之苦。东北的各个地区都设有义仓:如呼兰县就有慈善团体组织成立的民立义仓,巴彦县有义仓管理委员会等。此外,热奉吉江四省慈善联合会于 1930 年在朝阳创办成立义仓 50 处。义仓成立之初,劝募仓粮 4 000 余石,其中阜新存粮千余石,建平亦存几百石③。义仓采取"春放秋收余息所入久而积之"的方法,保证了粮食源源不断的供应。政府也出台了相应的政策鼓励并强令民间捐储。1916 年,奉天省督军兼省长张作霖为统辖管内各仓公布了五条积谷大纲,规定凡所有土地 150 亩以上的户,每亩捐米半升,150 亩以下的户,不论多寡,随意捐出。④ 在政府的支持下,东北三省积谷备荒初见成效。到 1928 年,据奉天省 18 个县统计,积谷 7.86 万石⑤。伪满时期,伪满洲国对义仓进行强化管理,并于 1935 年 8 月 31 日公布《义仓管理规则》,规定各县为"备荒恤县"得设义仓;各县应贮存必要的粮谷,由居民征收,遇有特别情况得征收现金;征收的粮谷每亩地每年在八合以下,以谷子为限;对于工商者及其他人,可根据"灾难"情况,经民政部大臣批准后由县长决定。据 1935 年统计,滨江、龙江、三江、黑河 4 省 74 个县中有 23 县设置义仓 99 处,仓房 471.5 间,蓄谷 4.76 万石,蓄款 15.7 万元⑥。

① 《本溪粮价暴涨》,载《盛京时报》,第 5 版,1926-06-20。
② 《红粮涨价,因奸商倒把》,载《盛京时报》,第 9 版,1932-06-18。
③ 《热奉吉江四省慈善联合会创办朝阳义仓》,《热河省长公署·JC23》,33775 号,辽宁省档案馆藏档案。
④ 辽宁省地方志编纂委员会编纂:《辽宁省民政志》,172 页,沈阳,辽宁省科学技术出版社,1996。
⑤ 同上。
⑥ 黑龙江省地方志编纂委员会编纂:《黑龙江省民政志》,263 页,哈尔滨,黑龙江省人民出版社,1993。

尽管伪民政部颁布的《义仓管理规则》标榜建立义仓是为了"备荒恤贫"，但伪满当局并未实现取之于民用之于民的目的。

应对灾荒时期粮价暴涨的另一有效措施是设立平粜局。1925年，朝阳、凌原一带水灾，使热河地区米贵如珠，购买维艰，而农工的工价特别低，他们整日劳作，也不能"谋父母、妻、子之一饱"，灾民大有朝不保夕之势。为了调剂粮价，救济贫民，热奉吉江四省慈善联合会在热河设立了平粜局。平粜局设总理一人，总理局内一切事务；经理二人，代理总理办理局内一切事务；协理三人，协助总理经理办理局内一切事务。其余文牍、庶务、司赈、检查各员，名额临时规定。平粜局规定，粮食购价与售价相等，不得稍加余利。该局以阴历三、六、九日下午一点钟起至四点钟止为粜粮之期。每至粜粮之期，由该管警官率领警兵协助，以免紊乱秩序。该局还规定，凡来该局购粮之人，须持各该管警察许可证连同粮款交由该局监察处，加"粮款收"图盖，然后始准发粮，以免冒滥。每人每期购粮以一年为限，少者听之，且粜出之粮只准食用，不得图利转卖，违者一经查出，立即送县署惩办，以儆效尤①。平粜局成立之初，仅在热河本街出售平粜红粮达五百三十六石七斗八升，在承清孙下板城出售平粜红粮二十二石七斗五升，在白二河出售平粜红粮九十石零四斗六升，以上共出售平粜红粮大洋一万零五百零七元三角五分七厘②。红粮的出售，使市面粮价稍得平稳。但是由于财力绵薄，刚刚给人民一丝希望的平粜局没有支撑多久便停止了。

4. 教育救助使灾民自养自立

除了在资金、物资、住所等方面对灾民予以救助之外，帮助他们掌握一门实用技术，实现自养自立，也是民间慈善力量救助灾民的措施之一。贫民工厂、教养工厂、贫民学校是使灾民掌握一技之长的主要场所。

1908年，东北地区成立了第一家为灾黎提供谋生之计的场所——奉天贫民习艺所。贫民习艺所建立初期，由省会警察厅管理。1916年，贫民习艺所由同善堂兼管。内设"专办、文牍、收支、庶务、稽查各1人，收发、检察、兼教习、司书各2人，监工、司事4人，收艺徒200多人"。习艺项目分为"建筑、皮革、缝纫、染工、织工、印刷、木工、铜铁"等八科。艺徒每人每年发给单棉衣、鞋、袜各一套（双）。除供给

---

① 《为呈送四省慈善会拟在热设立平粜局简章请备案由》，《热河省长公署·JC23》，8800号，辽宁省档案馆藏档案。

② 同上。

伙食外，"每人每月津贴大洋一元"。生产余利以七成归公，三成归艺徒，作为谋生的资本。每日工作之余，"设有讲堂，教以书画、修身、算术、浅显尺牍"等课，使之出所后有独立谋生的能力。三年毕业后，有的去兵工厂充当工匠，有的赴各县充当技师工匠，还有自行办厂的。①

民国时期，由于自然、经济、政治等多方面因素的影响，很多贫民习艺所、教养工厂纷纷建立。1923年，热奉吉江四省慈善联合会在朝阳创设了利民习艺工厂。该工厂设在朝阳县根德营子四省慈善联合总会内，以"造就实业人才，利国利民"为宗旨，经费全部来源于慈善会会员。该厂设总经理一人，管理厂中一切事务，并设办事人及各科教习，无定额，以生徒多少临时规定数额。利民习艺工厂还规定："生徒无定额，只要是年龄在十五岁以上，十八岁以下的家贫男童，经二人以上介绍均可入厂习艺"。工厂成立之初，设织、纺、染三科。凡厂中生徒，每日除了学艺外，用二小时的时间来读书、习字，以备将来应用。该厂规定生徒以三年为毕业，半途不准无故出厂。② 经过工厂的培养，艺徒都具备了基本的谋生技能。

灾荒之中，需要救助的还有一个特殊的团体就是难童。难童正值学习文化知识的大好时期，而灾荒的发生使这些儿童丧失了求学的机会。儿童是未来的希望，他们更需要社会的关怀与呵护。慈善团体在对灾民进行救助时，也没有忽略这个特殊的群体。早在1908年，辽宁成立了重明女学校，专门教失学的女孩子念书及手工。民国时期，慈善团体更重视对儿童的教育。1931年6月，全国佛教华龙义赈会辽宁总会为补救因灾荒年长失学者，增进民智，特成立"龙华民众学校"。所用书籍等费均由职会预备指定，每日教授两点钟。该学校招生合计37人，幼男17人，幼女20人。③ 虽然时间很短，却给了失学儿童学习深造的机会。1932年成立的世界慈善联合总会奉天省支会，倡导学赈为宗旨，小学1932年毕业一班计40人，1933年尚有高初级六班计肄业生149人。④

---

① 辽宁省地方志编纂委员会编纂：《辽宁省民政志》，298页，沈阳，辽宁科学技术出版社，1996。

② 《为朝阳县呈报慈善联合会创设贫民工厂附设简章请立案由》，《热河省长公署·JC23》，23050号，辽宁省档案馆馆藏档案。

③ 《全国佛教华龙义赈会辽宁总会呈报组织民众学校各情形由》，《奉天省长公署·JC10》，1019号，辽宁省档案馆馆藏档案。

④ 石丽珍、王志民编：《伪满洲国史料12》，199页，全国图书馆文献缩微复制中心，2002。

这些学校的创办，帮助灾童完成了重返校园学习的夙愿，实现了继续求学的梦想。

以上的教育救助是一种由救助生活，进而扶助生存的新方法。这样使被救助者在精神上有了自力更生的认识，在物质上由纯消费的途径走入了生产的途径。"教养并重"，改变了中国传统的救灾济贫政策，扩展和完善了社会的救济功能，强化了社会养育和生活的有机联系。"教养兼施"也成了中国近代救济中的指导思想。

二、绅商个人的救助方式

绅商是由绅士转化而来，是绅士向资产阶级转化的过渡形态①。这些绅商大多深受儒家传统思想的影响，有着强烈济世救人的愿望。加之他们又大都是一些具有功名的人，在社会上具有一定的地位和特权，他们自觉地将家乡的前途命运和利益与自己紧紧地联系在一起。重要的是，这些绅商家道殷实，有强大的经济基础作为后盾来救助灾民。因此，在灾荒来临时，绅商便挺身而出，把救助灾民当做自己的使命。绅商个人救助灾民有以下几种方式。

1. 对慈善团体的救助给予支持并捐助

慈善团体在灾荒期间无偿地给灾民各种救助。这些救助的物资来源于社会各阶层的捐助。绅商是捐助团体中重要的组成部分。正是绅商伸出的援助之手，慈善团体的救助物资才源源不断地传到灾民的手中。1924年，朝阳县因灾害歉收，热奉吉江四省慈善联合会在朝阳县萧家店等处创立义仓，北镇县绅商王万昌"自捐仓穀数十石并代募数百石"，朝阳镇守使、知事为表彰他的行为，赠与他"见义勇为"的匾额②。1928年，临江县因兵荒岁歉，灾害迭生，以致四万之灾民全行断炊，流离失所。面对此种灾情，临江县知县王佐才委托"各警甲所乐善好施之商农户分别募集捐款奉小洋二零六二元寄往临江县赈济所"③，救济灾黎。还有更多的绅商成为慈善团体的会员或者自办慈善团体，救灾恤邻。杜延年、杜鹤年、杜松年兄弟三人就是以这样的方式来救助当地受灾百姓的。1920年，杜氏兄弟联合同事张延延、王麟阁、李福春、李海峰、王荩臣等数十人分别在安达县、安达站创设慈善会两处。1921年，杜家

① 蔡勤禹：《民间组织与灾荒救治—民国华洋义赈会研究》，24页，北京，商务印书馆，2005。

② 吕中清、孟宪彭纂修：《北镇县志》，19页，1933年石印本。

③ 王永恩等修：《海龙县志》，5页，1935年铅印本。

在安达站设立慈善联合会。时值朝阳县闹饥荒，联合会募集小米千石，由杜鹤年、张延廷二人前往放赈，同时他们还为天津送来的 300 名难民妥善安置了衣食住行①。从此，杜氏兄弟和他们组建的安达站慈善联合会远近闻名。杜鹤年亦乐善好施，凡安达县、安达站一带的义行善举，无不尽力倡导。他从自己的商号所获利益金中每年支出万元资金来创办男女义务学校，招收贫苦儿童入学。1923 年，杜鹤年独自备款，在安达站创办贫民工厂，购买铅石印机 1 部，招收灾民 30 人入厂学艺②。绅商还直接捐钱捐物来救济灾民，这是绅商在救助灾民中普遍采取的形式。民国二年（1913 年），开原连遭水涝，居民食宿无处，甚至日不举火。开原邑绅刘万昌、和秀等设法劝募集得巨款，按口放粮③，遍野嗷鸿才得以生存下去。1930 年绥中水灾严重，北平慈善会大慈善家娄翔青，亲自实地调查，捐赠小孩棉衣 153 件，夹衣 110 件，鞋 20 双，兵携带药物若干，④ 散放灾区，来救济灾民。

"一石激起千层浪"。绅商对慈善团体的各种支持或者自创慈善团体，不仅救助了生活难以为继的灾民，而且壮大了慈善团体的力量，促进了慈善事业的发展。除此之外，绅商积极参与慈善事业，也使他们声名远播，他们的善行善德流芳百世。

2. 以特殊身份向政府提出救助建议

这些绅商都是功成名就之人，他们的特殊身份使他们有了直接与官府打交道的便利条件。当面临灾荒时，他们能够代表劳苦大众的利益，敢于为民请命，成为官府与民众沟通的中介。绥中县绅商张凤阁就是敢于为民请命的光辉典范。1930 年 8 月 4 日，绥中山水瀑出，海内潮生，河水泛滥，县城街市全被水冲刷。面对此种情景，张凤阁等绅商急电东北政委会，请求救济。张凤阁等在致电中称："城庙内被害者约三千余家，男女淹没者约两千余名，房倒屋塌，尸骸狼藉，损失难计。统计所水之区约宽四五十里，南北约长百余里，所有民众俱不聊生，无衣无食，无处栖止，流离颠沛，叫苦连天。绅商等因施救济，暂设粥锅，但存米无多，更难持久。"张凤阁等人呼吁情急，特恳仁慈，东北政委会立即批准现行提用积谷存款，并派员查勘，慨发赈粮一千石，块煤四百

---

① 哈尔滨市人民政府地方志办公室编纂：《哈尔滨市志人物志》，248 页，哈尔滨，黑龙江省人民出版社，1994。

② 同上。

③ 李毅督修：《开原县志》，23 页，1922 年铅印本。

④ 《绥中慈善家娄翔青施赈小儿棉衣》，载《东三省民报》，第 7 版，1930-10-03。

吨①，来救事急，以保残生。在重大灾荒发生的危急时分，为灾民请愿实施救济的例子还有很多。如1930年辽西黑山、新民等被灾十余县农商代表来省向全省商联会请愿，报告各县的危急情形。农商代表在请愿中称："省城各法团，感于全省各地金融紧迫，商农困窘已极，特别拟定发行有利债券，以资救济，各地因此轰动。此项消息传出后，辽西被灾各县，虽由各方赈济衣食，不过救济一时之眉急，而灾县金融之奇紧，商业之凋敝，还均需救济。如果发行债券给农商，实为救时良策。并且当请金哲忱主席，报告灾后之威迫情形，金融不能周转，农户收获之粮，无法出售，商号无款购贷，唯有坐视其倒闭……"。② 他们陈词恳切，引起了省商联会及政府的高度重视。又如开原为屡受水灾区域，农民穷困尤甚，每至次春播种时，没有钱来筹备种子。邑绅刘凤池等深知此种情况会给农民带来严重后患，民国三年（1914年），谒见开原驻帮统金万福，劝募捐款二千余元购买粮石，用作灾区籽种。按其地亩多寡借给农民，至秋偿还，寄存商号，永为种粮之接济，并具联名公禀在县存案。五年春，又值凶荒，除照旧案将存寄商号原款借与灾区弄明购买籽种，禀明份外并经章监督请准在省银行团贷款两万元，由刘凤池、王毓琪、罗贵和、吴连陆四人出名担保，赴省领款发放与农民，至秋成后，与前所借籽种钱一并偿还灾民③，借此接济，灾民得以渡过难关。

此外，为了更好地实施赈济，维持地方的秩序，地方官员也愿意倚靠在乡间颇有影响力和感召力的绅商来实施赈济，一些绅商进而成为地方官兴办赈务的得力助手。如宣统二年（1910年）七月新民境内柳河、辽河，绕杨河三河水势齐发，新民全境被灾，饥民嗷嗷。官员张翼廷当即召来在当地享有盛名的公益士绅程世恩等商议救济之策。他们商议设立赈济事务所一处，附在卫生医院，任命程世恩负责办理。此后程世恩筹款募粮，设立粥厂十余处，由初秋起至次年春止，救活无数饥民。宣统三年（1911年）水灾，又设粥厂二十余处，延逾六个月，救济饥民三万余口。④ 另外，绅商在一定程度上还是江南义绅在东北实施赈济的助手。因为江南义绅从千里之外来到北方，查赈的人手过少，加之对当地情况还很陌生，他们往往委托当地的绅商协同办赈。如光绪二十一年（1897年），辽中辽河纲户屯段堤坝河水涨溢，无人经理，江南义赈局

---

① 张欣悦、孙乃伟：《张学良赈济水灾史料一组》，载《档案史料》，1997（4）。

② 《辽西水灾被灾十余县农商代表来省请愿》，载《东三省民报》，第6版，1930-11-27。

③ 李毅督修：《开原县志》，卷9，23页，民国十八年铅印本。

④ 王宝善修，张博惠辑：《新民县志》，295页，台湾，成文出版社有限公司，1972。

助款修筑。当地绅商徐镜蓉"赤足步行，亲临堤坝，看护到午夜时分乃益加甚"①。

由以上史实我们可以得知，在灾荒时，绅商成了民众、官方以及社会各界共同信任的对象，而他们本身所具有的独特身份又使官方与民间得以快速沟通，使其发挥作用的空间增大，在一定程度上及时地挽救了灾民的性命，维护了社会秩序的安定。

三、民间救助灾荒的特点

慈善团体以及绅商个人在灾荒期间对灾民实施的诸多救助措施，确实对灾民的生活恢复、灾区地方社会秩序的维持起到了不可估量的作用。慈善团体在慈善救助中也呈现出了一些新的特点。

1. 筹集赈款方式的多样化

民间救灾的物资来自于社会方方面面的支援。其中大众的支持，是慈善力量生生不息的动力源泉。如何将大众蕴藏在心底的公益慈善之心唤起，让他们参与到赈灾济贫的队伍中来，是民间慈善力量赈灾力度大小的决定性因素。因此，近代以来，慈善组织和个人通过多种途径和方式来筹措资金，救济灾民。

"乞赈"是慈善组织和绅商募集捐款的常用途径。在1930年辽西这场浩劫空前的水灾过后，包括沈阳红十字等在内的辽宁各地部分慈善团体鉴于"灾区甚广，来日大难，瞬界天寒，冬赈尤急"②，本地救灾物资已显贫乏，就曾把救灾目光转向全国，联名通电乞赈，恳请社会各界"敢以救灾恤邻之谊，滂仁义之施"③，向辽西受灾地区提供赈济。哈尔滨慈善会也向各友邦发出乞电募集赈款救济辽西灾民。哈慈善会在通电中称：转瞬严冬，凉风侵入，寒气逐体，其当时未死于泥水者，终必死于冻馁……惟冀我亲善友邦，慨发恻隐之心，愤起悲悯之念，施以互助劝募之力……这些乞赈发出后，各地慈善家积极发扬互助的精神，争先恐后协力救助灾黎。

同时，民间慈善组织和绅商个人也通过多种喜闻乐见的形式来筹措资金，唤醒大众悲天悯人的意识，救济饥寒交迫中的灾民。这些形式主要包括：义演、讲演等。

---

①　徐维维修，李植嘉纂：《辽中县志》，卷11，52页，沈阳东北交通制造厂印，1930，铅印本。

②　《辽宁各法团联名通电呼吁乞赈》，载《东三省民报》，第6版，1930-09-22。

③　《哈慈善会请各友邦赈济辽灾》，载《东三省民报》，第3版，1930-10-23。

义演。近代以来，义演成为慈善组织和绅商个人募集赈款采取的新形式。义演的节目主要是传统的戏曲、说唱艺术。因为这些形式妇孺皆知，拥有广泛的参与群体。因此，民间慈善组织和绅商个人通常采取这样的方式来筹措资金。早在1910年，新民府水灾甚巨，当地慈善家邀请三班坤名角色在兴永福、汇海、庆丰三大戏园联合义演一天，所得剧资尽数捐助灾民①。又如，1923年，奉天淫雨为灾，奉天水灾救济会为救济无食无居、辗转沟壑的灾黎，特组织演戏筹赈。救济会借开埠北市场大观茶园群仙大舞，邀请各处坤名角色演唱各种文明新剧，从阴历九月七日起至九月十一日，为期五天，"收资多寡，尽数赈济"②。

游艺大会。这也是民间筹募救灾资金的一种新形式。1930年，于凤至主办的辽西水灾协赈会举办了多场游艺大会。游艺大会票价低廉，每位现大洋四角；内容异彩纷呈：包括京剧、新剧、电影、魔术、歌舞、抽彩等，加之游艺会举行恰逢金秋十月，秋风飒爽，游者踊跃。从十月四日到十八日，短短半个月的时间，"游艺跳舞两部收入高达现大洋一万元"③，所募得的赈款全部交给了水灾急赈会，发放给灾民。

游行演讲、球赛画展。游行演讲、举行球赛、画展等也是募捐中必不可少的形式，如1933年，黑龙江水灾，金剑啸发起了救济遭受水灾难民的助赈画展，著名作家萧红参加并展出她两幅水彩画，所得资金全部捐助灾民④。

2. 灾荒救助使用现代化手段

(1)民间开始用电报、电话报灾。

1906年后，电报、电话相继传入东北。民国初年，东北的各大中城市电报、电话已经普及，民间开始用电报、电话报灾。电报和电话这种先进的通信方式能快捷地传递信息，让四面八方的人士快速地了解灾区情况。现代的救灾手段还包括报刊。报刊具有很强的时效性且覆盖范围广，所以每次灾情后，慈善家都运用全国性的《申报》《民国日报》以及东北地方的《盛京时报》《东三省公报》《东三省民报》等来介绍灾区人民的痛苦生活，唤起民众的爱国情操和休戚与共的同胞之情。如：中国红十

---

① 《演戏助赈之先声》，载《盛京时报》，第5版，宣统二年七月三十日。
② 《奉天水灾筹赈义务戏捐启》，《奉天省长公署档·JC10》第12576号，辽宁省档案馆馆藏档案。
③ 《水灾协赈会游艺跳舞两部收入已解交急赈会》，载《东三省民报》，第6版，1930-10-18。
④ 黑龙江省民政志编纂委员会：《黑龙江省省民政志》，483页，哈尔滨，黑龙江人民出版社，1992。

字会连续多天在《申报》上刊发筹赈辽西水灾的公告，文曰："祈海内外仁人君子慷解仁囊，救我东北灾黎。"[1]又如 1930 年 9 月 11 日的《东三省民报》上就刊发了这样一首劝捐歌："一文不嫌少，百元不说多，量力救灾民，胜似念弥陀，弥陀无其神，灾民有其人，救人强敬神，万古芳名存。"这首歌谣虽然篇幅短小，但是言简意赅，传播了互帮互助的传统美德，将普通民众心底蕴藏的善心挖掘出来。

（2）铁路、公路的发展及交通工具广泛的运用，也使民间救灾的速度进一步提升。据统计，到 1929 年，东北地区汽车使用共达 4 353 台[2]；截至 1931 年，东北地区属中国自有铁路已达 1 186.4 公里。[3] 火车、汽车等交通工具的使用，铁路和公路的大规模修筑，使得大规模运输救济物品成为可能。如 1934 年熊岳城水灾，该邑红十字分会就是派车把若干公募粮食运往东北各地的[4]。东北历次各种规模的灾荒救济，慈善团体都是借助现代化的交通工具来疏散救助灾民的。

3. 灾荒救助参与主体的广泛性

近代以来，东北纷至沓来的灾荒使不同层次的民间人士融入了救灾的大潮之中。参与东北灾荒救助的人士异常广泛：有漂洋过海的外籍人士、有潜心佛法的出家弟子；有出身卑微的寒门弟子，有富甲一方的商人绅士；有年近古稀的老人，也有豆蔻年华的学生……

如前文提到的由西方传教士组织成立的华洋义赈会闻知 1926 年丰宁、朝阳、凌原等地遭受水灾，除了捐款捐物外，还积极组织当地灾民赴绥远挖河，以工代赈；前文提到的全国佛教华龙义赈会辽宁总会的倡办者就是佛家弟子；庄河两位贫苦的失目人王丙阳、王襄忱为水灾各捐现小洋一元[5]；1930 年锦县水灾，在校学生奔走相告，广贴标语，积极募捐，诚救灾民，[6] 这样的例子数不胜数。

这些人的身份地位、社会阅历、经济水平各有差别，参与救济的动机和目的各有差别。有的外国传教士通过办慈善来取悦国人，以扩大其教会在华影响，有的传教士则是直接为本国文化侵略政策服务的；平常百姓信奉行善积德，延年益寿而捐款捐物；还有政坛上一些风云人物是

---

① 《中国红十字会筹募辽西水灾急赈》，载《申报》，第 2 版，1930-09-26。
② 邢安臣：《东北近现代经济开发史》，104 页，香港，同泽出版社，1996。
③ ［日］满史会：《满洲开发四十年史》，上卷，104 页，东北沦陷十四年史辽宁编写组译。
④ 《贫民救星十字会放粮》，载《盛京时报》，第 9 版，1932-09-06。
⑤ 《莊河二瞽慷解任囊》，载《东三省民报》，第 7 版，1930-09-11。
⑥ 《锦县学生游募棉衣》，载《东三省民报》，第 7 版，1930-09-06。

为了从善赎过，洗刷污点，如熊希龄、杨度等①。但是当他们亲眼目睹灾区人民的惨状后，都本着仁爱、怜悯之心，为灾民殚精竭虑，全心全意地救助，甚至这种救济活动伴随他们走完人生最后的旅程。我们认为，无论他们处于哪个层次，本着什么样的目的，只要诚心诚意救济灾民，都是值得肯定的。

第三节　灾荒民间救助的评价及启示

从前文所述中，我们不难发现民间慈善力量在近代东北灾荒救济中拥有举足轻重的地位。我们可以断言，如果没有民间慈善组织及个人的广泛参与、热心援助，近代东北灾民定会处于难以自拔的境地。包括东北当地和全国乃至海内外的慈善团体和个人的义举让我们拍手称赞。从前文分析中，我们还可以发现这样一个事实：在近代东北的灾荒救济中，东北当地的慈善团体发挥的力量不如江南地区。从中我们可以得知：近代东北地区与江南地区的慈善救济事业发展是不平衡的。

一、近代东北与江南慈善救济事业之比较

近代东北地区的慈善救济事业起步较晚，发展也较慢，远远低于江南地区，如清末时期的义赈不是在东北兴起，而是起步于江南地区；又如东北地区的慈善机构数目与江南的慈善机构数目相比差距甚大，仅江苏一个省的慈善机构就是东北三省数目总和的三倍之多。近代以来，东北地区和江南地区的慈善救济事业发展的差异是由多方面原因促成的。

1. 经济发展程度差异有别

中国的江南地区，自宋元以来就是富庶之地。在明中后期，资本主义萌芽最早在江南地区产生。到了清代，江南地区的经济继续以稳健的步伐发展前进。而此时，东北被清王朝封禁。大规模的封禁导致封闭滞后，东北的社会经济很难发展，资本主义萌芽难以萌发和生长。第二次鸦片战争前后，沙俄吞食了我国东北地区 100 余万平方公里领土。面对严重的边疆危机，清政府被迫放松封禁政策，东北经济才得以发展。由于起步较晚，东北经济的发展远远落后于江南地区。从 19 世纪 60 年代

---

① 周秋光：《中国慈善简史》，328 页，北京，人民出版社，2006。

开始，由于外国势力的深入，江南地区又最早出现了资本主义性质的工商业。工商业的发展，为本以发达的经济增加了新的活力。江南经济发展速度之快，有目共睹。以上海为例，从 1895 年到 1911 年，民族资本经营的工厂有 112 家，占全国同期新办民族资本工厂总数的 25.1%，开办资本 2 799.2 万元，占全国总额的 28.6%①。另外，《申报》上曾经发表了这样一篇社论，也说明了江南地区和东北地区的经济发展的差异：吾辈身长南方，地腴岁稔，人情好奢，饮食起居辄同贵介，在平时已为北省人所歆羡，况值此时北人居无屋，食无米，卖子鬻女，扶携迁徙，面目黄槁，手足疲弱，日与饿莩为邻。而吾南人衣锦食肉，处华屋，坐安舆，儿女团圆，仆从侍立，又有娱耳之声，悦目之色。即至下等肩贩营生，勤动终岁者，亦啖白米饭，披厚棉袄。② 由此可见，尽管此时东北的经济已经发展，但是与江南地区的经济发展速度相比，差距仍然很大。伴随着工商业的发展，上海、浙江等江南地区出现了资产雄厚的绅商和民族资产阶级。近代经济的发展，给工商业者带来了财富，增加了他们施善助贫的能力。驰名中外的慈善家大多来自江南而不是东北地区：如经元善来自上海；严佑之来自扬州；李金镛来自无锡等。

　　2. 西方慈善思想影响的深广不同

　　近代以来，欧风美雨飘打下的中国同样毫不例外地经受了西方思想的洗礼。西方的各种鲜活的社会思潮，犹如屡屡春风，在东方这片古老神秘的大地上飘荡。西方的慈善思想作为其中的一缕，最早吹进了中国的江南地区。西方慈善思想最早于江南地区生根发芽，原因在于：鸦片战争后，中国先后被迫开放了广州、厦门、福州、宁波、上海、南京、镇江、牛庄、汉口、九江等处为通商口岸。这些通商口岸中，只有牛庄（营口）地处东北地区，其余大多集中在江南地区。"近水楼台先得月"，这些地处江南地区的通商口岸的开放，为西方慈善思想的传入创造了便利条件，西方传教士因此得以最早进入到江南地区。传教士作为西方慈善思想的传播者，在一百多年内源源不断地由大洋彼岸涌入中国，尤其是江南地区，成为当地社会内部新的群体，与中国近代史的发展同始共终。他们在江南的各通商口岸及内地创办各种慈善机构，办理慈善事宜，赈灾救荒。身居上海的传教士李提摩太在"丁戊奇荒"发生后，倡导

---

　　① 茅家琦等：《横看成岭侧成峰——长江下游城市近代化的轨迹》，15 页，南京，江苏人民出版社，1993。

　　② 《论弭灾宜上下来儆》，载《申报》，第 2 版，光绪四年三月初七。

成立了中国赈灾基金委员会，在灾区开展赈济活动。其赈灾过程实行了完全不同于中国旧式救灾的体系：专人负责，分工合作。传教士的赈济活动，潜移默化地影响着江南地区的绅商，对江南地区的绅商各界起了示范作用，此后在江南地区兴起的大规模的义赈活动就是在传教士行为的刺激下产生的。在江南地区义赈活动的影响下，东北的民间慈善救济事业才开始向现代模式转变。

3. 传统因素的作用不同

江南地区历史上就是慈善事业比较发达的地方。据梁其姿等人的统计，明清时期江南地区的慈善组织明显多于东北地区。中国真正意义上的民间慈善事业就是出现在江南一带 。这一时期，各界民众秉承乐善好施的理念，纷纷倡导建立各种善堂善会，广泛印刷各种善书。他们通过建立善堂、善会，印刷善书，广行义举，济人于危难之中。乾嘉年间，无论是在繁华的都市，还是在偏僻的乡村，江南的各个角落都充满着这种济世救人的思想。尽管在近代社会的动乱中，这些慈善组织最终无法避免的走向衰落，但是其昔日的繁华却为日后江南地区近代意义的慈善组织的建立和发展奠定了坚实的物质和思想基础。近代的慈善组织很多都是旧有的慈善机构的转型，其办公场所、经费来源等都没有大的变化，只是变化了组织、运作的方式，实行了新的运行机制。除此之外，无论是旧有的善堂善会还是具有近代意义的慈善组织，无论是地主阶级还是绅商和资产阶级，他们办理慈善、救济灾民的举动的思想基础都来源于传统的儒家、道家的伦理思想。总之，传统因素对江南地区近代慈善力量发展繁荣所起的重要作用也是不可低估的。

由以上分析我们可知，由于江南地区得天独厚的各种条件，近代江南地区的民间慈善救济事业繁盛于东北地区。不过从慈善救助本身来看，其他各地，包括东北当地的民间慈善力量在维护社会稳定方面曾发挥了重要的作用。

二、近代东北灾荒民间救助的功效

近代慈善团体和个人在东北灾荒救助中发挥了重要的作用，他们的救助取得了显著的成效。

1. 促进了东北地区经济的发展

灾荒发生后，散放赈款、开办粥厂、设置收容所这些救助措施往往成为救助灾民最直接的手段。实际上，这也是收效最明显的办法。对挽救灾民的生命，保障灾民的基本生活起到了重要作用。灾民的生命得到了延续，生活得到了保障，才有可能继续从事生产，使社会的再生产得以顺利进行。从这个角度来说，民间救助的实行，有利于东北地区经济的发展。此外，以工代赈、设立工厂，学校等措施，容纳了大量灾民，为东北社会建设和日渐兴起的近代东北工商业提供了充足的劳动力。同时，这些灾民掌握了各种生产技能和科学文化知识，提升了自身的素质，增强了适应社会的能力，就业机会因此增多。在此期间，他们为社会创造财富，增加了民间物资的积累，促进了市场经济的繁荣。此外，民间慈善组织在救助灾民过程中设立的工厂，对发展东北实业，振兴东北经济起了推波助澜的作用。

2. 有利于东北社会秩序的稳定

近代以来，接连不断的灾荒使早已生活在满目疮痍的社会中的人们陷入了水益深火益热的境地。灾荒使灾民偏离了正常生活的轨道，使他们成为社会生活中不能安定下来的特殊的群体。"王法难犯，饥饿难当"，当他们无以谋生之际，迫于生计，就会孤注一掷。因此，每至灾荒，饥民聚众闹事，与地方匪患勾结，招摇撞骗，甚至合伙抢劫的事情层出不穷，如前文提到的锦县城关一带灾民。此类严重干扰当地秩序的案件在灾荒期间成为司空见惯的事情。这在很大程度上加剧了灾区的不稳定，严重影响了人民的正常生活。民间慈善团体和个人通过散放赈款赈粮、赠药施衣等种种赈灾方式把灾民从水火之中拯救出来，使灾民远离寒无所暖、饥无所食、病无所医的绝境。此外，"教灾民以工艺"的各种贫民工厂、教养工厂、贫儿学校等救济部门，吸收了大量灾民，安定了他们的生活。这些救助行为使灾民浮躁的心得以平静，他们体会到了关怀和温暖，能够安于生活，自谋生路，不再危害社会，减少了东北社会不稳定的因素。因此可以说，民间团体和个人对近代东北灾荒的救助，对东北社会秩序的稳定发挥了空前的作用。它实际上成了调节东北地方社会矛盾的润滑剂，缓和了日趋尖锐的社会矛盾，也成了调节近代东北社会秩序的一种必不可少的手段。

3. 弘扬了人道主义精神

近代救助东北灾荒的慈善组织是民间性的组织，它是由具有深厚的关爱和人道主义精神的人士发起成立的。同时，民间慈善团体和个人热情地伸出双手，救助东北灾荒，是自发的、自愿的且无须任何报酬的行为。他们的这种无私奉献的行为皆是儒家传统文化理论中"仁""爱"等思想的具体体现，是彻底的人道主义行为。另外，人道主义都充满着"善""爱"的字眼，洋溢着乐善好施的关爱精神，慈善组织的运行，都高扬人道主义的大旗。如1904年成立的中国红十字会就以"博爱、恤兵"为宗旨；1937年在长春成立的博济慈善会的宗旨也标榜"以博爱为目的，实行抚贫助弱"；又如全国佛教龙华义赈辽宁总会劝募引中，字里行间也体现着人道主义精神。"救济灾黎，慈善之主也，我之天良真心也……望仁人君子量力施助，颂德子孙万代……"①总之，慈善家敞开了博大的胸襟，救灾办赈，他们以一种高尚无私的奉献之心，为救济灾黎，扎根于贫困荒凉的农村，奔波于疫疠肆虐的水旱灾区，把救济水火之中的灾民当做一种使命。这种悲天悯人、行善积德的观念和行为始终贯穿着人道主义精神，是人道主义精神的有力传承。

三、近代东北灾荒民间救助的局限

近代民间慈善力量对东北灾荒的救助虽然取得了一定的成效，但是仍然存在着很大的局限性。主要表现在以下几个方面。

1. 救助资金不充足

救灾工作能否正常展开，关键是看有无充足的救灾经费。救灾经费的多寡，直接决定着救灾工作的成效。近代以来，东北灾荒的民间救助的经费主要来源于资产雄厚的慈善家的个人捐款和社会募捐。尽管一时筹集的赈款缓解了燃眉之急，但是由于灾民数量众多，且长期以来社会生产能力有限，物资缺乏。物资的贫乏，导致很多救济灾民的粥厂、学校等被迫停止，如1930年锦县因"存米无几，奉令结束粥厂"②，灾区人民的基本生存需要无法得到保障，有些灾区甚至出现人相食的悲惨景象。

2. 救助方式中还存在迷信落后的东西

灾荒发生后，时间就是生命，抢夺时间就是从死神手中抢夺生命。偶尔的迟缓的反应，会使无辜的灾民丧失生命。特别是落后的思想观念，更会延缓救灾的速度。近代以来，在东北灾荒的救助中，民间慈善团体还不同程度地奉行着迷信思想，把救济灾民的希望寄托在虚无缥缈的神灵身上。如：1932年黑龙江松花江水暴涨，灾民的生命危在旦夕，

---

① 《全国佛教龙华义赈辽宁总会宣言暨劝募引》，《奉天省长公署档·JC10》，916号，辽宁省档案馆馆藏档案。

② 《水灾急赈会裁并粥厂》，载《东三省民报》，第7版，1930-09-29。

哈尔滨市慈善总会两次"为江水早日撤退，祈请玉皇大帝"①。

3. 救助体制不够完善

救灾体系和制度是救灾活动进行的组织保证。灾荒发生后，救灾活动如何开展、管理、组织和实施，是救灾过程的重要环节。只有指挥得当、运作科学，才能有效地救助灾民。在近代东北灾荒中，民间慈善组织的管理运作存在很大的缝隙，许多制度形同虚设，不能很好的落实，造成救助的结果与初衷大相径庭。如救助前要求逐村登记灾民人数，造册申报，以便施赈。但是由于灾民的流动性大，难以掌握非常确切的受灾人数，往往会造成救助不均。除此之外，尽管政府和民间都制定了相应的法律制度来保障赈灾工作的进行，但是这些临时制定的政策法规与现行的情况严重脱节，存在着很大的滞后性。救助体制的不完善，影响了救灾的效果。

四、近代东北灾荒民间救助的启示

民间慈善力量在近代东北灾荒救助中所做出的种种努力，有成功也有失败。但是瑕不掩瑜，总体来说，民间慈善力量发挥的有益作用无疑是占主要方面的。掩卷深思，成功的经验也好，失败的教训也罢，都给了我们重要的启示。

历史的航船已经行驶到了 21 世纪。"沉舟侧畔千帆过"，我们伟大的祖国已经告别了近代以来不堪回首、满目疮痍的历史，到处是欣欣向荣、安乐祥和的美好画面。但是，我们依然无法摆脱各种灾害带给我们的伤痛，灾荒仍然伴随着历史航行的每一段里程。如 1998 年我国的特大洪灾，2004 年的印度洋海啸，今天回忆起来我们仍然心有余悸。在印度洋海啸这次灾害中，有 30 万人不幸罹难。不幸中万幸的是，哪里有灾荒，哪里就会有慈善救助。据统计，在此次海啸中，50 多个国家和国际慈善组织捐献出的资金达 40 亿美元，这是一笔巨大的物质财富，也是一种强大的精神力量。灾民得到了物质上的援助，精神上也体会到了无尽的温情。进一步说，除了灾民之外，其他的弱势群体，如难民、孤老病残等在任何社会制度下都会存在。弱势群中潜伏着极大的社会风险隐患，极易成为社会动荡的导火线。弱势群体的存在，使得全世界的任何国家都离不开慈善救助事业。慈善救助事业有助于社会和人类，是

①　《慈善会又祭江》，载《盛京时报》，第 10 版，1932-08-11。

完善社会保障体系的重要组成部分，对维护社会稳定，促进社会和谐发展有十分重要的意义。因此，各国都十分重视慈善事业的发展。

中华民族的慈善救助事业源远流长。近年来，我国慈善救助事业的发展取得了长足的进步。但是我们也应该看到，我国慈善事业的发展还面临着诸多问题。

从慈善组织和机构的数目来看，我国和国外许多国家相比还存在很大的差距。到 2006 年年底，全国在民政部门登记的民间组织有 32.7 万个，而在 16 年前，也就是 1990 年，美国的非营利性慈善组织就已经达到 140 万个。与 140 万个相比，32.7 万个发挥的力量更加弱小；就捐赠水平而言，中国还处于起步阶段。一份慈善公益组织的调查报告很明显地表明了这一点。这份报告显示：我国的个人捐赠不足 20%；而在有些国家，如美国，80% 以上的社会捐赠来自个人捐赠；另外，慈善事业发展所必备的文化氛围还不是很浓厚。大多数公民的慈善观念淡薄，个人主动参与捐赠救助的比率还很低。大多数人捐赠是因为工作单位或者街道办事处的规定，被动捐赠。从以上方面来看，中国的慈善事业发展任重而道远。

鉴于我国慈善救助事业的重要作用及我国的发展现状，我们应该采取如下措施，积极推进慈善救助事业的健康发展。

首先，大力培养慈善组织，加强与国际组织的交流与合作。

慈善组织的建立，是发展慈善事业的基础。高效运行的慈善组织，是慈善事业顺利开展的保证。我国大部分地区目前并未真正建立起慈善事业机构，而且缺乏专业的慈善专业人才。我们应该广泛吸收社会上的各行各业的优秀人才参与到慈善事业中来，发动和依靠全社会的力量建立能为民众解决困难的权威性的慈善组织。同时，鉴于国际发达国家慈善组织众多，办理慈善事业经验丰富，我国应加强与国际慈善机构的交流与合作，学习国外先进的管理方法和服务方式，以促进我国慈善事业更快发展。

其次，加快完善慈善事业发展的法规、政策，使其尽快步入正轨。

健全的法规、政策，是慈善救助事业进一步发展不可或缺的法律保障。有关部门应该在已出台的相关法律的基础上，借鉴国际相关法律，对其进一步整合。结合新情况、新特点，对那些不适应当前慈善事业发展的法规政策予以修改或者补充。与此同时，要完善慈善组织自身的建设，建立完善的慈善事业募捐体制，规范捐赠行为，保护捐赠人的合法权益。完善慈善救助事业的法规、政策是慈善组织取信于民的有效手段，这样能吸引更多的企业和个人参与到慈善事业中来，尽快使慈善事业的发展步入正轨。

最后，加强慈善文化的宣传，提高大众的慈善意识。

目前，我国的大部分人对慈善事业还缺乏全面、系统的认识，致使慈善事业的发展滞后，慈善之风尚不强劲。我们要有效利用广播、电视、报纸、网络等舆论宣传平台，强化慈善文化的灌输。同时也要通过开展丰富多彩的活动，鼓励广大人民群众积极参与到慈善活动中来，使民众树立慈善意识，真正使慈爱之风吹遍中华大地的每一个角落。这样民众便能自觉地参与慈善活动，支持慈善事业，推动慈善事业的蓬勃发展，使慈善救助成为全社会的风尚。

总之，民间慈善团体和个人对近代东北灾荒的救助的经验得失，给了我们深刻的启示。这无疑是我们当今构建和谐社会的一笔宝贵财富。在有人需要救助时，只要人人都能各尽所能，奉献出一片爱心，营造浓郁的慈善氛围，那么我们的社会必将更加安乐、和谐。

本章小结

近代东北灾荒及对此所展开的民间救助是中国近代史研究中无法回避的历史事件。通过对近代东北灾荒民间救助情况的历史考察，我们应该对民间慈善团体和个人在近代东北灾荒中所开展的救助活动进行全面、客观、系统的评价。

近代民间慈善力量对东北灾荒的救助是一个逐步发展的过程。从晚清时期的单纯的实物救济到民国前期"教、养兼施"的救济，这不能不说是中国救荒史上质的飞跃。到了伪满时期，民间慈善团体和个人对灾民的救济又重新走回了重养轻教的老路，这可以说是一大憾事。这种局面的形成受政治因素、经济因素及其他多种因素的影响。在近代东北灾荒的救助中，民间慈善组织和个人实行了多种措施，如散放赈粮、赈款，设置收容所，建立平粜局及实施教育救助等。这些救助措施在实施过程中体现了近代特色。种种救济行为在稳定社会秩序，促进经济发展，弘扬人道主义精神等方面有积极的意义。同时，我们也应该看到，近代民间慈善团体和个人对东北灾荒的救治也有着明显的局限性。如 救助资金不充足，救助方式不得法，救助体制不完善。但是，总体而言，民间慈善救助所起的积极作用是占主要方面的。成功的经验，失败的教训，都给了我们借鉴和启示。

由于历史上政治、经济等原因，中国的民间救助事业和国际上许多发达国家相比，发展比较缓慢。直至今天，我国的慈善救助事业的发展还是处于萌芽阶段，这与日益完善的社会主义市场经济体制不相协调。我们分析近代东北灾荒的民间救助，以史鉴今，总结原因，发现问题，找到解决问题的途径，我国的慈善救助事业将会走上快速、健康发展的轨道。慈善救助事业也定会在完善社会保障体系，建设和谐社会的过程中发挥更大的作用。

第六章
近代东北地方政府赈灾措施

　　中国自古以来就是一个多灾多难的国家，近代以来，政治腐败、经济萧条、军阀混战、外敌入侵等一系列因素更加剧了灾荒对于中国社会生活的危害。由于灾荒与普通民众生活息息相关，是一项关系到国计民生的大事情，近代中国的历届政府对于灾荒的赈济都是极为重视的，赈灾的政策措施也是历代继承发展的，但是由于历届政府所处的时代不同，赈灾的措施又带有各自所处时代的特点。因此，对近代东北地方政府赈灾问题的研究对于当今的赈灾工作很有裨益。

　　学术界对于灾荒史的研究一向比较重视，也取得了丰硕的成果。其中人民大学的李文海先生的四部著作《近代中国灾荒纪年》《灾荒与饥馑：1840－1919》《近代中国灾荒纪年续编》《中国近代十大灾荒》奠定了其在灾荒史研究领域的学术地位。此外，邱国珍、袁林、王振忠、张水良等一批研究学者，也为中国近代灾荒史研究做出了巨大的贡献，一些年轻学者也在致力于这个领域的探索。但是这些研究成果大多是关于关内、两湖和长江中下游地区灾荒的，至于近代东北地区灾荒史的研究则很少有人涉及，亟须加强关于近代东北地方政府赈灾方面的学术研究。

第一节　传统社会的赈灾方法

一、灾荒赈济的概念及范围

　　"灾荒救济在中国历史上多被称之为荒政、救荒、救灾，是我国历史上最原始、最久远的一种社会保障形式"。① 在《辞海》一书中把"赈"字解释为救济，同"振"字，从字形、字义上就可以看出救济灾民不仅仅是用金钱来救济了事，在救济工作完成之后也是可以起到振奋人心、恢复生产、稳定社会秩序、维护统治的重要作用。② 灾荒，"灾谓遭受自然灾害，荒是田园土地荒芜、谷蔬缺乏而民不聊生的状态。因而，灾荒即是遭受自然灾害（自然界的破坏力对人类生活的打击超过了人类的抵抗力）而致土地荒芜与谷蔬瓜果缺乏的民不聊生的状态。我国历史上，灾与荒多是并行的，即遭受自然灾害以后，经常是土地荒芜谷蔬缺乏而民不聊生。"③这个概念是从自然灾害上给灾荒下了定义。灾荒在类别上还可以分为广义和狭义两个方面，狭义上主要是指由不可抗拒的自然力所引起的自然灾害，如水、火、旱、虫、山崩、地震、冰雹等；广义上则可以进一步包括如战争、环境污染、化学品中毒等一系列人为灾害，也可以说是天灾加上人祸。

灾荒赈济是指对灾害地实施的救济和援助，包括捐款、捐物等直接救济和减免税收、借助新闻媒体广泛募集赈灾资金等间接救助，具体可以分为以政府为主导的政府赈灾和以民众为主导的民间救助。其中政府赈济，即荒政，是指"由国家政权通过一系列救济法令、制度与政策措施来组织实施的一种政府性行为，是国家管理职能的具体体现，并与国家的政治经济结构状况密切联系，其实施的对象是全体国民"。④ 在中国古代的传统社会中，由于当时信息闭塞，交通不便，普通民众对于外界信息掌握较少，加之生产力低下，从而使民间救助的影响范围很小，政府赈灾成为当时社会的最主要救灾形式。常平仓、社仓、义仓等应急仓储制度成为政府赈灾的主要保证。临近调粮、就近买粮等赈济方式也被广泛应用到实际的赈灾工作中去，并建立了一整套报灾、勘灾、救灾的救荒程序，政府也通过大力兴修水利设施，疏浚河道，修建防护堤等来防止灾害发生。

二、历代统治者的救荒政策

我国历代统治者的救荒政策主要有：赈济、调粟、养恤、放贷、节

---

① 岳宗福：《民国时期的灾荒救济立法》，载《山东工商学院学报》，2006（3）。
② "振"字索引，赈：救济，本字振，见《辞海》（上），上海，上海辞书出版社，1999。
③ 孟昭华、彭传荣：《中国灾荒辞典》，91页，哈尔滨，黑龙江科学技术出版社，1989。
④ 杨剑利：《晚清社会灾荒救治功能的演变——以"丁戊奇荒"的两种赈济方式为例》，载《清史研究》，2000（4）。

约、仓储等。

所谓赈济，通常是用金钱、衣物、粮食等救济灾民。这是一种发生灾荒后临灾治标的消极被动救荒办法，但是也是必要的。赈济思想，发生很早，早在《礼记·月令》中就有记载，《春秋·左传·文公十六年》也有"楚大饥……振廪同食"的说法。《文献通考》云："宋吕东莱曰：……凶荒之岁，为符信发粟，由饥而已"。《康济录》则说："救荒有赈济、赈粜、赈贷三者"。"赈济者用义仓米施及老幼残疾孤贫等人，米不足或散钱与之"。

所谓调粟，就是调拨粮食救济灾民。包括移粟救民，移民就粟及平粜等具体办法。在《周礼·大司徒》中就有："大荒大礼，则令邦国移民通财"。同书廪人的职掌中也有"君食不能二人餔，则令邦国移民就谷"的记载。《孟子·梁惠王上》说："河内凶，则移其民于河东，移其粟于河内，河东凶亦然"。《汉书·食货志》曰："善平粜者，必谨视岁。岁有上中下熟，上熟则上籴，三而舍一；中熟则籴二；下熟则籴一，使民适足，价平则止。小饥则发小熟之所敛；中饥则发中熟之所敛；大饥则发大熟之所敛，而粜之。故虽饥馑水旱，籴不贵而民不散，取有余以补不足也"。

所谓养恤，是指收养抚恤。养恤主要包含施粥、居养、赎子等内容。施粥是给饥饿的灾民进行救济的切迫办法；居养为临时收容抚恤灾民的紧急措施，赎子则是由政府出资为饥民赎回不得已而鬻卖的子女。《周礼·地官·司徒》说："司救……凡岁时有天患民病，则以节巡国中及郊野，而以王命司惠"。施医给药也属养恤之列。

所谓放贷，就是对遭受灾荒幸存下来的农民，不能重建家园恢复生产的，则应予以贷款，帮助其恢复生产，历代都有放贷的做法。《管子·揆度篇》说："民之无本者，贷之圃疆"，"无食者予之陈，无种者贷之新"。《荒政辑要》载："南齐戴僧静为北徐州刺史，买牛给贫民，令耕种，甚得边荒之情"。唐贞元元年二月的诏书说："诸道节度观察使所进耕牛，委京兆府勘责有地无牛百姓，量其产业以所进牛均平给赐。"

所谓节约，即是节粮度荒，否则难以克服困难。《孔子家语》说：孔子问齐景公曰："凶年则乘驽马，驰道不修，祈以币玉，祭祀不悬，祀以下牲，此贤君自贬救民之礼。夫人君遇灾，尚务抑损，况庶民乎？即民气稍甦，宜常念艰苦之时，爱惜物力"。

所谓仓储，就是建立谷物积蓄而有备无患的仓库制度。仓储政策思想由来已久，早在《礼记·王制》中就说："国王九年之蓄曰不足；无六年之蓄曰急；无三年之蓄，曰国非其国也。三年耕必有一年之食，九年耕必有三年之食，以三十年之通，虽有凶旱水溢，民无菜色"。《汉书·食货志》在贾谊上文帝之《积贮疏》中说："夫积贮者，天下之大仓也。苟粟多而财有余，何为而不成"。《荒政辑要》引唐陆奏议说："臣闻仁君在上，则海内无馁莩之人，岂必耕而饷之……魏用平粜之法，汉置常平之仓，隋氏立制，始用社仓，终于开皇，人不饥馑，除赈给百姓外，一切不得贷便支用，每迁灾荒即以赈给，小歉则随事借贷，大饥则录事分颁，富不至侈，贫不至饥，农不至伤，籴不致贵，一举而数美，具可不务乎？"明朝汪文义说："能积于不涸之仓，藏于不竭之府者，可御水旱之来，当患而为之备，即灾而为之捍者，可免流离之苦。"

近代伊始，灾荒赈济基本上继承了传统上的以政府为主导的政府赈灾，但是由于时代的变化，内忧外患的加深，加之地处边疆，使得东北地区不仅具有近代赈灾的基本特征，还带有与同时期其他地区所不具备的特性，这些特征和特性将在下文着重阐述。

第二节　近代东北地方政府赈灾政策及措施

近代东北（1840－1931）经历了清政府统治时期和民国政府统治时期。由于近代东北地区所处的特殊地理位置加之处于新旧变迁的时代，其在赈灾政策和措施上也是既有联系又有区别的，充分体现了赈灾这一特殊政府行政职能的传承性和时代性。

一、晚清时期的赈灾政策及措施

清朝是一个以满族为主体，联合蒙古族和汉族建立的多民族大一统君主专制国家。满族虽然出自经济文化相对落后的东北地区，但是康、雍、乾三朝力倡满汉一家，尊孔崇儒，逐渐汉化，并学习汉族统治者历朝历代的统治经验，用以维护自身的统治利益。

在赈灾政策上，清朝基本上继承了历代封建王朝推行的传统政策，并且在某些领域上又有所创新和发展。清朝统治者特别重视备荒之年的仓储建设。正如林则徐所言："与其过荒补苴，何如未荒筹备"。[①] 清政府在全国范围内建立了一套完整的仓储制度，在《清朝通志》中记载到："省会以至州郡俱建常平仓，乡村则建社仓，市镇则设义仓，而近边有

---

① 王卫平、顾国梅：《林则徐的荒政思想与实践——以江苏省为中心的考察》，载《中国农史》，2002(1)。

营仓之制,所以预为之备有,无处不周矣"。① 而且对具体的管理做出了明确的规定。王卫平,黄鸿山,康丽跃在合著的《清代社会保障政策研究》一文中指出:"在管理上,清政府明确了地方官员的管理责任。……在运营上,清代常平仓通常采用'存七粜三'的办法,即每年只准粜出三成积谷,七成留仓。……在规模上,康熙四十年规定,大州县常平仓额定积谷一万石,中州县八千石,小州县六千石。……社仓由民间推举社长管理,用春借秋还的方法救济贫民。社仓谷本来源有二:一是官府调拨;二是民间捐输。"②

清代统治者不仅设立了常平仓、社仓、义仓的三级仓储制度,还建立了报灾、勘灾、救灾的三步赈灾程序。"报灾,清代将报灾视为地方官的责任,发生灾荒时,地方官必须及时上报灾情。……勘灾,发生灾荒之后,地方官员还必须在规定时间内勘查地方受灾程度,作为采取救济措施的依据。……救灾,查勘灾情是为了对症下药,有针对性地予以救助。清政府根据灾情轻重不等,采取相应的救济措施,包括灾蠲和缓征、赈粥、散放棉衣、工赈等。"③可以说清代前期的政府赈灾,无论是从赈灾粮米物资储备上,还是从赈灾的范围和力度上都是相对完善的,这与康、雍、乾三朝的国力强盛,钱粮充足有很大关系。

步入近代,随着鸦片战争的隆隆炮声,清朝的国门被西方列强用坚船利炮敲开,西方过剩的工业品如潮水般涌入中国市场,充斥全国各地。面对西方倾销的物美价廉的工业品,国内的手工制品无力抵抗,小手工业者纷纷破产,白银连年外流,财政拮据,国力日渐衰微,清朝步入了它的晚年时期。面对如此局面,清政府对于灾荒赈济的政策和措施做出了调整,采取赈济重点、放弃其他的态度。主要表现在范围和力度日渐缩小,用于防灾的仓储制度趋于废弛,赈灾款项不到位,有时候甚至是令地方官员自谋赈灾款项等几个方面。反映到东北地区,又形成了许多地区性特点。在地方政权组成上,清代的东北地方政府从属于中央政府,但是由于一系列政策和地域因素,它又有其自身的特点。

东北地区作为清朝的龙兴之地,有清一代,清政府对于东北地区采取封禁政策,也被称为"圈禁政策"。这个政策的主要目的是禁止关内向东北地区移民开发,以图保持满族渔猎、骑射的原有生活习惯,保持满

---

① 清乾隆官修:《清朝通志》,卷88,杭州,浙江古籍出版社,1988。
② 王卫平、黄鸿山、康丽跃:《清代社会保障政策研究》,载《徐州师范大学学报》,2005(4)。
③ 同上。

族彪悍的民风和英勇的尚武精神，但是这种封禁政策却从客观上阻碍了东北地区经济、社会、文化的发展进步，造成了东北地区封闭落后的局面。

清政府在东北地区设立盛京将军、吉林将军和黑龙江将军分别管理三省的军政、民政。这些将军权力极大，既管军事又管民政，居民也以半军事化的八旗旗民为主，辅以不在旗的汉民和其他少数民族，这样的居民构成造就了东北地区特有的半军事化特征。这种特征反映到赈灾政策和措施上就形成了以将军、都统这类军事将领为领导的、以受灾旗民为赈济主体的政府赈灾政策和措施。许多档案材料都反映了这种情况，以道光朝为例："道光二十年十月己未(1840年10月27日)缓征盛京十里岗子等五屯被水灾区仓粮，贷白旗堡、小黑山灾户一月口粮。十一月丁亥(11月24日)免黑龙江、墨尔根城两处被水屯丁应交粮石，并贷口粮，给房屋修费。展缓黑龙江、墨尔根城、打牲乌拉、齐齐哈尔等处站丁旧欠银粮。辛丑(12月8日)展缓宁古塔、三姓被旱歉区旧欠银谷。道光二十一年九月戊寅(1841年11月10日)给奉天辽阳、牛庄、广宁、盖州、岫岩、凤凰城等处被水旗人站丁及承德、盖平、新民、广宁、辽阳、海城、岫岩七厅州县民户一月口粮，缓征承德县歉收民地额赋。十一月癸丑(12月15日)缓征吉林伯都纳、新城局、珠尔山歉收各屯额租。道光二十二年正月戊午(1842年2月18日)展赈奉天辽阳、牛庄、盖州、岫岩、凤凰城、广宁六处及承德、海城、新民、锦县四厅县上年被水灾民一月。二月辛巳(3月13日)护盛京将军道庆奏，辽阳等处上年被水成灾，遵旨散赈。查该处旗民惯食杂粮，照例每米一石，折银六钱。又附近灾区粮价昂贵，随时察看情形，酌借口粮。从之。"[1]咸丰、同治、光绪三朝档案中关于蠲免和缓征灾民钱粮的资料也是随处可见的。但是同治朝以后，蠲免灾民钱粮的赈灾方式，已经逐步变少，取而代之的是缓征这种赈灾方式。这从侧面说明了清王朝的经济实力逐渐下降，仓储空虚，无力蠲免灾民负担，贷给灾民口粮的赈灾方式也逐渐减少，例如："道光二十五年十一月己卯(1845年12月20日)至齐齐哈尔、黑龙江、墨尔根三城三分有余及收获三分之养育兵官屯额丁应交额粮，照例宽免。齐齐哈尔、额玉尔等五驿乏食人等，即著分别查明，自乏食之月起，将齐齐哈尔官仓所存粮石照例全行赏给本地旗人，以资接济。如齐齐哈尔、额玉尔等五驿粮石仍形不敷，即由备用仓存储粮内借

---

[1] 郑毅：《东北农业经济史料集成》，第1册，264、266页，长春，吉林文史出版社，2005。

动接济，此内额玉尔等两驿应行接济粮石，即就近于黑龙江备用仓存储粮内借动接济。"①像这样的大规模蠲免并赏赐粮米的举动在道光朝之后就少之又少了。由此可见，清王朝至道光时期，政府赈灾还是有一定力度和经济实力保障的。

到光绪朝时，随着清王朝国力的衰微，灾荒赈济的力度也随之大幅下降。1895 年甲午战争爆发，辽宁南部奉天、凤凰城、九连、安东、宽甸、岫岩、金州、复州、海城、盖平及熊岳、牛庄、营口等十三处厅州县均遭受战争的破坏，民众受灾，农业衰颓，灾荒局面已然形成。在时任盛京将军依克唐阿的《为办理奉天善后筹款维艰折》中已有形象地描述："小民疏离转徙，天地荒芜，困苦情形深勘矜悯"，②"偶见兵燹之区，城垒倾颓，坛庙焚毁，仓库、封狱、官舍、书院下及民屋强半成墟，田园荒芜，市厘萧索，官无办公之所，民多露宿之嗟，此其艰苦情形，诚有耳不忍闻，口不忍述者。"③面对如此惨状，光绪二十二年六月二十九日（1896 年 8 月 8 日），经过度支部、国库与善后局反复勘察商议，却得出"概图完善，期复旧观……计作百万金不敷，严饬删减，尚需六十余万，度支奇绌……此时部库及各省关每年新增出款不下二十万两，臣部通盘筹画大半无着，实难再为奉天筹此六十余万之巨款"这一结论。面对这种赈灾要钱，赔款也要钱，而财政困难的尴尬局面，清政府只能采取赈济重点，忽略其他的办法。在依克唐阿的《为办理奉天善后筹款维艰折》的朱批中这样记载："其稍可缓者，即缓之，其必不可缓者，亦必核是樽节而行之……旗民、官署、仓库、封狱、办公处所亟应一律兴修，文武正佐廉奉尤多，此皆不可须臾缓者……唯有仰恳天恩俯念根本重地善后筹款维艰，饬部核议酌拨专款以便遵照办理。……该将军前奏整顿税务折内声称，东边木货各税岁约收银五六十万两，历年亦仅报十七八万两，昌图府河税斗租岁约收银十万两，历年仅报三四万两，虽兵燹之后商务未具复元，而经此一番整顿尚不至毫无起色等语。实奉天入款并非全无可增，该将军办理善后事宜自当先就东边昌图税务实力整顿藉佐，要需勿庸由部拨款。惟税务甫经整顿，未免缓不济急。拟请先由奉天所储前练兵大臣定安节存银四十万两，内拨给银十万两作

① 郑毅：《东北农业经济史料集成》，第 1 册，270 页，长春，吉林文史出版社，2005。
② 《依克唐阿等为奉上谕遭兵燹各州县免征粮赋给各州札》，见《奉系军阀档案史料汇编》，第 1 册，42 页，南京，江苏古籍出版社，香港，香港地平线出版社，1990。
③ 《为办理奉天善后筹款维艰折》，见《奉系军阀档案史料汇编》，第 1 册，45～46 页，南京，江苏古籍出版社，香港，香港地平线出版社，1990。

为奉天东南各州县办理善后用款。此十万两应由该将军先择善后之最要者酌量分布。如有不敷，一俟东边昌图等处税务整顿有效，再由该将军奏明拨补。"①这样就把赈灾款项来源问题草草了结了。

从上面的材料可以看出清王朝在经受一系列对外战争的打击后，再也无力进行大规模的灾荒赈济。财政拮据，赈灾款项无法筹措，只能让各地方自己筹集赈款。盛京将军依克唐阿在筹款无门的情况下，只有先挪用练兵军饷，度支部和国库也只给拨付白银十万两，这十万两白银对于灾后必要的六十余万两白银来说，实在是杯水车薪，无济于事。

清代的赈灾方式除了蠲免、缓征、直接散赈外，还有工赈这种赈济方式。同治三年九月甲子(1846 年 10 月 26 日)，锦州新开牧场遭受水灾，该地区佃户情愿合力疏通河道，开凿渠道，请免征一年税租。"此项渠工即著恩合饬令该佃民等趁此冬令未交，积水不至凝冻，赶紧挑挖以资疏泄，并需力求深阔，使膏腴之地永绝水灾，农民得安耕种。……如遇挖毁佃垦田地，计亩销租，不许藉端阻挠。致该佃民等本年秋收即失，复办渠工殊形苦累，加恩著照大凌河三年起科之案，其同治二年佃租荒段著于同治六年起科，同治三年佃租荒段著于同治七年起科，其续租荒地并由开种之年，定限三年成熟起科征租，以归画一而恤农力"，②可惜的是，这样的以工代赈在档案资料中并不多见。

二、民国时期的赈灾政策及措施

民国时期的东北地方政府在继承了晚清时期的赈灾政策的基础上，又有所发展创新。民国时期的东北地方政府基本上承袭了晚清的赈灾政策，仍沿用了报灾、勘灾、救灾三步骤，赈灾方式也是由直接赈款、免税、赈粥、散放棉衣、工赈等几个方面组成。进入民国以后，在五族共和，人人平等的旗帜下，类似晚清时期东北地方政府赈灾政策以旗民为主体的赈济方式，在档案材料中没有了，取而代之的是按受灾严重程度的平等赈济。这种在民族观上的变化不失为是民国时期东北地方政府赈灾政策在民族性上的一个大进步。

1.1930 年辽西大水灾时的全面救助

民国十九年(1930 年)辽西发生特大水灾，水灾涉及十一个县四十五万余人，灾区之广、灾民之多、灾情之重，空前未有。面对空前灾

---

① 《为办理奉天善后筹款维艰折》，见《奉系军阀档案史料汇编》，第 1 册，45～46 页，南京，江苏古籍出版社，香港，香港地平线出版社，1990。

② 郑毅：《东北农业经济史料集成》，第 1 册，296 页，长春，吉林文史出版社，2005。

难，东北地方政府先行赈灾，辽宁省政府会同吉林、黑龙江两省组设辽宁水灾急赈会，会同各界人士合力赈济，募款现洋十万元（由官银号与中国、交通、边业四行分摊垫付，指定以募捐之款如数归还）。由警务处、报界联合会各派两人前往灾区调查灾情，并形成详细的灾情报告，报省政府备案（见附表6-1）。随即发布水灾急赈会成立启事通告刊登各个报纸，一边呈报省政府并通知各级机关，一边撰写募捐公启，组织救护队。对于受灾最重的绥中、盘山、新民、锦县等县，先由省库拨款五万元进行急赈，由各县县长和公安局长组织散赈，分发赈粮①、赈衣（见附表6-2到6-6），设立施粥厂对灾民进行救助（见附表6-8），而且详细确立了设立施粥厂的地点和施舍的对象。在《热奉吉江四省慈善联合会公函》第34号中记述了《热奉吉江四省慈善联合会临时协赈粥厂规则》："一、一经开办，必先布告四方难民。有愿食者，先来报名入册。经调查员前往视属实，发给执照，前来执取。二、及开办日，必请军警前来弹压，免有搅乱赈务。三、入厂难民男女分途，各站一边。以先到者居前，不得随便散走。四、入厂难民须受场内约束，不得任意大声呼唤，争吵情事。五、入厂难民先经招待员声明大帅及各官绅爱民之至意，并诸大善士出资热心，以开民智而知国恩。六、每日早十一点起至晚二点止，施粥之时，须敢招待员按次发给，不得事先。七、本粥厂为救极贫难民，如有假充来领者，到家喂猪犬者，一经查出，送官究办。八、无论远近，将粥领，各自归家，盖不留站。九、本厂同人禁止私行吸烟、吃酒以及他项违法情事。各经费以致饮食必要待检，概不奢侈。十、本规则如有未尽事宜，得随时更正之"，② 并且每人赈给赈盐十斤。赈品运输费用、工作人员的开销、往来电报费用都是免费的，并创办教养工厂"以工代赈"和贫民借贷所实行减息或免息贷款，以维持贫民生计，免除因受灾而激起民变的风险。

在奉天省长公署档案《呈为倡办贫民借贷所实习少数减息或免息放款接济辖境由》中直接陈述了办教养工厂的目的和意义："除整顿扩充教养工厂，以期收容弃业游民外，拟仿行各省因利局之借贷办法，由官方提倡会同地方士绅出名发起招股，每股定位五十元，以二百定股为满额，仍归地方认股，商民士绅等自行依照简章规定办理，则拘谨安贫之民固得可消息或免息借贷，以为接济生计之资，而强暴之民亦可藉此，

---

①　赈粮以沈斗计算，1沈斗折合270斤为1石，以下如不另加说明石数均为沈斗计算。

②　《热奉吉江四省慈善联合会临时协赈粥厂规则，热奉吉江四省慈善联合会公函第34号》，《奉天省长公署·JC10》，档案8533号，1925年4月8日，辽宁省档案馆馆藏档案。

不致弃业流荡铤而走险。是借贷所之数力更远过于教养工厂，而将养工厂之效力亦不过收容，不畏借贷或借贷不为正用而于无业游荡之民已耳。倘能将借贷所依章倡办成立，于教养工厂并行，不逮是守业贫民与弃业游民皆有所济。从此贫民食足而业乐，伏莽减少而邦宁根本图治之良法也。"①由上述材料可以看出，使民众安居乐业，保持社会安定是办理教养工厂的主要目的。

此外，各界人士也纷纷捐款捐物。经过全东北范围的共同努力，到同年冬季，灾情基本得到控制，并进行了善后调查（见附表6-7），公布了接济春耕办法十三条。拨现大洋二十六万元接济春耕，采取春借秋还，不取利息的贷款方法，这种方法在清朝的赈灾过程中就已经出现了，可以说是古已有之。并按照受灾的轻重程度分配贷款额数，对接收贷款人的资格也作出了详细规定，到期还款确实存在困难的可以申请延期一年偿还。在这次赈灾过程中，"收现洋共计 9 001 803 元 9 角 7 分 6 厘，支出现洋共计 895 686 元 2 角 4 分，余存现洋 6 117 元 7 角 3 分 6 厘，由本厅直接经收外省捐款现洋 131 420 元，收本省捐款现洋 435 164 元 4 角 6 分 6 厘"。② 这些捐款表明民国时期的东北地方政府对于灾荒赈济的态度是积极的，投入力度很大，政策措施也很完善，效果也很好。

2."以工代赈"措施

"以工代赈"也是近代东北地方政府赈灾采取的常用手段之一。"以工代赈"直接承袭自清代，纵观整个民国时期，"以工代赈"一直是赈灾的主要形式之一。民国十五年（1926 年）六月二十五日，"中国华洋义赈救灾会丰宁支会拟招募灾民前往绥远挖河工作，可用一二千人"。并制定招募办法七条作为招工准则，"一、地点绥远。做工时如挖河宽长各一丈，深一尺，工银三毛二分，如深五尺以下，五毛，如能多挖，工资增加。二、应募工人用米每升银元九分可以来代价。三、应募工人所用家具可向义赈救灾总会购买，按原置收价。四、应募工人前往时每批三十八人由工头艺人带领，务于下月第一星期内起身。五、应募工人以诚实可靠，粗通文字为合格。六、如愿应募者须于告白宣布之日起三日以内赴天主堂院内救灾支会报告，以便报告总会预备火车。七、应募工人由北平上车开至绥远，每人给伙食银九毛，川资六毛，未须于头一个月

---

① 《呈为倡办贫民借贷所实习少数减息或免息放款接济辖境由》，《奉天省长公署·JC10》，档案 12389 号，1930 年 1 月 4 日，辽宁省档案馆藏档案。

② 辽宁水灾急赈会：《灾赈专刊》，档案 71 号，1930 年 11 月，辽宁省档案馆藏档案。

工资内扣还"①。"以工代赈"这种形式既可以吸纳因受灾而产生的无业流民,又有助于灾后的重建工作,更为重要的是,"以工代赈"可以为东北地方政府节省大量赈灾开支。因而,"以工代赈"是一种一举多得的赈灾方式。

3. 先进科技手段在救灾救济中的运用

与晚清时期相比,在民国时期的赈灾工作中,对于先进科技的运用也是一个显著的特点。以火车、轮船为代表的现代化交通工具被广泛应用于赈灾第一线,"江汉水灾,东北捐助赈粮三万石。业饬由各省区就地购买,汇运营口,再由中央派轮接运"②;以电话、电报为代表的现代化通信工具也被应用到实际工作中去,"热河省赈务会送达各省:南京民国政府蒋主席、中央党部执行委员会、政治会议、各院部、赈务会、太原阎总司令、郑州冯副司令、辽宁张长官、吉林张主席、黑龙江万主席、哈尔滨特区张长官、各省政府主席、各特别市政府、北平华洋义赈总会、红卍字总会、各省商会、华洋义赈分会、各机关、各法团、各报馆均鉴……"③以报纸、电影为代表的先进宣传方式也在赈灾募捐中起到了重要的作用,"由急赈会委托东三省民报、新民晚报、东三省公报、东北商工日报、民众报、醒时报、新亚日报七家报社一律代收捐款","劝募赈衣办法:一面遍贴标语(如电车、公共汽车、电杆、各公共娱乐场所,由东三省民报赵社长承办),一面用电影广告(由公安局承办)"。④ 正是借助这些先进的技术手段,使得民国时期东北地方政府的赈灾工作比起晚清时期更高效、更快捷、更有力度。

4. 东北地方政府救灾的地域性

地域上的特点也是民国时期东北赈灾与众不同的地方。民国时期的东北地方政府先后经历了张作霖、张学良父子主政时期。张作霖时代,中国处于北洋军阀混战时期,张作霖采取名义上听从中央政府而实际上闭关自治的政策,依靠日本,排挤俄国势力,发展自己的经济、军事势力。东北地区在张作霖时代相对中原和南方地区还算和平,只是在奉系

---

① 《丰宁县呈报华洋义赈会拟招募灾民前往绥远挖河》,《热河省长公署·JC23》,档案2123号,1926年6月25日,辽宁省档案馆馆藏档案。

② 《奉东委会电各省捐助赈粮汇运营口委托营口白局长负责办理》,《奉天省长公署·JC10》,档案2145号,1931年10月,辽宁省档案馆馆藏档案。

③ 《为电陈热区被灾情形请概予捐助以救灾民由,为通电各省及各慈善团体热区被灾情形请概予捐助以救灾民案》,《奉天省长公署·JC10》,档案9351号,1930年8月,辽宁省档案馆馆藏档案。

④ 辽宁水灾急赈会:《灾赈专刊》,档案71号,1930年11月,辽宁省档案馆馆藏档案。

军阀势力强盛之时进行过两次直奉战争对于东北经济有所损伤。在皇故屯事件爆发后，张学良子承父位主政东北，他宣布东北易帜，遵从南京中央政府实现中国统一，调停中原大战，一时间使得东北成为中国的政治中心；在经济上，继续引进先进科学技术，发展东北地方经济，发展航运、航空技术，"九·一八"事变前，东北的经济实力已经在全国范围内名列前茅了。政治上的特殊地位、经济上的强大实力使得民国时期东北地方政府的赈灾措施强劲有力且相对独立。民国十五年（1926 年）六月东三省空前大旱，百姓生活困苦，面对这种旱灾，奉天省长公署下令采取十条应急措施："一、三省食粮应一律禁止出口。按粮食出口指出关、出省者言。二、各县烧锅应饬一律停止。三、应饬各县酌量专宜预备晚田籽种。四、应饬各县查报新旧仓谷或谷款。五、应饬各县查报现存仓粮是否足用。六、宜饬各县批够食粮以备不足。七、宜饬各县随时查报贫民生计状况。八、应饬各县平定粮价物价。九、南满沿线各站惟存备粮盛多，应令就近各县知事证实调查，一面找向粮商接洽匀够留存，一面报告省署备作统计。十、通令各县警甲对于地方治安应特别设法维护，以防意外之变。"①这十条应急措施涉及了粮食禁止入关、节约粮食、筹措粮种、存谷统计、购粮备荒、贫民生活状况调查、平定物价、维持治安等几个方面。其中维持治安是为了防止饥民暴乱；购粮备荒、平定物价是为了安抚民心；禁止粮食入关则是由东北作为奉系军阀割据势力所在地的特殊政治形势所决定的。这十条应急措施恰恰体现了东北赈灾政策的地域性特点。

5. 严惩徇私舞弊的赈务人员

对于在赈灾过程中玩忽职守、徇私舞弊的赈务人员，无论是晚清政府还是民国政府都是严惩不贷的。晚清政府对于办赈不力或者是隐匿受灾情况不及时上报的官员视情节轻重加以处分，情节最轻者革职查办，情节严重者将会处以刑律。"光绪二年十月甲辰（1876 年 12 月 2 日）以匿灾不报（罪），革奉天义州知州荣昌职。""光绪三年十月甲辰（1877 年 11 月 27 日）伯都讷副都统乌勒兴阿，于赈济要务，并不赶紧遵办，任意迟延，实属不知缓急，著交部议处。先行开缺，听候部议。……同年十二月甲午（1878 年 1 月 16 日）前伯都讷副都统乌勒兴阿于三姓被灾，经该署将军铭安咨令提拨仓存米石接济，乃任意迟延，且复饰词搪

---

① 《奉天省长公署转发佟兆元为亢旱已极民食堪虞应速筹备救急办法十条的训令》，《奉系军阀档案史料汇编》，第 5 册，555 页，南京，江苏古籍出版社，香港，香港地平线出版社，1990。

塞，实属玩视民瘼。乌勒兴阿著即照部议革职。"①伯都讷副都统在东北地区也算是地方上一个比较显赫的职位，由于匿灾不报而被革职，可想而知晚清政府对于灾荒赈济的重视程度。到了民国时期，由于晚清严刑峻法时代的结束，民国政府颁行了更能体现人权的民国法律。对于赈灾不力人员的处理，也更加人性化了，情节最轻的所受处罚也从革职降为罚金，最重仍旧是处以刑法定罪。在《呈省政府为盘山县村长孙乃勤办赈处罚情形》的公文中就记载着对于村长孙乃勤在发放赈粮时营私舞弊所得到的处罚："……急赈原为救济灾民所发粮米规定数目不得妄自添损，通令各属遵办在案，兹查县属三家子村长孙乃勤发放赈粮于赈米到村，时因城斗与村斗大小稍有差异，竟将斗底加添柴板，任意发放……究属办事不力，拟按照行政罚款，处于罚金，定价大洋八十元，以示惩儆……全数留县充作赈款，归入冬赈案内购粮散放，藉资辅助。"②罚金大洋八十元，到底是一个怎么样的数目呢？20世纪30年代我国普通工人的月工资通常为16元到33元，平均约为22元。1927年到1936年间，在上海大米平均为每市石（160市斤）10.2元，也就是每斤大米6分多钱，1元可以买16斤大米。猪肉每斤2角到2角3分钱，1元可以买4斤到5斤猪肉。这时期"一块钱"大约折合20世纪90年代中期人民币30元，折合今（2007年）人民币36到40元。由此可以得出大洋八十元约合一名普通工人近四个月的工资，约合今（2007年）人民币2 880元到3 200元，这样一个数目对村长这种基层公务员来说也是一个不小的数目，而且收缴上来的罚金也是用于当地灾荒赈济工作当中。这也可以从侧面看出民国法律比照晚清时期的法律要更加人性化、更加合理化。

6. 东北的救灾深受外国势力制约

由于时代性、地域性的差异，民国时期东北地方政府的赈灾政策不同于晚清时期。民国时期的东北地区主要由代表民国政府的张作霖、张学良父子主政。在东北的外国势力中，代表日本势力的南满洲铁道株式会社和代表沙皇俄国（后为苏俄）势力的东省铁路公司在东北政治上的干预使得东北地区的政治结构错综复杂，南满铁路和中东铁路及其各自附属地的事务，中国方面无权过问。1904年日俄战争后，日本战胜俄国，取得了在南满洲（今长春以南东北地区）的势力范围，南满洲铁道株式会社（以下简称满铁）获取了长春以南至大连港的铁路及其附属地的一切政

————————
① 郑毅：《东北农业经济史料集成》，第1册，313～315页，长春，吉林文史出版社，2005。
② 辽宁水灾急赈会：《灾赈专刊》，档案71号，1930年11月，辽宁省档案馆藏档案。

治经济权力，日本势力深入东北腹地，这也迫使东北地方政府的许多政策都要看日俄的脸色行事，这也是半殖民地性的主要表现之一。东北地方政府的赈灾政策也是一样，只可以涉及除中东路和南满铁路及其附属地以外的所有省、县。在 1925 年 8 月 4 日的《晨报》上就刊载着这样一则消息："近扎兰诺尔煤矿之矿脉，忽发生火灾，形势日渐扩大，行将延及满洲里至扎兰诺尔间二十四俄里（1 俄里合 1.06 千米）躲避线之中央线……恐有殃及中东铁路中央线之虞……此项防灾工费，东铁约需支出数万元之巨，闻已支出经费，派定委员厉行防止。"①

为救济直鲁难民，东北地方政府也要先与东省铁路公司商议后，方可救济。在 1927 年 12 月 29 日的《晨报》上就有这样的刊载："现哈尔滨总商会会长张凤亭，以旧历年关在即，难民前来之期，当属非遥，亟应预筹救济方法以免有临渴掘井情事，前曾函请东省铁路当局共同筹谋救济方法。东铁理事会开会议决办法大致如下，一、因北来难民既众，其中自不免有患病者，应在中东路沿线各大站，组设卫生队，以便疗治。二、预备大宗温暖车辆，以便运送。三、在长春、哈尔滨两站，添设温暖楼留所，以便各难民未能立即转住他处者，暂时楼居。并组设施粥厂，以免难民有冻馁之虞，此外则为减免运费等问题。"②

以上两则材料，反映了东铁当局，即中东铁路俄国势力，为了减少铁路利益的损失，而对于铁路沿线及其相关区域的灾荒赈济措施。这些措施从侧面上也反映了，在灾荒赈济上，一旦涉及中东铁路利益，中国方面是无权单方面进行工作的。在南满铁路上中方亦是如此，这种情况在 1926 年 6 月 27 日的《晨报》和 1927 年的《奉天省长公署档案》中均有记载："东三省亢旱……日本内务省一以铁路利益受影响，二以侨民东三省之朝鲜人二百万名，受害者奇巨，已有八十万朝鲜人食料无出，正筹赈济办法。"③"直鲁难民东来……事经附属地绅商各界业起组织临时难民救济会，设法救济……假正善堂院内为会所，并在皇姑屯商会设立难民引导部，引导难民来会给食……除呈报日本官署备案外，理合备文呈请钧署鉴核备案。"④这类问题并不是东北地区所独有的，在全国各地的铁路沿线均有此类问题出现，这也是当时帝国主义对于中国掠夺压迫

① 《东省地下火灾》，载《晨报》，第 4 版，民国十四年八月四日。

② 《哈埠人士准备救济来年难民》，载《晨报》，第 6 版，1927-12-29。

③ 《东三省空前大旱灾》，载《晨报》，第 2 版，1926-06-27。

④ 《奉天南满车站临时难民救济会为在皇姑屯设立难民引导部致奉天总商会函》，《奉天省长公署为将奉天南满站临时难民救济会改为救济收容所给商务总会指令》，《奉系军阀档案史料汇编》，第 6 册，683 页，南京，江苏古籍出版社，香港，香港地平线出版社，1990。

的力证，带有鲜明的半殖民地性质。

三、东北近代赈灾机构的出现

在赈灾机构的设立上，民国政府较晚清政府有很大的进步。主要表现在出现了专司赈济的近代化机构。中国传统社会的荒政经过长时期的发展，进入清代，已相当完善，救灾制度措施化，救灾支出浩繁，办理赈务组织周密，立法严格，权限分明。但从中央到地方却没有设置专一的救济灾荒的行政机构。虽然在清末"筹备立宪"时，成立了民政部，并在其下设民治司保息科，掌官绅所办育婴、抚恤、济良、栖流等局、所及其善举各类事情以及各地水旱灾害及其变故的善后赈济、国内移民、拓殖等事务。但是由于这些机构大多属于临事之政，并没有起到应有的作用。国家财政没有专项的救灾资金，没有专门负责的人员，荒政的实施效果完全取决于上至皇帝下至各级地方官员的个人好恶和重视程度。继之而起的民国政府迫于社会的压力，从巩固统治地位的角度出发，自中央至地方建立起专司赈济的机构。在中央设立内务部民政司办理赈灾事务，后改为赈务处；省一级则由政务厅的内务科兼管社会救济工作；而在道一级行政机关则由下设的内务科管理；相应的，县一级的社会救济工作也由县一级的内务科负责管理，并在国家财政预算中设立专门的救灾准备金。在社会方面，由外国人士和新型商人开创民间义赈模式，并建立起永久性的赈务团体，如红卍字会、中国华洋义赈会等，在全国各省设立分会，建立起网络化、规模化的赈灾体系。

晚清时期的东北地方政府没有设立专门的赈灾机构（1910年东北鼠疫时始设专门防疫机构），具体的赈灾事宜大都由当地的地方官员兼理。但是这种兼理并不是敷衍了事的，荒政是清政府考核地方官员行政能力的一项主要手段，荒政处理得好会得到提升，处理得不好则很可能受到罢黜。这种行政管理制度很容易导致临时安排某某官员负责一项灾荒赈济工作，例如在1864年10月26日《恩合奏厂地被水淹没佃户并力开渠请缓为征租一折》中就出现了遇到灾荒临时指派官员办理赈灾事务的情况："同治三年九月甲子（1864年10月26日）谕内阁，恩合奏厂地被水淹没佃户并力开渠请缓为征租一折。……即著恩合妥为履勘，实力兴办，并著玉明、宝珣、德椿督饬旗民地方官认真弹压，监视办理。"[1]晚清时期，政府所派官员主持赈务大多为道员或候补道员一级，因为当时连年科举加上捐官又很多，政府中大多没有实缺，只好以候补暂时委

---

① 郑毅：《东北农业经济史料集成》，第1册，296页，长春，吉林文史出版社，2005。

任，如遇灾情，这些候补官员恰好有了用武之地，又可以考察他们的实际工作能力。到了民国时期，如果遇到灾情，政府大多会立即组织一个专门负责这项灾情的机构，多以急赈会、救济会或筹赈会为名。如在《奉天省长公署为国务院等拟于哈埠设立慈善救济会募款筹助由俄归侨的训令》档案中就有设立慈善救济会字样："该侨民于过激主义沾濡已久，互相传播，一旦爆发实为腹心之患，现拟于哈埠设立慈善救济会……请由政府主持通电劝募。"[1] 在《奉天省长公署刊发东北筹赈会吉林分会组设成立的通令》中又发给印章以示郑重："组设东北筹赈会吉林分会，经于十七年十二月十七日正式成立，并推张作相为会长，熙洽诚允为副会长，张松龄为委员长，钟毓、贾文凌为副委员长，均各于是日分别就职，并经吉林省长公署颁发木质关防一颗，文曰东北筹赈会吉林分会，关防当于十二月二十九日启用。"[2] 这些筹赈会都隶属于民政厅，拥有一定的赈务权力，但是所有赈务人员均是义务职，不给予薪水，赈灾工作结束后即行解散。在民国十九年（1930 年）辽西水灾急赈会简章第十二条至第十五条中就已经明确说明了急赈会的性质，"简章：第十二条：本会各股及办事处人员均纯尽义务不支薪津。第十三条：本会对外一应文件均盖用民政厅印信以昭郑重。第十四条：本会应需必要费用暂由民政厅垫支，事竣结束另行设法筹还概不动用赈款。第十五条：本会暂不定期，俟急赈事竣即行解散。"[3]，这种纯义务的赈灾组织比起晚清政府可以说是一种进步，也是一种创新。

在民国时期东北地方政府组设的救灾机构中，设立于民国十九年（1930 年）的同善堂最为典型，后来改组为辽宁省会救济院。在辽宁省会救济院致沈阳市政公所的第 130 号公函里，详细介绍了救济院的历史沿革和设立的各所及其功用。"查本院于前清光绪二十二年（1896 年），经依克唐阿将军总汇各善举，咨部立案，因名为同善堂，遂隶属军署。至三十三年（1907 年）划归民政司主管，中间曾改隶警务处、财政厅、市政公所等处。至今四月间改为救济院隶属省政府，设院长一员，科长

---

① 《奉天省长公署为国务院等拟于哈埠设立慈善救济会募款筹助由俄归侨的训令》，见《奉系军阀档案史料汇编》，第 3 册，511 页，南京，江苏古籍出版社，香港，香港地平线出版社，1990。

② 《奉天省长公署刊发东北筹赈会吉林分会组设成立的通令》，见《奉系军阀档案史料汇编》，第 8 册，96 页，南京，江苏古籍出版社，香港，香港地平线出版社，1990。

③ 辽宁水灾急赈会：《灾赈专刊》，档案 71 号，1930 年 11 月，辽宁省档案馆馆藏档案。

三员及各部所。"①其中包括：养老所(现收养贫苦老者三十六人)、残养所(现收养残废者三十九人)、孤儿院(现收养孤儿及私生子十六人)、育婴所(现收养婴儿三十六名)、济良所(现收养弃女四十八人，并教授课程兼习女工)、盲童学校(教授盲童学生十六人)、珠林寺(主管掩埋无主尸体及停放灵柩)、施医所、医科专门学校(专授西医，现有学生九十八人)、产科女医学校(现收女生十五名)、救产所(每年约接生私生子二三十名)、贫民工厂(共有工徒七十名)、实业女工厂(教授课程，共有生徒十八名)。从辽宁省会救济院的组建历程和机构设置可以看出，民国时期东北地方政府赈灾机构，大都有一个从"民办"到"官督商办"的历程，其内部组织结构已经达到了比较完备的程度，基本上涉及了社会救助的各个方面，这种完备是历代赈灾救助发展进步的必然结果，也是新时代所赋予的时代特征。

四、近代赈灾的相关立法

民国政府采取的赈灾措施虽然还带有明显的传统色彩，但是这一时期出现的赈灾法制化的趋势却从另一个侧面反映了社会的时代性进步。清朝时期在灾荒赈济立法上最完善的一部法律要算《灾伤蠲赈办法》了。它是由户部颁发的灾荒赈济工作办法，该《办法》共有 22 项，主要内容为：一、报灾。二、勘灾。三、灾蠲地丁。即"凡水旱成灾，地方官将灾户原纳地丁正赋作为 10 分，按灾请蠲。被灾 10 分者，蠲正赋 7/10；被灾 9 分者，蠲正赋 6/10；被灾 8 分者，蠲正赋 4/10；被灾 7 分者，蠲正赋 2/10；被灾 6 分、5 分者，蠲正赋 1/10。"四、灾蠲耗羡。五、被灾蠲缓漕项。六、灾蠲官租。七、蠲赋溢完流抵。即凡批准蠲免的钱粮，其在"文到以前已输官者，准流抵次年应完正赋。"八、业户遇蠲减租。九、蠲免给单。即将灾蠲钱粮"刊刻免单按户付执"，并"大张告示，遍贴晓谕以昭慎重。"十、奉蠲不实。对此，要察议，论罪。十一、查赈。即检查赈灾工作。十二、散赈。十三、折赈米价。具体规定了赈米折银价目。十四、坍房修费。倒塌房屋的均各地不同房屋质量给予修费，淹毙人口并给埋葬银。十五、隆冬煮赈。冬季在大城市设施粥厂赈济灾民、贫民。十六、士商捐赈。十七、查勘灾赈公费。十八、督捕蝗蝻。十九、邻封协捕(蝗蝻)。二十、捕蝗公费。即"换易收买蝗蝻兵役人夫，酌给饭费，俱准动支公项，按费报销"。二十一、捕蝗禁令。二

---

① 《辽宁省会救济院为抄送沿革及经办概况致沈阳市政公所函》，见《奉系军阀档案史料汇编》，第 9 册，101 页，南京，江苏古籍出版社，香港，香港地平线出版社，1990。

十二、捕蝗损禾给价。即"凡人夫聚集处所，践伤田禾，该地方官查明所损确数，核给价值，据实报销"。①

这部法规称得上是近代赈灾立法的开山之作，它比较全面地介绍了受灾后的具体办法和应对措施，详细规定了受灾程度及其相应的蠲免比例，这些法条都在后来民国时期的赈灾立法中被保留了下来。然而，民国以后，仓储制度一度衰败，但并未引起民国北京政府的真正重视，各地仓储破坏严重。南京国民政府成立后，开始注重仓储的建设和管理，颁布了《义仓管理规则》及《各地方仓储管理规则》，着手恢复曾一度废弛的传统仓储制度。

南京国民政府建立之初，即于民国十七年（1928 年）七月颁布《义仓管理规则》，加强了对传统仓储的立法和管理。民国十九年（1930 年）一月，国民政府内政部在《义仓管理规则》的基础上，修订公布了《各地方仓储管理规则》，明确规定："各地方为备荒恤贫设立之积谷仓分为县仓、市仓、区仓、乡仓、镇仓、义仓 6 种"，其中义仓由个人捐办，其他 5 种由国家兴办，各县、乡、镇为县仓，市仓、区仓的设立由民政厅就地方情形确定。各地方仓储积谷的使用有 3 种方式，即贷与、平粜和散放，贷与用以调节农村金融，平粜用以平抑粮价，散放用以急赈。按照《各地方仓储管理规则》，除县市仓积谷不用于贷与外，其他各仓均可用于这 3 种方式，其中以平粜的运用较为经常。民国二十三年（1934 年）十二月，国民政府行政院发布《各省市举办平粜暂行办法大纲》，规定："凡被灾区域遇粮价过高或于青黄不接时应就原有仓储积谷开办平粜，其未设仓储地方亦应筹集资金举办"，"仓储平粜总数最高不得逾仓存 7/10"；并对平粜的具体办法作了详细规定。需要指出的是，民国时期的仓储制度形式上虽源于传统，但内容上已折射出现代的色彩，例如：仓储管理不再由地方官员直接插手，而是由仓储委员会集体经管。

在救灾程序上，民国时期，灾荒救济由中央或省政府按规定的程序进行。民国三年（1914 年）一月，民国北京政府借鉴清朝灾荒查报和蠲缓的有关制度，制定和公布了《勘报灾歉条例》。民国十七年（1928 年）十月九日，南京国民政府内政部在该条例的基础上颁行了同名法令。民国二十三年（1934 年）二月二十四日，行政院修正后重新公布了《勘报灾歉条例》。民国二十五年（1936 年）八月十日，国民政府行政院又公布了《勘报灾歉规程》。这些条例和规程都规定了灾荒救济的基本程序：勘

---

① 孟昭华、彭传荣：《中国灾荒辞典》，93 页，哈尔滨，黑龙江科学技术出版社，1989。

灾、报灾和蠲缓。

按照国民政府颁行的《勘报灾歉条例》和《勘报灾歉规程》的规定，地方遇有"由渐而成"的旱灾、虫灾，由县政府随时勘察，至迟不得超过10日；遇有风、雹、水灾及其他急灾，须立即勘察，最迟不得超过3日。勘察后，先将被灾大概情形分报该管省政府及民政厅、财政厅备案。报灾期限因季节差别及灾情缓急而有所不同。蠲缓包括蠲免和停缓，是根据被灾程度适当减免灾区土地赋税的一种传统救灾方式。蠲缓需先确定灾区的被灾程度，根据《勘报灾歉条例》规定："地方勘报夏灾，察看情形较轻尚可播种秋禾者，一律等到秋收时再行勘定分数，其向不播种秋禾者即在夏灾时勘定分数。各省市核定被灾分数应自被灾地亩全年收获不及中稔半数时起算，其收获在中稔半数以上者，以不成灾论"。关于蠲缓比例，在民国北京政府公布的《勘报灾歉条例》中有着详细的规定："地方勘报灾伤，将灾户原纳正赋作10分计算。按灾请蠲：被灾10分者，蠲正赋7/10。被灾9分者，蠲正赋6/10。被灾8分者，蠲正赋4/10。被灾7分者，蠲正赋2/10。被灾6分、5分者，蠲正赋1/10。蠲余钱粮分年带征，被灾10分、9分、8分者，分作3年带征。被灾7分、6分、5分者，分作2年带征"[1]。南京国民政府的规定略有不同，请蠲比例定为："被灾9分以上者，蠲正赋8/10。被灾7分以上者，蠲正赋5/10。被灾5分以上者，蠲正赋2/10。蠲余田赋分年带征，被灾7分以上者作3年带征。被灾5分以上者作2年带征"[2]。如果单从字面上看，民国北京政府时期灾民的负担与晚清时期相同，但是南京民国政府时期灾民的负担则较之北京政府时期有所减轻。蠲缓必须遵循严格的程序：遇到灾荒申请蠲缓，要由各省市查明应蠲缓的分数，报上级机关查核。蠲缓带征年限，要由各省市就各地的原有惯例，另外议定举行办法，报民政部查核。蠲缓申请得到批准后，3日内准许施行。但是由于官方文书审批时间较长，往往文书到达时，赋税已经征收完毕。为此南京民国政府规定："其有输官在前者，应蠲部分，准其流抵次年。应完各款应缓部分，既已完纳，免再分年带征。"[3]

在筹集赈灾资金上，民国政府的筹资渠道主要有三个：一是奖励社会捐助；二是发行赈灾公债；三是建立救灾准备金制度。社会捐助是民

---

① 蔡鸿源：《民国法规集成》，第14册，503页，合肥，黄山书社，1999。转引自岳宗福：《民国时期的灾荒救济立法》，载《山东工商学院学报》，2006(3)。

② 同上书，507页。

③ 同上。

国时期救灾资金的一个重要来源。

民国北京政府在民国二年(1913年)八月颁行《义赈奖劝章程》中就极力鼓励社会各界捐款赈灾,规定凡捐助义赈款银1000元以上者由大总统依据《褒扬条例》进行褒扬,不满1000元者由地方行政长官依据款银数额分别给予奖励。南京国民政府成立后,相继公布《赈款给奖章程》、《赈务委员会助赈奖给章程》,规定依据捐款数额,由政府或赈务会分别给予匾额、褒状、褒彰等奖励(民国政府内政部在20世纪30年代规定,各级赈务委员会之"赈"字一律用"振")。民国二十三年(1934年)十一月,国民政府出台《公务员捐俸助振办法》,具体办法将在下文详细论述。同时,国民政府还于民国二十年(1931年)底公布了《振务委员会收存振款暂行办法》和《振务委员会提付振款暂行办法》,对赈款的管理做出明确规定。发行赈灾公债是民国政府开辟的一条新的救灾资金筹集渠道。民国八年(1920年)华北大旱,民国北京政府于同年11月颁布《赈灾公债条例》,决定发行公债400万元,年利率7厘,每年上半年5月31日和下半年11月30日各支付利息一次,这是民国政府最早发行的赈灾公债。南京国民政府承袭了这一办法。国民政府时期,几乎每次大灾都要发行赈灾公债。救灾准备金是南京国民政府时期开始设立的专用救灾资金。民国十九年(1930年)四月,赈务委员会呈请国民政府自本年度起,每年预算内单独列出备荒专款500万元,专为救灾备荒之用,永不删除,也不准挪作他用;并拟写了《备荒基金法》草案,审议通过并公布。

民国十九年(1930年)十月十八日,国民政府公布了中国历史上首部《救灾准备金法》。具体规定如下:"一、国民政府每年应由经常预算收入总额内支出百分之二,为中央救灾准备金。但称存满五千万元后得停止之。二、省政府每年应由经常预算收入总额内支出百分之二,为省救灾准备金。省救灾准备金以人口为比例,将每百万人口称存达二十万后得停止前项预算支出。三、救灾准备金,应设三个保管委员会,在中央由国民政府选定委员七人组织之,以内政部长,财政部长为当然委员。在省由省政府呈请行政院派定委员五人组织之。以民政厅长,财政厅长为当然委员。中央救灾准备金保管委员会,受行政院之监督。省救灾准备金保管委员会,受省政府之鉴监,处理其事务。四、保管委员会经费之支给,不得动用救灾准备金。五、救灾准备金保管委员会负责保管,不得以作别用。六、遇有非常灾害为市县万不能救助时,以省救灾准备金辅助之。不足,再以中央救灾准备金辅助之。工赈或救灾有关之移民，得由救灾准备金内酌予辅助。前二项之辅助金额，应由保管委员会议决，呈请监督机关核准。七、救灾准备金应妥存国家银行或殷实之银行。按期前项存款，又优先受请赏之权。八、因保管人之过失，致救灾准备金受损失时，该保管人应负赔偿责任。九、依被灾之情况，本年度救灾准备金所生之子息，不敷支付时，得动用救灾准备金，但不得超过现存额二分之一。十、救灾准备金之收支保管委员会，应按年度造具预算、决算，分别呈报监督机关。"①这样就在法律上把救灾准备金制度化，从而为民国时期政府赈灾提供了有力的经济支持。

当然，民国时期的灾荒救济立法并不仅限于上述几个方面，如国民政府为加强对办赈团体和人员的管理，在 20 世纪 30 年代还出台了一系列章程及条例。主要有民国十九年(1930 年)颁行的《办理振务人员奖恤章程》；民国二十年(1931 年)的《办振人员惩罚条例》与《办振公务员奖励条例》；民国二十一年(1932 年)的《办振团体及在事人员奖励条例》与《办振团体在事人员恤金章程》。从而建立了一套包括奖励、惩罚和抚恤等内容的救灾团体及人员奖惩制度。由此可以看出，民国时期的灾荒救济立法，一方面将传统灾荒救济活动中行之有效的方法和措施纳入立法的范畴，使之法治化、制度化；另一方面通过立法建立适应近代社会需要的新型灾荒救济制度。这两个方面的努力共同构成了民国时期灾荒救济立法的基本内容，从而推动了近代中国灾荒救济活动的法治化。东北地区作为中央政府的一部分，理所当然地要遵守这些法律、法规，但是如前文所述，由于其政治上的特殊地位、经济上的充足保障和地域上的特点，民国时期的东北地方政府在赈灾政策的具体实施上又有所改变，形成了自身的特点。

第三节　近代东北地方政府赈灾筹款措施

民国时期东北地方政府赈灾是一种大规模的政府行为，经济上的保证必不可少。这种经济支持通常来源于两个方面，一方面是东北地方政府的财政拨款；另一方面是社会募捐，其中政府的直接财政拨款在灾荒赈济工作中可以起到短效、快捷、立竿见影的作用。在赈灾过程中，政府的财政赈款率先拨付到位，迅速用于紧急赈济。以 1930 年东北地方政府对辽西大水灾的赈济为例，在这次赈灾过程中，政府的赈灾专款就

① 《热河省财民两厅呈送救灾准备金保管委员会章程细则并启用关防及热河省政府令》，《热河省长公署·JC23》，档案 2109 号，1930 年 10 月 18 日，辽宁省档案馆馆藏档案。

是在第一时间拨付到位的。在辽宁水灾急赈会编著的《灾赈专刊》中即有如下记载:"对于被灾最重之绥中、盘山、新民、锦县等县,将先由省库拨款五万元,暨组织水灾急赈会情形,电令知照"。[①] 但是在后续的赈济工作中,由于需要大量资金进行追加性投入,单靠东北地方政府自身的力量是无法完成的,这就需要社会各界齐心协力才能成功。"一方有难,八方支援"正是社会捐助的形象写照。一旦灾荒发生,筹集赈灾款项就成为东北地方政府赈灾工作的主要职能之一,在筹集赈款活动中,东北地方政府发挥着公布受灾情况、发动群众、收集捐款的重要作用。

一、民国时期的赈灾筹款措施

晚清时期,由于战争赔款、外债压力、仓储制度废弛,在面对灾荒时,东北地方政府只是一味地向中央政府索要,而中央政府则总是到处筹措赈灾款项,甚至不惜挪用军费。1904 年日俄战争把中国东北地区作为主战场,备受战争蹂躏的东北地区在战后已成灾区,房屋被毁,田地荒芜。已经没落的清王朝在面对大规模灾荒时,无力筹措数额巨大的赈灾款项,只能靠挪用兵款、加大税收这种方式来暂解燃眉之急。在依克唐阿的《为办理奉天善后筹款维艰折》中就有如下记述:"先由奉天所储前练兵大臣定安节存银四十万两,内拨给银十万两作为奉天东南各州县办理善后用款,此十万两应由该将军先择善后之最要者酌量分布,如有不敷,一俟东边昌图等处税务整顿有效,再由该将军奏明拨补"[②]。但是这种方式很容易激起民众的反抗,无异于饮鸩止渴。到了清朝末期,由中央所拨发的赈款更是少之又少,大多数情况下令各受灾省份自行筹措赈款,草草了事。

进入民国时代,在张作霖、张学良父子历经十余年的治理下,加之其特殊的半独立地位,东北地方经济在很大程度上得以恢复,政府财政有所保证,使得在灾荒赈济工作中政府直接拨款的力度加大。每次受灾,政府都会首先拨款进行急赈,然后号召社会各界进行募捐赈济,通常会在报纸上刊登募捐启示,用军乐队、化妆表演、图画、标语等形式在街市上游行(由民政厅直接组织);再由童子军分发传单(由民政厅印制),在电车、公共汽车、电线杆、各公共娱乐场所张贴标语(由东三省民报承办),并在电影放映时插播募捐广告(由公安局主持),劝募的形

---

① 辽宁水灾急赈会:《灾赈专刊》,档案 71 号,1930 年 11 月,辽宁省档案馆馆藏档案。
② 《为办理奉天善后筹款维艰折》,《奉系军阀档案史料汇编》,第 1 册,45～46 页,南京,江苏古籍出版社,香港,香港地平线出版社,1990。

式多种多样。这样大规模的号召募捐在社会上也引起了极大的反响，社会各界纷纷捐款助赈，富甲官绅也起到了表率的作用。1924 年，张作霖办寿庆，将剩余寿款留做赈灾款项，把"除寿诞开销外，计盈余奉小洋十万元。奉总司令谕拨归奉省六万元，吉、黑两省各二万元用作赈灾以济贫黎"①。同年七月辽宁省大旱，张作霖又与省长王永江在辽宁省署内设立义务赈捐处，张作霖先捐款大洋十五万元，作为提倡，后吴俊升捐款大洋七千元，张作相捐款五千元，王永江捐款五千元，其他各处厅局长、县知事也纷纷捐款助赈。在 1930 年辽西水灾募捐过程中，也是张学良及其夫人率先捐款、捐物，张学良夫人更是以个人之力捐助赈粮红米九十包，作为组设施粥厂所用。民国时期，在东北地方政府筹措赈款过程中，以东三省官银号(1924 年 7 月兴业银行并入官银号)、中国银行、交通银行、边业银行为代表的东北四大银行也对东北赈灾起到了巨大的作用，这些银行纷纷提供灾荒赈济贷款，以缓解政府暂时无法调集大量资金的困境，从而使受灾地区在第一时间能够得到赈济。为了能够更广泛的筹集赈灾资金，东北地方政府又采取多种方法筹集赈款，其中包括：节省一切宴会，停建一切非必要的建筑，调用各省一切工程人才，发行政府公债，特殊行政罚款拨充赈款，陕西赈款余款移充赈款，发行赈灾慈善彩券等，其中在天津发行的赈灾慈善彩券最为典型。"天津慈善彩券尚余存 150 本合计价 45 000 元，由本省代销拨充水灾赈款，仍在天津开彩"。有时也会使用一些增加税收的措施。例如：采用发给通行证的办法，欠常关税开放鸭绿江口航运。另外还有收取赈灾特捐，在 1930 年的水灾急赈会确立的赈灾办法中，明确列出了募捐种类和收取单位："特捐(发布捐启由各界分担劝募)，铺捐，房捐，游戏捐(饭馆捐、电影捐、妓馆捐、戏团捐)，汽车捐，以上各捐分别酌定捐率，附加呈候省政府核准公布，由公安局经收。"②出现这样一些政府行为，从侧面可以看出民国时期东北地方政府对于赈灾募捐工作还是很重视的，但是随着捐税的增加从另一侧面也可以看出，东北地方政府的财政到 1930 年已经逐渐呈现紧张局面。

二、民国时期的赈灾捐款奖励方法

对于赈灾募捐的重视不仅仅体现在政府劝募方法的多样化上，还体

---

① 《奉系军阀档案史料汇编》，第 4 册，349 页，南京，江苏古籍出版社，香港，香港地平线出版社，1990。

② 辽宁水灾急赈会：《灾赈专刊》，档案 71 号，1930 年 11 月，辽宁省档案馆馆藏档案。

现在对于捐款者的奖励上。在 1930 年 8 月 6 日民国政府下发的《为准热河省政府函发捐助赈款给奖章程》中，明确列出《赈灾委员会捐助给奖章程》十一条。这十一条奖励章程，不仅详细的规定了捐款数额及其相应的获奖等级、获奖匾额和奖章样式，还将获奖人员、团体名单连同成绩报内政部备案，由此可见，赈灾捐款既是一件善举，也是一件可以获得荣誉的美事。

民国时期东北地方政府赈灾募捐的募捐启示中，大都有"慷慨乐施、积善造福"一类字样，例如在《张学良、翟文选等为成立东北筹赈会向三省各界筹募事致奉天总商会代电》中就有"无论官绅商民，莫不踊跃捐输，慷慨施与，历年弗辍，中外同钦，用能感召天和，获斯果报，所谓作善降祥，固有为响应也。……普发慈悲之愿，以广功德，而永天麻。"[1]这样的话语。在辽宁水灾急赈会编著的《灾赈专刊》中也有"全省军政警学商绅各界暨各地慈善团体亦无不慷慨乐施踊跃捐助……一般灾黎得以咸沾实惠，暂济燃眉，此在施之者积善造福与受之者感恩戴德……仍当仰赖各界仁人善士布德施惠，源源接济，庶使冬赈举以完成全始全终，救人救澈，斯则馨香祷祝，而更为一般灾黎泥首请命也。"[2]这类字样。上述材料从侧面反映，政府募捐赈款是从传统文化的"性善论"出发，针对中国人普遍具有的"功德圆满，修成正果"的传统思想进行劝募的。这种劝募方法极具功效，使得人们认识到帮助灾民渡过难关的益处是"修成正果"。这种现象也反映出民国时期东北地方政府在赈灾思想上的传承性和民众心理上传统的一面。

三、"捐俸助赈"制度与赈灾公债

在民国时期东北地方政府赈灾募捐中，还出现了"捐俸助赈"制度。这种现象并不是民国官员们所独创的，在晚清时期，清政府为了解决财政困难就曾实行过捐官制度，后期由于捐官太多，又没有实际官缺可以给予这些捐官，这种制度才被迫叫停。相比之下，民国时期东北地方政府的"捐俸助赈"制度则要高明许多。这种方法既没有造成晚清时期的冗官现象，又达到了筹集赈款的目的，同时民国政府还对"捐俸助赈"的比例和额度进行了详细规定。在《为奉令发文武官吏捐俸助赈办法》中就提

---

① 《张学良、翟文选等为成立东北筹赈会向三省各界筹募事致奉天总商会代电》，见《奉系军阀档案史料汇编》，第 7 册，684~685 页，南京，江苏古籍出版社，香港，香港地平线出版社，1990。

② 辽宁水灾急赈会：《灾赈专刊》，档案 71 号，1930 年 11 月，辽宁省档案馆馆藏档案。

到"民国十八年(1929 年)……国府第十八次国务会议决议,凡文武官吏月俸四百元以上者,捐俸一月;二百元至四百元者,捐俸半月;一百元至二百元者捐俸百分之二十;中央由各机关长官,京外由省市政府财政厅、财政局负责,自本年一月份起分四个月均扣转解赈灾委员会……"[1]。到了民国二十年(1931 年)捐俸的比例进一步扩大到"凡属全国官吏及企业职员、公立学校教职员、公立教育机关职员暨党部工作同志,拟规定月薪在百元以上者,捐百分之五,二百元以上者,捐百分之十,四百元以上者,捐百分之十五,六百元以上者,捐百分之二十,以三个月为期限"[2]。这种"捐俸助赈"制度由于范围过大,捐俸比例过高,遭到了许多官员的抵制,大都以"拖欠薪饷"为由拒绝捐俸。即使这种"捐俸助赈"制度遭到东北各级官员的普遍反对,但是一直到民国政府垮台前夕,这种制度也没有取消,反而有愈演愈烈的趋势。归根结底,民国时期的"捐俸助赈"制度是由政府财政拮据引起的,它和晚清政府的捐官制度是一样的,都是由于财政困难,无处筹措赈灾款项而制定的临时性对策。但是一旦受制于经济,这类制度就会成为一项长期坚持的政策,最后产生尾大不掉的局面,无法收场。比起晚清政府为了赈灾而疯狂搜刮民众,民国政府的"捐俸助赈"制度可以算得上高明许多。在这个制度中,受损失的只有官员和富商大贾,并未牵涉普通民众。这样就不容易激起民众的反抗,酿成民变;而这些受到损失的官员和富商大贾大多为现存政体的既得利益者,他们最多只是抱怨一下掌权者,绝对不会反抗政府,从这个方面讲也算是时代的一种进步。

发行赈灾公债也是民国时期东北地方政府赈灾的一个重要的筹款方式。以 1920 年 12 月 1 日发行的一次政府赈灾公债为例。这次赈灾公债一共发行了四百万元,在公布的《赈灾公债条例》中可以清楚地看出这次赈灾公债发行的具体情况。其中在第二条和第三条条例中指定了利率和偿还方法。"第二条、此项利率定为按年七厘。每年上半年五月三十一日暨下半年十一月三十日各付息一次","第三条、此项公债自民国十年十二月起抽签法分两年偿还。每年抽签两次,每次抽还总额四分之

① 《为奉令发文武官吏捐俸助赈办法》,《热河省长公署·JC23》,档案 12382 号,1929 年 2 月 25 日,辽宁省档案馆馆藏档案。
② 《奉行政院令奉国府训令以中央政治会议函为各地水灾浩大拟订各机关扣薪捐款办法经提会决议照办行遵照等因训令遵照,中央政治会议决捐薪赈济水灾办法一案》,《热河省长公署·JC23》,档案号 15086 号,1931 年 9 月 23 日,辽宁省档案馆馆藏档案。

一，计议百万元。至民国十二年十一月底为止，全数还清"①。赈灾公债的发行缓解了东北地方政府的财政压力，在第一时间提供了赈灾款项，而且"责成各省财政厅长及各常关监督暨津浦货捐局办项目，如额报解，不得挪作他用"②。这种硬性的规定为民国时期东北地方政府提供了充足的赈款保障，使得民国时期的东北地方政府在赈灾能力上强于中国的其他地区。但是在发售公债的时候还是出现了硬性摊派的情况，如《赈灾公债条例》中"第五条、此项公债发行除划出一部分由中外各机关购募外，其余债额由财政部会同内务部酌量各省情形分别摊派。即每百元实收九十元"③。此时，硬性的摊派与"捐俸助赈"已无差别，完全是一种巧取豪夺的手段。

民国时期东北地方政府在赈灾筹款过程中体现出以下三个方面的特点。

首先，东北地方政府在灾荒赈济过程中充分体现出了政府的领导性特点。以政府为引导，民众为主力，这种局面到了民国时期的东北已经完全形成。此外，东北地方政府已有固定的赈灾准备金，专款专用，并运用了现代化的手段进行赈济，迅速解决受灾民众的燃眉之急。通过公布灾情、发动群众、倡议募捐等一系列政策，东北地方政府在赈灾过程中居于引导地位。

其次，东北地方政府在灾荒赈济过程中采取了多样化的筹款措施，细致入微的救济政策，加之身兼筹款人和赈济人的双重主体身份，使得东北地方政府的赈灾能力得到极大提升，在一定程度上缓解了东北人民的受灾之苦。总之，近代东北地方政府在救灾赈济方面有许多值得总结的内容。

最后，东北地方政府在灾荒赈济过程中充分体现出了政府政策的迅捷性特点，成为赈灾工作中的排头兵。全民赈灾，政府先行，充足的经济支持，固定的赈灾准备金，专款专用，让东北地方政府在赈灾工作中一马当先，有能力迅速解决受灾民众的燃眉之急。

本章小结

近代是中国社会的转型期，政治在转型，经济在转型，社会生活在

---

① 《赈灾公债条例》，《奉天省长公署·JC10》，档案 938 号，1920 年 12 月 1 日，辽宁省档案馆馆藏档案。

② 同上。

③ 同上。

转型，人的思想也在转型，打开近代尘封的记忆，到处都是革新的气象，社会在变，人们在变，时时在变，日日在变。近代又是中国社会的阵痛期，无论是硝烟弥漫的鸦片战争，图强自新的洋务运动，慷慨悲怆的戊戌维新，还是辛亥的第一声枪响，所有的这些都加速了中国社会的变革，加速了这个封建王朝向一个近代化国家的转变，虽然这个转变伴随着一次次的阵痛，然而，正是这些阵痛给中国带来了进步，带来了新的思想，新的气象，中国社会进入了前所未有的变革转型时期。近代的东北地区也随之转变，新的社会风气层出不穷，随之而来的是政府政策的相应调整。近代的东北地区与同期全国其他地区相比，并不是一个自然灾害高发区（见附表 6-9 和附表 6-10），然而即使在这样一个受灾不多的地区也孕育了政府赈灾的转型。这种转型体现在赈灾理念、先进科技的应用和赈灾体制的转型三个方面。

首先，赈灾理念的转型。随着近代国力的日趋衰弱，"强社会，弱政府"的社会局面日渐形成，传统的赈灾理念也发生了转变，主要体现在社会力量在赈灾救济上的作用日趋增大，政府从一管到底的位置转变为一种先行者的角色，大部分后续赈济都是由民间组织继续完成的。从晚清时期的同善堂到民国时期的中国华洋义赈会、热奉吉江四省慈善联合会、世界红十字总会、各省商会、各机关、各法团、各报馆等各个民间团体都在近代东北赈灾中起到了主力军的作用，而东北地方政府仅仅是赈灾的牵头人。

其次，先进科技的应用。19 世纪 60 年代至 90 年代的洋务运动，推动了中国近代工业化的发展，其中一个方面就是交通、通信事业的近代化。在近代东北的赈灾活动中，充分利用了这些现代化的交通、通信方式，从铁路、轮船到电话、电报，赈灾的各个方面都展现了新科技的力量，从而加速实现了赈灾工作的近代化。

最后，赈灾体制的转型。各种专门赈务机构相继出现，设立专门的救灾准备金，发行赈灾公债，实现赈灾的专款专用，提供充足的赈灾款项等。各地的民间义赈组织也相继出现，并在各省设立分会，从而实现了赈灾体制的网络化和规模化。

近代东北地方政府赈灾发生转型有着深刻的原因，归结起来，大致可以分为时代因素、经济因素、政治因素和社会因素四个方面。

一是时代的发展变迁构成了近代东北地方政府赈灾转型的第一要素。正是由于时代的变迁，才使得其他因素随之产生变化，如果没有时代的进步，就没有火车、轮船、电话、电报等先进科技的广泛使用，就没有近代东北地方政府赈灾在物质方面上的革新，因而，可以说，时代的变迁是近代东北地方政府赈灾转型的基础要素。

二是经济富足是近代东北地方政府赈灾的根本保障。近代东北地方政府的赈灾制度具有许多现代因素，正是这种孕育了现代要素的赈灾制度，保证了东北许多地区的灾后重建工作。

三是政治因素的转变是近代东北地方政府赈灾转型的重要因素。政治因素从古至今在中国社会结构中一直占据着重要的位置。在近代东北地方政府赈灾这一问题上也不例外，正是政府的角色转换，政府立法的近代化，和政府赈灾措施的多样化促进了近代东北地方政府赈灾的转型，因而，政治因素的转变在近代东北地方政府赈灾转型中占据着重要的地位。

四是社会因素也促进了近代东北地方政府赈灾转型。社会因素其中主要指的是人的因素。近代中国的一次次变革，都引起了翻天覆地的社会变化，人的思想解放了，人的认识多样了，人的观念进步了。这些转变促进了近代东北地方政府赈灾的转型，各种民间慈善机构的设立正是社会变化的最好表现，从侧面也反映出民间财力的增长，因而，社会因素也成为近代东北地方政府赈灾转型的一个不容忽视的因素。

附　　录

附表 6-1　民国十九年（1930 年）辽西水灾灾况统计表

类别 县名	冲毁地亩数	冲毁房间数	淹毙人数	被灾人口数
绥中县	宽 40 里长 100 里 216 000 亩	35 000 间	2 000 余名	40 000 余名
盘山县	水尚未退故被冲地亩确数尚未据查明	10 000 余间	100 余名	100 000 余名
新民县	80 余万亩	6 200 余间	10 余名	60 000 名
锦县	因积水未除确数尚未查明	4 000 余间	2 名	51 210 名
台安县	744 000 亩	2 640 间	80 名	126 740 名
黑山县	141 845 亩	34 300 间	10 名	25 000 名
义县	9 800 余亩	2 500 间	208 名	1 459 名
北镇县	77 994 亩	4 679 间	228 名	5 000 余名

类别\县名	冲毁地亩数	冲毁房间数	淹毙人数	被灾人口数
辽中县	340 056 亩	859 间	无	16 098 名
彰武县	325 000 余亩	8 944 间	34 名	29 122 名
兴城县	3 328 亩	2 293 间	14 名	628 名
合计	2 663 567 亩	111 415 间	2 586 名	435 231 名

以绥中县为例。

附表 6-2　民国十九年(1930 年)辽西水灾赈济绥中县境粮款物品数目表

月日\类别		8 月 23 日	8 月 26 日	总计
赈粮	名称	红粮		红粮
	数目	500 石		500 石
赈品	名称			
	数目			
赈款	数目		6 000 元	6 000 元
备考		由营口公安局、商会代购起运	交官银号电汇	

附表 6-3 民国十九年(1930 年)辽西水灾拨发辽西灾区赈衣等类名色数目表

赈　品			绥中县	说明
衣	棉衣	男	232 件	
		女	48	
		童	172	
	棉袍	男	11	
		女	4	
	夹衣	男	264	
		女	10	
		童	165	
	单衣	男	118	
		童	496	
	皮衣	男	2	
	军衣	男	8 000	
裤	军裤	男	8 000	
	棉裤	男	110	
		女	25	
		童	50	
	套裤		20	
	夹裤	男	54	
被	棉被		11	
帽	男	40		
零碎			48	

附表 6-4 民国十九年(1930 年)辽西水灾拨发辽西灾区赈粮数目统计表

自该年八月十九日至十月一日

绥中县 500 石	新民县 2 513 石 8 斗	盘山县 3 100 石
锦　县 1 900 石	义　县 400 石	北镇县 60 石
黑山县 1 000 石	台安县 1 500 石	辽中县 400 石
彰武县 1 000 石	兴城县 500 石	共　计 12 873 石 8 斗

附表 6-5 民国十九年(1930 年)辽西水灾拨发辽西灾区块煤木柴数目统计表

自该年八月十九日至十月一日

盘山县	块煤 60 吨	木柴 35 000 斤
台安县	块煤 60 吨	
共 计	块煤 120 吨	木柴 35 000 斤

附表 6-6 民国十九年(1930 年)辽西水灾拨发辽西灾区赈款数目统计表

自该年八月十九日至十月一日

绥中县	现大洋 6 000 元	新民县	现大洋 1 000 元
锦 县	现大洋 6 000 元	共 计	现大洋 13 000 元

附表 6-7 民国十九年(1930 年)辽西水灾新民县水灾善后调查表

区别	一	四	五	六	七	八	总计	说明
灾民总户数(户)	1 953	2 346	2 208	649	933	255	8 344	查被灾地亩暨不堪耕种亩数与田赋减免有关,业经饬派专员查报俟,办竣时呈候复勘,合并声明。
大口男女总数(口)	6 975	12 136	8 766	2 728	3 517	856	34 978	
小口男女总数(口)	2 534	5 212	4 141	1 426	1 812	359	15 484	
大小口总数(口)	9 509	17 348	12 907	4 154	5 329	1 215	50 462	
被灾地亩总数(亩)	2 488.5	55 744	26 202	8 603	1 629.7	153	113 820.2	
不堪耕种总数(亩)	18 666.5	44 968	22 543.39	6 777	1620	135	94 709.89	
原有房屋总数(间)	3 334	5 582 间半	4 437	1 975	2 885	198	18 411 间半	
倒塌房屋总数(间)	3 234	4 913	3 378 间半	1 948	2 885	130	16 888 间半	

附表 6-8　民国十九年(1930 年)辽西水灾辽西各县分设粥厂数目表

县别	区别	已设粥厂地点	拟设粥厂地点	施赈机关	备考
盘山县	一	东大岗子		县政府设立	该县境内共设立 18 处
	三	沟稍子　平安堡		县政府设立	
	五	高坪镇　小麦科 鸭子厂　刘家堡		县政府设立	
	六	盘蛇驿　得胜碑		县政府设立	
	七	刘家铺　赵荒地　黑鱼沟 宽子段　腰路子 兴隆堡		县政府设立	
	七	胡家窝堡		县政府设立	
	八	北井子　梁家屯		县政府设立	
锦县	城关	1 处		县政府设立	该县境内共设立 14 处
	六	1 处		县政府设立	
	七	4 处		县政府设立	
	八	8 处		县政府设立	
绥中县	一	商会　车站　天齐庙		县政府设立内有佛教会 2 处	该县境内共设立 7 处
	二	大王庄　塔山屯		四省慈善会设立	
	二	打雀庄子　小庄子		四省慈善会设立	
新民县	一		县街西头黄旗堡 巨流河		该县境内已设立 2 处拟设 13 处
	四	大赵屯		平津辽急赈会设立	
	四		达连岗子 梁三家子		
	五	大白旗堡		平津辽急赈会设立	
	五		姚家岗子 高家窝堡		
	六		沙岭岗子 西四家子 前二台子		
	七		下营子　大许屯		
	八		马家屯		

续　表

县别	区别	已设粥厂地点	拟设粥厂地点	施赈机关	备　考
台安县		13 处		县政府设立	粥厂地点不详
统计		54 处	13 处		
说明		遵查其余各县因未据呈报，无凭查填合并说明			

附表 6-9　1840－1927 年间全国各省区受灾县数统计

地区＼类型	水	旱	风	虫	震	其他	分　计
河北	3 397	895	128	6	12	82	4 205
山东	3 835	1 761	72	37	142	93	5 226
河南	2 920	1 895	55	3	4	51	4 120
山西	486	696	25	1	23	65	1 240
陕西	733	632	71	9	70	232	1 523
甘肃	550	285	4	4	181	101	878
江苏	2 932	1 408	108	54	36	57	4 180
浙江	2 698	866	53	89	9	32	3 535
安徽	2 029	1 046	89	39	17	39	2 664
江西	1 432	542	35	9	2	15	1 660
湖北	1 747	594	95	28	49	52	2 284
湖南	1 036	283	44	27	27	68	1 399
四川	621	452	4	2	41	108	1 123
贵州	115	72	3	1	47	50	287
云南	335	71	2	1	139	64	543
广西	316	268	86	7	4	37	705
广东	464	46	2	72	13	18	527
福建	260	46	3	69	53	16	379
东三省	450	61	8	1	8	67	581
总计	26 356	11 919	886	459	877	1 247	37 059

附表 6-10　清嘉道、同光及民国时期各地区受灾县数变化

年代 \ 地区	黄河流域	长江中、下游流域	西南地区	华南地区	东北地区	总　计
嘉道年间 (1796—1839)	5 140	3 715	71	110	213	9 249
同光年间 (1861—1895)	8 512	7 334	549	644	164	17 278
民国时期 (1912—1948)	7 147	5 145	2 443	1 563	400	16 698

资料来源：

　　表 1-表 8 来源于辽宁水灾急赈会：《灾赈专刊》，1930 年 11 月，辽宁省档案馆馆藏档案。

　　表 9 来源于国家防汛抗旱总指挥部和水利部南京水文水资源研究所统计数字。转引自鲁克亮：《略论近代中国的荒政及其近代化》，《重庆师范大学学报》(哲学社会科学版)，2005(6)。

　　表 10 来源于夏明方：《民国时期自然灾害与乡村社会》，36 页，北京，中华书局，2000。

东北古今地名对照表

一、盛京将军辖区

1. 盛京：清留都，即今辽宁省沈阳市。

2. 奉天府：府治，今辽宁省沈阳市旧城。

承德县：今辽宁省沈阳市旧城。

辽阳州：今辽宁省辽阳市老城。

海城县：今辽宁省海城市。

盖平县：今辽宁省盖州市。

宁海县：今辽宁省大连市金州区。

开原县：今辽宁省开原县老城镇。

铁岭县：今辽宁省铁岭市。

复　州：今辽宁省复县复州城。

新民厅：今辽宁省新民县。

岫岩厅：今辽宁省岫岩县。

昌图厅：今辽宁省昌图县昌图镇。

兴京厅：今辽宁省新宾县西三十里老城。

凤凰城：今辽宁省凤城县。

牛庄城：今辽宁省海城市牛庄。

熊岳城：今辽宁省盖县熊岳城。

3. 锦州府：府治，今辽宁省锦州市。

锦　　县：今辽宁省锦州市。

宁远州：今辽宁省兴城县。

广宁县：今辽宁省北镇县。

义　　州：今辽宁省义县。

白旗堡：今新民县西红旗。

小黑山堡：今黑山县。

二、吉林将军辖区

打牲乌拉：今吉林省吉林市北乌拉街。

伯都讷：今吉林省扶余县。

三、黑龙江将军辖区

黑龙江城：今爱辉。

墨尔根：在墨尔根城内，今无。

齐齐哈尔：今齐齐哈尔。

额玉尔：今黑河市爱辉区西南二站。

第 七 章
近代东北的卫生防疫

第一节　近代东北卫生防疫组织

一、近代东北卫生防疫组织的产生

卫生防疫组织是政府或民间用来预防疾病、保护民生的机构。清末实行新政，卫生作为一种现代观念开始得到政府的重视。卫生防疫组织的基本情况在已经出版的辽宁、吉林、黑龙江三省的卫生志中都有详细的介绍，还有些书籍和论文也对不同时期的卫生机构做了研究，可以说这方面的成果还是比较丰富的。但是结合东北近代史的特殊性，来深入研究该地区卫生防疫组织建设和发展背后深层次的历史原因的文章，还未见到。本文拟在既有研究成果基础上，结合自己所掌握的史料对此进行探讨。

1. 晚清巡警制度中的防疫行政功能

东三省巡警制度的确立，构筑了近代公共卫生体制的雏形。光绪二十七年(1901年)，东北驻防大臣增祺在奉天东华门设保甲局，"为省城开办巡警之基"①。光绪二十八年(1902年)三月，奉天省城设奉天警察局，新民府亦创办巡警。光绪三十一年(1905年)，奉天警察总局改组为巡警总局兼管卫生事宜，局内设卫生科掌管防疫、清道、检查饮食物

①　徐世昌撰：《东三省政略》(7)，见李毓澍主编：《中国边疆丛书》，第 1 辑，3817 页，台北，文海出版社。

品药料、稽核医院等事项。"人民始渐知注重"①。同时各属巡警局设卫生股，主管地方卫生事宜。光绪三十一年(1905 年)四月，赵尔巽任东北驻防大臣。同年，赵以兴修马路事宜归并局内为由，改巡警总局为工巡局。1907 年改为巡警总局，道员张锡銮总负责。光绪三十二年(1906 年)，清政府设东三省，徐世昌任总督。六月，道员姜恩治厘定巡警总局章程，设立执行、司法、卫生、教练、工程 5 科。光绪三十三年(1907 年)，奉天设行省，道员王治馨变通局章，改设总务、行政、司法、卫生、捐务 5 课，其中卫生课又分清洁、防疫、医务 3 股。宣统元年(1909 年)，省城警务公所设清道东西两队负责街道卫生，各置巡弁一员；清道队 209 名。食品卫生，分设西、南、北屠兽场 3 处，兽医官 2 名，委员 3 人，稽查 1 名，司事 3 名，长警 36 名，管理检验牲畜有无病症及盖印收费等事。又设有卫生队"管夫役之勤惰，扫除之地段，拉运之次数等事。卫生施行清洁法，如通泄沟渠整理公厕官井种痘时疫，兽疫之检查分析化验，药品与饮食物品，死伤疾病之检验诊断"②。

吉林省于光绪三十二年(1906 年)秋，由当地绅董筹饷，创办巡警，左翼统领诚明任局长。计设总局一个，分区 22 个，分所 47 个。这是吉林省西南路的乡巡。1906 年，海龙(今吉林梅河口市)奉令设巡警总局。巡警总局负有考核医学堂，医生考核、给照，管理清道、检疫、计划、审定一切卫生、保健章程之责。为使乡巡制度遍布吉林省以保地方平安，参酌西南路成例，于光绪三十四年(1908 年)四月，由民政司檄文，吉林于是设 4 乡巡警总局 1 个、分局 5 个、分区 19 个、分所 29 个。巡警制度至此在吉林全境建立。巡警总局设局长 1 名、提调 1 名。总局下设卫生科管理卫生、防疫，计有科长 1 名、医务员 1 名、行走员 2 名、书记 3 名。卫生科下设卫生队负责清道、除秽，计有队长 1 员、书目 1 名、队目 1 名、卫生兵 20 名、除秽夫 40 名、车夫马夫伙夫共 24 名。1909 年，海龙警务局内设卫生股，为掌管卫生工作的行政机构。

黑龙江将军程德全于光绪三十一年(1905 年)奏设巡警总局于省城，总局有权统辖全省警务。"然龙江边僻寒苦，又值日俄战争之后，新政肇兴，人才难得。仅仅粗立纲目，备具规模，州县既未能仓卒奉行，省局亦未暇宏织毕举。故自开办迄三十三年春，省局划分区域置路灯、清

---

① 王树楠等纂：《奉天通志》(4)，卷 144，3343 页，民治三，东北文史丛书编辑委员会点校，沈阳，辽海出版社，1983。

② 徐世昌撰：《东三省政略》(7)，见李毓澍主编：《中国边疆丛书》，第 1 辑，3817 页，台北，文海出版社。

道车，设卫生局、巡警学堂"。① 卫生局管理中医中药、防瘟疫、检查食物、视察屠宰、组织清扫队清扫街道事项。宣统三年(1911年)，巡警总局改为警务公所、卫生局改为卫生科，掌管事项不变。1905年，哈尔滨市公议会成立医务卫生局，下设事务、检查、防疫3部。这是黑龙江地区所辖地市最早建立的卫生行政机构。

表 7-1　奉天巡警总局常年经费各项预算表②

名　目	名　额	解　说	按月摊支	按年总支
雇佣清道夫	63名拟填10名	按旧册每年用洋9千5百余元姑以8百计	800元约合银520两	6 240两
运秽土车夫役	44名拟填4名	按旧册每年需洋5千余元姑以4百预计	400元约合银260两	3 120两
运粪车夫役	29名	按旧册每年需洋2 400元每月姑以200元计	200元约合银130两	1 560两
清厕夫	10名拟请添10名	按旧册每年需洋2 000数百两不等姑以200元预计	200元约合银130两	1 560两
沟渠夫	按月现雇	按旧册每年需洋2 000数百两不等姑以200元预计	200元约合银130两	1 560两
雇运衙署积雪秽车价		按旧册每年需洋一万八九千每月姑以1 500元计	1 500元约合银975两	11 700两
添修厕所		按旧册每年需洋二千六七百元每月姑以150元计	150元合银97两5钱	1 170两
添署各项工役应用器具		按旧册每年需洋1 900元每月姑以160元计	160元合银104两	1 248两

① 徐世昌撰：《东三省政略》(7)，见李毓澍主编：《中国边疆丛书》，第1辑，4389页，台北，文海出版社。

② 同上书，3817页。

名　目	名　额	解　说	按月摊支	按年总支
修理运土秽车辆		按旧册每年需洋 450 元每月姑以 40 元计	40 元合银 20 两	312 两
购买卫生药品		按旧册每年需洋 3 千 4 百元姑以每月 300 元计	300 元合银 195 两	1 340 两
卫生巡查长警	29 名	等级升降不定按月以 200 两预计	190 两	2 280 两
骡马夫	10 名	按旧册每年需洋 960 元姑以每月 80 元计 80 元合银 52 两		624 两
以上卫生课经费每月支银 3 264 两 5 钱，每年 39 174 两。				

2. 公共卫生机构的初步建立

(1)官督民办的牛痘局。

1881 年，韦纬三发起，联合官商，取得奉天总兵左宝贵、知府徐本衡的支持，于奉天省城创办牛痘局。每年接种约 2 500 人。此后辽宁各地陆续成立牛痘局。1883 年，英国传教士司徒阁在奉天小河沿创办盛京施医院。1887 年，营口三江公所创办施医局，负责施治时疫并兼设牛痘局。[①] 1896 年，盛京将军依克唐阿将奉天总兵左宝贵等创办的牛痘局、惜字局、义学馆、育婴堂、栖留所、粥厂等慈善机构统归一处，称奉天同善堂，堂长王有台。1901 年，同善堂设施医院，分内、外、眼、产 4 科，另设贫民施疗所一处。1905 年，盛京将军增祺奏准创办奉天官立卫生院，是为辽宁省设立官、公立医院之始。1908 年，在大连地方当局的支持下，中国人创办了大连宏济善堂。1928 年，该堂发展为财团法人，设有医院等附属机构，从事免费医疗，抚恤孤寡等善举。1911 年，奉天省城成立奉天红十字会，会址为抚近关(今沈阳市大东门)三义庙内，会员千人，附设学校医院各 1 处，1925 年并入同善堂。

1888 年成立牛痘局，又名资善堂，专为婴幼儿引种牛痘。1893 年，英国传教士丁滋博在长春创立基督教施医院，后在西三道街设立女施医院。1896 年，英人高积德在吉林市创办男施医院。1902 年，高与英国

---

① 彭志强主编：《营口卫生志(1840－1985)》，21 页，营口市卫生志编纂委员会编印，1987。

女医生合作,在吉林省城创办女施医院。1908 年,吉林巡抚朱家宝在省城办吉林官医院,院长陈佐宾。1909 年 1 月 9 日,吉林民政司在省城通天街开办官立西医院,民政司使谢汝钦为督办,候选道钟穆生为会办。初时,医生仅 1 人,每日就诊 20 余人,为吉林省第一个官办西医院。同年,长春知府孟宪彝设立医学研究所,附设施医处。1910 年,吉林巡抚陈绍常批准在长春商埠界内设立卫生医院,正医官屈家晋毕业于北洋医学堂。后,医学研究所与卫生医院合并,改名为长春官医院。清末,吉林省政府在吉林、长春等地设立清道局,负责街道垃圾的清扫。个别城镇还设立官厕,以管理粪便。1911 年,吉林省城、伊通州、磐石县、双阳县、舒兰县设立消毒生,负责环境卫生。同年,公主岭铁北街、河北街部分居民始用自来水。1910 年,吉林省设立省城及府、县检疫所、牛痘局、清道局等防疫机构,详见下表。①

表 7-2　清宣统二年(1910 年)吉林省长春府农安桦甸等县卫生防疫机构表

府　县	牛痘局	检疫所	清道局	其　他	合　计
长春	2	1	1		4
吉林府	1	1			2
农安县	1		1		2
桦甸县			1		1
长岭县	1				1
磐石县	1				1
德惠县	1	1	1		3
榆树县	1	1	1		3
珲春厅	1	1	1	1	4
额穆县			1		1
汪清县		2			2
和龙县	1		1		2
伊通州	1		1	1	3
合计	10	8	9	2	29

---

① 王季平总纂:《吉林省志·卫生志》,卷 40,吉林省地方志编纂委员会编纂,11~12页,长春,吉林人民出版社,1992。

(2)应对突发事件而设的防疫机构——防疫总局。

1900年,在营口五台子村北,创办了以防疫为主的营口防疫院。1910年,大连、营口、金州、辽阳发生霍乱。4月,营口重开防疫院,改名为防疫卫生院。10月,中东铁路满洲里站发生鼠疫,11月传至哈尔滨,并迅速在东三省蔓延。鼠疫疫情严重,引起清政府的高度重视,于是东三省各自紧急筹建防疫局,以应对突然袭来的鼠疫灾害。

1911年1月14日,奉天行政公署成立奉天防疫总局。省内各厅、县署也相继设立防疫所、检疫所、隔离所等临时防疫机构630余处(一说550余处①)。参加防疫的医务人员、警察等达3 000多人。② 1911年1月12日,在沈阳小西边门外由省城警务局、卫生院共同成立奉天省城防疫事务所,为省城独立的防疫机构。下设稽核部、医务部、埋葬部、检诊部、隔离部、消毒部、药料部、捕鼠部、微生物试验部等部门。2月12日,设立北部防疫分局,"规定奉天以北怀德以南铁岭地方设立防疫分局,先将南北交通道路遮断,以防传播"。

吉林省设立的防疫机关主要有:(1)吉林全省防疫总局。该局成立于1911年1月26日,是日启用关防。在该局正式成立之前,一直由民政司、巡警局分工办理,即由民政司拟定有关检疫、诊疫、捕鼠、检查客店食物及清洁道路等办法并设检疫所、诊疫所外,其余有关捕鼠、检查等事项则由巡警局负责。自总局正式成立以后,过去所成立的一切防疫机关都归其领导,下设诊疫所、检疫所、隔离所、庇寒所、掩埋场等14个所。(2)哈尔滨防疫局。当1910年11月8日出现鼠疫疫情后,当地官员异常重视,11月15日西北道于驷兴于滨江厅组成防疫会,于驷兴任总办。为防鼠疫扩散,宣布傅家店与外界断绝交通,实行隔离。公议速设养病院与检疫所,并订立章程办法,将所设的防疫会改为防疫局,是为哈尔滨防疫局。1911年1月21日,署西北道于驷兴因防疫不力被革职,由郭宗熙总办哈尔滨防疫,并兼署西北道。31日,试署西南道李澍恩因防疫不力被革职,以孟宪彝署西南道。4月17日,于驷兴、李澍恩恢复原职。(3)长春防疫局。为防止哈尔滨鼠疫传至长春,1910年11月初,即设防疫所,附属于卫生院内,设防疫会,分派医生到日俄车站检疫,1911年1月17日正式成立防疫局。

① 王树楠等纂:《奉天通志》(4),卷144,民治三,3343页,东北文史丛书编辑委员会点校,沈阳,辽海出版社,1983。

② 辽宁省卫生志编纂委员会编:《辽宁省卫生志》,20页,沈阳,辽宁古籍出版社,1997。

吉林省内各府厅州县也纷纷成立了防疫分局、防疫所、防疫分所。如伯都讷在城内设立防疫所，并派防疫队员 20 名和急救队员 10 名挨户稽查；设诊治非疫症的官医院和治疗疫症的养病院各 1 处；对于乡镇小城子、石头城子、珠尔山及疫情严重的哈尔滨、双城入境处的依家店各设防疫分所 1 处，派医生诊治留验。长春也于城内设防疫局 1 处，四乡设防疫分所 5 处，并在长春城吉奉铁路重要出口处设"留验所"4 处。当城关疫情严重时，还设立疫症院 1 处及疑似病院 1 处，诊病所和隔离所各 7 所；城东设留养所 2 处，以安置贫民；设辅助掩埋机关 3 处；并成立了一个防疫会专门研究疫情。1909 年，吉林长春府设立医学研究所，招收学员 30 多人。次年鼠疫大流行，将学生派赴各地充当医生，因染鼠疫而殉职者 20 多人。1911 年 4 月 2 日，吉林巡抚陈绍常下令：流行鼠疫的哈尔滨、呼兰、双城等地的行人车辆一律不准南下，无疫情地方的行人车辆亦不准进入鼠疫流行地方，借此控制疫情发展。

黑龙江省防疫机构统称为"江省全省防疫会"，成立于 1911 年 1 月 20 日，由民政司督办一切，统辖各项防疫机关。下设防疫卫生队、调查团、诊治处、检疫所、传染病院、疑似病院、隔离所、掩埋队等。同时在各府厅州县还设立了相应的防疫机构。《哈埠监察卫生局之定章》规定，哈埠"各段监察卫生局由防疫卫生局统辖"，局员选用方面，"选举绅士为监察卫生局局员，每一卫生区域选举六名以上为监察卫生人员并有卫生医士一名；监察卫生人员由在各卫生区域居住之庶务会人员以及为社会信任者选举，惟选举后由防疫卫生局批准；选举监察卫生人员代表一名及候补一名"[①]。黑龙江警务公所拟定的《检疫章程》，对公共卫生提出了明确的要求：各住户与清道夫应逐日打扫街道巷里的污秽地方；各住户每天打扫厕所，并撒生石灰。掩埋死的牛羊和不干净的饮食原料。各所检疫委员预备避瘟药以备急需。疫病流行时，戏园、妓馆等营业场所均得暂时封禁。[②]

三省防疫机构与人员配备规模不等，防疫人员多则百人，少则几人、十几人。奉天省有防疫机构 895 个，人员 3 014 人；吉林省有防疫机构 777 个，人员 7 873 人；黑龙江省有防疫机构 74 个，人员 93 人。[③]

3. 医学教育和医院的初步建立

1858 年，《中英天津条约》列牛庄为通商口岸，外国传教士陆续进

① 《哈埠监察卫生局之定章》，载《盛京时报》，第 3 版，宣统二年十二月二十五日。

② 《会议防疫章程》，载《盛京时报》，第 5 版，宣统二年十一月十四日、十五日、十六日。

③ 焦润明：《1910—1911 年的东北大鼠疫及朝野应对措施》，载《近代史研究》，2006(3)。

入东北。由于传教士多为医生，西方医学始在当地传播。受西方教育模式的影响，地方当局和医界人士也办起了医学堂、研究所等教育机构。

（1）奉天省的中西医学堂。

1906 年（光绪三十二年），盛京将军赵尔巽令开办中医学堂，后改名为医学研究所，主要工作是考核中医、颁发文凭，中医获文凭后方准执业。这是近代卫生医疗管理上的一大进步。对于已获文凭的医生，也要随时考试，以免业务生疏。1909 年，奉天知府孟秉初续办中医研究所。1911 年，奉天省铁岭医学研究会创办铁岭医学院，目的是培养中医。学制 3 年，共办 3 期，培训学员 100 余人，1926 年停办。

1892 年，司徒阁成立盛京医学堂。为了医学堂的发展，司徒阁致信东三省总督徐世昌要求拨地一块。徐在《1908 年 10 月 5 日徐世昌为创办医学堂事覆司督阁医生函》①中写道：

> 覆司督阁医生
> 逐覆者：前准贵医士称，拟于施医院附近赐地一段，创办医学堂一所……查医学一门，于卫生裨益匪浅。当此开办之日，自应以筹款为先。此间岁给三千两，限十年为期。已饬度支司知照矣。至请梁参赞及另请酌派数人，事关公（宜），盖本大臣亦与参赞等商……
>
> 东省总督　徐

可以看出，地方政府官员此时已经认识到卫生的重要性，这在中国不啻为一种进步。1912 年，奉天医科大学正式成立，司徒阁因病未能参加开学仪式。1949 年奉天医大并入中国医科大学。

1911 年 5 月，日本满铁株式会社以满铁大连医院为基础，开始筹建南满医学堂，任命大连医院院长河西健次博士为堂长，推东三省总督赵尔巽为名誉总裁。赵即捐银 6 万元为中国学生奖学金。11 月，举行开学典礼，本科生日本人 20 人，预科生中国人 8 人。1922 年，该校升格为大学，即满洲医科大学。

（2）吉林省的官医院和基督教施医院。

1893 年，英国传教士医生丁滋博在长春创立基督教施医院，并招生培养护士。1896 年，英国传教士医生高积善在吉林省城办教会施医

---

① 林开明等编辑：《北洋军阀史料》（第 4 卷），见《徐世昌卷》（4），517 页，天津，天津古籍出版社，1996。

院。该院招收学员学习医学知识，毕业后作医士或护士。"这是吉林省西医教育之始"。①

1908 年，吉林成立官医院，附设医学研究会，分科讲习。计伤寒、瘟病、妇科、儿科、外科、西医科 6 科。学制 6 个月，择优充任医官，其余成绩及格，颁发文凭，方准行医。共培训 182 人，毕业 61 人。1909 年，在长春知府孟宪彝主持下，长春医学研究所成立，学制 2 年，每期招收 32 人。1910 年，吉林鼠疫流行，该所派遣学生到各地任防疫官，染病殉职者 20 人，余 12 人 1911 年毕业。此后该所未见招生。

(3)黑龙江省的蒙医和齿科学校。

蒙医是该省一大特色。蒙医即用蒙古族传统方式和药材治病救人的医生。1859 年，蒙古镇喇嘛格根寺(今辽宁阜新)陆续有僧格、嘎达、哈日钦等 10 余名喇嘛蒙医迁入黑龙江，除行医外还以师傅带徒弟的方式培训蒙医。至 1911 年，蒙医达 50 余人。

1911 年，黑龙江省第一所医学专业学校——哈尔滨第一齿科学校成立。这是一所俄国侨民办的私立学校，学制 2 年，主要是培养齿科医生。共有 3 个班，学生 77 人，教师 5 人。它同时也是我国第一所齿科专业学校。1928 年，俄侨成立哈尔滨第二齿科医学校。1938 年，第一齿科和第二齿科合并成为哈尔滨齿科医学院。

总的说来，晚清时期的东北医学教育是以西方传教士开办的医校为起点，清政府和地方医界人士能够接受西方办学模式，开办医学堂、研究所等机构，培养了一些医学专业人才。这个时期的特点是既有中国人自己的中医学堂，还有英国、日本、俄国人办的专业医科学校；既有民族特色的培养教育方式(如蒙医)，也有近代先进的办学理念(如南满医学堂)。

二、近代东北卫生防疫组织的发展与完善

1. 各级卫生防疫机构的设置

民国开元以后，东三省仍沿用清末的官制。1912 年 10 月 2 日，外交部咨照东北三省都督：委任伍连德为防疫总医官，于哈尔滨设防疫总局，满洲里、拉哈苏苏、三姓、黑河等处设查疫局，所需经费由哈尔滨关拨付。是年，东三省在哈尔滨成立防疫事务总处。1913 年，北洋政府颁布《划一现行各省地方行政官厅组织令》，根据《组织令》，省会及商

---

① 吉林省地方志编纂委员会编著：《吉林省志·卫生志》，卷 40，597 页，长春，吉林人民出版社，1992。

埠地均设警察厅，以厅长总其事，下设总务、行政、司法、卫生 4 科，并就管辖范围划分若干区，各设警察署。1914 年 5 月，奉、吉、黑三省民政长改称巡按使。6 月都督改称将军。8 月，《地方警察厅官制》规定，地方警察厅主要职责为管理"警察、卫生、消防事项"。省会警察厅隶属于巡按使，商埠警察厅隶属于道尹，商埠不设警察厅时可设警察局。《营口卫生志》记载：民国二年（1913 年），营口设商埠警察厅。厅内分设总务、行政、司法、卫生 4 科。卫生科设科长 1 人，科员若干。另设东西卫生、清道 2 部，负责管理街道卫生事务。民国四年（1915年），在警察厅内设卫生科，负责市容整顿、沟渠挖修、垃圾污物清运、街道卫生等行政事务。①

1919 年 8 月 20 日，由于霍乱流行，黑龙江省成立防疫处。在昂昂溪车站及省城分设检验、治疗、隔离所。1921 年，哈尔滨道外发现鼠疫，市内外断绝交通。1 月 24 日，在省城齐齐哈尔成立防疫处。全省警务处处长兼省会警察厅厅长宋文郁为处长，王树翰、丁超为副处长。2 月 6 日，哈尔滨成立鼠疫防疫处。同时还成立哈尔滨临时防疫总事务所，总理一切防疫事务，所内设督办、总办、会办和总医官。据该所调查，2 月份患疫 240 人，送医 65 人，死亡 175 人，送隔离 533 人。1925年，哈尔滨市政局创办兽医处，并拟定组织大纲和牛疫规则。1926 年 3月 30 日，哈尔滨自治临时委员会正式成立。傅润成为委员长，对前市公议会关于卫生等公共利益事项一概照常履行。至此，被沙俄侵占 28年的哈市政权得以收回。11 月 1 日，哈尔滨特别市自治会成立，张廷阁为会长。民国十八年（1929 年），省政府警察厅改为公安局，局内设卫生科，科内设医药、保健、防疫 3 个股，由卫生警察监察卫生事项。各公安分局设卫生股，指导办理分局辖境内的卫生清洁事务。县政府的公安局卫生科，设医官一人，掌管全县医药、保健、防疫事项。个别小县和县设卫生股。同年，省政府民政厅设卫生科，同时撤销省公安局卫生科建制。②

民国十二年（1923 年），奉天市政公所成立，公所内设卫生课，为全市的卫生行政主管机构。掌理清除街道及公共厕所，管理公立市场、屠兽场、菜场、浴池，并取缔戏园、旅店、妓馆及饮食营业、市民厕所设立及管理检疫所，各种传染病院取缔，医生药房暨其他关于公共卫生

---

① 彭志强主编：《营口卫生志（1840－1985）》，21 页，营口市卫生志编纂委员会编印，1987。

② 徐义容主编：《黑龙江省志·卫生志》，426 页，哈尔滨，黑龙江人民出版社，1996。

事项。但是公共卫生的管理，仍由警务机构承担。各县警察所设卫生股管理卫生行政工作。历年各种传染病时疫之死亡，由警厅按季调查，编入统计报告书，以资考核。民国十五年（1926年），东三省防疫总处在哈尔滨创办了公共卫生机构——公共卫生局，并派正医官林家瑞专司其责，配有助手6人，警士8人。对饮食店、旅馆、理发店、妓馆、奶房、屠宰场进行调查和管理。此外，还做过饮用井水的细菌学检查。

表 7-3　1912—1930 年东三省防疫管理机构表

时　间	地　点	机　构
1912 年 10 月 2 日	哈尔滨	哈尔滨防疫总局
1912 年 10 月 2 日	满洲里	满洲里查疫局
1912 年 10 月 2 日	拉哈苏苏	拉哈苏苏查疫局
1912 年 10 月 2 日	三姓	三姓查疫局
1912 年 10 月 2 日	黑河	黑海查疫局
1912 年 10 月	哈尔滨	东三省防疫事务总处
1919 年 8 月 20 日	黑龙江	黑龙江省防疫处
1921 年 1 月 24 日	齐齐哈尔	黑龙江省防疫处
1919 年 2 月 6 日	哈尔滨	哈尔滨鼠疫防疫处
1919 年 2 月 6 日	哈尔滨	哈尔滨临时防疫总事务所
1923 年 8 月 10 日	奉天	奉天市政公所卫生课
1926 年 6 月 20 日	哈尔滨	东三省防疫总处公共卫生局
1926 年 3 月 30 日	哈尔滨	哈尔滨自治临时委员会
1926 年 11 月 1 日	哈尔滨	哈尔滨特别市自治会
1929 年 6 月 30 日	黑龙江	省政府公安局卫生科防疫股

　　根据 1928 年 12 月 11 日《国民政府全国卫生行政系统大纲》①规定，全国卫生行政系统布局如下：省设卫生处，隶属民政厅，兼受卫生部之指导监督；特别市设卫生局，隶属市政府，并受卫生部之指导监督；市、县设卫生局，隶属市、县政府，兼受省民政厅卫生处之指导监督；县卫生局未成立之前，县之卫生事宜暂由县公安局兼理。公安局亦未成立时，得于县政府设卫生科。

　　1928 年，东北易帜。翌年 1 月，奉天省改称辽宁省，省政府设民政厅，厅长陈文学。由该厅第 2 科管理全省卫生行政工作。设警务处，

---

　　①　查《中国卫生法规史料选编 1912—1949.9》，该大纲发布于 1928 年 12 月 11 日。

处长高纪毅。1930年3月，警务处改为公安管理处。9月，黄显声任处长。地方警察厅（署）改称公安局，省城及各县的卫生行政工作仍由公安局设卫生股或由行政股管理。

2. 成立治疗和预防并举的公共卫生机构

（1）奉天红十字病院成立。

1915年11月，奉天红十字病院成立，位于德胜门（现沈阳大南门）街西。设内外科，年门诊1.2万人次。1925年，并入奉天同善堂。1918年，奉天省公署颁布《地方清洁会简章》，各地组织成立清洁会。会员来自各地警察厅（所），另选精医术者为名誉会员。以备灾病发生、疠疫传染之际设法疗治。清洁会每月会议一次，研究卫生事宜，商民按月抽收卫生捐作清洁费之支用，照章编列预算。1919年7月，奉天、大连、营口、安东等地霍乱大流行，8月15日，奉天省防疫委员会成立。1920年，营口海口检疫医院建成，伍连德博士任院长。1921年，同善堂设病丐疗养所，1923年设达生女医学校，是年省城设公立医院，院长阮振铎。阮振铎，字叔同，铁岭县人。毕业于南海医学堂，后留学于日本京都帝国大学医学部。鉴于鸦片的危害，1931年，辽宁省政府通令各县筹设戒烟医院。

（2）哈尔滨医科大学等一批医学机构创立。

民国时期，以俄国人、日本人为主，先后在黑龙江省建立医院、药房等公共卫生设施。主要设施见表7-4。

表7-4　日俄侨民在黑龙江建立的医院药房一览表

医院（药房）名称	承办人	成立时间	备 注
大丰药房	日本人冢岛顺丰	1912年2月	齐齐哈尔
哈尔滨滨江医院		1912年	哈尔滨
哈尔滨第一医院	哈尔滨董事会	1913年	前身为中东铁路俄国妓女疗养院
呼兰县教会施医院（由男施医院和女施医院合并而成）	英国基督教会	1913年12月	同时办有教堂（院址在今县第一人民医院）
慈惠医院	日本人山本清	1916年12月	齐齐哈尔
天台药房	日本人滨崎清	1919年2月	齐齐哈尔
杏林堂药房	日本人友纳七六	1919年2月	齐齐哈尔
范音医院	俄国人范音	1919年	齐齐哈尔

续　表

医院(药房)名称	承办人	成立时间	备　注
万国同盟中国红十字会滨江分会红十字医院	红十字会	1919 年 8 月 3 日	哈尔滨道外
呼兰县地方医院	由 12 个单位和私人集资而建	1924 年	资本金黑龙江官帖 60 万吊
哈尔滨第二医院		1927 年 2 月 1 日	专治精神病和慢性病
仁慈医院	瑞士天主教徒	1928 年 2 月	齐齐哈尔
医院	俄国人喀夫丹其阔夫	1928 年 4 月	齐齐哈尔万禄胡同
龙江医院	杨允中、张执中、周泰等受中共党员苏子元、范传甲委派筹建	1928 年	齐齐哈尔

　　1921 年 11 月，哈尔滨医科大学创立。1923 年 1 月 30 日，黑龙江省省会警察厅批准，陈福龄、张希苓设立福儿院。以后又增设恤嫠堂、育婴堂。1930 年，伍连德博士在哈尔滨创办了医科专门学校，共有学员 517 人，毕业后到省内各地从事医疗工作。据《黑龙江省志》统计，到 1931 年，外国人先后共开办教会医院 14 所，分布于哈尔滨、齐齐哈尔、阿城、双城、呼兰、绥化、海伦等城镇。当时约有外籍西医师 40 余人。

　　3. 东北城市公共卫生管理日趋进步

　　此时东北大城市的公共卫生管理已经明显进步。以哈尔滨为例，1926 年，该市设有：

　　秽物场。"在市外东郊，屠宰场迤北，马家沟绕流地方。距离市区中央约 10 公里有奇。前经中东路局拨给空地一段，计面积十万零九千二百平方公尺。依照欧西秽物场式样，建设斯场。并附筑看守房一所。市内秽水秽物均须运赴该场倾倒。所有运秽路线及时间并倾倒地点，另定规则取缔之。设检查员一人，检查夫二人，马巡二人"。①

---

① 《哈尔滨特别市办理公共卫生略史》，载《中华医学杂志》，第 14 卷，第 4 期，283 页。

卫生车厂。"于光绪三十四年，即经市会议决，拟购运秽车辆，以供市民清洁之用。至宣统三年，设厂承运。维时均用马车，计达七百五十余辆之多。民国十三年，始购德国制造厂汽车一辆，并带车一辆，计马力四十五匹。盛水量，前桶容三千六百九十公斤，后桶容三千零七十五公斤。全车载重二万公斤。每小时进行速度，于平路上满载可行二十二公里。吸水速率由六分钟至二十分钟可以盛满。但以秽水清浊为比例。吸管长度达四十五公尺。十年十月，续购喷水车两辆。十五年七月，续购佛尔德牌汽车三辆，计马力十二匹，每辆盛水量一千五百公升。喷水车两辆，马力相同，每辆容量一千八百四十五公升。排水时分，于十五分钟即能喷尽。以上统计，汽车四辆，带车一辆，喷水车四辆。（冬季改用运秽）至是市内运秽一律改用汽车。唯间有仍需马车之处，另包工人办理。车厂设管理员司账员各一人，汽车司机四人，工头三人，工人四人，预备司机一人。又喷水车冬令改用运秽，添设司机四人，工人四人"。

清道队。"专司街道空场清洁事宜。是项清洁，向由市局订定规则，责成该处住户，分任扫除之役。民国十七年，拟由市局购置运秽车六辆，机器清秽车一辆。选募清道夫三十人，夫头二人，除秽夫八人，车夫八人，专司其事"。

救急车。"系备市内遇有危险急症及受伤人送往医院之用。置汽车一辆，车棚饰以赤十字式样以为标志。设副医官二人，卫生员二人，轮流分任救急事务。此外尚有马车一辆，系运埋尸体之用"。

消毒队。"系受防疫部医官之指挥，办理市内一切消毒事宜。置有消毒汽锅一具及消毒器等，设消毒生二人，助手二人，分任职务"。

捕犬队。"系供缉捕野犬及收拾市内倒闭牲畜之役。盖疯犬咬伤，其传染性速而且大，实于社会治安至有妨碍。前经市会与中东路局兽医处订立合同，委托代办。其办法，备具箱车一辆，捕犬工人一队，逐日捕捉。得在路局兽医卫生场类症鉴别化验所，使用各种废弃物，并备收留狗房一所，设置隔离方格子，每犬占一方格。收留以三昼夜为限。凡市内畜犬之户，须向市局纳捐。每犬一支，纳犬牌捐七角五分。如被捕之犬，于犬主赎领时，除补缴犬牌捐外，并科以二倍之罚金。捕获之犬，有明显疯病征象者，即行废除。如系疑似疯病，应交犬主，按照提防疯狗章则办理。捕犬经费由路局担任。即以扑杀野犬皮骨脂油售得之价作为酬劳。民国十六年五月一日起，续订合同。又添设一队，共二队，以二年为限，即以赎犬时之罚金充添队经费。近因内务部颁布防狂犬病办法，拟推及四郊。即经市政管理局拟具规则，协同警处遵办。牲畜埋葬所，在郊外阿列克谢夫屯后面，计面积五万四千六百公尺。有看守房一所，检验处一所，焚尸炉一座"。

公园校园及小花园。"系培养市内空气，及供市民游憩之用。盖市内人烟稠密，非有适宜之园林，不足以吸取新鲜空气。抑且园内设有球场、秋千架等，俾市民公余之暇，锻炼筋骨，以保健康。市内旧有公园一所，在新城大街路东，商务街警察街中间，面积五万一千二百六十平方公尺……以上公园及小花园设管理员正副各一人，园丁长一人，园丁三人。夏令添设园丁六人。动物看守夫一人，小花园看花夫九人"。

排泄水楼。"市内共有三处。（一）在松花江边沿街，东铁材料厂旁。面积一万零三百八十一平方公尺。建有机器房一座。（二）在井街江沿，面积一万零五千零六十一平方公尺。（三）在炮队街江沿，面积四十二平方公尺。均建有抽泄房各一座，设机师二人，更夫三人，专供市区抽泄沟渠秽水之用"。

上下水道。"为讲求卫生之第一要策。盖人生疾病之媒介，得于饮料者居多。调查全市水井，不合格者占十分之六七。一经夏潦，积水满街，数日方能退尽。殊于卫生有莫大影响。亟宜另采水源地，建筑自来水管，以清洁上水。并宜测勘市区形势。另浚大沟渠，俾市内一切秽水，悉由沟内流出，以疏通下水。此等计划，迭经市会提议，迄未实施。民国十五年十二月，复经自治会提案议决，函致市政局，饬下工程科通盘核计，以资筹办。特是需款太巨，将来或委托路局代办，或募集公债，自行建设，均未可知"。

医院。"设有第一医院，民国二年成立。面积三万六千八百八十六平方公尺。设有特别病室、妇科病室、外科病室、手术室、换药室、解剖室、内科病室、产科病室、花柳科及传染病室、化验室、X光室、疯犬咬伤注射室。全院可住病人一百六十名。设有第二医院一间，民国十六年二月成立，专为治疗市内精神病人及慢性病人"。

施诊所。"宣统二年成立。面积一百平方公尺，内分挂号室、候诊室、各科诊病室。该所专施门诊，分内科、外科、传染科、女科、眼科、耳鼻喉科、花柳科。设所长一人，医官六人，副医官二人、助手四人"。

药房。"民国九年三月成立，以便利市民平准药价为宗旨，面积九百一十平方公尺。设管理员一人、制药师三人、副制药师一人、配药生十一人、事务员司账员各一人、收支员二人、办事员书记各一人、洗器夫五人、夫役一人"。

屠宰场。"光绪三十四年成立，面积七万六千四百七十六平方公尺。

其办法大旨："凡本市及四郊应宰牲畜，均应赶送屠宰场，经兽医之检验，依次宰杀，不得私自屠宰。如验出有病牲畜，则分别扣留，特设隔离所隔离之。屠宰牲畜所得肉体或一部分，若验有传染病者，应将肉体剔出消灭之，或用以制造技术用途。又入场屠宰之牲畜，须纳保险费。是项保险费征收以后，专款存储。留备发现应行剔除之劣肉，以作补助肉价之用。又牲畜宰后，剖得之肠，须经制肠厂洗刷洁净，方准运出。其屠宰各项手续，另订专章，总以无碍卫生为唯一宗旨"。

兽医诊疗所。"光绪三十四年成立，专为治疗病畜。设有兽医主任一人、助手二人、看护三人"。

可以看出，这个时期东北的卫生体系，无论是行政管理、医院建设，还是公共卫生设施、环境建设方面都已初具规模。当然，这些还都仅限于经济比较发达的大城市里，在偏远的农村，公共卫生设施和医疗设施还相当落后。

三、东北沦陷时期的卫生防疫组织

1. 行政区划和卫生机构的改变

"九·一八"事变后，东北沦陷。1932 年 3 月，伪满洲国成立。时有伪奉天省、伪吉林省、伪黑龙江省。此后，日本侵略者为了便于统治，将东三省陆续划分为许多小省。1932 年 4 月，设立伪兴安东分省、伪兴安南分省、伪兴安西分省、伪兴安北分省四省和伪东省特别区公署。1933 年设立哈尔滨特别市、东省特别区改称北满特别区、伪热河省。1934 年设立伪安东省、伪间岛省、伪滨江省、伪锦州省、伪黑河省、伪三江省、伪龙江省七省；改兴安东分省为兴安东省、兴安南分省为兴安南省、兴安西分省为兴安西省、兴安北分省为兴安北省。1936 年 1 月，北满特别区撤销。1937 年 7 月，划滨江省一部为牡丹江省；设立通化省。1939 年设伪北安省、伪东安省。1941 年成立伪四平省。1943 年设兴安总省，辖兴安东省、兴安南省、兴安西省；设东满总省，辖牡丹江、间岛、东安三省。伪满洲国设民政部，置卫生司，下设医务、防疫及保健三科。各省置民政厅内设保健科，市公署内设卫生科，县公署警察局内设卫生股，分级掌管卫生行政事宜。1938 年 1 月，民政部改为民生部。各省民政厅、教育厅撤销，改为民生厅。

谈到伪满洲国，笔者首先要谈谈在它之前的南满洲铁道株氏会社，即满铁。

1907 年 4 月，满铁地方部设卫生课，负责管理卫生行政事务和关东州内附属地的卫生事务。州外附属地原由各地侨民会负责，后来设置了满铁办事处便把它接管过来。1915 年 6 月，旅顺、大连实施市制，成立了民政署。关东州内的卫生行政由关东局、关东厅统一掌管，重点是卫生防疫。大连、旅顺两市及各会（会，相当于乡镇）承担辅助性卫生事务，关东海务局负责口岸卫生检疫。满铁除了管理其直接经营的卫生设施外，还统管州外附属地的卫生工作。同年，满铁增设了地方事务所，卫生工作便由该所掌管。1918 年，根据都督府地方行政审查委员会的决议，在沿线要地设卫生技术人员（1931 年后称保健医）和细菌化验所，管理铁路、工厂、矿山等工地的卫生工作。

2. 公共卫生组织及设施

(1)公共卫生。

日俄战争后不久，日本在关东州设立的卫生设施，数量上超过俄国统治时期。当时日本人的医疗设施，包括关东厅红十字会慈善团体以及私人经营的医院。1907 年 4 月，满铁建立大连医院。同时为了收容和治疗法定传染病患者，在医院中设置了传染病房，并在沿线 6 个地方配备保健医，附设细菌化验所，担当预防注射等，开展了全面的预防工作。1920 年，成立了满洲结核预防会。在预防花柳病方面，1927 年制定了《妓女招待健康诊断规则》。满铁在其经营的医院设妇女病房。1930年，在奉天、鞍山成立了妇女医院。1923 年以后，满洲医科大学利用暑假，组织巡回医疗团到内蒙东部。1926 年后，每年利用吉林医院冬季病人少的时候，到东满和间岛地区进行巡回医疗。1932 年后，由于铁道爱护村的医疗以及偏远地区的医疗设备逐渐完备，巡回医疗终止了，但满洲医大依然坚持这项工作。

(2)铁路卫生。

1922 年开始，用 5 年时间调查了现场从业人员的伤病情况。1924年对火车司机和乘务员进行了听力调查，对工作场所的空气也进行了检查。在矿山，修建了华工宿舍（在抚顺、烟台），设置了医疗机构。1926年开始派专业医师驻在抚顺。1934 年完成了提高临床医疗与劳动能力的工人营养指数的研究工作。

(3)防疫设施。

伪满洲国成立后，1933 年，农安地区与平齐沿线一带发生了鼠疫（患者 1 639 名）。对这次鼠疫，日满共同防疫委员会经过努力，终于把它扑灭，从而明确了这一带也是鼠疫疫源地。1934 年，在京白线与平齐沿线发生了鼠疫（患者 898 名）。1935 年，上述地区又发生鼠疫（患者335 名）。满铁在各保健所增设了细菌化验室，开展防疫工作，特别是对猩红热进行了预防注射。

东北地区结核病的发生比较普遍，三省发病的情况没有明显的不同。[1] 满铁在东北设立了 9 所疗养院共计 724 张床位治疗结核病（见表7-5）。

表 7-5　当时满铁直接经营的疗养院

院　名	地　址	床　位
南满洲疗养院	大连小平岛屯	174
南满洲东分院	大连市栾家屯	100
奉天疗养院	奉天市	100
抚顺疗养院	抚顺市	50
新京疗养院	新京特别市孟家屯	100
哈尔滨疗养院	哈尔滨市	50
富拉尔基疗养院	龙江省富拉尔基	50
横道河疗养院	牡丹江省横道河岸	50
新站疗养院	吉林省新站	50

到 1942 年 5 月，满铁在东北共有医院 46 座，具体见表 7-6。

表 7-6　1945 年 5 月满铁所属卫生设施表

所属单位	医　院
奉天铁道局	鞍山、辽阳、苏家屯、铁岭、开原、四平、公主岭、新京、安东、本溪湖、皇姑屯医院及新京、奉天疗养院
锦州铁道局	锦州、兴城、通辽、赤峰医院
吉林铁道局	吉林、梅河口、敦化医院 牡丹江铁道局所属：图门、佳木斯、牡丹江、东安、一面坡、绥芬河医院及横道河子疗养院
牡丹江铁道局	图门、佳木斯、牡丹江、东安、一面坡、绥芬河医院及横道河子疗养院
哈尔滨铁道局	哈尔滨、北安、黑河医院及哈尔滨疗养院
齐齐哈尔铁道局	齐齐哈尔、博克图、海拉尔、满洲里、白城子医院及富拉尔基疗养院
罗新铁道局	罗新医院

<hr>

[1]　沈阳军区后勤部卫生防疫检验所编：《东北地区卫生流行病学汇编》，259 页，1960。

续　表

所属单位	医　　院
大连埠头局	瓦房店、营口、大石桥医院
抚顺煤矿	抚顺医院及抚顺疗养院
大连本社	南满疗养院
南满洲医科大学	附属医院
财团法人	大连医院

(4)公医制度。

为了弥补医疗单位集中于城市的弊病，1907 年颁布了关东州公医规划，在 10 个偏僻的地方设立了公医。除一般医疗外，还实行减免费医疗，并负责其他卫生工作。满铁的公医制度创立于 1914 年。制度规定由满铁无偿提供建筑物和医疗器械，并在医药用品供应上给予方便，在铁路沿线及其他必要的地方设立公医机构，担负一般医疗任务，并按满铁要求从事防疫、地方病调查和其他公医卫生业务。1915 年初，首先在桥头、鸡冠山、熊岳城、海城、昌图创立了公医诊所，在盖平、昌图、连山关、草河口、凤凰城设立了出诊所。后来继续扩大，到 1931 年又在大连寺儿沟以及满铁附属地以外的新民屯(后迁苏家屯)、法库门(后撤销)、郑家屯、张家江湾(后撤销)、赤峰、海龙(后撤销)、洮南、宜立克部(后迁郭家屯)、范家屯、齐齐哈尔、百草沟、敦化、通辽等地也设立了公医机构。①

1934 年开始实行县(旗)公医制。到 1938 年，辽宁有 24 县设立公医，即岫岩、桓仁、绥中、台安、朝阳、凌源、宽甸、康平、北镇、建平、阜新、彰武、建昌、盘山、凤城、庄河、清原、辽中、锦县、义县、兴城、喀左、本溪、抚顺。并用福民奖券的利息在绥中等 13 个县建立福民诊疗所。《辽宁省卫生志》载有 1940 年辽宁省区伪官公立医院设置状况表(见表 7-7)，我们可以从医院类别、数量、分布地区上看出，当时医疗设施在辽宁省内的配置情况。

---

① ［日］满史学会编著：《满洲开发四十年史》(下)，东北沦陷十四年史辽宁编写组译，500 页。

表 7-7 1940 年辽宁省区伪官公立医院设置状况表①

医院类别	数　量	设置地区
市立医院	7	奉天 2、抚顺 2、铁岭 1、鞍山 1、辽阳 1
传染病院	3	奉天 1、抚顺 1、锦州 1
市妇人医院	3	奉天 1、抚顺 1、鞍山 1
市立保健所	3	鞍山 1、抚顺 1、营口 1
县立医院	23	辽中、法库、海城、盖平、西丰、昌图、新民、开原、铁岭、清原、北镇、锦西、义县、兴城、桓仁、锦县、黑山、康平、建昌、岫岩、绥中、安东、宽甸

3．大学及研究机构

（1）满铁所设。

满铁总裁后藤平正规划，1911 年 5 月任命大连医院院长河西建次兼任拟建中的医学堂堂长，推荐东三省总督赵尔巽为名誉总裁，于满铁大连医院奉天分院开始筹建。11 月举行开学典礼。赵尔巽、张锡銮、段芝贵和张作霖先后任名誉总裁。1922 年 3 月，升格为大学——满洲医科大学。除满洲医大外，还有新京医大及其所属奉天药剂师养成所、哈尔滨医大及其附属亚科学院、佳木斯医大、哈尔滨陆军军医学校以及设在北安、龙井、齐齐哈尔的开拓医学院，以及面向蒙古族的壬爷庙兴安开拓医学院。此外还有基督教办的成常医大。

（2）伪满政府所设。

英国人司徒阁创办的盛京医学堂于 1932 年改称奉天医科专门学校。6 年后改名为私立奉天医科大学，1940 年改名为盛京医科大学。1945 年 4 月 1 日，改为伪满洲国立医科大学，日本人三浦运一任校长。1943 年，伪满锦州省公署创办锦州省立医学院，日本人木田清任院长。学制 4 年，设生理、病理、药理、解剖、生化、微生物、寄生虫等基础课。教师由满铁锦州医院、满赤锦州病院等单位有关教授、医生兼任。

吉林国立医院的前身是吉林省官医院，1932 年 9 月 1 日由伪满政府成立。设有附属医学校，招收高小毕业生，培训护士，至 1945 年共招 11 期，毕业 158 人。1932 年吉林济仁助产士学校成立，至 1945 年，共培训助产士 401 名。1938 年 4 月，伪新京特别市第一医院成立并附设护士养成所，学制 2 年，共毕业 26 人。1940 年伪间岛省政府在龙井成立开拓医学院，至 1945 年，共毕业 107 人。

（3）科研机构。

东北沦陷后，伪满政府在伪新京特别市建立了伪满大陆科学院厚生研究所。所内设有细菌、血清、疫苗、化验、制剂等分科。还有鼠疫研究室、毒素研究室、病理研究室、痘苗研究室、寄生虫和昆虫研究室、卫生化学研究室、环境卫生研究室等。研究人员共计 92 名。研究项目为：传染病、地方病等病因研究；环境卫生和环境化学的调查研究；预防治疗药物的实验研究等。①

满铁于 1925 年决定设立卫生研究机构，1926 年设立了满铁卫生试验所，1933 年改为卫生研究所。开展下列工作：

- 科研 A. 传染病：麻疹、鼠疫、猩红热及灭蛆消毒剂
  B. 环境卫生：饮水、甲状腺肿、防烟除尘、噪声、住宅卫生
- 委托试验项目　水质调查、药品试验、器械检查
- 制造　共 50 多种防疫用物品
- 宣传　普及卫生知识

这个研究所 1935 年改由日本陆军经营，初期划归哈尔滨石井部队，后划归 731 部队，继又转为 319 部队经营。②

4. 民间卫生组织

世界红十字会。附属于 1916 年形成于山东省的主张五教归一的某宗教团体，1922 年成立。以世界和平、救济灾难为宗旨，总会设在北京，奉天设有分会。1943 年，各地分会发展到 113 个，拥有一般救济设施 68 处，儿童保护设施 28 处，医疗设施 54 处。

博济慈善总会。1933 年设本部于新京，各地分会 110 个，拥有救济设施 131 处、儿童保护设施 57 处、免费供药设施 21 处、平民学校 14 所。

四、解放战争时期卫生防疫组织

1. 战时的卫生行政组织

（1）四野卫生部。

1945 年抗战胜利后，国民党政府在沈阳设立了东北行辕政治委员

---

① 吉林省地方志卫生编纂委员会编纂：《吉林省志·卫生志》，卷 40，616～617 页，长春，吉林人民出版社，1992。

② 顾明义等主编：《日本侵占旅大四十年史》，455 页，沈阳，辽宁人民出版社，1991。

会卫生处，辽宁省政府内设卫生处，各市设卫生局(科)，各县则由县政府民政科负责卫生行政工作。

1945 年 10 月 31 日，中共中央组建东北人民自治军。在东北人民自治军总部成立的同时，成立了东北人民自治军卫生部，孙仪之任部长。1946 年 1 月，中共中央决定东北人民自治军改称东北民主联军。2 月，成立了东满(吉林)、西满、南满、北满(吉黑)四个军区，并分别设卫生部领导各地的卫生工作。6 月，组成东北民主联军总卫生部，贺诚任部长兼政委，孙仪之任副部长。经中央军委批准，1948 年 1 月 1 日起，东北民主联军改称东北人民解放军，东北民主联军总部改称东北军区兼东北野战军领导机关。东北民主联军总卫生部相应改为东北军区卫生部。1948 年 8 月，中央军委指示成立东北野战军领导机关。同时组成了东北野战军后勤卫生部，业务工作受东北军区领导。孙仪之任东北野战军卫生部部长。平津战役后，根据中央军委 1948 年 11 月 1 日和 1949 年 1 月 15 日关于统一全军编制和部队番号的指示，东北野战军改称"第四野战军"，东北野战军后勤卫生部相应改为第四野战军后勤卫生部(简称"四野卫生部")，新的番号自 1949 年 3 月 11 日启用。

(2)下属各军区卫生机构。

1945 年底，东北人民自治军在东北建立了 10 个军区。1946 年 1 月，自治军改称东北民主联军后，将 10 个军区合并为 4 个，即吉林(东满)军区、西满军区、辽东(南满)军区和北满(吉黑)军区。每个军区下又设若干二级军区。

东满军区卫生部。1946 年春建，部长蒋耀德，1947 年初由王肇元接任。卫生部设医政科、材料科、管理科、总务处，下辖延吉医院、图们医院和舒兰医院。1948 年春，许德接任部长，下半年辖 22、23、24 三个医院，可容 1 万病人。同年 8 月成立了卫生学校。1948 年 12 月吉林军区卫生部撤销，改编为东北军区后勤卫生部驻哈尔滨办事处。

西满军区卫生部。于 1946 年在吉林双辽成立，张汝光任部长，解云清任政委。卫生部设医务科、药材科、管理科。并设有临时医院。1947 年 9 月，西满军区撤销时，西满军区卫生部同时撤销。为管理西满地区的医院，总卫生部在齐齐哈尔成立医院管理局。1948 年 5 月撤销。

辽东(南满)军区卫生部。1945 年成立，黄农任部长。后与在辽东地区的原冀察热辽军区 16 分区卫生处合并，成立东北民主联军辽东军区卫生部，丁世方任部长，黄农任第二部长。1948 年 5 月，辽东军区撤销，军区卫生部合并于东线卫生部。

北满(吉黑)军区卫生部。于 1946 年年初成立，孙仪之任部长，设医政科、材料科、管理科。

（3）防疫机构。

1945 年 11 月东北人民自治军卫生部成立时，没有专门的防疫机构。1946 年 6 月东北民主联军总卫生部在医政处内编设了保健科，主管部队防疫工作。1947 年 7 月，西满地区发生鼠疫大流行，为了加强对防疫工作的领导，医政处下辖的保健科编成保健处。1947 年 8 月 11 日，东北民主联军总司令部发布 20 号命令，颁发了甲、乙、丙等军区卫生部编制表，在甲、乙等军区卫生部保健科内各编 6 名防疫员，丙等军区编 2 名防疫员。1948 年 1 月，东北军区卫生部保健处增设了防疫科。1 月 27 日至 3 月 3 日，东北军区卫生部在哈尔滨召开卫生工作大会，会后，各纵队、师卫生部均编设了保健科。

1948 年 8 月 23 日，中央军委东北军分委命令东北军区后勤部与东北野战军后勤部分开。同时，组成东北野战军后勤卫生部。卫生部保健处下设防疫科和保健科。各纵队、师卫生部设有保健科；团卫生队设有卫生长、防疫员；营卫生所设有卫生班长，连有卫生员；从上至下建立起卫生防疫保健组织体系。

（4）成立防疫委员会。

1947 年 7 月，西满发生鼠疫。东北民主联军总卫生部召开会议，布置鼠疫防治工作，要求各部队与地方共同组织防疫委员会。东北民主联军首先成立了防疫委员会，下设防疫、宣传、材料、会议、管理五个小组，具体组织领导部队鼠疫防治工作。各军区、纵队和师也根据当地疫情，成立了相应组织，开展鼠疫防治工作。1948 年 3 月东北军区卫生大会后，决定部队按级组成卫生委员会，主任由各级行政负责人担任，师、团、营的卫生领导人专任该级卫生委员会的统计委员。班设卫生战士 1 名，专门负责卫生工作。排卫生委员会委员由班卫生战士组成。连设卫生委员会，设 5 名委员，主任由连首长担任，委员由各排长担任。营卫生委员会也设 5 名委员，除主任、统计委员外，其他 3 名委员由各连卫生委员会主任担任。团卫生委员会设 7 名委员，团参谋长任主任，卫生队长任统计委员，其余委员由政、供及各营卫生委员会主任组成。师卫生委员会，设 9 名委员，由师参谋长任主任，卫生部领导任统计委员，其他委员由军、政、供、卫及各团卫生委员会主任组成。

2. 医院的建设

解放战争时期，第四野战军医院是从无到有，从少到多，逐步发展起来的。医院的发展和建设，分为接管、自建整编、教育三个阶段。

　　(1)接管殖民时期的医学院系。

　　1945 年 8 月后，大批部队调来东北，没有统一的后勤卫生指挥机构，也没有医院。1945 年 10 月，东北人民自治军卫生部成立后，在沈阳接管了一个伪满军事部医院、英国红十字会医院和一个卫生材料厂，并收缴了大批药品器材和医用物资。各军区成立后，为了保证伤病员的治疗，也都相继接管敌伪医院，招收地方卫生人员，组建医院。1945 年底吉林军区成立时只有 3 名卫生干部。1946 年 4 月吉林军区卫生部从长春、吉林撤出时，从敌伪医院和仓库中收集大量药品和医疗器材。还动员当地医生 3 名、护士 11 名和日本籍医生 3 名、护士 25 名参加东北民主联军工作，在桦甸成立后方医院。在四平保卫战期间，吉林军区从后方医院抽调人员在双阳、伊通、磐石、双河镇、查鲁河、烟筒山等地成立 6 个临时兵站医院，收治伤员。黑龙江军区在收治四平保卫战伤员时，接管和征用了绥化、庆安、望奎、绥棱、海伦、克栋、克山、泰安、得都各县医院以及北安省立医院、北安满铁医院。1946 年 1 月，辽东军区成立后准备接收沙岭战斗和本溪保卫战的伤员，当时军队没有医院，面对紧急情况，他们接管了本溪煤铁医院、彩家屯煤矿医院、田师傅煤矿医院、赛马集煤矿医院、五龙背疗养院、大安平煤矿医院和安东煤矿医院，组建成 8 个医院(安定满铁医院分编成两个医院和连山关野战医院)。

　　这个阶段东北民主联军自建的医院很少，主要靠接管敌伪医院和征用地方医院收治伤病员，很多医院军队只能派去一名院长或军代表主持工作。

　　(2)自建整编部队医院。

　　为了适应战争形势的发展，部队大量扩编，到 1946 年 9 月东北民主联军已发展到 40 万人。由于战争频繁，伤员日增，接管和征用的医院已满足不了需要，东北民主联军卫生部和各下属军区卫生部千方百计招收和培训卫生人员，积极组建医院。到 1946 年底，东北民主联军所属及征用的医院(不包括纵队医院、军分区医院、残废院、军事院校所属医院及临时医院)已发展到 41 所，可容纳伤病员 2 万人。

　　1946 年 7 月，延安中国医科大学迁到东北兴山，积极培训卫生人员，为组建医院输送了技术力量。到 1947 年 10 月，东北民主联军已有 60 所医院，可容纳伤病员 6 万人。

　　1948 年 1 月，东北民主联军改为东北军区，民主联军总卫生部改为东北军区卫生部。为了加强东北军区卫生工作建设，适应部队大规模作战的需要，更好地做好战时医疗收容工作，卫生部于 1948 年 1 月 27

日至 3 月 3 日在哈尔滨召开了卫生大会，总结了两年来解放战争中的卫生工作经验，研究了部队各级卫生机构中战时的人物、语言的类型、编制体制和战时任务。5 月 25 日，东北军区司令部发布命令，将东线、西线卫生部及各军区所属医院重新统一整编，统一了医院番号，除中国医大及其各分校的附属医院外，编为后方医院 35 所，兵站医院 11 所（每纵队编 1 所野战医院，不在此内）。

为保障辽沈战役伤病员医疗需要，在战争期间又新建 7 所后方医院（番号 37—43）。长春、沈阳解放后，接管了长春大学医学院 1 所附属医院、沈阳医学院 1 所附属医院、沈阳国民党部队的 3 所医院。在四野进关前，东北军区及东北野战军（除纵队医院外）共有各类医院 81 所。

应对后方医院专门化的发展方向，先后改 7 所医院为专科性治疗医院。这些医院有：安东第 9 后方医院（收治呼吸系统及非开放性肺结核病）、中国医科大学龙井医院（收治开放性肺结核）、勃利第 18 后方医院（收治消化、循环及精神病）、讷河第 4 后方医院（收治血液、运动系疾病）、呼兰第 19 后方医院（收治五官科、皮花科、泌尿生殖疾病）、绥化第 6 后方医院（收治慢性外科、结核）、阿尔山温泉疗养所（收治慢性外科、运动系疾病）。

3. 医学教育

中国医科大学是中国共产党和红军最早建立的医科高等学校。抗战后，中国医大迁来东北（兴山，今鹤岗），为东北医学教育事业的发展提供了扎实的基础。同时，东北民主联军总卫生部为了解放战争的需要，要求各军区和纵队因地制宜创造条件，兴办各类医疗卫生培训机构，壮大专业卫生人才队伍。到 1947 年上半年，各军区、医院已成立卫生学校（军医学校）5 所和护士学校 10 余所。[①] 由于战事不断，医护人员严重缺乏，东北民主联军总卫生部提出从 1948 年开始，3 年内培训医生 1 万人到 1.5 万人，司药 2 000 人到 2 500 人，其他卫生人员 2 万人到 3 万人的计划。决定扩大各院校的招生名额，并组建中国医大分校四所。贺诚部长提出医大教育要抓中心、抓重点。抓中心就是把学校教育与战争需要紧密联系起来，抓重点就是教学内容以外科为重点，尤其是战伤外科，学制可缩为 2 年。他还提出专科教育制，即分外科、内科、五官科 3 类专科，各有重点地教学。

由于措施得当，有的放矢，从 1945 年 11 月到 1949 年 2 月，"仅总

---

① 高恩显主编：《中国人民解放军第四野战军卫生工作史》，350 页，北京，人民军医出版社，2000。

卫生部直属院校共培训军医 2 363 人、司药 226 人、护士 282 人、兽医 49 人、防疫院 170 人、共 3 090 人；还办了两期卫生干部轮训班，培训了 76 人（当时还有在校学员 4 752 人）。此外，大连关东医学院还毕业了 139 名医生。除了直属院校外，各下属军区、纵队、医院还办了卫生学校和训练校，训练司药、化验员、护士、卫生员等共 2 万余人"。[①]

除了中国医科大学外，值得一提的还有东北军医大学、中国医科大学第一分校、中国医科大学第二分校、中国医科大学第三分校、中国医科大学第四分校。其中，东北军医大学的前身是伪满洲国的军医养成处。1945 年，李兆麟决定将该校改名东北军医大学，陈述任校长。1946 年 7 月，与中国医大合并。中国医大第一分校的前身是伪满延吉开拓医学院，后更名为吉林省立医科大学。第二分校于 1948 年 1 月组建，就是现在的哈尔滨医科大学。第三分校成立于通化，即辽东军区医科专门学校。第四分校成立于 1947 年 9 月，现为承德医学院。

第二节　近代东北防疫法规

近代东北地区的卫生防疫法规建设起源于晚清，那时的卫生管理权归属巡警。晚清时期，卫生防疫法规并未有制度性的建设，只是在管理层面进行了一些实践。民国时代，卫生防疫开始了制度层面的建设。北洋军阀统治初期，混战不断，卫生法规建设缓慢。到 1927 年，16 年时间仅制定了 36 部法规。涉及除行政外的其他方面，如：卫生防疫、公共卫生、医政、药政、食品卫生、医学教育、红十字会、禁烟禁毒。南京政府成立后，卫生工作加快发展。首先，通过颁布《国民政府卫生部组织法》规定了卫生部的职责范围，包括设立参事制度撰拟法律等。其次，逐年颁布了卫生防疫类、公共卫生类、卫生行政类的相关法律，完善了制度的建设。可以说，民国时代的卫生防疫法规是比较完善的。

伪满统治时期也有完善的卫生防疫法规建设，虽然很大一部分是建立在民国政府原有基础上的，但也有自身独特之处。这个时期的法律建设是殖民性的，立法的出发点是建立在掠夺和侵略的本性上的。比如，《敕令 365 号》就规定非医学专业人员可以就任检疫委员，这样日本人就可以合法地参与防疫隔离，进而实现对东北的统治。这是伪满洲国第一部全面的传染病预防法规，对研究东北地区的防疫问题尤为重要。1932

---

① 高恩显主编：《中国人民解放军第四野战军卫生工作史》，352 页，北京，人民军医出版社，2000。

年以前，该地区适用国民政府的防疫法规。1945 年 8 月 15 日后，该地区既有国民政府也有四野的卫生法规。由于伪满是以国家的形式统治东北，所以这部法规对研究当时的疫病、防疫措施和制度都有极高的价值。

解放战争时期，东北人民军制定了既科学又有战争特点的卫生防疫法规。首先，以"提倡预防医学"为口号制定了战地防疫法规。其次，根据战时特点，制定了诸如防止冻伤等法规。1931 年到 1949 年，中国共产党及其部队共颁布卫生法规 233 部，涉及卫生领域的各个部分。其中卫生防疫类 43 部，如果按年平均数计算，每年颁布 2.38 部，而国民政府仅是 0.92 部。共产党对卫生防疫工作是相当重视的。在党的指导下，东北解放区的卫生防疫工作，建设和发展的有声有色。

民国时期，东北地区的卫生防疫法规具有鲜明的时代性。此时期的卫生防疫法规，从立法的政府组织看，国民政府具有全面性和建设性；伪满洲国充满侵略性和殖民性；东北军区和东北行政委员会，则有强烈的战争特点。为了防治传染病，国民政府共颁布过 10 部海港检疫类法规，对事关国家主权和防止病毒入侵的港口检疫极为重视，这是建设性；侵略势力由于侵略的需要往往在占领东北港口如营口、大连、旅顺后，即夺取港口检疫权，颁布港口检疫法规，这是侵略性。为了应对传染病，民国政府共制定了卫生防疫类法规 34 部，涉及军队和地方等诸多方面。卫生防疫法规的制定，不能无的放矢，要有针对性，必须根据特殊情况，制定特殊条例。疾病，尤其是传染病的防治，不能滞后，必须具有预见性。预见不到位，可能造成重大隐患。近代东北是个多灾多难的地区，饱受战乱之苦。此间有侵略性的战争如日俄战争、"九·一八"事变；有正义的战争如解放战争之辽沈战役等。但无论何种战争，最后都让普通百姓付出了巨大的代价。而战争期间的防疫工作尤其复杂和艰巨，它的卫生防疫法规也具有战争特点。特点之一就是对传染病的预见性。疾病的防治法规，不能大而空，必须细而微。必须摸得着，看得见，要求明确，内容准确，具有操作性。例如，为了控制鼠疫的传播蔓延，1948 年东北行政委员会卫生部制定了《加强防止鼠疫报告制度》。及时制定并成功实施防疫法规，需要立法、宣传、资金等多元素相互配合，即复杂的多元性。这里资金的到位是重要的一环。由于卫生意识的缺失、经济的落后和频繁的战争，近代东北地区乃至整个中国发展卫生事务是艰难的。而一旦传染病爆发，各级政府面临的不仅是疫病蔓延的威胁，还有财政上的掣肘。

1912 年到 1949 年这段时期的东北，在近代中国历史中具有代表性和特殊性，卫生防疫法规方面也是如此。东北地区施行过清政府、民国政府、伪满洲国政府以及解放战争时期东北人民解放军和东北人民政府等不同性质的政府颁布的不同的卫生防疫法规。本文通过对各时期不同防疫法规内容的阐述，来揭示它们在近代东北历史上的作用，并总结它们成功的经验和历史的局限，为今人提供有益的借鉴。

一、近代东北地区卫生防疫法规的缘起

1. 晚清巡警制度

清末新政，奉天始有巡警制度，此为建立公共卫生体系之基。光绪三十一年(1905年)，奉天警察总局改组为巡警总局，局内设卫生课兼管卫生事宜。光绪三十二年(1906年)，清政府设东三省，徐世昌任总督。六月，道员姜恩治厘定巡警总局章程，设立执行、司法、卫生、教练、工程五科。光绪三十三年(1907年)，奉天设行省，道员王治馨变通局章，改设总务、行政、司法、卫生、捐务5课，其中卫生课又分清洁、防疫、医务3股。《巡警总局局制职掌章程》[①]第6条规定，卫生课职掌如下。

清洁股：掌普查居民施行清洁方法及通泄沟渠、整理公厕管井及管理清道、夫役、车骡等事，其有与交通股工程局有关系者，随时会同办理。

防疫股：掌种痘时疫之检查预防；及市脯饭食、料水、罐头、牛乳与一起死、故、埋葬等事；起于西南北之屠兽场管理检查事件皆隶之。

医务股：掌考查地方各种病情制备，随时施送药品；及疫故、死伤与急病者之检验、诊断、治疗；与总分局队官弁长警拘留人犯有病者之诊视、医治；招入巡警体格之试验等事。

同时，巡警总局下设卫生病院、防疫病院和看护学堂。并颁布《医院章程》和《防疫院章程》。《医院章程》分六部分：门诊、施药、养病、出诊、剖割、种痘。《防疫院章程》规定了8种应收治的疫病：霍乱症、肠穿热症(伤寒，作者按，下同)、红沙症(斑疹伤寒)、白鹅喉症(白喉)、红白痢症(痢疾)、天花症、红疹症(猩红热)、鼠疫症。同时强调"患疫者无论系何等人均一律收留"[②]，并分别以养病室、看护、诊视、药房、食品、出院、殓房七部分详细规定治疗疫病规则。其中不乏人性化的条文，如："设立女养病室，以备患疫妇女来院养病"，"看护人应更换白衣以示洁净"，"看护人均受有工食，不得索取病人分文"等。

---

① 徐世昌撰：《东三省政略》(7)，李毓澍主编：《中国边疆丛书》，第1辑，3 885页，台北，文海出版社。

② 同上书，118页。

2. 应对不同疫情而制定的防疫法规

1910 年至 1911 年，东北肺鼠疫大流行。为对抗鼠疫，东北地方政府在伍连德博士的指导下，积极防疫，颁布了大量的防疫法规，参见表 7-8。

表 7-8　1910—1911 年东北地方政府颁布的卫生防疫法规

类　型	规章名称	颁布机构
综合	《民政部拟定防疫章程》	民政部
卫生行政	《民政部拟订京师防疫局章程》 《吉林全省防疫总局章程》 《榆树厅防疫局暂行简章》 《东宁厅防疫局简章》 《议定防疫会之简章》 《奉天临时防疫所办事规则》 《奉天防疫会草章》 《奉天省城防疫事务所修改八关检疫分所暂行规则》 《奉天防疫事务所规定隔离所章程》 《奉天省城公立卫生防疫会简章细则》 《哈埠监察卫生局之定章》 《中日防疫会规则》	民政部 吉林全省防疫总局 吉林省榆树厅防疫局 吉林省东宁厅防疫局 长春防疫会 奉天临时防疫所 奉天防疫会 奉天省城防疫事务所 奉天防疫事务所 奉天省城公立卫生防疫会 哈埠监察卫生局 中日防疫会
防疫治疫	《天津卫生局紧急告示》 《检疫章程》 《奉天省城警务局关于防疾之告示》 《奉省各区防疫规章》 《清洁法》 《消毒法》 《消毒队服务规则》 《尸体措置法》 《奉天省城悬赏购鼠法》 《奉天省城巡警各区执行购鼠规程》 《奉天病人户口检查巡兵消毒章程》 《奉天警务局拟订通饬巡警各分区办理防疫规则》 《临时疫病院章程》 《消毒规则》 《检疫规则》 《洵贝勒公立临时防疫所施种防疫血浆章程》	天津卫生局 黑龙江警务公所 奉天省城警务局 奉天省城警务局 奉天省城警务局 奉天省城警务局 奉天省城警务局 奉天省城警务局 奉天省城警务局 奉天省城警务局 奉天省城警务局 奉天省城警务局 奉天临时疫病院 吉林全省防疫总局 吉林全省防疫总局 洵贝勒公立临时防疫所

类 型	规章名称	颁布机构
行业规章	《陆军部暂行防疫简明要则》	陆军部
	《本司署内防疫简章》	奉天交涉司
	《关于防疫示谕照录》	吉林交涉司
	《学务公所传单（预防黑死病注意条件）》	天津学务公所
	《通饬学校注重防疫》	民政部
	《防疫会取缔戏园之规则》	河北省城临时防疫会
	《对于营业上不洁之措置》	东三省各地
	《遮断交通之措置》	东三省各地
	《禁绝交通示谕照录》	开原府
	《防疫要札》	营口
	《火车防疫章程》	天津卫生局
	《关内外通车检疫办法》	邮传部
	《火车搭客章程》	1911 年 4 月 12 日医生会议
	《火车输运货物章程》	1911 年 4 月 12 日医生会议
	《轮船搭客章程》	1911 年 4 月 12 日医生会议
	《海上检疫办法》	1911 年 4 月 12 日医生会议
	《水上防疫办法》	安东海关
	《安东海关取缔船舶规则》	安东海关
	《水上防疫章程》	中日两国合订
	《营口检疫办法》	锦新道
	《国际海港的检疫办法》	总税务司
	《吉省检疫所留验章程》	吉林二道岭、九站检疫所
	《督宪谕乘车工人一体留验告示及章程》	东三省督宪
	《奉天京奉车站临时检疫留验所开办章程》	奉天京奉车站检疫留验所

续　表

类　　型	规章名称	颁布机构
奖惩条例	《为疫捐躯者之报酬》	清中央政府
	《民政部饬下扑鼠令》	民政部
	《收买老鼠》	天津
	《示谕收买老鼠》	辽阳警务局
	《令下捕鼠》	安东
	《严防时疫奖励捕鼠》	岫岩警务局
	《巡警总局蓄猫示谕》	奉天巡警总局
	《奖励捕鼠》	铁岭
	《札设医官出勤簿》	东三省督宪
	《严禁抛弃疫毙尸身》	奉天防疫事务所
	《防疫所告示照录》	铁岭防疫所
	《道署防疫之示谕》	安东
	《京师防疫罚则九条》	京师内外城巡警总厅
	《检疫规则附后罚则》	吉林全省防疫总局
善后章程	《防疫善后办法之要札》	东三省督宪
	《吉林全省防疫总局防疫善后办法》	吉林全省防疫总局
	《疫故人家属财产善后章程》	吉林全省防疫总局

1919 年,东北地区霍乱流行,地方政府针对霍乱的传播特点和防疫方法,颁布了很多相应的法规(参见表 7-9)。

表 7-9　东北地方政府为应对 1919 年霍乱颁布的防疫法规

年　代	城　市	防疫法规	盛京时报
1918	吉林	《家禽虎喇病预防法》	1918 年 5 月 24 日,第 3463 号(五)(40)276
1918	吉林	《吉林省会警察厅布告》(第四号)	1918 年 6 月 7 日,第 3475 号(四)(40)345
1919	开通	《警所定期考验医生》	1919 年 1 月 19 日,第 3660 号(四)(42)80
1919	西安	《令告人民种牛痘》	1919 年 4 月 20 日,第 3733 号(四)(42)451
1919	绥化	《警察厅颁布卫生规则》	1919 年 5 月 10 日,第 3750 号(四)(43)46

续 表

年 代	城 市	防疫法规	盛京时报
1919	黑龙江	《防范时疫新办法》	1919 年 5 月 30 日，第 3767 号（四）（43）134
1919	吉林	《警察厅卫生科卫生办法》	1919 年 6 月 27 日，第 3790 号（四）（43）252
1919	大连	《布告防疫》	1919 年 7 月 20 日，第 3810 号（五）（43）361
1919	安东	《警厅布告防疫》	1919 年 8 月 1 日，第 3820 号（四）（43）416
1919	抚顺	《官绅议定防疫法》	1919 年 8 月 8 日，第 3826 号（四）（43）449
1919	海城	《警所防疫之办法》	1919 年 8 月 12 日，第 3829 号（四）（43）467
1919	奉天	《清洁饮料之办法》	1919 年 8 月 13 日，第 3830 号（四）（43）473
1919	奉天	《奉天省会警察厅之布告》（第二十一号）	1919 年 8 月 14 日，第 3831 号（八）（43）481
1919	绥化	《防疫办法》	1919 年 9 月 12 日，第 3856 号（五）（44）50
1919	营口	《警察厅预防痢疾》	1919 年 9 月 18 日，第 3861 号（五）（44）74
1919	农安	《防疫会消毒规则》	1919 年 9 月 19 日，第 3862 号（四）（44）79

二、近代东北主要防疫举措

1. 家禽常见传染病防疫

1918 年 5 月 24 日，《盛京时报》刊登了《家禽虎喇病预防法》，针对家禽疫病，共八条，分别是(1)潜伏期，(2)得病状态，(3)病势验期，(4)得病原因，(5)病体之剖检，(6)经过及预候时间，(7)治疗法，(8)预防制遏法。[①] 其中"预防制遏法"规定：预防注射血精固神效，恐

---

① 《家禽虎喇病预防法》，载《盛京时报》，第 5 版，1918-05-24。

此地未能适用，然亦可试用。查有此病发生，按其地方及时间，速将养鹅家堵绝交通。无病之鹅另置他处。其他地方家禽不可输入与之掺杂。鸡禽舍宜特别清洁换气，自在遮盖。炎日用清水青菜为饲料，又给予适当之运动。最紧要者，此病发生后，择选良禽（无以上病形者），施行易地预防之。其既死之鸡迅速烧毁，其不愿烧毁亦宜深埋之，以免传染。鸡舍内宜完全消毒，运动场表面之土尤宜填换为要。① 这个办法是因为"家禽为吉林全省时产，几于无家不畜。唯卫生上尚欠研究，一遇虎喇，往往传染甚剧"②遂请"驻农领事馆诸君……详加研究"。③

　　2. 政府颁布公告强化公共卫生防疫

　　霍乱爆发之初，人们对它的危险性并不了解。1918 年 5 月 19 日，《盛京时报》刊登《时症蔓延》一文，文章指出："日来流行之时症，其初始时皆头痛目晕、身热畏寒、咽喉微痛、咳嗽多痰或腹痛、节骨痛，不思饮食，小儿因此转瘟疹者，大人则一经发散便能霍然，是盖一种流行性之风邪也。唯是症虽非危险而传染极烈，罹之者十占八九。查城关中几无一家不有，即药铺中人亦多罹是疾。近以人少事烦，卖药不能各包，商家民户因全病而不能开门者比比皆是。昨幸降雨少许，此种不正之气或可稍消矣。"④同时，人们的卫生习惯还没有养成。1918 年 5 月 22 日，《盛京时报》载文《妨害公共卫生》，指出："大北关中学东墙外，往来道路向称狭窄，稍有雨水即不便行。而该校竟不讲公德将厨房中污水秽物以及学生之便溺均有墙穴向外流出，以致道路臭不可闻，往来路人极为不便。长此以往，于公共卫生大有妨碍，但未识李校长亦知之否？"⑤面对时疫，面对如此的卫生习惯，政府积极地采取措施，防范疫病。

　　1918 年 6 月 7 日，吉林省会警察厅因"近日冷热不均，各处头迷咳嗽吐泄身痛等症患者甚多"⑥，遂颁布"第四号布告"：（1）由于饮食之间不加谨慎。如冰糕、杨梅、汽水、凉冰以及各色瓜果等类，原系生冷物品，现时天气尚未炎热，而人之脏腑则有天然热度，故此等食料一入肠胃直等冰火同炉，万难融洽。轻则造成吐泄，重则酿成瘟疫。（2）由于衣服被褥等件不知清洁。盖衣服被褥原系卫生物品，本宜时常洗换，勤

---

　　①　《家禽虎喇病预防法》，载《盛京时报》，第 5 版，1918-05-24。
　　②　同上。
　　③　同上。
　　④　《时症蔓延》，载《盛京办法》，第 5 版。
　　⑤　《妨害公共卫生》，载《盛京时报》，第 5 版，1918-05-22。
　　⑥　《卫生要点》，载《盛京时报》，第 5 版，1918-06-07。

加晾晒，不然一经污秽则菌物丛生，再着身旁则病因之而入。（3）由于器具庭院不知涤除洒扫。凡刀、勺、锅盏、水缸等项，本应随时刷洗，室内庭前各处本宜勤加扫除，不然积有秽土秽水，则微生物即借以滋生。迨微生物发现后，呼吸间则隐入肺腑，其病之生势所必至。（4）由于传染而来。查各种病症，其传染多以苍蝇为媒介。盖苍蝇吸人汗液之际，当将各种毒质由人身毛孔之间侵入皮肤内。故由病人身上飞来之苍蝇即能传播无病者之身。①

1919 年 8 月 15 日，受吉林省长郭宗熙委托，吉林省官医院姚院长会同各医官研究办法，颁布防疫简章十条："（1）本厅为注重卫生起见，督饬卫生队清理除秽夫运除秽物必净必洁，而商民各户亦应将居住房屋院落逐日清洁，（2）饮食。必须清洁应用器物，更须勤加刷洗，且须设法扑杀苍蝇以杜传染病之媒介，（3）公共厕所。饬卫生队勤加运除洒以石灰，各住户厕所亦可一律办理，（4）凡卖饮食瓜果之铺户小摊均须清洁，腐秽不熟几有邪味者一律禁止售卖，并每日由各署派警员实地检查，（5）各街铺户虽皆备有水桶，应即储水泼洒街道，以防灰尘飞扬。但须清水，（6）茶馆、酒肆、剧园、澡堂、妓馆等处人员混杂，空气恶浊，最易生病。屋内须敞亮以便收换新鲜空气，（7）如有患此种疑似病症者，即速报告该管警署，以便派医往诊。认为传染病时，即行隔离消毒以防蔓延，并禁止与此项患病之家往来以七日为限，（8）本厅逐日派人抽查，如有不遵此规则者，依违令罚法，分别惩办，（9）各区署遵照此项规则随时督饬人民办理，并将每日调查有无患病情形随时呈报，（10）本简章如有未尽之处，得随时修改之。"②

1919 年 8 月 14 日，奉天省会警察厅发布"第二十一号布告"，布告共 12 条：（1）本规则以保持地方清洁预防时疫为本旨。（2）本厅各部清道夫暨各署清洁夫均负清理街道、运除秽物专责，饬由本厅机关督饬加班工作外，而商民各户对于所住房屋院落应逐日清洁。（3）饮食为人每日不可少之，而厨房又为造饮食之所，一切应用器具务须勤加刷洗。盖以葛布以防秽物之落入，而阻苍蝇之糟蹋。（4）宣泄物为致疫之媒介。除公共厕所已饬圃业公司勤加运除撒一遍石灰，而住户之厕所亦应照此办理。（5）售卖饮食瓜果之铺户小摊务以清洁为本质，有食物器具均以葛布蒙盖。其腐烂不熟及有邪味者一律禁止出售，并由各署每日派警检查。（6）查大街商户向各置有木桶，内储清水以备泼洒。当此夏令炎热

① 《卫生要点》，载《盛京时报》，第 5 版，1918-06-07。
② 《防疫声中片片录》，载《盛京时报》，第 4 版，1919-08-15。

易生病之时务须勤加泼街以防秽土飞扬。(7)茶馆、酒市馆、剧园、澡堂、妓馆以及游戏场所，人物混杂呼吸之气不同，最易感生疾病，凡营斯业者务须保持清洁，屋内尤要敞亮以便换收空气。(8)苍蝇最为不洁之物，又为疾病之媒，而夏令为数尤多，亟应不时扑杀驱逐净绝以防疫痢。(9)如有患有此等疑似疫病者，无论其为家属邻居亟应速报该管警署电报本厅卫生科，派医生往诊施治。认为传染病时即行设法隔离消毒以防蔓延，并禁止与本项病患之家往来，以七日为限。(10)本厅逐日派员抽查，如有不遵此项规则办理者，即行送驱，以违警例分别科罚。(11)各区署遵照此项规则随时考察督饬人民办理，并将每日调查有无患病情形随时呈报。(12)本规则如有未尽事宜得随时增修公布之。①

同年，抚顺县新任知事富恩霖发布《防疫简章》，共 7 条。②营口警察厅颁布《预防痢疾》，指出"该症共分四种，急痢、慢痢、亚密亚痢和喉沙痢，惟喉沙痢最为凶猛，其危险较虎列拉尤甚。"③安东警察厅布告防疫，指出"其防范方法首重卫生"。④海城警所公布防疫办法，由于疫源来自营口、奉天，故特规定"每日按由火车下来客人一一在北门检查有无染疫者方准放行以杜传染。"⑤

1919 年 5 月 10 日的《盛京时报》报道，"绥化县警察所日昨奉警务处(全称：全省警务处，时任处长张仁，兼任黑龙江省会警察厅厅长)令开为公众卫生起见，新定卫生规则八条，通行各属遵照办理。(1)预防时疫清洁规则，(2)稽查卫生事项规则，(3)关于化验事项规则，(4)管理浴堂营业规则，(5)取缔屠兽规则，(6)管理饮食物营业规则，(7)清洁厕所规则，(8)管理道路规则。"⑥

1919 年 5 月 30 日的《盛京时报》刊登了黑龙江警察厅的"防卫时疫新办法"，指出："近来天气寒暖不均，忽而发现时疫殒命者无多，而传染之性颇速。警厅为思想预防起见，规定颁法数则如下：(1)令卫生科酌刊应验药方，(2)公共厕所须时加清洁，(3)禁止担水夫汲水挑浊水，(4)禁售有碍卫生物品。"⑦

1919 年 8 月 26 日，绥化设立防疫所，其防疫办法如下：(1)设立

① 《奉天省会警察厅布告第二十一号》，载《盛京时报》，第 8 版，1919-08-14。
② 《官绅议定防疫法》，载《盛京时报》，第 4 版，1919-08-08。
③ 《警察厅预防痢疾》，载《盛京时报》，第 4 版，1919-09-18。
④ 《警厅布告防疫》，载《盛京时报》，第 4 号，1919-08-01。
⑤ 《警所防疫之办法》，载《盛京时报》，第 4 版，1919-08-12。
⑥ 《警厅新颁卫生规则》，载《盛京时报》，第 4 版，1919-05-10。
⑦ 《防卫时疫新办法》，载《盛京时报》，第 4 版，1919-05-30。

家难所于南门外，(2)检验来往行人及城内各住户有无疫症，如有此症者即送至隔离所，(3)于因疫死人之处实行消毒手续，(4)随时检查各户卫生预备治疗药品。①

3. 成立防疫机构

1918 年 4 月 7 日，《盛京时报》报道呼兰医学研究会成立："兹闻县警所为尊重人命起见，招考医生分别优劣以应人民。电请求复行组织医学研究会一所以求精克尽妙手回春之技……定于月之二十日招集全体医生开正式成立大会……选得程从周为正会长……"②1918 年 4 月 17 日安东清洁会成立一周年，"安东清洁会自去年开办以来，成效卓著。近因时值暮春，狂风时起，尘土飞扬，迷人眼目，商贩货物亦多被污。警察厅有鉴于此，日昨招集各会员到厅会议，拟添设水车数辆，每日沿街洒水两次，并添雇清道夫多名。"③

1918 年 4 月 21 日，《盛京时报》报道营口将添卫生队："警察厅长赵碳斋君以营口为通商巨埠，华洋杂处，偏僻地方沟渠污水尘芥触目皆是。秽气传播非第有碍卫生，且亦不堪雅观。特与督察长张舜卿，卫生科长刘绍棠议决，在厅内添设卫生队，设队长、分队长各一员；卫生巡警三十名、清道夫十名。"④

1919 年 8 月 1 日起，奉天警察厅在车站设置检疫所，检查南来北往的客人。⑤8 月 15 日，吉林省警察厅设防疫事务所以求"消弭巨患。"⑥又于官医院中医虎部专办防疫事宜，于吉长路吉林站及沿路各商船码头设检疫所，于巴尔门外北山下僻野幽静空气清新之处设防疫病院，又于东关基督教医院及城内中西两医部设防疫病院。⑦9 月 4 日，吉林西安县因"县境疫症发生将及两旬，染疫者每日五六人或十数人不等，治愈者有之，死亡者亦有之，"恐"若不严防，势必蔓延。"故"赶觅相当房屋，设立防疫所。"⑧

东北疫情多发，理应早作防范，可是很多地方未予重视。早在清末东三省设置巡警制度时，就有设立卫生科管理卫生之条款，然 20 年后，

① 《防疫办法》，载《盛京时报》，第 5 版，1919-09-12。
② 《医学研究会成立》，载《盛京时报》，第 4 版，1918-04-07。
③ 《清洁会会议志闻》，载《盛京办法》，第 4 版，1819-04-17。
④ 《警厅将添卫生队》，载《盛京办法》，第 4 版，1918-04-21。
⑤ 《时疫汇闻》，载《盛京办法》，第 5 版。
⑥ 《防疫声中片片录》，载《盛京办法》，第 4 版，1919-08-15。
⑦ 同上。
⑧ 《令行设立防疫所》，载《盛京办法》，第 4 版，1919-09-04。

新民县因疫情加重，"殊于人道，大有关碍，亟应加添，以重卫生"，这才任命"一区书记长王燕修……办理卫生事宜"。①

4. 加强卫生宣传

媒体宣传。1919 年 3 月 19 日起，《盛京时报》连续发表笔名傲霜庵的文章 5 篇，就卫生防疫问题，详加讨论。指出卫生问题事关奉天 20 万居民，应加注意。"天候渐形温暖，为下手卫生之绝好机会。倘能芟除于未萌，事半功倍。一面或厉行各户清洁法，择定适当日期，强迫各户实行春季之大扫除，亦为良法。在个人方面，则须将厨房污水及厕圊秽物，适当处置，以为预防苍蝇及其微菌之发生。今后又或有如何流疫来袭，亦未可知。是时卫生一层，岂得付诸脑后哉？改良都市卫生，为当局与市民之责任与义务。"②

省长演说。吉林霍乱传播很快，1919 年 8 月 24 日上午 9 点，在公众运动场召开集会，演讲防疫。"大致以虎疫猖獗，虽由于外省传来，实由于吾地方商民不讲公共卫生。然疫症虽盛，吾以若从事预防，亡羊补牢，尚属非晚。即望无病者于衣食住三项力加注意。已染疫者，速赴疫病院请医诊治，慎勿坐味事机，自贻伊戚。"③

广发布告。1918 年 6 月 7 日，吉林省会警察厅发布第四号布告，强调时疫严重，市民应严加防范。"令饬各警察署按照管理章程严加取缔，嗣后对于各项清洁事项须格外讲求特别注意。万勿仍前忽略，致染各种病症也，戒之慎之。"④1919 年 7 月 19 日，大连民政署发布布告，指出"人民不准贪食凉物，以保健康。"⑤7 月 29 日，奉天省会警察厅长王家勋会同行政科长，召集各警署署长巡官，在警察厅召开防疫会议，议定防疫规则十二条（见上文）。7 月 30 日，"分贴各城关，布告人氏。"⑥1919 年 8 月 1 日，安东警察厅"日前布告略谓现在上海、营口等处时疫发生传染甚速，大有蔓延之势，非严加防范不足遏抑。"⑦8 月 14 日，奉天省会警察厅发布第二十一号布告，"查近来天气炎热，人多愿凉爽饮食。起居稍不加意，疾病立见。发作或上吐下泻，或腹痛作抽。

① 《新添卫生》，载《盛京办法》，第 5 版，1919-09-20。
② 《春季之卫生问题》，载《盛京办法》，第 1 版，1919-03-19。
③ 《防疫谈片》，载《盛京办法》，第 4 版，1919-08-28。
④ 《卫生要点》，载《盛京时报》，第 5 版，1918-06-07。
⑤ 《布告防疫》，载《盛京时报》，第 5 版，1919-07-20。
⑥ 《时疫汇志》，载《盛京时报》，第 5 版，1919-07-31。
⑦ 《警厅布告防疫》，载《盛京时报》，第 4 号，1919-08-01。

救治稍形迟延，危险迫于眉睫。前闻沪上发现此病，俗名霍乱，甚形猛烈。"①

5. 时疫来临时实行交通管制

1919 年 8 月 7 日，《盛京时报》刊登《奉当局防疫之筹划》一文，其中"杜绝交通"指出："省城时疫发生于工夫市渐至小南关小西关以及城内外，现在盛行之处当以工夫市为最。警察厅饬令该处分驻所，凡行人车辆一律禁止往来。"②同日，在《京奉车严防时疫》一文中，鉴于"虎列拉病蔓延甚广，京奉路局以为该路搭客往来颇众，若不及早预防，将来恐受影响。故迩来除车内勤加洒扫多撒石炭酸杀毒乐外，凡坐客登车先行检查，如有传染其疫者，即不准登车行李包裹等件亦一律消毒。"③

6. 政府经济支持

1918 年 4 月 4 日，营口防疫院准营口中国电报局函称：顷奉奉吉黑电政监督转奉交通部令开现在疫病流行，各地方办理防疫事宜甚繁重，嗣后凡有关于防疫电报准予免收保费。④ 1919 年 7 月 20 日，营口道尹"荣淑章氏特派员赴省向上峰请领防疫费，以便实行检疫，俾得早日扑灭。兹悉经照准拨发防疫费 7 500 元，刻已将款如数汇到。荣道尹特将此项防疫费发交警厅及防疫院以便实行检疫。"⑤8 月 2 日，奉天警察厅为防疫计，已向财政厅临时拨出防疫经费若干，拟设隔离疗养所以便收容病人，而免传染。⑥

7. 表彰防疫人员

1914 年 3 月，本溪卫生股员马楚珩君学品兼优，做事认真。近因春融，恐街巷污秽有碍卫生，故尽其应行职务不惮辛劳。每日派长警督饬到处收拾外，又复亲到所有各厕所确实查勘，恐有检查不到之虞。⑦

表彰防疫员。1919 年 9 月 20 日，辽源警察第一区区官江永恩曾毕业于北京警察专门学校，品学兼优。自任区官以来，矢勤矢慎，保卫商民不遗余力。对于各界感情极为融洽。兹因虎疫发生传染甚速，该区官除派防疫检查队分班检查治疗外，复亲带医士挨户调查，如遇患病人之立即跟同医士治疗。以故患者虽众，死者无多。现下疫症渐灭，该区官

---

① 《奉天省警察厅布告第二十一号》，载《盛京时报》，第 8 版，1919-08-14。
② 《奉当局防疫之筹划》，载《盛京时报》，第 4 版，1919-08-07。
③ 《京奉车严防时疫》，《盛京时报》，第 4 版，1919-08-07。
④ 《准免防疫电报费》，载《盛京时报》，第 4 版，1918-04-04。
⑤ 《道尹领到防疫费》，载《盛京时报》，第 4 版，1919-07-20。
⑥ 《时疫汇闻》，载《盛京时报》，第 5 版，1919-08-02。
⑦ 《股员注重卫生》，载《盛京时报》，第 4 版，1914-03-26。

之防疫仍未稍懈。若该区官诚警界中之佼佼者矣。①

设宴酬劳防疫员。1919 年 10 月 1 日，吉林农安县因"前次虎疫流行，徐知事即组织防疫会暨临时病院。因实力防范与治疗，未经匝月即行扑灭。饮水思源，未始非防疫职员之尽力有以致之。兹徐知事除分别请奖外，又于本月 1 日在署内设宴，柬邀防疫会治疗部干事刘佩文、医员张景班、检察部干事陈驭五、王辅廷、消毒部干事阚宸球、陆亚东、庶务部干事朱子青，梁星垣、防疫主任王犀如等十数人大开宴会以示酬劳。"②

三、伪满洲国时期的防疫法规

1937 年 12 月 1 日（伪满政府）以敕令 365 号公布《传染病预防法》。③内容包括《传染病预防须知》《传染病预防法》和《传染病预防法施行规则》。这是伪满洲国第一部全面的传染病预防法规，对研究东北地区的防疫问题尤为重要。由于伪满是以国家的形式统治东北，所以这部法规对研究当时的疫病、防疫措施和制度都有极高的价值。

伪满民政部内设卫生司管理卫生事宜，1937 年 12 月改为民生部设保健司，下设总务、医务、防疫、保健四科。可以看出，伪满洲国的卫生行政机构设置和国民政府很相似。所不同的是，警察司也隶属于民政部，这样就给执法带来了方便。各省、特别市由省公署的民政厅（1938年后改为民生厅）保健科、警务厅（警察厅）卫生科负责卫生。各县由县公署设保健卫生股，县警察署设卫生股，分别管理卫生。县公署保健卫生股负责管理医生、防疫、考核；县警察署卫生股负责清扫、环境、肥料等。

可以看出，防疫法规的执行与宣传工作是由伪民政部、各省市警察厅，民政厅、各县警察署，公署保健卫生股来负责的。那么，它的具体内容如何？与国民政府的法规有何不同呢？

1.《传染病预防法》第一条的特殊规定

伪满民政部颁布敕令 365 号即《传染病预防法》共 36 条。第 1 条和其他法规一样，列（1）百斯笃、（2）虎列拉、（3）赤痢、（4）疫痢、（5）肠窒扶斯、（6）把拉窒扶斯、（7）痘疮、（8）发疹窒扶斯、（9）猩红热、

---

① 《善为防疫》，载《盛京时报》，第 5 版，1919-09-20。

② 《设宴酬劳防疫员》，载《盛京时报》，第 4 版，1919-10-05。

③ 吉林省地方志编撰委员会：《吉林省志·卫生志》，卷 40，19 页，长春，吉林人民出版社，1992。

(10)民生部大臣任本法所定预防方法之施行为必要而指定之疾病。第 2 条规定：民生部大臣对于前条第 1 项第 10 款之传染病，得以命令适用本法之一部或限定低于适用本法全部或一部。① 和其他法规所不同的是，第 1 条第 10 款的情况出现了。在随后(具体时间无法考)公布的《关于传染病预防法第一条第十款指定传染病之件》的第一条中，指定(1)实扶垤利亚，(2)流行性脑脊髓膜炎，(3)再归热为法定传染病。实扶垤利亚即白喉，据满铁统计②，1931 年到 1942 年，共发病 5 693 人，死亡 406 人，发病率 37.73/10 万人。流行性脑脊髓膜炎，据满铁统计，死亡率为 50.50％。再归热即回归热，1941 年发病 3 638 人，死亡 159 人，死亡率 4.37％。第 1 条最后一句话更耐人寻味：就本法之适用，百斯笃之疑似症视为百斯笃；虎列拉之疑似症视为虎列拉。这句话在其他的防疫法规里是没有的，也就是说它不是约定俗成的规定。正是由于这项规定，"强迫隔离中国病人"，"日本侵略者采取灭绝人性的手段对待疫区中国人民，被隔离的人大多九死一生。故虽有疫情，民不敢举，宁死于疫病，也不愿被日本侵略者烧死、饿死、困死"③，此等惨况在伪满时期时有发生。

2. 警察参与防疫

警察参与强制隔离是该法的一大特点。前面已经介绍，伪满和国民政府一样，民政部(民生部)负责防疫；警察厅(署)负责环境卫生。《传染病预防法施行规则》第三章第十三条规定：警察官吏、检疫委员或预防委员在有百斯笃、虎列拉或痘疮之患者时，除有特别事由者外，须使植入传染病院、隔离兵舍、隔离所等其他适当指定所在。有其他传染病患者，认为于传染病预防上有必要时亦同。④ 这样就以法律的形式，使警察参与到防疫事务中来。据笔者统计，1938 年时，伪满 17 个省中，民生厅长中国人 13 人、日本人 2 人；警察厅长中国人 1 人、日本人 14 人。⑤ 这样，各省的警察权就完全掌握在日本人手里。判断一个人染疫与否，需要专业的知识。国民政府 1918 年 1 月 16 日公布的《检疫委员设置规则》第 2、第 3 条就明确规定：检疫委员、检疫事务员应遴选医

---

① 黑龙江省民生厅保健科：《传染病预防防疫须知》，1 页，1938。
② 辽宁省卫生志编撰委员会：《辽宁省卫生志》，173、174、175 页，沈阳，辽宁古籍出版社，1997。
③ 吉林省地方志编撰委员会：《吉林省志·卫生志》，卷 40，19 页，长春，吉林人民出版社，1992。
④ 黑龙江省民生厅保健科：《传染病预防防疫须知》，60 页，1938。
⑤ 由于伪安东省、伪兴安省 1934 年从伪奉天省分出，此三省官员在该年是兼职。

学专门人才充任之。① 任用专业人才检疫，才能确保工作的准确性。而警察基本上不具备医学专业知识，仅凭体弱、咳嗽、喷嚏等表面现象判断病情，难免使无辜之人被隔离，人为造成传染范围扩大。

3. 霍乱患者必须隔离

虎列拉患者依法必须隔离。《传染病预防法施行规则》第二章规定虎列拉为唯一必须依《预防法》第八条"该管官吏或吏员认为有必要使得将传染病患者收容于传染病源、隔离病舍、隔离所其他适当之地址。"其他疫情，除省长认为有必要外，不施行隔离。这与 1928 年 10 月 30 日国民政府公布的《传染病预防条例施行细则》有很大区别，在细则中，明确规定了隔离时限：白喉 3 日，赤痢 4 日，霍乱 5 日，鼠疫 7 日，流行性脑脊髓膜炎、猩红热 12 日，斑疹伤寒、天花 14 日，伤寒、类伤寒 15 日。在伪满统治时期，霍乱在东北地区几乎年年发生。1932 年最严重，死亡 6 423 人。② 当时黑龙江省和哈尔滨特别市分别成立临时防疫委员会。在预防措施上，对齐齐哈尔和哈尔滨两市各进行霍乱预防注射 1 万份。③ 虎列拉患者不仅要施以隔离，而且禁止迁移。其他法定传染病患者需书面或口头报告警署，由警署通知检疫委员或预防委员，同时必须通告迁移目的地警署。

4. 上下级间、平级间的通报制度

明确规定了疫情通报呈报制度。不仅下级向上级呈报，而且同级之间相互通报。《传染病预防法施行规则》第一章名为"传染病发生之通报及呈报"。规定各省省长在传染病发生时，应及时报告民生部大臣，并同时通知邻近省省长和其他有必要者。这是地缘上的通知。非法定传染病发生时，如各省长认为有施行《预防法》之必要，须报告民生部大臣。此外，根据传染病发生的情况，还规定了警察、检疫委员、预防委员互相通报的原则；各市、县、旗长向省长报告的制度。应该承认，这种通报制度可以使疫情在第一时间被各有关方面掌握，上级部门可以立即采取措施控制疫情；下级部门得到上级指示后，可以采取隔离、消毒等措施，预防疫情扩散；邻近地区也可以采取自保措施，避免殃及池鱼。这种严格的通报制度在东北行政委员会的《传染病预防暂行条例》中也有明

---

① 陈明光主编：《中国卫生法规史料选编(1912—1949)》，526 页，上海，上海医科大学出版社，1996。

② 沈阳军区后勤部卫生防疫检验所：《东北地区卫生流行病学资料汇编》，45 页，1960。

③ 黑龙江省卫生志编纂委员会：《黑龙江省志·卫生志》，第 47 卷，117 页，哈尔滨，黑龙江人民出版社，1996。

确的规定。

5. 定期种痘制度

种痘分 3 期。伪满《传染病预防法施行规则》第四章为"种痘之施行"，规定种痘分 3 期：第 1 期，出生一年；第 2 期，5 岁；第 3 期，12 岁。国民政府的《种痘条例》把种痘分两期：出生满 3 月后一年以内；6 岁至 7 岁。种痘是伪满政府比较成功的防疫措施，一些资料也给予了客观的评价。《营口卫生志》载：1933 年，市内发生天花 5 例，当局采取强制手段接种 38 880 人。1934 年，发生天花 63 例，种痘者免疫。民众切身体会，解除疑虑，接种者 14.09 万人，比 1933 年增加五倍。1935 年，接种 50.6 万人。①《吉林省卫生志》载：东北沦陷时期，引种牛痘仍未普及，但天花发生数量比清末民初有所减少。1937 年，东北地区患病数为 3 000 多名。1938 年开始，种痘人数激增，全东北地区达 1 308.2 万人，占总人口的 34.2%，同年天花患病人数为 1 045 人。②

6. 非医学专业人士可以就任检疫委员

检疫委员未指定遴选医学专业人士。《传染病预防法施行细则》第三十条规定：检疫委员就省之官吏或其他职员或管内医师、药剂师等由省长任命之或委嘱之。预防委员可以说是市级的检疫委员。第 31 条规定：预防委员就新京特别市、市县旗之职员或管内医师、药剂师等由新京特别市长、市县旗长命之或委嘱之。同时还规定预防委员在种痘、处理传染病患者尸体等情况时，须遵从警察或检疫委员的指令。由于国民政府检疫委员的设置前面已有介绍，这里就不赘言了。

7. 伪满时期防疫法规具有明显的殖民地特征

伪满时期防疫法规最大的特色就是警察参与防疫，具有明显的殖民地特征。伪满洲国初期，民政部内设警务司和卫生司，首任警务司长日本人长尾吉五郎，首任卫生司长中国人张明瀋。1937 年 5 月 8 日，发表《满洲国政府行政机构改革大纲》，6 月，部分修改《政府组织法》，发表《国务院官制》和《国务院各部官制》，调整了地方军警和一般行政的关系。民政部和教育部改为民生部，民政部警务司的业务划归治安部。1943 年 4 月 1 日，撤治安部，成立军事部，警务工作归总务厅下设的警务总局负责。1945 年 3 月 11 日，民生部改为厚生部。

---

① 彭志强主编：《营口市卫生志（1840—1985）》，营口卫生志编纂委员会，内部印刷，82 页，1987。

② 吉林省地方志编撰委员会：《吉林省志·卫生志》，卷 40，27 页，长春，吉林人民出版社，1992。

伪满警务完全操纵在日本人手里。伪满时期，各省设警务厅，厅长大多为日本人。省城设警察厅，各县设警务局，下设警察署，署下设警察分驻所或派出所。金名世，少数担任过伪省警务厅长的中国人之一，在交代他任职伪满吉林省公署警务厅长时的材料中说："1932 年 10 月 24 日，伪满政府任我为伪吉林省公署警务厅长，当即到伪警务厅任事，因之也就知道在这个时候，治安权限完全操于日本宪兵手里。在长春设有宪警统制委员会，掌握治安最高权限。这个委员会的委员长就是日本关东宪兵队司令官。在吉林省则有吉林省警务顾问，是由日寇驻吉林宪兵队长少佐儿岛正范兼任，每日到伪警务厅办事，以后换为宪兵少佐林清。我在伪警务厅一共两年零一月，所办的事务，以我今日的眼光来看，都是压迫人民和危害人民的。"从这个交代材料中可以看出，警察的背后是日本关东军，侵略的本质不言而喻。在强制防疫时，警察和宪兵往往共同行动。1940 年 8 月和 1941 年 6 月，长春境内两次发生鼠疫。时金名世任伪新京特别市市长。据他交代："我在伪新京特别市长任内，在 1940 年 8 月和 1941 年 6 月，曾两次发生鼠疫。日寇关东军司令部认为宽城子区军用路以东地方，是鼠疫菌潜伏的地带，遂命令伪新京特别市把该处居民约有四万人，完全迁出，所有各种矮小房屋建筑物都要烧毁，另行整理地形。"可以看出，法律的规定在此就是一纸空文。关东军司令部在此代替了伪民生部大臣、伪市长、甚至是伪警察厅长，直接发号施令。更有甚者，房屋被毁的人民还要经受经济盘剥。"当时对于房屋建筑物附着物各种赔偿费用以及迁移等费，都是定得很低。伪副市长日寇大迫幸男再三对我强调迁于东荣新区的人民，因为由伪市公署发给地皮和配给建筑材料，重新建筑家屋，故对各项赔偿费用，不能定得过高。因他这种坚持主张，我也就未能按照人民的利益出发强为要求提高，致使当时的人民受到很大的损害。"与其说是警察参与防疫，倒不如说是宪警共同利用防疫残酷压迫人民。

需要指出的是，国民政府和伪满政府虽然都在民政和警察部门设置卫生管理部门，但二者区别很大。首先，国民政府是中国人的政府。伪满政府是个傀儡政府，它的背后是日本侵略者。这是本质区别。至于为什么需要两个平行的部门管理卫生，就连当时的研究人员也是一头雾水。"据说道理是没有的，不过事实上是不能不如此。且举两例：大马路的清扫的责任归卫生局，而小胡同里的土车，还由警察办理，这是什么道理呢？检验牲畜是卫生局的事，公安局还是不放，这又是什么道理呢？其实这并没有什么奇怪，我们不能怪卫生局之放弃责任，也不能怪公安局之越俎代庖；其理由是因为小胡同里的土车和检验牲畜，都各有一笔收入。公安局数千警察，市政府即无的款维持，公安局自身自然不能不自筹办法。在警饷无的类可靠之前，公安局不敢即刻放弃这两笔收入，也是事实上可以原谅的。"①看来自筹自支的行政管理方式在民国时期就有了，不过这是题外话。其次，国民政府法定医学专业人士参与防疫事务，警察负责环境卫生；伪满政府主要由警察担任检疫，背后却是日本关东军。最后，国民政府的卫生体系是建设性的；伪满政府的卫生体系是掠夺性的、侵略性的。前者已经在第一部分大篇幅予以介绍。后者虽然在东北进行了卫生设施建设，但医院"专为日本人治病"②，医学院"专为日人而设"③。环境卫生，1934 年 12 月，伪哈尔滨特别市公署公布《哈尔滨特别市污物运除规费条例》。成立了南岗、道里、道外三个清扫株式会社。1936 年公布《哈尔滨特别市水道给水条例实行细则》，规定了水道建设标准、水质标准等。据当时统计，1939 年使用自来水的人中，外国人占 94％，中国人占 6％。④ 虽设有清扫株式会社，但"设备简陋，人员车辆均感不足，常致垃圾成山，粪便堆积，严重影响到市民的环境卫生。"这是伪满哈尔滨市长袁庆清交代材料中写的，应是当时真实的写照。袁庆清是 1943 年 12 月就任伪哈尔滨市市长的，但"市内水道设备异常简陋，年久失修，以致管道常坏，为市民增加了许多困难"。看来立法管理水道仅是空话而已。

四、东北解放区的卫生防疫法规

日本投降后，东北地区的卫生防疫面临新的情况。日军为毁灭罪证，于 1945 年 8 月 11 日炸毁 731 部队的细菌研究基地，致使鼠疫菌扩散。1946 年 6 月到 10 月，哈尔滨地区发生鼠疫 117 例，均死亡。这次鼠疫流行长达 3 年，到 1948 年底发病 8 763 人，死亡 5 243 人，死亡率

---

① 余协中：《北平的公共卫生》，李文海主编：《民国时期社会调查丛编社会保障卷》，343 页，福州，福建教育出版社，2004。

② 黄富俊 1941 年 1 月任伪黑龙江省红十字支部长，据他交代：接总会通知在龙江修医院，令我筹款，在省公署内召集市内有力商民张秀峰，刘维汉 40 余人，募集现款 3 万 8 千元，以后医院修成，院长、医生、看护皆是日本人，专给日本人治病，一般市民无入院的权利。

③ 隐译：《中国医学教育》，载《中华医学杂志》，第 18 卷第 2 期，137 页，1932 年 2 月。"此外日本人创设之南满医大程度极高，该校医预科与基本系之教室及实验室异常优美。临床系之实习学院，规模宏大。但该医学院之全部，教学似专为日人而设，与日本帝国大学医科相埒。学制方面基本系规定 3 年，临床系 4 年，自由研究科 1 年。唯是该校高等科几尽为日本学生所习。另办医学专修科，以便华人。"

④ 黑龙江省卫生志编纂委员会：《黑龙江省志·卫生志》，第 47 卷，55 页，哈尔滨，黑龙江人民出版社，1996。

59.8%。① 1946年6月14日，国民党部队从上海经海运在葫芦岛登陆，将霍乱带给东北。至10月，在国统区内，发病39 098人，死亡33 359人。临近的解放区也有7 000人染病。

那么解放区和部队是如何防疫的？它的法规有哪些呢？

客观地说，东北民主联军最初是毫无防疫经验的。据1947年第7纵队卫生部医疗工作总结报告中提到19师56团1营3日内发生14名腺鼠疫，死亡8名。19师57团1营在通辽发生腺鼠疫时，将病人到处乱转，由营转到团，团又接转到师，均未及时隔离与积极治疗。19师55团发生腺鼠疫病人，因诊断不明，把病人带着随队行军，使部队继发此病。② 然而，我们不能因此得出解放区和东北自治军毫无卫生防疫准备的结论。相反，共产党革命根据地和解放区的卫生法规建设十分完整。1931年到1949年，中国共产党及其部队共颁布卫生法规233部③，涉及卫生领域的各个部分。其中卫生防疫类43部，如果按年平均数计算，每年颁布2.38部，而国民政府仅是0.92部。可以看出共产党对卫生防疫工作是相当重视的。在党的指导下，东北解放区的卫生防疫工作，建设和发展得有声有色。

1. 东北军区的防疫法规

1948年1月27日，东北军区卫生部在哈尔滨召开卫生工作大会，贺诚部长明确提出"提倡预防医学"的指导思想，科学地阐述了加强卫生防疫的重要性。早在1947年，东北民主联军总卫生部为改进卫生工作，制定了《野战卫生勤务暂行实施规程草案》，其中第九条为战地防疫规则。指出"我军是处于战时流动情况，处于乡村军民杂居环境，战士缺乏卫生知识，新兵不断补充入营，大批民夫参加战时勤务，因此，加重了战地防疫的重要性，加重了卫生工作的任务。必须要注意战地防疫工作"。将鼠疫、霍乱、伤寒、斑疹伤寒、天花、赤痢、白喉、流行性脑脊髓膜炎、猩红热列为9大传染病，并制定了传染病预防管理规则。

（1）凡军队所到一地住宿一处即须进行卫生调查，调查附近居民有无传染病发生及其流行情况。

（2）发现传染病时，要尽可能进行检查，得到确实诊断，并布置预防。

---

① 沈阳军区后勤部卫生防疫检验所：《东北地区卫生流行病学资料汇编》，50页，1960。

② 高恩显主编：《中国人民解放军第四野战军卫生工作史》，271页，北京，人民军医出版社，2000。

③ 统计数字是根据陈明光主编的《中国卫生法规史料选编(1912—1949)》的内容得出的。

（3）驻地发现传染病时，无论军民，应即分别施以隔离，对严重传染病应该贴标识，布置卫生警戒。

（4）发现传染病应发出卫生通报，通报所属及邻近各部队并向上级卫生机关报告。

（5）在某种时期，某种情况，容易发生某种传染病，应预先进行防疫接种和防疫注射，以期预防。

（6）发现传染病地点，除隔离外，应对病人居室，衣服和用具进行消毒处理。

（7）在某种传染病流行时，应发起防疫运动，推动与布置防疫工作。

（8）在某种传染病流行时，要进行防疫宣传教育，启发防疫知识。

（9）在某种传染病严重流行时，要规定预防管理（如停止集会、公共娱乐）、防疫守则（如不到病区去，不与病家接触往来，病家不准到别处去），施行必要的卫生戒严。

（10）根据病源，发动扑灭传染病媒介物（如灭虱、灭蝇、灭鼠），禁止家畜动物（如猫、狗等）乱跑。

为了抓好部队防疫工作，1948 年 3 月，东北军区卫生部修改制定了《传染病预防管理规则》，其内容有 7 项共 22 条。第 1 项按传染病流行危害程度，规定鼠疫、霍乱、天花、伤寒及副伤寒、赤痢、斑疹伤寒、回归热、白喉、流行性脑脊髓膜炎为法定传染病，其他为临时性传染病；第 2 项为预防注射，规定了预防注射和预防接种制度。其中鼠疫、霍乱、伤寒及副伤寒疫苗每年注射 2 次，斑疹伤寒疫苗每年 3 次，牛痘疫苗 1 次，其他根据情况注射。第 3 项为疫情报告制度。其他还包括，检疫检菌、隔离封锁、预防消毒、组织动员等。

1948 年 7 月 7 日，东北军区颁发了《暂行卫生法规》，其中预防传染病条例是在前项《传染病预防管理规则》基础上修改的。法定传染病中删除了回归热。第 2 条根据季节节气，提出早期预防接种理念。规定进行防疫侦察，疫情上报及通报邻近机关部队。需要隔离，必要时部队须转移避病。在传染病流行时，应实施防疫管理，拟订防疫措施计划，发起防疫运动，推行预防注射，进行防疫宣传教育。按传染病的传染关系，扑灭传染媒介。在传染病流行时，应设立传染病院进行隔离治疗。凡传染病死亡者，应按传染性大小监视指定埋葬。传染病结束时要进行总结，将传染范围、发病与治愈、死亡人数、防疫经过、施行办法等向上级机关报告。

为落实预防为主的原则，防范鼠疫等传染病，1948 年 10 月 5 日东北军区发布《关于预防鼠疫的指示》指出，我军进入东北后，在部队建设上，又增加了一些新问题，如冻伤、克山病、鼠疫等。但其中传染迅速、死亡率高、危害最烈者，莫如鼠疫。预防上(1)要求各地注意吸收防疫人才，收集防疫设备。特别指出"长春路以西之交通重镇、县城等，均有防疫人才之设置、防疫器材之准备"。如适当照顾他们及家属生活，则有经验的人员就可以参加我们的防疫工作。另外，还可以通过他们，"收买一些防疫衣、帽、橡皮手套、鞋子等"。看来当时的防疫物资是相当缺乏的。(2)对部队的每一个人都进行宣传教育，说明鼠疫的危害、传染的媒介、路径、发病的状况，以及疫情发生时的处理、救治、消毒方法，使官兵对这一无形敌人时刻警惕，不致在鼠疫发生时造成恐慌。(3)各部队应对本地区及其周围过去发生鼠疫的情况进行调查研究，对发病的季节、死亡率、救治方法等经验作出总结，上报司令部、卫生部和卫生总部。(4)鼠疫发生时可以采取下列方法预防：戴口罩、灭虱，避免接触传染区的人畜，注射鼠疫预防疫苗。(5)鼠疫发生的救治方法为：隔离患者，封锁交通，配合地方以防疫情扩大，注意消毒免留后遗症。(6)对当地教师学生精心宣传教育，以实例劝说大家注意预防。

2. 东北行政委员会的卫生法规

(1)《传染病预防暂行条例》。

1948 年 5 月 2 日东北行政委员会颁布《传染病预防暂行条例》，共 5 章 33 条，并附报告、通报及通知表样 2 份。列鼠疫、霍乱、伤寒及副伤寒、斑疹伤寒、赤痢及疫痢、天花、白喉、麻疹、猩红热、流行性脑脊髓膜炎、回归热为法定传染病。法定传染病流行时，所有医务人员均须参与防疫，不得逃避。视传染病的保菌者为传染病患者。鼠疫、霍乱等传染病发生时，地方行政人员要积极配合防疫人员工作。制定了严格的通报制度，街村卫生院必须在 4 到 8 小时内向区级机关报告，并同时向下级或邻街村区通报；区级机关应于 24 小时内向市县旗报告；市县旗须于 48 小时内向省报告；省、特别市须立即报告卫生委员会。还特别规定发生鼠疫或霍乱时要电报或电话报告，以争取时间。预防消毒和处置方法规定为封锁交通、隔离、检疫、消毒、预防注射、自患者采取检查材料及解剖患者之尸体、掩埋及火葬尸体，在遏止鼠疫传染必要时，可经当地政府批准烧毁患者房屋等。

(2)《鼠疫预防暂行条例》。

鼠疫为害东北甚重。1948 年 5 月 2 日东北行政委员会特别制定颁布《鼠疫预防暂行条例》，共 13 章 61 条，内容详尽。第 1 条就提出"预防胜于治疗"的原则，这是防疫思想的进步。规定历年发生鼠疫地区应常设防疫机构。第二章讲宣传教育，贯彻了预防为主的原则，和以前所有的防疫法规不同。规定各级机关应视预防鼠疫宣传教育工作为经常性的首要工作,利用一切方法、场所、机会,进行宣传。但在鼠疫发生后,在疫区不得以群众大会形式宣传,以防扩大传染。规定每年至少举行两次大扫除,以推动卫生清洁工作;曾发生鼠疫地区应经常捕鼠,春季举行大规模的捕鼠运动,夏季要用各种方法灭虱;鼠疫发生后,须听从防疫人员指示捕鼠灭虱清洁,并于各院落各街村周围掘深4尺宽2尺的防鼠沟。曾发生鼠疫地区每年7月1日前须完成预防注射,除6月以下小孩儿和70岁以上老人外,均须实施预防注射,非卫生机关指定人员不得执行注射。鼠疫发生时,应遵照《传染病预防法暂行条例》(指东北行政委员会制定的,在下面介绍)及时报告和通报。区卫生机关须在两小时内派人出发到疫情发生地,协助街村卫生员执行临时交通封锁设岗放哨;设有防疫所的市县旗,须立即派专门防疫人员在两小时内出发到疫情发生地;专门防疫人员认为有鼠疫可疑或已确定时,应先展开封锁、隔离、消毒、家属检疫等工作,同时向上级机关报告。必要时,可请求防疫站派人协助检查或执行各种防疫工作,以上这些工作均须在24小时内处置完毕。封锁交通时,应遵循散在性传染小隔离、传染蔓延扩大隔离、疫情严重断绝交通的原则,断绝铁路、航路和空路交通的最后权限在东北行政委员会。防疫人员对鼠疫患者或疑似患者进行隔离时,任何人不得拒绝。隔离所须设在郊外或距居民较远的僻静所在,并在四周挖掘防鼠沟。肺鼠疫患者须与其他鼠疫患者隔离,被隔离人员不得任意离开。曾发生鼠疫的地区要设置经常性的隔离所。其他还规定了检疫、治疗、消毒、尸体处理等。

为使各地切实履行防疫报告制度,1948年8月13日东北行政委员会卫生部给各防疫站下发了《加强防止鼠疫报告制度》的通知,指出:"查防止鼠疫蔓延的首要办法为切实执行报告制度,严格封锁隔离。最近2、3月来,西满一带鼠疫发展情形,尤足证明其正确。凡能及时报告,严格封锁隔离者,都未继续发生患者或发生不多,否则即迅速蔓延。因此为加强报告制度,及达到严格封锁隔离起见,各疫区除于各街村必须设置卫生员外,更应于每十户住民中,选出不脱离生产者一人,任防疫员,负责防疫工作。其主要任务有二:(1)每日了解所管十户情况,如有病人或外来人,即向上级报告,并督促检查卫生清洁,捕鼠灭虱等工作;(2)凡在所管十户内如有人乘火车外出,或步行至其他地址,必须由他负责证明,在过去十日内,本人及其家人均无患病情形,然后发放路条,机关始能验证给条,路局车站始能凭证卖票。如果此一办法能切实执行,必能早期发现病人,并可防止感染者向外传播,将于迅速彻底扑灭鼠疫上，有莫大功用。"这种从基层进行管理，逐级严格报告的制度，确实为消灭鼠疫作出了贡献。1949 年后，鼠疫发生率大幅下降，到 1951 年东北仅报告 1 例。

（3）《种痘暂行条例》。

在公布《鼠疫预防暂行条例》的同时，还出台了《种痘暂行条例》，共17 条。实行定期种痘，共分 3 期：出生一年后、5 岁、12 岁。可在春秋两季种痘，各地应在每年年底前，将 12 岁以下儿童数上报东北行政委员会卫生部，以便发放疫苗。已种痘者发给种痘者。

（4）一个特殊的法规——预防冻伤措施。

东北解放战争期间，因冻伤而致残牺牲的官兵数量，已无完整的统计资料。但冻伤集体事件多次发生，以致影响正常战斗。如：1946 年 1月 5 日，北满部队南渡松花江攻打其塔木，寒流袭来，气温骤降，防寒装备不良，一夜之间冻伤 1 万余人，次日被迫停战，进行休整治疗。[①]由于冻伤造成的非战斗减员极为严重，引起各级军政领导的高度重视。1948 年春，在东北军区卫生会议上，综合各部队经验而制定了《卫生防疫条例》，其中第 1 项就是预防冻伤，提出了 21 条措施。条例明确指出："预防冻伤办法基本条件有二：第一，锻炼身体提高抗寒能力；第二，实施避免冻伤注意事项。"概括起来就是，一是坚持耐寒锻炼，用冷水洗脸洗手，逐渐走上冷水洗澡，洗后用干手巾擦干皮肤；冬季室外活动一般不戴手套不拉下帽耳。二是改善伙食，增加营养。天寒时应多吃油类和豆制品。行军前要吃饱，每人经常保存 2 斤干粮，避免饥饿；行军途中尽量喝上热水、吃上热饭。三是搞好防寒物资保障。鞋不要过小，包脚布每人最少 2 双；冬季发鼻罩，手套要多缝出一手指；出发前手脚要擦油，检查服装是否合适；转运工具要垫干草，并发给伤员以必要的防寒寝具。四是以动制冻。冬天放哨不能直立不动，勤务时间不要过长；行军前不大集合，中途多小休息，更不能卧倒睡觉；骑马坐车，感到冻麻时，应下地步行；到宿营地不要马上进房，应在户外活动一段时间，不要烤火。五是加强行政卫生管理。只要情况允许，部队出发前应先派人设营，先头部队找好向导，问好路，以免后梯队受冻；睡眠要充足，每天最好能睡 8 小时；天冷时不要去户外上课；严寒时不要赤手贴在铁器上，以免皮肤被铁冻粘；行军宿营时要争取每天泡脚，鞋袜要烤干；涉水后脚要擦干再穿鞋袜；伤员转运时要用热沙袋或包热砖，以

① 高恩显主编：《中国人民解放军第四野战军卫生工作史》，279 页，北京，人民军医出版社，2000。

保伤者体温，以防冻伤。

各部队接受了冻伤的教训，认真贯彻了军区卫生会议精神，在解放战争中再没发生重大冻伤事件，保证了作战任务的顺利完成。①

第三节　近代东北卫生防疫的评价

近代东北卫生防疫组织的产生与发展、防疫法规的颁布与实施始终围绕着一条主线，那就是西方卫生观念的传入、接受与应用。这条主线又被两条支线紧紧缠绕，它们是主动发展线和被动接受线。主动发展线是指各时期的政府或社会团体为了公共卫生和防疫的需要，主动建设相关组织及防控体系；被动接受线指的是近代在东北从事侵略活动的列强，为了自身卫生和防疫的需要而建立的相关组织及防控体系，目的是为了保护他们自身的卫生安全。这几条路径可以概括地描绘出近代东北卫生防疫的基本内容。

一、西医学的传入与发展路径

西方卫生观念的传入、接受与应用，是近代东北卫生防疫组织产生与发展的一条主线。而西方卫生观念被介绍到中国始于西医传教士。"西人教会所译者，医学类为最多，由教士多业医也"。② 西医传教士含有双重身份，既是西医，又是传教士。同时，西医传教士负有双重使命，既要传播基督福音，又要拯救化外人类。为此，西方传教士大量东来。学者认为："西医传教士东来伊始，就承担着'宗教'（基督教）与'科学'（医学）两种职能，负有双重的教化使命。他们企图以科学行医为中介来推行基督教福音在西方域外的传布。"传播基督福音是目的，治疗人类疾病是手段。传播基督福音，他们认为最有效的手段就是给人治病。

西医传教士和其他西方传教士一样，是伴随着西方侵略者的炮舰政策大量进入中国的。虽然在明代有少量传教士和平进入中国，但他们大批进入中国则是在近代。近代最早进入中国的西医传教士是伯驾。美国传教士彼得·伯驾（Peter Parker），1804 年生于美国马萨诸塞州，1831年毕业于耶鲁大学，1834 年被美部会派遣来华，成为基督教第一个来华传教医生。1835 年 11 月 4 日，他在广州开设"广州眼科医局"（Can-

---

① 高恩显主编：《中国人民解放军第四野战军卫生工作史》，281～282 页，北京，人民军医出版社，2000。

② 中国史学会主编：《戊戌变法》，第 1 册，449 页，上海，上海人民出版社，2000。

ton Ophthalimic Hospital)，又称"新豆栏医局"。这是中国第一所新式教会医院，西医自此正式传入中国。当然，伯驾又是一个侵略者。在签订比《南京条约》更为苛刻的中美《望厦条约》时，伯驾起了很大的作用。在谈判过程中，伯驾利用他曾为中方谈判成员潘仕成的父亲动过手术之机，从潘仕成处获得中国谈判使团的内幕情况，以致美方在谈判中处处主动。一个传教士说："欧洲人用大炮都轰不开的中国大门，伯驾医生用一把外科手术刀就把它撬开了。"这个条约中有些条款比同英国签订的条约更损害中国的主权。

西医传教士来到中国，不可否认的是，他们也把先进的西方医学传入了中国。对于西方医学的先进，当时的报纸《知新报》这样评论："医之为道，千百人生死之所系，其任系重，其理甚微，固不可以轻易出之者也。泰西医学日盛，其审病也通于格致，其用药也必经化分，故卫生之道，日精一日。英国之强，始于强种，善哉此举，本原之道得矣。"①这里高度评价了"泰西"即西方的医学，认为他们"卫生之道，日精一日"。

卫生学是一门关系民生的学问，它包括卫生机构、卫生防疫、医疗管理、妇幼卫生、药政药检、医学教育、卫生团体等。卫生学的传入对近代以来卫生防疫组织的建设和发展以及防疫法规的颁布起了重要的推动作用。

近代东北人民对于先进的西方医学采取了虚心接纳的宽容态度。据查最早来到东北的西医传教士是詹姆士·惠灵顿。1865 年，毕业于英国爱丁堡大学的惠灵顿，作为英国领事馆和大清牛庄海关的医生来到东北，工作时间长达 20 年，是第一位来到东北地区的西医。以后，西医传教士络绎不绝，纷至沓来。他们在东北三省积极创办教会医院。

西医传教士在辽宁省创办了大量教会医院。1869 年到 1884 年爱尔兰长老会的传教士怀特(JM Hunter)在东北行医。1870 年，英国传教医士白兰德(William Chalmers)在营口创办普济医院，设内外科，有医士助手 10 余人。19 世纪 80 年代初，苏格兰基督教联合长老会指派两名毕业于爱丁堡大学的医生 AM Westwater 和 Dugald Christie(司徒阁)来东北地区传教和行医。1883 年，司徒阁在奉天小河沿建立了诊所(当地群众称之为盛京施医院)。他给自己定了 5 条原则：礼貌对待中国官员，尊重中国习俗；免费提供医疗服务；培训医务人员；谨慎使用医院资金；急救免费出诊。由于他能够流利地使用汉语，以及和蔼的态度和精

① 中国史学会主编：《戊戌变法》，第 1 册，302 页，上海，上海人民出版社，2000。

湛的医术，使西医和西药逐渐被当地人接受。1886 年，他的诊所接待了 10 000 个病人，实施了 251 例手术。1887 年 11 月 8 日，扩大后的盛京施医院开业。设有一个药房、50 张病床(有一说 65 张病床①)。并设有一楼专为妇女诊病——这也是东北第一家女子医院。1884 年日本从朝鲜入侵中国，西方人撤离奉天。盛京施医院停业 10 个月。司徒阁回到了牛庄，并在那里指挥建立了一家红十字医院。(《营口市卫生志》中未见记载)

表 7-10 列出了 1931 年辽宁省内的教会医院。②

表 7-10　1931 年辽宁省内教会医院

医院名称	建立时间
营口普济医院	1870
盛京施医院	1883
广宁施医院	1886
辽阳施医院	1890
锦州施医院	1891
辽阳仁母院	1892
铁岭施医院	1893
新民普爱医院	1899
安东丹国医院	1902
开原仁爱医院	1906
法库门女施医院	1906
新宾施医院	1908
岫岩基督教会医院	1913
新民慰妹医院	1923
沈阳惠华施药处	1929
法库天主教堂施医院	1930
抚顺实爱医院(天主教)	1934

吉林省也创办了不少教会医院。1893 年，英国爱尔兰人丁滋博医生在长春创立基督教施医院，于医院内招生培养护士，后又在西三道街设女施医院。1896 年，英国人高积善医师来吉林省城(今吉林市)创建

① 辽宁省卫生志编纂委员会：《辽宁省卫生志》，275 页，沈阳，辽宁古籍出版社，1997。

② 同上书，279 页。

基督教男施医院。该医院招收部分学员学习医学知识，毕业后作医士或护士，这是吉林省西医教育之始。1902 年高积善又与英国女医师合作在吉林省城设女施医院。①

黑龙江省也创办了许多教会医院。1892 年，英国基督教会为借医传教，在吉林省阿什河（今黑龙江省阿城县）设立西医医院一所。1912 年，英国苏格兰基督教会派传教士、牧师毕德志在该县西岗子建欧式 3 层楼房 4 栋，取名博济医院，设内外科和产科，有床位 30 余张。1904 年英国基督教会派余壳信到呼兰县城，在站庙胡同开办一所男士医院；在西岗子开设一所女士医院。1913 年，将男女医院合并，迁至呼兰城区西北隅的顺记胡同，改为呼兰基督教施医院。占地 2 000 平方米，建筑 2 层楼房 4 栋和瓦平房共 108 间，设床位 13 张，卫生技术人员 12 人。其后，法、德等国亦派遣传教士到黑龙江设立教堂，开办医院。到 1931 年，外国人先后在黑龙江省共开办教会医院 14 所，分布于哈尔滨、齐齐哈尔、阿城、双城、呼兰、绥化、海伦等城镇。当时外国医生约有 40 人。②

西医在东北地区从无到有，从抵制到接受，传教士功不可没，但也反映了东北人民对于实用的医学救助的需要。传教士身上的宗教使命是不言而喻的，虽然是借医传教，却也给当时落后的中国带来了科学的曙光。西医传教士在传播基督福音的同时，也带来了先进的医疗技术及防疫理念。对此，时任国民政府卫生部参事的黄子方教授在《中国卫生刍议》中写道："国之文明与否，固以文化为标准。但西人有言曰，'一国之文明程度，可以其卫生之程度测之。'"那么中国当时的卫生状况究竟如何呢？黄教授接着说："据京师警察厅公共卫生事务所之调查，在其行政区域内，住民死亡数中 39.4% 未经医士之治疗；44.3% 仅经旧医士之诊视；其经'科学的'医士之诊疗者仅 16.3% 而已，于此可以见中国'科学的'医业之不发达。又据该所调查：吾国北部颇称进步之大工厂，其中雇佣人员之患沙眼者占 95%；衣服上发现白虱者占 80%；而患营养不良症者亦居 50%。又有三所学校中的学生，共计 1 200 人，经该所检验，其中患沙眼者 14.1%；患龋齿者有 30.9%；患扁桃腺炎者有 16.2% 云云。此等病症在学理上皆极易防治，而吾国工厂学校中患之者竟有如是之多。由是以推，吾国因卫生事业之忽视，以致每年不应

① 吉林省地方志编撰委员会：《吉林省志·卫生志》，卷 40，252、597 页，长春，吉林人民出版社，1992。
② 徐义容主编：《黑龙江省志·卫生志》，210 页，哈尔滨，黑龙江人民出版社，1996。

死而死者有六百万人，不应病而病者不下六千万人，苟政府能即实施简单之卫生设备，则数年之内，枉病枉死者，必可减少半数。"那么同期国外的卫生状况又如何呢？他接着说："按八九十年前之英国，人口死亡之数目，已有极精确之生命统计，其卫生官吏对于若干种病症，早已能筹防治及消除之方法，以期预为轻灭而不使滋生。故近数十年中，英国人民之寿命平均由未满四十岁升至五十八岁。美国纽约一埠于 1880 年时，其寿命平均尚在三十六岁左右，至 1920 年时，亦由卫生行政进步之结果，竟升至五十三岁。"①

可以看出，由于前期传教士施诊、办学等一系列惠及民生的工作，加之后期一些留学西方的专业人士的回归，以及他们不断宣传卫生的努力，使得近代卫生防疫机构和设施在东北从无到有，一步步发展起来了。

二、卫生防疫的自主应对

主动发展线是指近代东北各个时期的政府或社会团体为了公共卫生和防疫的需要，主动建设相关卫生联疫组织体系。东北各个政府与社会团体，为了应对各种灾荒瘟疫，调动人力、物力、财力，创办公共卫生防疫机构，最终形成有机的防控体系这样一条生机勃勃的主动发展线。

在近代东北，鼠疫、霍乱、天花等较严重的瘟疫或其他传染病几乎每年都会发生。鼠疫在东北流行历史很久，历史上除 1910 年、1920 年两次全区肺鼠疫大流行外，腺鼠疫也比较常见，不断发生。自 1894 年至中华人民共和国成立前，在东北共流行 33 年次鼠疫。霍乱在东北地区始于 1862 年，除 1919 年和 1946 年曾因由外地传入引起过的二次广泛流行以外，1883 年、1902 年、1909 年、1919 年、1926 年、1932 年，都曾有过霍乱的发生与流行。霍乱自 1883 年至 1950 年共传入 30 年次。天花则连年不断。

主动发展线是由各个点连接而成的。为了应对历史上的各种瘟疫灾难，东北地方政府与民间都积极地采取了许多有效措施，形成了一条自主应对的主动线路。以 1910－1911 年的东北大鼠疫为例，为了应对此次鼠疫灾难，不仅成立了东三省省属防疫机构，而且还在各县建立了防疫分设组织。同时制定了相对较为完善的防疫办法，实施了具体的防疫措施。

再以天花的防控为例，用个案说明近代东北的主动防疫问题。奉天

---

① 黄子方：《中国卫生刍议》，载《中华医学杂志》，13(5)，338 页，1927。

牛痘局是东北最早创立的防疫机构，建于 1881 年。《奉天通志》记载："奉天卫生事项在未设巡警以前，清光绪七年，有左宝贵创设牛痘局施种牛痘，是为卫生之嚆矢。"①《辽宁省卫生志》也有"韦纬三发起，联络官商，取得奉天总兵左宝贵、奉天知府徐本衡的支持，于奉天省城创设牛痘局"一说。②

牛痘是一种预防天花的接种术。英国医生琴纳（Dr Edward Jenner）于 1795 年，在人痘术之上改进而成的。1805 年，英国东印度公司澳门支行的高级外科医生传教士皮尔逊（Alexander Pearson），即在澳门开的诊所内给数百澳门华童栽种，获得成功。后来牛痘术一路辗转北上，道光八年（1828 年），北京南海邑会馆设牛痘局；咸丰二年（1852 年），天津设牛痘局于保赤堂；1881 年，牛痘术终于传入东北——奉天。

此后，牛痘局在东北广泛设立。牛痘局是中国人在近代东北设立的第一个带有福利性质的民办防疫组织。1881 年，勘边大臣吴大澂奉旨查边时，曾捐资于宁古塔（现宁安县）地方设立牛痘局，利用新法种痘，以预防天花。1887 年以后，宾州、双城、瑷珲等地成立了引痘局或引痘公局。③ 1887 年，营口三江公所会董在大康平里创办施医局，专门施治时疫兼设牛痘局。④ 1886 年，经清政府户部批准，长春府设立养正书院并同善堂，举办引种牛痘诸事。光绪十四年（1888 年）公主岭成立牛痘局，又名资善堂，专为婴幼儿引种牛痘。⑤

当然由于东北各地情况不一，广大的偏远地区和农村无缘得惠，"天花流行范围仍然很广"。⑥ 1930 年 9 月 5 日《阜新医士王凤翔呈为改良天花设立牛痘官局请备案由》⑦，即为阜新当地医士向当地政府建议设立牛痘官局，而一波三折之事由："诚清设立牛痘官局，负监察督催之责。聘请痘医者为教师，招集原业痘医入局传习"。阜新县政府回复"悉查引种痘系民生，事属可行。所拟简章亦无不合，应准备案。仰即遵照简章，存此批等"。该医生即"因奉此，遵即着手进行，尅日成立"。

① 王树楠等纂：《奉天通志》(4)，卷 144，民治三，3343 页，东北文史丛书编辑委员会点校，沈阳，辽海出版社，1983。
② 辽宁省卫生志编纂委员会：《辽宁省卫生志》，16 页，沈阳，辽宁古籍出版社，1997。
③ 徐义容主编：《黑龙江省志·卫生志》，119 页，哈尔滨，黑龙江人民出版社，1996。
④ 彭志强主编：《营口卫生志（1840－1985）》，营口市卫生志编纂委员会编印，1 页，1987。
⑤ http：//www.lczj.com/Print.asp。
⑥ 王季平总纂：《吉林省志·卫生志》，卷 40，27 页，吉林省地方志编纂委员会编纂，长春，吉林人民出版社，1992。
⑦ 《热河省长公署档·JC23》，第 1622 号。辽宁省档案馆馆藏档案。

然而"乃复遵章请发催办员执照，宣传布告，禁止庸医。而竟未蒙批准，并取消已准简章第一、第六、第七条。将见功效之益举，忍然为之停顿。医生损失之事小，关系民生之事大"。看来在稍微偏远的一些地区，建个牛痘局竟然如此困难，说明主动防疫事业发展仍是极不平衡的。

三、殖民地式的强制防疫

被动接受线指的是近代在东北从事侵略活动的列强，为了自身卫生和防疫的需要，而建立的相关卫生防疫组织体系，目的是为了保护他们自身的卫生安全。在防疫机构的建设上，日本和俄国侵略者对东北人民的殖民压迫是主要的、严酷的。但由于卫生防疫体系关系到所在地区全体居民的共同利益，殖民者在关注他们自身安全的同时，也不得不关注其周边居民的安全。否则，周边居民不慎染疫，也会殃及他们自身的安全。因此，在饱受战争摧残和殖民压迫的近代东北地区，卫生防疫组织也不可避免地带有浓厚的战争痕迹和殖民色彩。近代东北地区被动地接受了殖民者所建立的卫生防疫机构。此之谓被动接受线。

东清铁路的修建是这条被动接受线的起点。光绪二十二年（1896年），清政府特使李鸿章与沙俄签订了《中俄御敌相互援助条约》《中俄密约》），规定了有关东清铁路的建设事宜。东清铁路是指从俄国赤塔经中国满洲里、哈尔滨、绥芬河到达符拉迪沃斯托克（海参崴）的铁路在中国境内的部分。1897年8月动工，1903年7月14日全线通车。同期建设的哈尔滨至旅顺的中东铁路南满支线也被认为是东清铁路的一部分。俄国还取得了东清铁路沿线数十里范围内的行政管理权和司法管理权，形成比租界规模大得多的国中之国。该铁路枢纽在哈尔滨，此地除俄国人外，德、英、法、日等20余国的商贾、侨民也相继涌入，卫生机构和设施也就因此建设了。

1900年，东清铁路当局在哈尔滨琴家岗病院街（今南岗区颐园街）15号建立东清铁路中央医院，由俄国人医学博士雅信斯基担任总医师，俄国医师玛拉鲍尔谢夫斯基和中国人西医师李梦夫为副总医师。门诊部设有10个诊察室；住院处设6个病房，共有床位280张。化验室分临床化验和细菌化验两个部分。1913年，卫生技术人员已有167人。[①] 然而这种具有侵略性质的卫生机构和设施是为侵略目的服务的，不是为中国人服务的。据《黑龙江省志》记载：1910年11月，哈尔滨地区发生鼠疫，疫情迅速蔓延。当时，中国工人大部分住在简陋的工棚里，卫生条

[①] 徐义容主编：《黑龙江省志·卫生志》，210页，哈尔滨，黑龙江人民出版社，1996。

件很差，许多工人也被传染上鼠疫。沙俄操纵的中东铁路管理局不仅不予治疗，而且还派出"药包子车"，到处抓人捕人，只要认准谁是染疫者，就不分青红皂白地关进"药包子车"里。由武装士兵押送到设在偏僻铁路线上的临时隔离所——木制棚车里，进行所谓"隔离"。工人领袖吴泰对于中东铁路管理局沙俄当政者借"防疫隔离"迫害中国工人的做法十分气愤，他组织一批工人，多次砸跑"药包子车"，救出数十名工人。但由于不慎，自己也染上鼠疫，经医治无效，于1911年1月病逝，年仅27岁。可以看出，在防疫问题上，工人和东清铁路当局的分歧是相当大的。

南满铁路是这条被动接受线的延伸。日俄战争后，日本夺取了关东州租界地(旅顺、大连)和东清铁路长春以南段(后称南满铁路)的控制权，开始了在东北的侵略和殖民。据日本满史学会的《满洲开发四十年史》称：据记载，1865年设立了开原基督教医院，1892年设立了吉林省阿什河医院，1905年设立了黑龙江省呼兰医院。另外，据不完全统计，俄国的势力沿铁路逐渐侵入南满，在沿线各地设立了不少医疗机构。前者是为了传教，后者主要是为军事需要开设的，一般群众还享受不到这种文化福利和待遇。因此，这一时期，在医疗上还是一个不开化的时期。日俄战争后，日本医学界和南满铁道株式会社才给满洲带来了近代医学的光明。①

然而客观地说，日本在东北殖民统治期间，卫生防疫机构和设施建设的覆盖面比较广、技术比较先进。1907年，满铁就成立大连医院并在抚顺千金寨设立分院；在瓦房店、大石桥、辽阳、奉天、公主岭、铁岭、草河口、安东设立门诊部；还在石桥子、鸡冠山设立了巡诊所。同期奉天和吉林两省的官医院分别成立于1905年和1908年。

应该承认当时清政府的卫生建设是落后于满铁的。但必须强调的是，日本在东北的卫生建设都是为侵略和掠夺服务的。教育方面，日本人创设了南满医大，但该校之"全部教学似专为日人而设，大半学生毕业后回国服务"。② 地方卫生方面，满铁于1915年设立地方事务所管理地方卫生、铁路卫生和厂矿卫生。而日本通过满铁掠夺中国矿产资源的数量是不断增加的，可见卫生组织和设施的建设是为侵略服务的，是具有侵略性质的。

① [日]满史学会编著：《满洲开发四十年史》(下)，东北沦陷十四年史辽宁编写组译，400页。
② 隐译：《中国医学教育》，载《中华医学杂志》，18(11)，137页，1933。

伪满洲国时期是这条被动接受线由盛入衰的时期。日本操控成立了傀儡满洲国政府后，更是加紧对东北进行掠夺，而同期卫生组织和设施的建设也趋于完善。伪满洲国时期，民生厅和警察厅同时负责卫生工作。民生厅基本由中国人掌管；警察厅则是由日本人负责。实际上卫生防疫的权力在日本人手里。客观地说，这个时期的卫生组织设施已经覆盖偏远地区，如"1923年满洲医科大学利用暑假组织巡回医疗团到内蒙东部。1926年后，每年利用吉林医院冬季病人少的时候，到东满和间岛地区进行巡回医疗。1932年后，由于铁道爱护村的医疗以及偏远地区的医疗设备逐渐完备，巡回医疗中止了，但满洲医大依然坚持这项工作。"为了镇压抗日武装，日伪统治者大搞归屯并户、无人区和集团部落。集团部落，通常是一百米见方，四周挖有壕沟，四角有炮楼，内部有供200户居住的住宅、学校、体育场和警察宿舍。到1939年底，集团部落发展到13 451个。① 这种居住方式也加速了传染病传播，1936年集团部落传染病蔓延情况是："通化县的传染病患者数为1 132人，死亡153人；金川县为1 508人，死亡137人；柳河县为4 385人，死亡305人。传染病的蔓延地区并不止于上述各县。"②可以看出再完善的卫生组织和设施，如果是以侵略为目的，是难以惠及民生的。这条线随着1945年日本投降和中华人民共和国的成立而彻底消失了。

可以看出，近代东北卫生防疫组织的发展是和东北历史演变分不开的。四个时期（晚清、民国、伪满、解放战争）和两条线（主动发展线、被动接受线），构成了近代东北卫生防疫组织的大框架。

四、近代东北卫生防疫的多维特点

由于近代东北区域历史的特殊性，近代东北的卫生防疫呈现了多维的特点：应急性质，战时特点，殖民色彩。

1. 具有极强的应急性质

无论是近代东北卫生防疫组织的建立，还是防疫法规的颁布，都具有极为鲜明的应急色彩。出现这种情况皆因观念滞后，经济落后，战祸不断，灾难丛生。对重大的防疫工作缺乏应有的重视，没有摆到政府的议事日程的突出地位。几乎所有的防疫机构都是为应对突然发生的重大疫情而仓促设立的。尽管有一些机构在大灾大疫之后保存了下来并转为常设机构，但更多的机构随着灾害的减轻而遭到裁撤，因此，防疫机构

---

① 姜念东等：《伪满洲国史》，208页，长春，吉林人民出版社，1981。

② 同上书，210页。

的设立带有明显的应急性质。例如，1910 年 10 月，中东铁路满洲里站发生鼠疫，11 月传至哈尔滨，并迅速在东三省蔓延。鼠疫疫情严重，引起清政府的高度重视，于是东三省各自紧急筹建防疫局，以应对突然袭来的鼠疫灾害。1911 年 1 月 14 日，奉天行政公署紧急成立奉天防疫总局。吉林省紧急设立吉林全省防疫总局。黑龙江省紧急设立江省防疫总局。奉天省省内各厅、县署也相继设立防疫所、检疫所、隔离所等临时防疫机构 630 余处（一说 550 余处①）。参加防疫的医务人员、警察等达 3 000 多人。这些机构的设立明显是为了应对鼠疫病害的，具有鲜明的应急性质。

2. 具有极强的战时特点

近代东北发生过日俄战争、"九·一八"事变、解放战争等战事，防疫机构的建设便自然带有某些战时特点，这里表现突出的是解放战争时期解放军政权防疫机构的设立。例如，解放战争时期，第四野战军医院逐步发展起来。医院的发展和建设，走过了接管、自建、整编 3 个阶段。第 1 阶段是接管。1945 年 8 月后，大批部队调来东北，没有医疗机构。1945 年 10 月，东北人民自治军卫生部成立后，在沈阳接管了一个伪满军事部医院、英国红十字会医院和一个卫生材料厂，并收缴了大批药品器材和医用物资。此后，陆续接管了许多敌伪医院。第 2 阶段是自建。由于战争频繁，伤员日增，接管和征用的医院已满足不了需要，东北民主联军积极组建医院。发展很快，到 1947 年 10 月，东北民主联军已有 60 所医院，可容伤病员 6 万人。第 3 阶段是整编。1948 年 1 月，东北民主联军改为东北军区，民主联军总卫生部改为东北军区卫生部。

为了适应部队大规模作战的需要，于 1948 年 5 月 25 日，东北军区司令部发布命令，所属医院重新统一整编。在四野进关前，东北军区及东北野战军（除纵队医院外）共有各类医院 81 所。东北解放区四野医院在战争中，从小到大、从少到多、从弱到强，经历了一个不断发展壮大的过程。四野医院是在战争中逐步成长起来的。四野医院虽然具有战时特点，但逐步走向了正规化。

3. 具有鲜明的殖民色彩

在近代东北，日俄都曾殖民过东北。日本先是占有租界地，后是占有殖民地；俄国曾占有租界地。在日本、俄国非法强行占有的土地上，实施其殖民统治和殖民政策。为此，他们在租界地和殖民地上建立的医

---

① 王树楠等纂：《奉天通志》(4)，卷 144，民治三，3343 页，东北文史丛书编辑委员会点校，沈阳，辽海出版社，1983。

疗机构，就具有鲜明的殖民色彩。首先是为他们自己的殖民者和侨民服务的。但由于医疗尤其是防疫是带有普适性特点的事业，一地染疫，可能会殃及他地。为此，为侵略者服务的防疫机构也连带地部分惠及周边地区的居民。这不是侵略者的初衷，而是他们不得已而为之的。前文在被动接受线里提到的防疫机构，就是具有强烈殖民色彩的机构。

主要参考文献

一、档案史料类

1. 奉天省长公署档·JC10. 辽宁省档案馆馆藏档案

2. 热河省长公署档·JC23. 辽宁省档案馆馆藏档案

3. 国民党档案·JE5－5－100. 辽宁省档案馆馆藏档案档案

4. 辽宁水灾急赈会编. 灾赈专刊. 1930 年 11 月. 第 71 号. 辽宁省档案馆馆藏档案

5. 辽宁省档案馆编. 奉系军阀档案史料汇编. 南京：江苏古籍出版社，1990

6. 张波，冯风 等编著. 中国农业自然灾害史料集. 西安：陕西科学技术出版社，1994

7. 骆承政. 中国历史大洪水调查资料汇编. 北京：中国书店出版社，2006

8. (伪)哈尔滨清理水灾善后委员会编. 壬申哈尔滨水灾纪实. 哈尔滨特别市公署. 1934 年. 中国科学院国家科学图书馆藏

9. 中国科学院地理科学与资源研究所，中国第一历史档案馆等编. 清代奏折汇编·农业环境. 北京：商务印书馆，2005

10. 郑毅主编. 东北农业经济史料集成（一）. 长春：吉林文史出版社，2005

11. 李文治. 中国近代农业史资料. 第一辑. 上海：三联书店，1957

12. 李文治. 中国近代农业史资料. 第二辑. 上海：三联书店，1957

13. 李文治. 中国近代农业史资料. 第三辑. 上海：三联书店，1957

14. 孙中山全集. 第 1 卷. 北京：中华书局，1981

15. 中央档案馆，中国第二历史档案馆，吉林省社会科学院合编. 日本帝国主义侵华档案资料选编. 东北经济掠夺. 14 辑，北京：中华书局，1991

16. 清文宗实录. 卷121, 北京：中华书局, 1986

17. 沈阳军区后勤部卫生防疫检疫所编. 东北地区卫生流行病学资料汇编. 1960

18. 沈阳军区后勤部卫生防疫检疫所编. 东北地区卫生流行病学资汇编. 1960

19. 奉天防疫总局. 东三省疫事报告书. 辽宁省图书馆馆藏本, 1912

20. 章有义编. 中国近代农业史资料. 北京：生活. 读书. 新知三联书店, 1957

21. 石丽珍, 王志民编. 伪满洲国史料. 全国图书馆文献缩微复制中心, 2002

22. 蔡鸿源. 民国法规集成. 第14册, 合肥：黄山书社, 1999

23. 林开明等编辑. 北洋军阀史料(第4卷). 徐世昌卷(4). 天津：天津古籍出版社, 1996

24. 龙江省民生厅保健科. 传染病预防防疫须知. 1938

25. 沈阳军区后勤部卫生防疫检验所. 东北地区卫生流行病学资料汇编. 1960

26. 高恩显主编. 中国人民解放军第四野战军卫生工作史. 北京：人民军医出版社, 2000

27. 李文海, 夏明方主编. 中国荒政全书. 第一辑. 北京：北京古籍出版社, 2003

28. 李文海, 夏明方主编. 中国荒政全书. 第二辑. 北京：北京古籍出版社, 2004

二、报刊资料类

1. 大公报. 北京：人民出版社, 1982年影印本

2. 申报. 上海书店影印, 1982年影印本

3. 盛京时报. 盛京时报影印组辑印, 1985年2月

4. 晨报. 第30分册, 北京：人民出版社, 1981年影印本

5. 民报. 第三册. 1908年. 北京：科学出版社, 1957年影印本

6. 东方杂志. 1910年第7卷

7. 东方杂志. 1911年第8卷

8. (伪)满洲国政府公报. 1932

9. 东三省民报. 1930

10. 中华医学杂志. 第 14 卷 302

11. 民国日报. 北京：人民出版社，1981 年影印

三、地方史志类

1. 水利部松辽水利委员会编. 松花江志. 第一卷. 长春：吉林人民出版社，2004

2. 水利部松辽水利委员会编. 松花江志. 第二卷. 长春：吉林人民出版社，2000

3. 水利部松辽水利委员会编. 松花江志. 第三卷. 长春：吉林人民出版社，2002

4. 水利部松辽水利委员会编. 松花江志. 第四卷. 长春：吉林人民出版社，2003

5. 水利部松辽水利委员会编. 辽河志. 第一卷. 长春：吉林人民出版社，2004

6. 水利部松辽水利委员会编. 辽河志. 第二卷. 长春：吉林人民出版社，2000

7. 水利部松辽水利委员会编. 辽河志. 第三卷. 长春：吉林人民出版社，2002

8. 水利部松辽水利委员会编. 辽河志. 第四卷. 长春：吉林人民出版社，2004

9. 中国科学院地理科学与资源研究所，中国第一历史档案馆等编. 清代奏折汇编·农业环境. 北京：商务印书馆，2005

10. 清乾隆官修. 清朝通志. 杭州：浙江古籍出版社，1988

11. 辽宁省档案馆编. 日俄战争档案史料. 沈阳：辽宁古籍出版社，1995

12. 张伯英总纂. 黑龙江志稿. 铅印本. 1932

13. 张伯英总纂，崔重庆整理. 黑龙江志稿（一）. 哈尔滨：黑龙江人民出版社，1992

14. 王宝善修，张博惠辑. 新民县志. 1926 年石印本. 台湾：成文出版社影印本

15. 白永贞总纂. 奉天通志. 民国二十三年铅印本.

16. 赵恭寅修，曾有翼纂. 沈阳县志. 民国六年铅印本

17. 李毅纂修，张博惠辑．开原县志．1930 年铅印本

18. 黄世芳等修，陈德懿纂．铁岭县志．民国二十年铅印本

19. 斐焕星修，白永贞纂．辽阳县志．民国十七年铅印本

20. 陈荫翘，常守际，镰仓严撰．海城县志．1937

21. 王永恩修，王春鹏纂．海龙县志．1937 年铅印本

22. 万福麟，张伯英纂．黑龙江志稿．哈尔滨：黑龙江人民出版社，1992

23. 孙云章修，总监修前知事赵亨萃．怀德县志．兴京福文印书局印，1929

24. 徐维淮修，李植嘉纂．辽中县志．民国十九年铅印本

25. 陆善格，朱显廷纂，王文藻修．锦州志略．1920 年铅印本

26. 王世选修，梅文昭纂．宁安县志．1924 年铅印本

27. 徐维维修，李植嘉纂．辽中县志．1930 年铅印本

28. 吉林省地方志编撰委员会编撰．吉林省志·卫生志．长春：吉林省人民出版社，1992

29. 徐义容主编．黑龙江省志·卫生志．哈尔滨：黑龙江人民出版社，1996

30. 中国方志丛书·东北地方16．义县志．台湾成文出版公司影印，1974

31. 榆树县政协文史资料委员会编．榆树文史资料．第2辑．1988

32. 德惠县政协文史资料委员会编．德惠文史资料．第5辑．1988

33. 彭志强主编．营口市卫生志．营口市卫生编撰委员会编印，1987

34. 辽宁省民政志编纂委员会．辽宁省民政志1840—1990．沈阳：辽宁人民出版社，1996

35. 吉林省民政志编纂委员会编．吉林省民政志．长春：吉林人民出版社，1999

36. 黑龙江省民政志编纂委员会编．黑龙江省民政志．哈尔滨：黑龙江省人民出版社，1992

37. 徐世昌编纂．东三省政略．台湾：文海出版社，1988

38. 东北年鉴．东北文化社年鉴编印处编发．1931

39. 吕中清，孟宪彭纂修．北镇县志．1933 年石印本

40. 哈尔滨市人民政府地方志办公室编纂. 哈尔滨市志人物志. 哈尔滨：黑龙江省人民出版社，1994

41. 李毅督修. 开原县志. 民国十八年铅印本

42. 王树楠等纂. 奉天通志. 东北文史丛书编辑委员会点校，沈阳：辽海出版社，1983

43. 中国方志丛书·东北地方. 台湾：台湾成文出版公司影印，1966

四、学术著作类

1. 李文海，林敦奎，周源，宫明. 近代中国灾荒纪年. 长沙：湖南人民出版社，1990

2. 孟昭华，彭传容编. 中国灾荒辞典. 哈尔滨：黑龙江科学技术出版社，1989

3. 邓云特. 中国救荒史. 上海：商务印书馆，1937

4. 李文海，周源. 灾荒与饥馑（1840—1919）. 北京：高等教育出版社，1991

5. 李文海，林敦奎，程附图，宫明. 近代中国灾荒纪年续编. 长沙：湖南教育出版社，1993

6. 李文海，刘仰东，夏明方，等. 中国近代十大灾荒. 上海：上海人民出版社，1994

7. 阎永增，池子华. 中国近代灾荒史研究综述. 唐山师范学院学报. 2001

8. 邱国珍. 三千年天灾. 南昌：江西高校出版社，1998

9. 孟韶华，彭传荣编著. 中国灾荒辞典. 哈尔滨：黑龙江科学技术出版社，1989

10. 孟昭华. 中国灾荒史记. 北京：中国社会出版社，1999

11. 陈高佣. 中国历代天灾人祸表. 上海：上海书店出版社，1986

12. 刘仰东，夏明方. 百年中国史话——灾荒史话. 北京：社会科学文献出版社，2000

13. 李文海. 天有凶年——清代灾荒与中国社会. 北京：生活·读书·新知三联书店，2007

14. 康沛竹. 灾荒与晚清政治. 北京：北京大学出版社，2002

15. 魏丕信. 18 世纪中国的官僚制度与荒政. 南京. 江苏人民出版社，2003

16. 胡鞍钢，陆中臣. 中国自然灾害与经济发展. 武汉：湖北科学技术出版社，1997

17. 卜风贤. 农业灾荒论. 北京：中国农业出版社，2006

18. 高建国. 中国减灾史话. 郑州：大象出版社，1999

19. 蔡勤禹. 民间组织与灾荒救治. 上海：商务印书馆，2005

20. 范宝俊主编. 中国自然灾害史与救灾史. 北京：当代中国出版社，1999

21. 袁林. 西北灾荒史. 兰州：甘肃人民出版社，1994

22. 王振忠. 近600年来自然灾害与福州社会. 福州：福建人民出版社，1996

23. 王林. 山东近代灾荒史. 济南：齐鲁书社，2004

24. 于德源. 北京历史灾荒灾害纪年. 北京：学苑出版社，2004

25. 于德源. 北京灾害史. 北京：同心出版社，2008

26. 陈久来. 承德两千年自然灾害史记. 承德市档案馆编印，1995

27. 赵明奇. 徐州自然灾害史. 北京：气象出版社，1994

28. 马宗晋，郑功成主编. 中国灾害研究丛书. 长沙：湖南人民出版社，1998

29. 夏明方. 民国时期自然灾害与乡村社会. 北京：中华书局，2000

30. 佟冬主编. 中国东北史.（修订本）. 长春：吉林文史出版社，1998

31. 孔经纬. 新编中国东北地区经济史. 长春：吉林教育出版社，1994

32. 黑龙江省社会科学院历史研究所编. 黑龙江近代历史大事记. 哈尔滨：黑龙江人民出版社，1987

33. 焦润明. 中国近代文化史. 沈阳：辽宁大学出版社，2006

34. 赫治清主编. 中国古代灾害史研究. 北京：中国社会科学出版社，2007

35. 王振堂，盛连喜. 中国生态环境变迁与人口压力. 北京：中国环境科学出版社，1994

36. 蒋颂贤主编. 近代吉林人民革命斗争史. 长春：吉林文史出版社，1992

37. 佟冬主编. 沙俄与东北. 长春：吉林文史出版社，1985

38.［日］满洲国史编纂刊行汇编.满洲国史.中译本,东北沦陷四十年史吉林编写组译.长春:东北师范大学出版社,1990

39.［印］阿马蒂亚·森.贫困与饥荒.王宇,王文玉译.上海:商务印书馆,2001

40.沈阳军区后勤部卫生防疫检验所编.东北地区卫生流行病学汇编.1960

41.关捷.日本对华侵略与殖民统治(上).北京:社会科学文献出版社,2006

42.常诚主编.东北近现代史纲.长春:东北师范大学出版社,1987

43.延安时事问题研究会.日本帝国主义在中国沦陷区.上海:上海人民出版社,1958

44.王承礼.中国东北沦陷十四年史纲要.北京:中国大百科全书出版社,1991

45.王建中主编.东北地区食生活史.哈尔滨:黑龙江人民出版社,2004

46.［英］琼斯著,胡继缓译.1931年以后的中国东北.北京:商务印书馆,1959

47.延安时事问题研究会.日本帝国主义在中国沦陷区.上海:上海人民出版社,1958

48.黑龙江省社会科学院历史研究所编.东北近代百年史讲话.哈尔滨:黑龙江人民出版社,1984

49.池子华.中国流民史近代卷.合肥:安徽人民出版社,2001

50.中共中央党史研究室科研管理部.日军侵华罪行纪实.北京:中共党史出版社,1995

51.傅波,曾德全主编.抚顺编年.沈阳:辽宁民族出版社,2004

52.于素云.中国近代经济史.沈阳:辽宁人民出版社,1985

53.袁林.西北灾荒史.兰州:甘肃人民出版社,1994

54.路遇.清代和民国山东移民史略.上海:上海社会科学院出版社,1987

55.王印焕.1911—1937年冀鲁豫农民离村问题研究.北京:中国社会出版社,2004

56. 姜念东，伊成，解学诗，吕明元，张辅麟合编. 伪满洲国史. 长春：吉林人民出版社，1980

57. 宋斐如. 日本铁蹄下的东北. 战时读物编译出版社，1938

58. 邢安臣. 东北近现代经济开发史. 香港：香港同泽出版社，1996

59. 王方中. 中国经济通史. 第9卷，长沙：湖南人民出版社，2002

60. 孙健. 中国经济通史. 中卷，北京：中国人民大学出版社，1993

61. 冯尔康. 生活在清朝的人们. 北京：中华书局，2005

62. 东北文化社年鉴编印处编发. 东北年鉴. 1931

63. 蔡勤禹. 民间组织与灾荒救治——民国华洋义赈会研究. 上海：商务印书馆，2005

64. 周秋光. 中国慈善简史. 北京：人民出版社，2006

65. 高恩显主编. 中国人民解放军第四野战军卫生工作史. 北京：人民军医出版社，2000

五、学术论文类

1. 焦润明. 1910－1911 年的东北大鼠疫及朝野应对措施. 近代史研究. 2006(3)

2. 胡成. 东北地区肺鼠疫蔓延期间的主权之争（1910. 11—1911. 4）. 中国社会历史评论. 北京：中华书局，2000

3. 阎永增，池子华. 中国近代灾荒史研究综述. 唐山师范学院学报. 2001(1)

4. 苏全有，王宏英. 民国初年灾荒史研究综述. 防灾技术高等专科学校学报. 2006(1)

5. 卜风贤. 历史灾荒资料的信息识别和利用. 中国减灾. 2007 (1)

6. 张建英. 近代中国东北旱灾发生时民族观念的演进. 商业文化（学术版）. 2007(6)

7. 安贵臣，杜才平. 1911 年的国际防疫会议背景分析. 台州师专学报. 2000(4)

8. 陈婷，王旭合. 孟宪彝与 1910—1911 年长春鼠疫防治. 东北史地. 2008(6)

9. 何君明，杨学锋. 历史的惨痛不应忘记——记清朝末年我国东北地区爆发的一次大规模流行性瘟疫. 贵州档案. 2003(5)

10. 陈雁. 20 世纪初中国对疾疫的应对——略论 1910—1911 年的东北鼠疫. 档案与史学. 2003(4)

11. 于洋，马东玉. 东北历史科技文化最光辉的一页. 辽宁师范大学学报. 2006(3)

12. 曹晶晶. 1910 年东北鼠疫的发生及蔓延. 东北史地. 2007(1)

13. 田志和. 近代东北胡匪概要. 东北师大学报(哲社). 1992(3)

14. 杨剑利. 晚清社会灾荒救治功能的演变——以"丁戊奇荒"的两种赈济方式为例. 清史研究. 2000(4)

15. 王卫平，顾国梅. 林则徐的荒政思想与实践——以江苏省为中心的考察. 中国农史. 2002(1)

16. 王卫平，黄鸿山，康丽跃. 清代社会保障政策研究. 徐州师范大学学报. 2005(4)

后　记

　　近年来，灾荒史的研究渐为学术界所重视，并与史学研究综合化、微观化相趋近，与历史社会学、环境史学的兴起相汇合，成为近年史学研究的"显学"。在此学术思潮的激励之下，近代东北灾荒史亦进入我们的研究视角，开拓了我们的研究空间和思域，也使我们更深地介入到东北地方史的研究中去，这是不能不提及的。本书由导论加七章共八个部分组成，以专题的形式，展示我们对于近代东北灾荒史主要问题的梳理和思考，是我们在这个领域所取得的初步的研究成果。

　　近代东北灾荒史研究应包括两部分内容，一是对近代以来在东北地区发生的自然灾疫的相关研究，一是对近代东北官民应对自然灾疫所采取的相关应对措施的研究。有关自然灾疫方面，相关的地方史志虽已有论及，但不够系统；而关于应对措施特别是慈善机构、慈善事业及其开展的救助工作方面的研究尚还缺失。因此在这种条件下，本课题的资料收集颇费工夫，研究工作难度也大。我们的学生郎元智、张建英、崔迪、高波、张淼、徐忱、李焱、张艳等人参与了本书的资料收集和部分初稿的写作工作，大大加快了工作进度。可以说本书稿的大部分是建立在他们的努力基础之上的，在此表示感谢。

　　本书得以出版，要感谢辽宁学术出版基金以及参与评审的同行专家们。同时也感谢为本书的出版付出努力的北京师范大学出版社的编辑先生们。

　　本书参考了大量相关成果，在具体行文中都尽量一一注明，并附录了参考文献。在这里也要向相关学者致谢。

　　由于作者学识及视野有限，本书一定还会有许多缺点和不足，也会有遗漏和不周之处，这些都等待有机会时加以补充和完善了。期待在我们研究的基础上有更完善的成果出现。